**Stationen**

1. Kuty, Ostgalizien, heutige Ukraine
2. Berlin, Deutschland
3. Jerusalem, Israel
4. Paris, Frankreich
5. Sibirien, damalige Sowjetunion
6. Samarkand, Usbekistan
7. Admont, Österreich
8. Haifa, Israel
9. Köln, Deutschland

JOSEPH MELZER

# Ich habe neun Leben gelebt

Ein jüdisches Leben im 20. Jahrhundert

Bearbeitet von Abraham Melzer und Jürgen Jung

WESTEND

Mehr über unsere Autoren und Bücher:
www.westendverlag.de

Die Deutsche Nationalbibliothek verzeichnet diese Publikation in der Deutschen Nationalbibliografie; detaillierte bibliografische Daten sind im Internet über http://dnb.d-nb.de abrufbar.



MIX
Papier aus verantwortungsvollen Quellen
FSC® C083411
FSC
www.fsc.org

ISBN: 978-3-86489-306-3

Umschlaggestaltung: Buchgut, Berlin
Karte (Vorsatzblatt): Manuela Kunkel, Stuttgart
Satz: Publikations Atelier, Dreieich
Druck und Bindung: CPI – Clausen & Bosse, Leck
Printed in Germany

»Sehen wir uns nicht mehr auf dieser Welt,
So sehen wir uns doch in Bitterfeld!«

– Ludwig Bechstein, *Zauberverblendung*

# Inhalt

# Prolog

*Wenn man eine Biografie schreibt, wie ich es jetzt vorhabe, dann sollte man ganz bei der Wahrheit bleiben. Andernfalls sollte man lieber Romane schreiben, wenn man unbedingt schreiben will und schreiben kann. Ich wollte schreiben, aber konnte nicht und zögerte damit, weil ich nicht begabt genug dafür bin. Ich ließ andere schreiben, wurde Buchhändler und später auch noch Verleger. Ich war stolz darauf, Bücher in die Hand zu nehmen, auf denen mein Name gedruckt war, obwohl ich sie nicht selbst geschrieben hatte.*

*Mein Freund Manès Sperber, mein Bruder im Geiste, der in meiner Nachbarschaft aufwuchs, schickte mir seine Lebenserinnerungen, die unter dem Titel* Die Wasserträger Gottes *im Europaverlag erschienen sind. Beim Lesen musste ich mich immer wieder an meine Kindheit in Galizien erinnern, und ich beschloss, auch meine Lebensgeschichte niederzuschreiben. Ich habe hin und wieder Zitate aus Sperbers Erinnerungen übernommen, wo er mir aus dem Herzen spricht und ich es nicht besser schreiben könnte. Ich bin sicher, dass Sperber das nicht nur erlaubt, sondern auch begrüßt hätte, denn wenn wir uns trafen und Erinnerungen austauschten, mussten wir immer wieder feststellen, dass wir beide oft dasselbe erlebten.*

*Jetzt sitze ich in meiner Wohnung und schreibe Erinnerungen auf, soweit ich mich erinnern kann. Um nichts zu verdrehen und vor allem um nicht selbst Opfer von Übertreibung oder Unterlassung zu werden, werde ich mich um Sachlichkeit und um eine zusammenhängende Darstellung bemühen, auch wenn es mir manchmal schwerfällt. Einiges ist im Laufe der Zeit verdrängt worden, anderes verloren gegangen, und an vieles will ich mich gar nicht mehr erinnern. Und außerdem ertappe ich mich immer wieder dabei, unangenehme, peinliche Erlebnisse retuschieren und weglassen zu wollen. Das hilft mir aber nicht. Alles soll raus, auch wenn mich der Text da und dort erröten lässt. Dabei gibt es keinen Grund, sich zu schämen. Ich habe mein Leben lang ehrlich gekämpft, für meine Ideale, für meine Würde, meine Existenz und sogar um das nackte Überleben. Ich hätte gern ein anderes Leben führen können, aber die Umstände hatten dies nicht zugelassen. Sie haben mich das Leben führen lassen, das ich in diesem Buch schildern werde.*

*Ich hätte die Jahre in Berlin kaum überlebt, wenn »Aschinger« nicht großzügig Brötchen gratis verteilt hätte, wenn man dort eine Suppe für fünfzig Pfennig aß. Im Lager in Russland war ich nicht immer ein Held. Um ein Stück Brot zu erwischen, habe ich auch lügen oder mich erniedrigen müssen. In Samarkand war ich notgedrungen gezwungen zu betteln. Ich lief Hunden hinterher, die etwas Essbares im Maul hielten. Ich lebte am Existenzminimum. Der Hunger war mein ständiger Begleiter.*

*Die besten Jahre verbrachte ich in Paris im Exil. Ich war jung und finanziell unabhängig. Es ging mir gut. Ich war umgeben von lauter interessanten Emigranten, von denen ich viel lernen konnte. Vor allem war ich frei. Ich war nie mehr so frei wie damals in Paris. Später geriet ich in Russland in Haft, wo ich wie ein Sklave behandelt wurde. Und wieder später trug ich Verantwortung für eine Familie.*

*Ich floh im Januar 1933 vor den Nazis nach Palästina und versuchte, mir dort eine Existenz als Buchhändler aufzubauen. Als ich merkte, dass dort auch der Nationalismus zunahm und man Fahnen mehr verehrte als das biblische Gebot »Liebe deinen Nächsten«, verließ ich das Land wieder. Die Juden in Israel glaubten, besser und menschlicher zu sein als die arabischen Einwohner. Ich kehrte nach Europa zurück, wo mich der Zweite Weltkrieg erwischte, nach dessen Ende ich wieder in Palästina landete, das jetzt Israel heißt.*

*Wieder verließ ich 1958 »aufatmend« das Land und kehrte zurück nach Deutschland. Aus den wenigen Jahren, die ich bleiben wollte, sind jetzt mehr als 25 geworden. Freunde in Köln, wo ich zu Beginn dieser Zeit Station gemacht hatte, haben mich überredet und überzeugt zu bleiben und einen jüdischen Verlag zu gründen. Ich sollte die in den Nazijahren verbotene, verbrannte oder anderweitig verloren gegangene jüdische Literatur der Öffentlichkeit wieder zugänglich machen. Also blieb ich in Köln und gründete den Joseph-Melzer-Verlag, bei dessen Gründung die Göttin Fortuna Pate stand. Ich brachte eine ganze Reihe wichtiger Bücher zum Judentum auf den Markt. Der Joseph-Melzer-Verlag leistete echte Pionierarbeit, und wie das Schicksal den Pionieren oft mitspielt, konnten erst die Nachfolger die Ernte einbringen.*

*Zwar fand ich Anerkennung, jedoch wurde meine Verlagsarbeit von den jüdischen Organisationen und den »Berufsjuden« kaum beachtet. Nicht selten wurde meine Arbeit geradezu behindert. In jüdischen Kreisen wurde bevorzugt der als erfolgreich verstanden, der Immobilien besaß. In den ersten Jahren des Nachkriegsdeutschlands galten Bücher wenig, es zählten eher Scheckbücher. In eine Auseinandersetzung mit Heinz Galinski, Vorsitzender des Zentralrats der Juden, mischte sich Ignaz Bubis ein. Er fragte mich mit aggressivem Unterton: »Was haben Sie denn schon für das Judentum geleistet, dass Sie es wagen, Heinz Galinski zu kritisieren?«*

*Ja, was? Es stimmt, ich habe keine Häuser im Frankfurter Westend erworben, sondern Bücher verlegt. Und nachdem man wusste, dass ich damit nicht nur kein Geld gemacht, sondern auch noch Geld verloren hatte, habe ich schon gar keine Anerkennung mehr finden können. Dennoch, ich bedauere nichts.*

# I 1907–1918

## Eine unruhige Zeit

Ich wurde 1907 geboren in einer für das Judentum und die Judenheit denkwürdigen und geschichtlich hochinteressanten Epoche. Man kann es nicht gerade einen glücklichen Umstand nennen, wenn man zu Beginn des Jahrhunderts in einem jüdischen Städtchen Ostgaliziens zur Welt gekommen ist. Nicht etwa, weil es dort Antisemitismus gab, sondern weil das Leben dort für Juden grau und hoffnungslos war, auch wenn wir Kinder das nicht so empfunden haben. Wir lernten und spielten wie andere nichtjüdische Kinder auch. Je älter wir aber wurden, desto heftiger spürten wir den Unterschied. Unglücklich war der Umstand auch für die Nichtjuden, denn es warteten auf uns alle der Zerfall der alten Welt und zwei Weltkriege, die Millionen von uns dahinrafften, weil wir Deutsche, Franzosen, Engländer, Österreicher, Italiener oder Russen waren und auf uns Juden ganz besonders, weil wir eben Juden waren.

Die alte Welt lag in Agonie, und eine neue Welt, die das Leben der Juden umkrempeln sollte, erschien am Horizont. Etwa zehn Jahre vor meiner Geburt wurde die zionistische Bewegung gegründet, die das Leben der Juden veränderte. Ein knappes Jahrzehnt nach meiner Geburt begann der Erste Weltkrieg, der das alte Europa zerstörte und seine Trümmer umgestaltete.

Für meinen Großvater war die Emanzipation ein Irrtum und Zionismus ein Götzendienst. Die Entwurzelung der Juden aus dem Judentum bedeutete für ihn eine Katastrophe. Für mich freilich war die Judenfrage keine Frage der Juden allein, sondern eine Frage der Nichtjuden, der Christen, und damit eine Frage der ganzen Menschheit.

Die Lebensbedingungen der Juden am Ende des 19. Jahrhunderts unterschieden sich – wenigstens was ihre große Mehrheit betrifft – kaum von den finstersten Zeiten des Mittelalters. Die Mehrheit der russischen und der galizischen Juden, unter denen ich aufgewachsen war, lebte in wirtschaftlicher, sozialer und geistiger Not. Viele diskriminierende Gesetze, deren Liste sich kontinuierlich erweiterte, entzog den Juden eine wirtschaftliche Existenzmöglichkeit nach der anderen. Derart repressive Verhältnisse ließen unter Juden den Aberglauben aufblühen. Sie waren fruchtbarer Boden einer sich verbreitenden Mystik des Chassidismus. Die ständige Furcht vor blutrünstigen Verfolgern eliminierte das aufrechte und selbstbewusste Judentum. Besonders für Russland konnte man, auch ohne ein Prophet sein zu müssen, voraussagen, dass sich eine wirtschaftliche, geistige und moralische Katastrophe in Richtung auf die Judenheit Bahn brach, die es in ihren Grundfesten erschüttern sollte. Die Verzweiflung hatte noch einen weiteren Grund. Die modernen Verkehrsverhältnisse, die den Volksmassen Beweglichkeit verschaffte, schienen zu Beginn auch den Juden zugute zu kommen. Viele von ihnen glaubten, die Auswanderung in die Fremde könne ihnen Freiheit, Sicherheit und Brot verschaffen. Aber abgesehen davon, dass Massenauswanderung kaum geeignet sein kann, die Lösung des Problems von Millionen zu sein, begann sich auch das gelobte Land der Freiheit, Nordamerika, und mit ihm die alte Hochburg der Toleranz, England, gegen den Zuzug der Ostjuden energisch zu wehren. Auch diese Länder machten die Einwanderungserlaubnis von Bedingungen abhängig, denen nur ein kleiner Teil der Auswanderer genügen konnte. So wurde die Emigration als ein möglicher Weg zur Rettung aus miserablen Lebensverhältnissen erschwert oder gar versperrt.

Um dieselbe Zeit machten sich auch in den westlichen Ländern bedenkliche Entwicklungen bemerkbar. Der politische Liberalismus, der seit der Mitte des 19. Jahrhunderts, besonders in Deutschland, tonangebend geworden war, hatte Juden die politische Gleichberechtigung gebracht. Er versprach ihnen die gesellschaftliche Integration und eine verheißungsvolle Zukunft. Umso härter traf darum vor allem die deutschen Juden der zunächst schleichende, aber dann immer weitere Kreise der Gesellschaft und des öffentlichen Lebens erfassende Machtgewinn reaktionär-konservativer Kräfte. Ohne das verfassungsmäßig gewährte Recht der Gleichberechtigung formal anzutasten, entwickelte sich zunehmend eine diskriminierende Verwaltungspraxis. Freiheiten und Rechte, die die Juden erst wenige Jahrzehnte zuvor errungen hatten, wurden in der gesellschaftlichen Praxis sukzessive wieder eingeschränkt. Posten, die sie mit Eifer ausgefüllt hatten, nahm man ihnen weg. Demütigungen von Westjuden wurden zur alltäglichen Realität, die von denen umso erdrückender empfunden werden musste, die am Erblühen und Erstarken der westlichen Gesellschaften nicht unwesentlich beteiligt waren. Es traf sie ins Mark, dass sie nicht mehr für würdig gehalten wurden, ihrem Kaiser als Offizier zu dienen. Sie, die sich als Deutsche verstanden und deutsch fühlten und die sich im Ersten Weltkrieg bewährt und mit Begeisterung mehr als nur ihre staatsbürgerliche Pflicht getan hatten.

Genauso entsetzt waren sie, dass antisemitische Agitatoren ihr Haupt frei erheben durften und dass Verhöhnung und Beschimpfung von Juden in gewissen Kreisen üblich wurden. Und wenn deutsche Juden in ihrer Verzweiflung sich umschauten, mussten sie zur Kenntnis nehmen, dass es anderswo nicht besser war. In Frankreich hatte die Dreyfus-Affäre geradezu erschreckende Einblicke in die Tiefe antisemitischer Vorurteile eröffnet. In Österreich waren die beiden wichtigsten miteinander konkurrierenden Parteien, die Christlich-Sozialen und die Deutschnationalen, sich nur dann einig, wenn es gegen die verhassten Juden ging. In jeder jüdischen Seele, die noch eine Spur von Feinfühligkeit und Stolz bewahrt hatte, tauchte die verzweifelte Frage auf, ob es denn überhaupt einen Nichtjuden gebe, der kein Antisemit war. Wer diese Zeiten selbst erlebt hatte, wird für diese Übertreibung wohl Verständnis aufbringen können.

Im Osten wie im Westen bedrohte auch die Gesamtsituation die einzelnen Juden. Gleichzeitig war die innere Verfassung des europäischen Judentums von einem Zustand der spirituellen Schwäche und internen Zerstrittenheit gekennzeichnet. Von der belebenden Frische eines aktiven religiösen Lebens, die das kollektive Gefühl der Stärke und Begeisterung hätte erwecken können, war nichts mehr zu spüren. Es gab nichts, was dem dahinschleichenden Judentum und seiner heranwachsenden Jugend eine inspirierende spirituelle Kraft hätte verleihen können. Politisch spaltete der Widerstand des orthodoxen Judentums gegen den aufkommenden Zionismus in zunehmenden Maßen die europäischen Juden.

Das Interesse an religiösen Themen hatte in weiten Kreisen des Judentums abgenommen. Es machte sich sogar eine atheistische Tendenz bemerkbar. Religionsfeindschaft wurde nicht selten als ein kultureller Fortschritt betrachtet. Der post-napoleonische Erhalt allgemeiner Bürgerrechte in weiten Teilen Europas sowie die Entwicklung eines aufgeklärten Reformjudentums hatten einen Prozess der Säkularisierung in Gang gesetzt, der manchen sogar befürchten ließ, dass die Vermittlung von jüdischer Religiosität an die junge Generation durch elterliche Erziehung und staatliche Schulbildung immer mehr vernachlässigt werde. Ein ausgeprägtes Desinteresse an Religion bemächtigte sich breiter jüdischer Kreise, das das Weltjudentum in kurzer Zeit obsolet machen würde.

In meiner Kindheit habe ich von all dem nichts mitbekommen, denn in meinem beschaulichen Galizien war die alte jüdische Traditionswelt noch sehr lebendig. Dort bestimmten nach wie vor die Gemeinderabbiner, wie Juden zu leben hatten. Ich wuchs im Hause meines Großvaters unter einer streng jüdischen Erziehung auf. Im Grunde kannte ich nur die jüdische Welt, ihre Gebote und strengen Verbote.

Im Gegensatz zu unserer Welt hatte sich in den urbanen Zentren Ost- und Westeuropas ein säkular geprägter Modernisierungsprozess entwickelt. Gerade junge Juden hatten längst angefangen, sich von den Bindungen der Tradition und der von ihnen so empfundenen Fesseln eines autoritär-repressiven Rabbinertums zu lösen.

Die Lage der europäischen Judenheit um die Wende zum 20. Jahrhundert war also äußerst grenzwertig. Für den geschichtsbewussten Beobachter seiner Zeit war dies jedoch nichts wirklich Ungewöhnliches. Schon oft in ihrer Geschichte hatten sich die Juden in einer vergleichbaren oder gar noch kritischeren Lage befunden. Bisher jedoch hatte unsere Gemeinschaft solche Perioden des Niedergangs immer überwinden können.

Eine große Zahl jüdischer Intellektueller verstand die Judenfrage in ihrer vollen Tragweite und empfand ein deutliches Unbehagen ob ihrer erniedrigenden Lage. Befreiungsversuche aufgrund wohlgemeinter und trotzdem schlecht durchdachter Ratschläge schossen in der jüdischen Welt wie Unkraut aus dem Boden. Wenn diesen nicht ein sich stetig ausbreitender Antisemitismus Vorschub geleistet hätte, hätte der Zionismus nie zu einer derartigen Massenbewegung werden können.

Es war eine nervöse und überreizte Zeit, Überlegungen verschiedenster Art wurden angestellt und diskutiert, wie und was zu tun sei, um eine grundlegende Besserung der Lebenssituation für die europäischen Juden herbeizuführen. Viele fühlten sich berufen, ihre mehr oder überwiegend weniger nützlichen Vorschläge dazu öffentlich vorzutragen. Darunter waren auch solche, die kaum etwas anderes darstellten als wirre, mystisch-religiöse Phantastereien. Typisch für solche kritischen Phasen jüdischer Geschichte waren Endzeitvorstellungen. Weite Kreise erfasste eine Sehnsucht nach dem Erscheinen des Messias. Die messianische Bewegung des Schabatai Zvi im 17. Jahrhundert wäre hierfür ein Beispiel.

Als Rettung aus aller Gefahr trat Ende des 19. und Anfang des 20. Jahrhunderts mit dem Zionismus eine Bewegung auf den Plan, die von sich behauptete, für die so weit verbreitete Not der Juden die Ursache gefunden zu haben: alles Elend komme daher, dass die Judenheit sich als Nation auflöse. Sie behauptete, das Judentum sei stets eine Nation gewesen und die Assimilation an die Kultur anderer Nationen sei eine Verschwendung und Vernichtung der besten jüdischen Kräfte. Dies stelle einen schmählichen Verrat am Wesen und der Zukunft des Judentums dar, was schon in der Vergangenheit zu nichts anderem als zu Unglück und Niedergang geführt habe. Gerade weil der jüdischen Nation ein territorialer Mittelpunkt fehle, gelte es diesen zu schaffen. Die Judenheit könne nur dann ein erträgliches Schicksal finden, wenn alle nationalen Kräfte zusammengeführt würden. Auf dem geheiligten Boden der Väter könne eine Zuflucht geschaffen werden, die einerseits dem verfolgten Judenvolk eine sichere Heimstätte gewähre, wo es seiner Eigenart gemäß leben könne, und von der andererseits eine geistige Belebung aller jüdischen Werte ausgehen werde. Theodor Herzl war es, der der neuen Bewegung mit seinem Buch *Der Judenstaat* einen entscheidenden Impuls zur Verwirklichung dieser zionistischen Vision gab.

Es ist schon verwunderlich, dass eine pseudomessianische Mission, wie man die zionistische Bewegung in ihrer Zielrichtung auf einen separaten jüdischen Staat verstehen kann, sich ausgerechnet auf das Prinzip eines säkularen Nationalstaates berief, der dem religiös-orthodoxen Judentum absolut fremd war. Einer zweitausendjährigen Entwicklung, die nur Religion und immer wieder Religion gefordert und gefördert hatte, wurde grundsätzlich widersprochen. Wie konnte es zu diesem Widerspruch kommen?

Hat der nationale Gedanke vielleicht doch eine unbewusste Grundlage in jüdischen Anschauungen? Gibt es irgendein Analogon oder einen zionistischen Vorläufer in der jüdischen Geschichte? Die Strenggläubigen pflegten sich auf die Sprüche Salomons im Alten Testament zu stützen und sagten: »Es gibt nichts neues unter der Sonne.«

Man könnte auf manche Bewegungen hinweisen, welche sich die Rückkehr in das Heilige Land ersehnten, aber keine war je vom prophetischen Wege abgewichen. Nie hatte man etwas anders erträumt als die Wiedererrichtung des Tempels und den Sieg der Religion! Mit dem Zionismus war etwas völlig Neues und Fremdes aufgetreten. Er appellierte nicht an religiöse Gefühle, und es ging ihm nicht um die Errichtung des Tempels und die Herbeiführung des Gottesstaates, sondern um den Aufbau eines nationalen Staatswesens, so wie andere Nationen sich ebenfalls zu Nationalstaaten entwickelt hatten. Die Judenfrage war somit zu einem ausschließlich politischen und wirtschaftlichen Problem mutiert – für jeden mit der jüdischen Geschichte Vertrauten ein völliges Novum.

In diese bewegte, von Zweifeln und Hoffnungen geprägte Zeit wurde ich hineingeboren, in ihr bin ich aufgewachsen. Wenn mein Vater mich in die Arme der zionistischen Bewegung in Deutschland warf, wie noch zu berichten sein wird, dann nicht, weil er ein glühender Zionist war, sondern weil er froh war, dass die zionistische Bewegung ihn von der Sorge um die Ernährung seines Ältesten entlastete. Auch ich war kein glühender Zionist, und der Gedanke, nach Palästina auszuwandern und dort beim Aufbau eines jüdischen Gemeinwesens zu helfen, wäre mir von selbst nie in den Sinn gekommen.

Wie jede andere Weltanschauung hielt sich auch der Zionismus für unfehlbar. Er wurde zur neuen Religion für viele Juden. Aber nur die wenigsten merkten, dass der Zionismus an der falschen Front kämpfte und gemeinsame Sache mit den Antisemiten machte, indem er propagierte, dass die Juden nach Palästina gehörten. So wurde uns unsere deutsche Identität von zwei Seiten abgesprochen, von der antisemitischen und nicht weniger von der zionistischen Seite her. Vom Standpunkt des Zionismus als einem extremen Nationalismus war der Antisemitismus durchaus legitim. Er war für die zionistische Bewegung ein willkommenes Hilfsmittel.

Im Übrigen bin ich der Meinung. dass es nicht nur der Zionismus war, der später entscheidend dazu beitrug, den jüdischen Staat zu gründen, sondern allem voran der deutsche Nationalsozialismus, der Hunderttausende Juden, die sich vor der Vernichtung durch die Nazis retten wollten, als Flüchtlinge nach Palästina trieb. Wäre Adolf Hitler 1933 nicht an die Macht gelangt und hätte seine nationalistische und rassistische Politik nicht bis zur Vernichtung von sechs Millionen Juden und der Zerstörung halb Europas geführt, dann würde die Welt heute ganz anders aussehen. Ich wäre mit absoluter Sicherheit in Deutschland geblieben. Es waren also die Nazis, die mich in die Arme der Zionisten getrieben haben. Die deutschen Juden waren zuallererst Deutsche, viele auch deutsche Nationalisten, die 1870 und 1914 für Deutschland gekämpft und teilweise sogar das Eiserne Kreuz erhalten haben. Einige wären sogar gerne Nazis geworden, wie ich später erzählen werde, wenn die

Partei sie nur aufgenommen hätte. Es stimmt, was mein Freund Bruno gesagt hat, dass die Juden Hitler nicht so gehasst haben wie Hitler sie. Und diejenigen, die sich als Juden identifiziert haben, waren auch gegen den Zionismus, weil sie in ihm eine Ideologie erkannt haben, die ihr Deutschtum in Frage stellte und im Grunde dasselbe wollte, was die Nazis propagierten, nämlich die Juden aus Deutschland vertreiben. Und so wuchs ich auf, ohne eine realistische Wahl zu haben. Den Zionismus mochte ich nicht, und die Deutschen mochten mich nicht.

Tatsächlich waren auch die Gründer der zionistischen Bewegung säkulare und zum Teil antireligiöse Juden. Man darf auch nicht vergessen, dass Herzl zwar einen Staat für die Juden forderte – keinen jüdischen Staat –, aber grundsätzlich war es ihm egal, wo dieser Staat liegt. Er war sogar bereit, die britische Kolonie Uganda als Staat der Juden zu akzeptieren. Das Angebot wurde 1903 vom britischen Kolonialsekretär Joseph Chamberlain an Theodor Herzl ausgesprochen. Der Vorschlag war eine Reaktion auf die Pogrome gegen die Juden in Russland und auf die aussichtslose Situation für jüdische Besiedelungspläne im damals noch osmanischen Palästina. Herzl besaß sogar die Naivität, diesen Plan auf dem sechsten Zionistenkongress von 1903 in Basel zu präsentieren. Es löste unter den Delegierten eine heftige Debatte aus. Nach Uganda in Zentralafrika wollte kein Jude auswandern. Zwar wurde der Plan sehr bald auf Druck der traditionellen Ostjuden annulliert, die sich nur »Eretz Jisroel« vorstellen konnten, aber ein Misstrauen blieb, und der Judenstaat blieb das Steckenpferd einer Minderheit von Idealisten und Träumer. Selbst als die britische Regierung durch ihren Außenminister Lord Balfour ankündigte, dass sie bereit sei, eine »Heimstätte« für die Juden in Palästina zu gewähren, hat das keine Masseneinwanderung ins Heilige Land verursacht. Und wenn am Ende der Zionismus stark und stärker wurde, dann ist es nicht zuletzt der antijüdischen Propaganda zu verdanken, und insofern hatten auch die Zionisten nichts dagegen, dass der Antisemitismus wuchs, denn er zwang die Juden, sich mit den zionistischen Ideen zu identifizieren. So zum Beispiel auch mich. Ganz besonders nach dem Zweiten

Weltkrieg, als die Katastrophe des europäischen Judentums bekannt wurde. Viele Juden, besonders in Amerika, fühlten sich schuldig und verantwortlich für das Schicksal ihrer Schwestern und Brüder und verpflichteten sich, den Überlebenden zu helfen, und diese Hilfe konzentrierte sich auf den Staat Israel. Es war aber weniger eine Identifikation mit dem Zionismus als eine Beruhigung des schlechten Gewissens, weil sie die Shoah nicht verhindert haben, nicht verhindern konnten. Nichtdestotrotz war es eine gewaltige Unterstützung der Zionisten, die schließlich zur Gründung des Staates Israel führte.

Wenn ich auf mein Leben zurückschaue, muss ich feststellen, dass es immer vom Schicksal, aber nicht von mir bestimmt war. Wie es verlief, war kaum je meine eigene Entscheidung gewesen. So aber ist das Leben anderer Juden auch gewesen. Sie waren nicht, wie Joseph Roth es in seinem Roman beschrieb, auf der Wanderschaft, sondern waren Getriebene und Vertriebene. Wer Geld und Wertsachen hatte, nahm sie mit, und wer wie ich nichts hatte, nahm dieses Nichts mit, das bei mir aus der Liebe zum Buch bestand. So konnte ich diese Liebe, die in Berlin begann, auch nach Jerusalem mitnehmen, von dort dann nach Paris und sodann wieder »Jerusalem« und schließlich zurück nach Deutschland.

Aber ich möchte dem Leser meine Geschichte von Anfang an erzählen.

## Galizien

Galizien, die östlichste Provinz der österreichischen K.-u.-k.-Monarchie, war unterteilt in einen östlichen und einen westlichen Teil. Nach dem Ersten Weltkrieg war diese Bezeichnung verschwunden und mit ihr ein Großteil der dort seit Jahrhunderten ansässigen Bevölkerung. Der eine unter der polnischen Herrschaft befindliche Teil wurde Małopolska (Kleinpolen) genannt, der andere Wielkopolska (Großpolen). Nach 1945 fiel der östliche Teil an Russland und hieß fortan Zapadnie. Heute gehört er zur Ukraine. Uns interessiert aber nicht die Gegenwart, sondern die »gute, alte Zeit«.

Ost- und Westgalizien – so die Bezeichnung im Habsburger Reich – waren in der ethnischen Zusammensetzung der Bevölkerung und ihrer Mentalität durchaus verschieden voneinander. Während der östliche Teil von fünf unterschiedlichen Minderheiten bevölkert war – Ruthenen, Ukrainern, Huzulen, Polen und Juden –, bewohnten den westlichen Teil zwei homogene: Polen und Juden. Im Osten bildeten die griechisch-orthodoxen Ruthenen und die Huzulen die Mehrheit der Bewohner, ihnen gegenüber standen die römisch-katholischen Polen.

Polen und Juden wohnten vorwiegend in Städten. Die Juden waren mehrheitlich kleine Handwerker (mehr als man je hätte brauchen können) und Händler (von denen es mehr gab als Kunden). Weil Geld immer rar war, konnten sich die meisten kaum mehr leisten als gesalzene Heringe, einen Kamm für die Braut und einmal im Jahr ein Paar billige Schuhe. Aber auch fromme oder frömmelnde Thoraschüler und Schnorrer sowie Taugenichtse – »Luftmenschen« oder »Luftexistenzen«, wie sie sich selbst ironisch nannten – gab es zahlreich. Auf solche Selbstironie konnten die Juden kaum verzichten, schon eher auf ihre kärgliche Mahlzeit. Mein Freund Manès Sperber schrieb dazu: »Die Flickschneider und -schuster waren die meistbeschäftigten Handwerker, denn ohne sie hätten viele Kinder unzureichend bekleidet und auch im Winter barfuß gehen müssen. Manche Männer fasteten nicht nur an den zahlreichen Fastentagen, sondern überdies jeden Montag und Donnerstag, damit auch die

Kinder oder die Enkel etwas mehr zu essen hatten. Den Frauen ging es nicht viel besser.

Es gab bei den Juden Bettler aller Art: So zum Beispiel die »Verschämten«, die immer nur eine Anleihe machen wollten, die sie aber nie zurückzahlen konnten. Dann gab es die professionellen Bettler, die eingesessenen und die wandernden, die zumeist in Gruppen auftraten. Es gab die Armen, die still hungerten und froren und auf Wunder warteten, die tatsächlich hin und wieder eintraten, wenn auch meist zu spät. Eine kleine Geldsendung eines Verwandten aus Amerika, eine Erbschaft, die einige Kronen einbrachte. Das größte Wunder war, wenn die Kinder in die Fremde fuhren und den darbenden Eltern gelegentlich einige Dollar schickten.

Auch wenn so viele an Hunger litten, musste doch niemand verhungern. Man erzählte: Mitglieder der Gemeinde weckten den Rabbi am frühen Morgen: »Es ist etwas Furchtbares geschehen«, klagten sie. »In unserer Mitte ist einer hungers gestorben, man hat ihn soeben tot in seiner Stube aufgefunden«. Darauf der Rabbi: »Das kann nicht sein. Ja, es ist unmöglich. Hättet ihr ihm ein Stück Brot verweigert, wenn er es von euch verlangt hätte?« – »Nein«, antworteten sie, »aber Elieser war zu stolz, um etwas zu bitten.« – »Also sagt nicht, dass mitten unter uns einer hungers gestorben ist, denn er ist an seinem Stolz zugrunde gegangen.«

Und so arm die Juden auch waren, so glücklich waren sie auch. Und am glücklichsten waren sie, wenn der Schabbat kam und sie am Tisch saßen und vom geflochtenen Weißbrot aßen, von der süßlichen Challa. Ja, es war eine bis zur Absurdität maßlose, groteske Armut, jedoch keine Armseligkeit, weil die Menschen nicht nur innigst glaubten, sondern auch zu wissen glaubten, dass dieser Zustand nur vorübergehend sei und sich bald ändern würde, auch wenn die Not schon seit Jahrhunderten dauerte, denn jeden Augenblick konnte man mit der Ankunft des Messias – der endgültigen Erlösung – rechnen. Es gab zwar vereinzelt Kleinmütige und Zweifler, die befürchteten, dass sie die Erlösung nicht mehr erleben würden, doch kaum einen, der nicht an den Messias und sein nahes Kommen glaubte.

Die Ostjuden sahen kaum die Schönheit des Landes, in dem sie lebten. Ihr Leben war von Verboten und Einschränkungen bestimmt. Sie gingen zumeist als Bettler und Hausierer über Land und hatten kein Auge und keinen Sinn für die Natur. Die große Mehrheit kannte den Boden nicht, der sie ernährte. Sie fürchteten sich, in fremde Dörfer einzukehren und mit Peitschen vertrieben zu werden. Der Ostjude hatte nur Pflichten, keine Rechte. Einem solchen Schicksal entgeht man schwer, und anstatt davor zu fliehen, fanden sich viele mit ihm ab.

Deshalb war auch der jüdisch-nationale Gedanke im Osten so lebendig. Theodor Herzl, der Begründer der zionistischen Bewegung, wurde dort wie ein neuer Messias oder zumindest wie ein zeitgenössischer Moses, der das Volk Israel ins Gelobte Land führen wird, verehrt. Die Idee einer »jüdischen Nation« verbreitete sich im Osten sehr schnell, auch wenn viele orthodoxe Rabbiner den »Zionismus« verfluchten, weil sie darin eine Gefahr für die Juden und das Judentum sahen. Und als der Zionismus sich immer mehr verbreitete und die orthodoxen Rabbiner immer mehr fluchten, da tauchten national-religiöse Rabbiner auf, die im Zionismus ein Zeichen dafür sahen, dass der Messias schon unterwegs sei und jeden Augenblick erscheinen könne. Der Zionismus wurde zum Vorboten des Messias. Damit machten sie den Juden Mut, die Widrigkeiten des täglichen Lebens zu ertragen und den existierenden Judenhass, der damals noch nicht Antisemitismus, sondern eben schlicht und einfach »Judenhass« hieß, zu erdulden, in der festen Überzeugung, dass der Messias bald kommen würde.

Dennoch schrieb ein Chefredakteur einer ostjüdischen Tageszeitung über die Ostjuden: »In meinem Heimatstädtchen war jeder Jude ein heimlicher Prinz, und auch der Ärmste hatte etwas von einem Aristokraten in sich.« Und auch der Historiker und Philosoph Franz Rosenzweig, der bedeutende Exeget Hegels, schrieb seiner Mutter als Besatzungssoldat aus Polen im Ersten Weltkrieg: »Wir deutschen Juden sind geistig gesehen Proletarier, während die polnischen Juden, die in proletarischen Verhältnissen leben, Aristokraten des Geistes sind.«

Diese Worte sind umso bemerkenswerter, wenn man bedenkt, welch tiefe Verachtung viele deutsche Juden für ihre Religionsbrüder im Osten empfanden. Für sie, die sich schon weitgehend dem westlichen Leben angepasst hatten, verkörperten diese bärtigen Juden mit Schläfenlocken und Kaftan eine seit langem veraltete Kultur.

Die wesentliche Kraft, die den Zionismus in Russland in Bewegung und am Leben hielt, war die der Gebildeten, die Anhänger der Aufklärung. Oft waren sie ehemalige Talmud-Schüler, die eine gewisse Ahnung von systematisch-europäischer Bildung hatten. Sie waren es, die sich ein neues säkularisiertes Bewusstsein aneigneten. Die einfachen, gläubigen Juden blieben hingegen ihren Rabbinern treu.

Ein Teil der Gebildeten lernte Hebräisch und fing an, die jiddische Muttersprache zu verachten. Im Gegensatz zu den westlichen Juden engagierten sie sich insbesondere für gesellschaftliche Veränderungen und übten scharfe Kritik an den jüdischen Gemeinde-Institutionen. In den ersten Jahrzehnten war der Zionismus durchdrungen von radikalem Idealismus und sozialistischen Ideen von Gerechtigkeit und Gleichberechtigung. Die Pogrome gegen Ende des 19. Jahrhunderts trugen ebenfalls dazu bei, dass junge Juden sich politischen Ideologien zuwandten, insbesondere dem Kommunismus und auch dem Zionismus.

»Denke ich an diese Juden zurück, die ich täglich in den Gassen und Straßen und in den Bethäusern sah, so bringt die Erinnerung viel Seufzen und Ächzen, aber auch Gelächter in mir hervor«, schrieb der österreichisch-französische Schriftsteller Manès Sperber, den ich erst viel später kennenlernte, und er meinte, dass das jüdische Schtetl in all seiner Misere eine kleine »Civitas Dei«, eine Stadt Gottes, gewesen sei, geistig und geistlich zugleich. Im Gegensatz zu den Juden in den Ghettos von Venedig und in den Judengassen von Worms oder Frankfurt, die immer eine diskriminierte Minderheit in der eigenen Vaterstadt blieben, waren die Einwohner der Schtetls in Osteuropa selbstbewusste und freie Juden. Sie fühlten sich dort bei sich zu Hause, auch wenn sie Fremde im eigenen Land waren. »Die polnischen Adeligen mochten mächtig und reich sein und auf sie herabsehen: Die Juden waren jedoch von ihrer eigenen Überlegenheit überzeugt, und in dem Schtetl fand sich nicht die Spur eines jüdischen Minderwertigkeitsgefühls. Im Gegenteil: man fühlte sich den polnischen Bauern und selbst den polnischen Adeligen überlegen.«

Folgende Anekdote gibt davon Zeugnis: Ein polnischer Gutsbesitzer, natürlich ein Judenhasser, will seinen jüdischen Gutsverwalter entlassen. Dieser bietet ihm an, seinem Hund innerhalb eines Jahres das Sprechen beizubringen, falls er auf die Entlassung verzichte. Der einfältige Gutsbesitzer ist neugierig, ob der Jude dazu in der Lage sein würde, und willigt ein. Die Frau des Juden schlägt die Hände über den Kopf und schreit ihren Mann an: »Wie konntest du in ein solches Geschäft einwilligen? Du weißt doch, dass der Hund nie sprechen lernen wird.« Darauf der Jude: »Mach dir keine Sorgen, ein Jahr ist lang, es hat 365 Tage. Da kann der Gutsherr sterben, da kann der Hund sterben, und da kann auch ich sterben. Hauptsache, wir sind geblieben, und wenn Gott will, werden wir noch lange bleiben.«

Die Juden waren schon immer praktisch veranlagt und pragmatisch in ihrer Gesinnung. Sie lernten, sich mit allem abzufinden, mit den guten Sachen, die freilich selten vorkamen. Vor allem aber fanden sie sich mit den schlechten, nahezu alltäglichen Umständen ab. Vor allem in Galizien waren sie eine Minderheit unter vielen Minderheiten. Genau das machte alles vergleichsweise erträglich, zumindest erträglicher als das Leben in Westeuropa, wo sie eine Minderheit in einer Mehrheitsgesellschaft waren. Alles in allem war es eine multikulturelle und multiethnische Gesellschaft, in der viele Völker friedlich nebeneinander und miteinander auskamen. Der Schriftsteller Joseph Roth, der in Brody, ganz in der Nähe meines Geburtsortes, aufgewachsen war, zeugte in seinen Romanen von seiner und fast aller Juden Liebe zu diesem Landstrich. Zwar konnte niemand den anderen leiden, aber dennoch achtete man einander. Katholiken hassten Protestanten, und Protestanten hassten die Katholiken, und beide hassten Juden, aber man hatte Respekt voreinander, trieb Handel, und manchmal heiratete man sogar grenzüberschreitend.

Es war eine mehr oder minder friedliche Welt. Kaiser Franz Joseph war unser aller Vater und die Donaumonarchie unsere Heimat. Der Kaiser schützte seine Juden, und die Juden liebten ihren Kaiser.

Es gab auch einzelne Juden, wie meinen Onkel Schemarja Melzer in Skala oder meinen Onkel Israel Stein, der Bruder meiner Mutter, in Butschatsch, die Großgrundbesitzer waren. Indessen lebte die große Masse der Juden in erbärmlicher Armut. Die Polen stellten die hohen und niederen Beamten, vereinzelt gab es auch Großgrundbesitzer unter ihnen, besonders unter dem polnischen Adel. Die Ruthenen und Ukrainer waren das Landvolk, selbständige Bauern oder Landarbeiter. Die folkloristisch interessanteste Gruppe waren die Huzulen. Sie lebten bettelarm im Gebirge und verdingten sich als Knechte oder Holzfäller.

Für ihren Lebensunterhalt übten Juden die verschiedensten Berufe aus: Sie arbeiteten als Gerber und Weber, Schneider, Hutmacher und Schuster, Tischler, Stellmacher, Schindelschneider, Schmiede, Seifensieder, Kerzenzieher, Fuhrunternehmer und Wasserträger. Manche zogen Tag für Tag durch die umliegenden Dörfer, kauften den Bauern ein Kalb, ein Maß Korn, ein paar Eier oder Geflügel ab und verkauften diese Dinge an andere Juden weiter oder jeden Donnerstag auf dem großen Marktplatz. Und schließlich gab es die Händler, die in den großen umliegenden Städten ihre Ware einkauften und zur Verbreitung des Jiddischen beitrugen. Man fand praktisch kein Gewerbe, das nicht auch von Juden betrieben wurde, von den oft reichen Kaufleuten ganz zu schweigen.

Und auch dazu schrieb Sperber: »Es gab kein Gas, keine Elektrizität, keine Kanalisation und kein Telefon im Schtetl und natürlich auch keine Wasserleitungen, sondern nur einige wenige Brunnen. Wasserträger brachten es jenen, die es bezahlen konnten, ins Haus. Die Armen mussten sich ihr Wasser selbst holen.«

Die fleißigen Menschen, die jeden Donnerstag auf dem Marktplatz ihre Waren anboten, verließen in der Regel nie die engen Gassen ihrer kleinen Stadt, in der sie geboren waren und wo sie auch in der Regel starben. Sie sorgten dafür, dass das kulturelle Erbe ihrer Väter lebendig blieb, und gaben sich mit einem sehr bescheidenen

Einkommen zufrieden. Sie glaubten an Gott und setzten ihre ganze Hoffnung in ihn.

Juden sprachen untereinander Jiddisch, die Polen natürlich Polnisch, die Ruthenen, Ukrainer und Huzulen einen russischen Dialekt. Donnerstags kamen sie alle in die Stadt, ins Schtetl, und man konnte auf dem Markt ein babylonisches Sprachgewirr vernehmen. Jeder redete in seiner Sprache, aber sie verstanden einander prächtig. Es gab selten Streit und wenn, dann nicht aus ethnischen Gründen, sondern weil jemand beispielsweise zu viel getrunken hatte und im Rausch gewalttätig wurde. Um zu schlichten, bedurfte es aber meist keiner Polizei. Die anwesenden Händler und Kunden sorgten im eigenen Interesse dafür, dass man die Streithähne voneinander trennte und dass der betrunkene Pole oder Huzule ausgenüchtert wurde. Betrunkene Juden aber gab es so gut wie nie.

In diesem Ostteil Galiziens wurde ich geboren, und bis zu meinem siebten Lebensjahr, bis zum Ausbruch des Ersten Weltkrieges, wuchs ich dort auf. Wir warteten auf den Messias und wussten, dass er nie kommen wird. Das Wort Antisemitismus kannten wir freilich nicht und Judenhass nahmen wir wahr, wie wir den Sommer oder den Winter wahrgenommen haben. Die Christen hassten uns, und wir hassten sie, und trotzdem haben wir mit ihnen Handel betrieben, Feste gefeiert und manchmal auch Hochzeiten, wenn ein jüdischer Junge oder ein jüdisches Mädchen einen Goi, einen Nichtjuden, heiratete. Es war kein persönlicher Hass, es war ein seit Jahrhunderten übertragener Hass, der mehr ein dumpfes Gefühl von Abneigung war, weil man es uns so beigebacht hatte. Ja, wir wussten, dass es früher, vor mehr als 100 Jahren, die Pogrome eines durchgedrehten Kosaken gab und wir hörten auch von den Unruhen in Kischinau und von der Dreyfus-Affäre oder vom Ritualmordprozess gegen Beilis und auch, dass er am Ende freigesprochen wurde, aber während der Lebenszeit meiner Eltern und Großeltern hat es nie Probleme gegeben. Der gegenseitige Hass war nie persönlich gemeint. Von diesem Teil der Welt will ich erzählen. Er existiert nicht mehr, er wurde während des Ersten Weltkriegs schon erheblich zerstört, und in den Jahren 1939 bis 1945 in Blut und Feuer, in Massenmord und Genozid schließlich gänzlich ausgelöscht.

Ich wurde als Sohn einer seit Jahrhunderten in Kuty und Umgebung ansässigen wohlhabenden Patrizierfamilie geboren. Unter den ersten zehn jüdischen Familien, die sich im Jahr 1562 in Kuty niederließen, befand sich, wie die Urkunden des Stadtarchives bezeugen, ein gewisser Wolf Stein. Das war mein Vorfahr mütterlicherseits. Weil die Gründungsfamilien streng darauf achteten, dass die jüdische Tradition lebendig blieb und neue Wurzeln trieb, konnte sich in Kuty im Lauf der Jahrhunderte eine genuin jüdische Lebensart entwickeln.

Die Eltern meines Vaters waren dagegen einfache Leute. Sie lebten in einer bescheidenen Mietwohnung am Rande der Stadt. Geboren wurde ich im Haus meines Großvaters mütterlicherseits, Abraham Stein, wo meine Eltern nach ihrer Hochzeit wohnten. Es war ein sehr großes Haus, und der ältere Bruder meiner Mutter, Jakov, lebte gleichfalls dort mit seiner Familie. Seine Frau hieß Sara, und sie hatten fünf Kinder, zwei Mädchen und drei Jungs. Onkel Jakov half Großvater in seiner Holzhandlung, wo noch weitere Juden beschäftigt waren. Mein Großvater war der größte Waldbesitzer in Kuty und lieferte sein Holz bis nach Czernowitz aus. Für seine Waldarbeiter, die alle Polen waren, hatte er einen polnischen Gutsverwalter, der auch für deren Entlohnung zuständig war. Ich sah diesen herben und grimmigen Mann immer dann, wenn er kam, um den Lohn für die Waldarbeiter abzuholen. Mein Großvater hatte nichts mit ihm zu tun. Die Geschäfte führte meine Großmutter, und von ihr bekam er auch das Geld. Überhaupt kümmerte sich mein Großvater mehr um Thora und Talmud und weniger um die banalen, alltäglichen Angelegenheiten. Für seine Arbeiter hatte er freilich immer Zeit und ein offenes Ohr.

Während meiner ganzen Kindheit lebte ich in ständigem Kontakt mit den einfachen Arbeitern unseres Volkes. Wie gerne betrat ich die vom feuchtwarmen Dampf der Bügeleisen erfüllte Werkstatt des Schneiders, in der die Gesellen zum Klappern der Nähmaschinen alte jiddische Volkslieder sangen: »Unter Jankeles Wiege, da liegt eine goldene Ziege …« oder das besonders beliebte und inzwischen weltbekannte Lied Tumbalalaika:

Steiít a bocher un er trachtet,
trachtet und trachtet a ganze nacht,
wemen zu nemmen un nicht farschemen.
Tumbala, tumbala, tum-balalaika …
Mei'dl, mei'dl, ich will bai dir freigen,
wos ken waksen, waksen ohn regn?
Wos ken brennen un nischt oifheren?
Wos ken benken, weínen ohn trenen?
Tumbala, tumbala, tum-balalaika …
Narrischer bocher, wos darfst du freigen?
A stein ken waksen, waksen ohn regen;
Liebe ken brennen und nicht verbrennen,
a harz ken benken, weinen ohn tränen.

*Es steht ein Jüngling und überlegt*
*überlegt und überlegt, eine ganze Nacht*
*Wen zu nehmen und sich nicht zu schämen*
*Tumbala, tumbala, tum-balalaika*
*Mädchen, Mädchen ich will dich fragen*
*Was kann wachsen, wachsen ohne Regen?*
*Was kann brennen und nicht verlöschen?*
*Was sorgt sich mit Weinen ohne Tränen?*
*Dummer Junge, wozu fragst du?*
*Ein Stein kann wachsen ohne Regen*
*Liebe kann brennen und nicht verlöschen*
*Ein Herz kann sich Sorgen machen und weinen ohne Tränen.*

»Wann singt ein Jude?«, fragt man, und manche antworten: »Er singt, wenn er hungrig ist.« Andere sagen: »Er singt, wenn er traurig ist.« Aber am meisten singt er, wenn er verliebt ist oder Hochzeiten feiert.

Noch lieber war ich in der großen Holzhandlung meines Großvaters Abraham Stein, besonders um den Schindelschneidern zuzuschauen, wie sie riesige Holzklötze spalteten, um daraus Schindeln für die Dächer zu schnitzen. Während sie sich den Schweiß von der Stirn wischten, hörte ich sie murmeln: »Schema jisroeil adaunoi elauheinu adaunoi echod!« – Höre, Israel, unser Gott ist einzig, und du sollst lieben den Ewigen, deinen Gott, mit deinem ganzen Herzen und mit deiner ganzen Seele.« Ich war voller Bewunderung für ihr männliches Handwerk und ihren festen Glauben.

Etwa 20 jüdische Arbeiter waren in der Schindelwerkstatt beschäftigt. Großvater kümmerte sich sehr um sie, und wenn einer von ihnen Sorgen hatte oder Geldprobleme, dann hat er immer geholfen. Sie hatten es gut bei ihm. Sie arbeiteten fünf Tage in der Woche. Freitag und Schabbat hatten sie frei. Am Donnerstagabend nach Beendigung der Arbeit saß meine Großmutter vor dem Ausgang und reichte jedem seine Lohntüte, damit er Geld für den Schabbat hatte, um das Notwendige einzukaufen. Freitags sollten sie Zeit haben, um den Schabbat vorzubereiten.

Denke ich an diese Juden zurück, wie ich sie täglich in den Gassen, auf dem Marktplatz, in Bethäusern und Studierstuben sah, so bringt mir die Erinnerung zweierlei Geräusche zurück: Seufzen, viel Seufzen und Ächzen, aber auch Gelächter, gutmütiges oder spöttisches, doch stets lautes Lachen. Chassidim brachten diese Lebensart vom Hofe ihres Zaddiks, des Wunderrabbis, zu dem sie immer wieder fuhren.

Meine Geburtsstadt hieß und heißt heute immer noch Kuty. Juden nannten sie liebevoll Kitew. Es war ein quirliges Schtetl mit etwa 10 000 Einwohnern, wovon die meisten Juden waren. Es gab auch einige Deutsche in der Stadt; Hermann Jäckel war der reichste unter ihnen, Mühlenbesitzer und Villenbewohner mit einem eigenen Generator für die Elektrizität und einem Telefonanschluss. Beides war den übrigen Bewohnern noch unbekannt. Es arbeiteten bei ihm nur Juden, und er war anständig und höflich zu ihnen, wie zu allen anderen Bewohnern der Stadt.

Mein Vater arbeitete als Buchhalter in der Mühle von Hermann Jäckel. Die Melzers waren, wie schon erwähnt, der ärmere Teil meiner Familie. Wohlhabend, wenn nicht sogar reich, war der Vater meiner Mutter, mein Großvater Abraham Stein. Er führte das Leben eines Großgrundbesitzers, während es bei uns zu Hause sehr bescheiden zuging. Aber weil mein Großvater seine Tochter, meine Mutter, liebte, sorgte er dafür, dass es uns an nichts fehlte, denn das Gehalt meines Vaters reichte nicht aus, um alles Lebensnotwendige zu bezahlen. Dennoch respektierte Großvater meinen Vater sehr, weil er als begabter Schüler und als Kenner des Talmuds galt. Das bedeutete damals für reiche jüdische Familien mehr als Geld. Während in der christlichen Welt Adel und reiche Familien unter sich heirateten, war es in der jüdischen Welt für die Reichen eine Ehre, einen begabten Talmudschüler zum Schwiegersohn zu nehmen, selbst – oder sogar ganz besonders dann – wenn er arm war. Der Vater der Braut verpflichtete sich, das junge Paar einige Jahre lang zu ernähren und dafür zu sorgen, dass der Schwiegersohn später auf eigenen Füßen stehen konnte. So besorgte Großvater Stein meinem Vater die Stelle beim deutschen Mühlenbesitzer, mit dem er geschäftlich zu tun hatte.

Es waren beinahe paradiesische Zustände, unberührt von der Hektik der damaligen Zeit. Das Schtetl lag eingebettet in einem Tal, umgeben von einem mächtigen Gebirgszug, den von Buchen, Eschen und Birken bewaldeten Karpaten. Soweit ich mich erinnern kann, war Kuty im Vergleich zu den benachbarten Orten sehr sauber. Die Straßen waren gepflastert, systematisch angelegt, und es gab sogar Bürgersteige; im Zentrum lag der große Marktplatz. Am oberen Ende des Marktes erhob sich ein zweistöckiges Gebäude in Hufeisenform. Dieses Haus gehörte meinem Großvater Abraham, und dort wohnten wir die letzten Jahre vor dem Ersten Weltkrieg.

Großvater war ein entfernter Nachkomme des Hohen Rabbi Löw von Prag und des nicht minder berühmten Chacham Zwi aus Amsterdam. Was Ersteren betrifft, so erzählt die bekannteste der zahlreichen Versionen der Prager Golem-Saga, wie er sich große Sorgen wegen der zahlreichen Anschuldigungen machte, die seine Zeitgenossen gegen die jüdische Gemeinschaft erhoben. Und so lautet der Text, den ich hier zitieren möchte, da ich es selbst nicht besser schreiben könnte: »Im Jahr 1580 soll sich ein christlicher Geistlicher mit dem Namen Thaddäus erneut gegen die Juden gewandt und ihnen vorgeworfen haben, rituelle Morde zu begehen. Daraufhin hatte der Rabbi einen Traum, in dem der Himmel ihm auftrug, ein Menschenbild aus Lehm zu erschaffen: »Erschaffe ein Menschenbild aus Lehm, und du wirst der Böswilligen Absicht zerstören.« Um den Golem zu erschaffen, ging er mit einem seiner Schüler und einem Diener zu einer Lehmgrube an der Moldau. Dort kneteten sie aus der formlosen Masse eine menschliche Figur, um die sie dann siebenmal liefen und daraufhin mehrere Formeln sprachen. Der Golem erwachte zum Leben. Er war ausdruckslos, nur seine Augen leuchteten rot. Es ist nicht genau überliefert, wie er aussah, es steht aber fest, dass er sehr groß war und ungeheure Kräfte hatte. Die meiste Zeit saß er reglos zurückgezogen in einem Winkel der Stube des Rabbis. Mit einem Amulett aus Hirschhaut konnte dieser ihn unsichtbar machen. Und wenn er einen Auftrag für den Golem hatte, legte er ihm ein mit Zaubersprüchen beschriebenes Pergament in den Mund. Die meisten Aufträge, die der Rabbi ihm gab, bezogen sich auf die Bekämpfung der diversen widerlichen Blutbeschuldigungen. Der Golem patrouillierte dabei nachts im jüdischen Viertel. Er hielt jeden an, der eine Last trug. War die Last eine Kinderleiche, die zum Zwecke der Beschuldigung der Prager Juden in ihrem Viertel abgelegt und aufgefunden werden sollte, wurde der Überführte den hohen Leuten im Stadthaus übergeben.

Als 1593 wieder Ruhe eingekehrt war, nicht zuletzt dank eines Gesetzes, das die Blutbeschuldigung unter Anklage stellte, beschloss der Rabbi, den Golem wieder den Elementen zurückzugeben. Wieder ging er mit seinen Vertrauten zur Lehmgrube und vollzog das Ritual in umgekehrter Reihenfolge. Dann verstauten sie die Überreste in Rabbi Löws Dachstube. Bis heute sollen sie dort noch liegen.«

Eine andere Version berichtet, dass Rabbi Löw ein Pergament mit einer Zauberformel im Mund des Golems vergessen hatte, der Golem Amok lief und deswegen beseitigt werden musste.

In diesen Zeiten verbreitete sich der Chassidismus in Osteuropa. Auch meine Familie war davon berührt. Den Schritt zum Chassidismus tat mein Urgroßvater Schalom Stein. Er war, wie man so sagt, ein »seidener« Mensch, ganz ungewöhnlich gelehrt, von vollendeter Frömmigkeit und mit allen Tugenden reich gesegnet. Rabbiner wollte er aber aus Bescheidenheit nicht werden. Sein Wunsch war, ein gewöhnlicher Geschäftsmann zu sein, ein Holzhändler zu werden wie sein Vater. Doch meistens saß er über seinen heiligen Büchern gebeugt und studierte den Talmud. Die Holzgeschäfte führte seine Frau, die dazu auch noch den Haushalt beaufsichtigte. Das war aber keineswegs ungewöhnlich. Überall führten bei wohlhabenden chassidischen Geschäftsleuten die Frauen die Geschäfte, und die Männer konnten sich dem Studium der Thora und des Talmuds widmen.

Mein Großvater wurde also, so wie sein Vater, von dem er das Geschäft geerbt hatte, Holzhändler. Holz gab es in den Wäldern der Umgebung genug. Mein Großvater trug einen dichten weißen Bart und sah mit 40 schon wie ein alter Mann aus. Er spendete viel Geld für wohltätige Zwecke. In seiner jüdischen Gemeinde war er sehr aktiv und half dem, der Hilfe bedurfte. Seine Gemeinde war die der Chassidim, die sich in der Kleidung nicht nur von den Konservativen, sondern noch deutlicher von den Liberalen unterschieden.

Die Juden vermieden es in der Regel, zu den staatlichen Gerichten zu gehen, und regelten ihre Streitigkeiten unter sich. Natürlich musste alles später vom Rabbiner gesegnet werden. Unser Rabbi war ein fröhlicher Chassid, stets zu einem jiddischen Witz aufgelegt, und damit ein scharfer Kontrast zu den konservativen Rabbis, die immer streng, humorlos und ernst auftraten. Bei uns hielt man sich an die Lehre von Rabbi Hillel, der predigte: »Was Du nicht willst, dass man es Dir tut, das füg auch keinem anderen zu.«

Besonders deutlich wurde der Unterschied am Pessachfest. Bei den Konservativen reichte ein Becher Wein für die ganze Zeremonie beim Abendmahl, bei dem man zur Heiligung des Namens, zum Segnen des Mahls und zur Erinnerung an den Auszug aus Ägypten koscheren Wein trinkt. Auf dem Tisch stand auch ein voller Becher für den Propheten Elijahu (oder Elijas), der als Gast erwartet wurde, von dem man aber wusste, dass er nie kommen würde. Bei den Konservativen nippte der Rebbe beim »Kiddusch« nur am Becher, und

*Großvater Abraham Stein*

am Ende der ganzen, langen Zeremonie lautete der Segensspruch: »Nächstes Jahr in Jerusalem«.

Bei den Chassidim hingegen trank der Rebbe bei jedem Segensspruch den vollen Becher aus, und einer der Schüler war immer dafür verantwortlich, ihn mit koscherem Wein aufzufüllen. Nach dem fünften oder sechsten Spruch war der Rebbe beschwipst und am Ende leicht betrunken, so dass er nach der Zeremonie auf den geräumten Tisch stieg und anfing zu tanzen. Er blieb allein da oben, die anderen tanzten auf dem Boden, denn man hatte Angst, dass der Tisch die Last nicht tragen könne. Und so tanzte man bis in den frühen Morgen, bis alle vor Erschöpfung umfielen.

In der chassidischen Synagoge, oder wie wir sie nannten, in der »Schul«, herrschte immer ein fröhliches Durcheinander, besonders weil man die Kinder machen ließ, was sie wollten. Die Erwachsenen sprachen mehr über ihre Geschäfte, anstatt sich dem Gebetbuch zu widmen, und manch erfolgreiches Geschäft wurde zwischen zwei Gebeten beschlossen. Die Frauen saßen auf der Galerie und blickten auf die Männer herunter. Auch sie redeten ununterbrochen miteinander, und nur Gott weiß, was sie sich zu sagen hatten. Möglicherweise tauschten sie Backrezepte aus oder verkuppelten ihre Töchter und Söhne, möglichst gut und teuer. Wenn der Sohn eines reichen Honoratioren Bar-Mizwa feierte, wurden Süßigkeiten verteilt und von den Frauen auf der Galerie heruntergeworfen; für die Erwachsenen gab es nach dem Gebet einen Umtrunk.

Besonders beliebt waren bei mir die Mahlzeiten am Schabbat. Da gab es immer meine Lieblingsspeise, die »Kreplach«, Knödel oder dreieckige Taschen aus unvergorenem Teig, gefüllt mit feingehacktem Fleisch. Kreplach wurden nur an Samstagen und Feiertagen gemacht. An letzteren, zum Beispiel Pfingsten, werden sie jedoch nicht wie üblich mit Fleisch gefüllt und auch nicht in Suppe gekocht, sondern in Töpfe gefüllt und gesondert gekocht. Wer die Kreplach meiner Großmutter nicht gegessen hat, hat noch nie in seinem Leben richtige Kreplach gegessen.

Hinter dem Haus meines Großvaters standen die Kirchen der drei verschiedenen christlichen Konfessionen, jeweils mehrere hundert

Meter voneinander entfernt. Die größte war die römisch-katholische der Polen. Die Ruthenen hatten ihre etwas kleinere griechisch-orthodoxe, und die kleinste war die protestantische Kirche, in welche die meisten Deutschen gingen.

Es gab eine Hauptsynagoge und mindestens 20 Bethäuser für die Anhänger der untereinander zerstrittenen chassidischen Rabbis. Mein Großvater war auch ein Chassid, jedoch einer von sanfter, milder Natur. Ihm war jede Art von Zelotentum fremd, ohne dass er dabei auch nur ein Jota der 613 Gebote und Verbote missachtete. Ihm galten meine große kindliche Liebe und Verehrung.

Unter seinen Fittichen bin ich bis zu meinem siebten Lebensjahr herangewachsen, nur der unselige Krieg 1914 konnte mich von ihm trennen, ihn aber nicht vergessen lassen. Sein Bild hängt über meinem Schreibtisch. Über seinem Antlitz mit dem schlohweißen Bart schwebt eine Aureole von Güte und Weisheit, die mich immer noch tief beeindruckt. Es verging kein Tag, an dem er nicht »lernte« oder einen Traktat des Babylonischen Talmuds mit melodischem Gesang vortrug. Seine Gottesfurcht und -liebe war nicht nur Lippenbekenntnis, sondern voll warmer Herzensgüte für Menschen und Tiere. Ich entsinne mich noch sehr deutlich, wie er mich bei einem Spaziergang am Schabbat davor warnte, einen Wurm zu zertreten. »Dieses ist ein Geschöpf Gottes, mein Kind, wir dürfen es nicht töten.«

Ich erlebte, wie er jeden Morgen inbrünstig sein Morgengebet sprach – nein –, sogar sang: »Mit großer Innbrunst hast Du uns geliebt, Ewiger, unser Gott! Mit großer und überschwänglicher Barmherzigkeit Dich unser erbarmt, unser Vater und König! Um unserer Väter willen, die auf Dich vertraut und denen Du die Lehren des Lebens erteiltest, sei auch uns gnädig und belehre uns, unser Vater, Barmherziger, Gnadenreicher! Erbarme Dich unser und gib uns in das Herz, all die Worte der Belehrung aus Deiner Lehre zu verstehen und zu erkennen, zu hören, zu lernen und zu lehren, zu bewahren und auszuüben.«

Und so ging es noch lange weiter, und wenn er fertig war, wusch er sich die Hände und nahm sein Frühstück ein. Am Schabbat sprach er noch den Kiddusch, bevor er das Brot an alle Anwesenden verteilte.

Mein Großvater war eine Zeitlang der Vorsitzende der Israelitischen Kultusgemeinde in Kuty. Er war nicht nur für Streitigkeiten als Schlichter oder, wenn er nicht zu schlichten vermochte, als Richter zuständig. Manchmal hielt er auch Grabreden für besonders beliebte und vornehme Verstorbene. Im Kuty von heute gibt es keine Gräber, die an die verstorbenen Vorfahren erinnern. Das Jüdische ist aus der Stadt vollständig verschwunden, wahrscheinlich verbrannt, so auch die Geburten- und Todesbücher, die seit Urzeiten geführt wurden. Mein Großvater starb 1926 nach einer langen, unheilbaren Krankheit. Ich dachte an den Spruch aus der Thora: »Warum wird der Gerechte mit Leiden bestraft, der Bösewicht dagegen lebt in Wohlstand?«

Alles in allem hatte ich dennoch eine glückliche Kindheit. Ich musste seit meinem dritten Lebensjahr im »Cheder« hebräisch lesen und beten und schließlich die Bibel übersetzen lernen. Cheder nannte man den Raum, der gewöhnlich von einem bettelarmen Lehrer bewohnt wurde und in dem der Unterricht abgehalten wurde, in dem aber auch seine Frau und seine zahlreichen Kinder lebten, aßen und schliefen. Aber es gab auch reichlich Gelegenheiten, mit Gleichaltrigen zu spielen, im Sommer im Tscheremosch zu baden und im Winter Schneeballschlachten zu veranstalten. Es war eine heile Welt – und für uns Kinder ein Paradies. Wir kannten keine unmittelbare Feindseligkeit gegenüber uns Juden, denn alle Religionen im Schtetl pflegten gute Beziehungen zueinander.

Mein bester Freund hieß Schalom, und sein Vater war Fuhrmann. Ein Fuhrmann ist aber den ganzen Tag unterwegs und verdient dabei wenig Geld. Pinchas aber, Schaloms Vater, wollte bei seinem kleinen Sohn bleiben. Er ließ also den Wagen Wagen sein und siedelte nach Kuty über. Über Nacht wurde aus ihm ein Schneider. Nun war aber in Kuty bereits jeder achte Jude Schneider. Und sich schön herauszustaffieren war nicht die Sache der Juden. Beim Feiertagskaftan handelte es sich meist um ein Erbstück, das vom Vater auf den Sohn bis ins dritte und vierte Geschlecht weitergegeben wurde. Wenn der Wochenkaftan etwas zerfranst war, so machte das auch dem Reichsten nichts aus. Arbeit gab es wenig und Geld noch weniger. Die Eltern meines Freundes Schalom waren arm. Sie hatten nicht einmal das Geld für einen Lehrer, der das Söhnchen Gottes Wort hätte lehren können. Zum Glück erlaubte aber mein Großvater, dass Schalom zusammen mit mir in den Cheder ging, und zahlte dafür das Schulgeld. So lernten wir beide gemeinsam die Thora und übten das Hebräische. Alphabet: Aleph, Beth, Gimel, Daleth und so weiter.

Kuty war wie Hunderte anderer Städtchen, in denen bis 1942 die jüdische Bevölkerung Galiziens, Russisch-Polens, Litauens, Weißrusslands und der Ukraine auf engstem Raum zusammengepfercht lebte. Am Rande der Stadt floss langsam und ruhig der Tscheremosch. Dieser Fluss kennzeichnete die Landesgrenze zwischen Galizien und der Bukowina. Es war keine Reichsgrenze, sondern nur eine offene Landesgrenze. Die nächstgelegene Stadt in der Bukowina, auf der gegenüberliegenden Seite des Tscheremosch, hieß, wie gesagt, Wischnitz. Sie war der Sitz des berühmten Wischnitzer Rebben Chaim Meir Hager und bis zu ihrem Wegzug nach Wien der Wohnort meiner Tante, der Schwester meiner Mutter.

Die Bukowina mit ihrer Hauptstadt Czernowitz war die östlichste deutsche Provinz mit einer deutschsprachigen Universität, mehreren deutschen Tageszeitungen sowie einem deutschen Theater. Mit der Vernichtung der Juden ist auch diese deutsche Kulturstätte untergegangen. Besonders die deutschen Verleger spürten das, denen ein großer Buchmarkt verloren ging, denn es gab kein jüdisches Haus östlich von Wien, in dem nicht die deutschen Klassiker fein geordnet im Bücherregal standen. Von Kuty in nördlicher Richtung lag die Stadt Zablotow, was »hinter den Pfützen« bedeutet. Dort wurde der deutsch-jüdische Schriftsteller Manès Sperber geboren, dort wohnte auch eine andere Schwester meiner Mutter, die einen reichen Juden geheiratet hatte, der Gutherz hieß.

Wie ich bereits erwähnt hatte, war mein Vater als Buchhalter bei dem deutschen Mühlenbesitzer Hermann Jäckel beschäftigt. Eigentlich wollte Großvater, dass er Kaufmann wird. Er beschloss, ihn in die kaufmännische Lehre zu Onkel Schmuel nach Czernowitz zu schicken, der dort eine große Tuchhandlung besaß. So fuhr er mit ihm eines Tages mit dem Pferdefuhrwerk bis zur Eisenbahnstation und von dort mit der Eisenbahn in die »Großstadt« Czernowitz. Beim Onkel angekommen, nahm dieser sofort meinen Vater zur Seite und fragte ihn:

»Was machst du, wenn eine Bäuerin kommt und rotes Tuch haben will und du hast aber nur blaues?«

Mein Vater soll äußerst verlegen geguckt und gestottert haben:

»Ich bestelle für sie rotes Tuch.«

»Taugt nicht, taugt nicht«, schrie der Onkel verzweifelt. »Was heißt schon, sie will rotes Tuch? Sie ist Bäuerin, sie hat nichts zu wollen, und du musst ihr verkaufen, was du hast, und nicht, was sie will.«

Damit endete die Karriere meines Vaters als Kaufmann, noch bevor sie begonnen hatte. Enttäuscht, aber erleichtert kam er nach Kuty zurück. Er wollte kein Kaufmann, sondern Schriftsteller werden. Schon früh hatte er sich von der jüdischen Tradition gelöst, lebte schon im Schtetl als »Freigeist« und nahm, wenn er zum Gebet in die Synagoge ging, immer irgendeinen deutschen Klassiker mit, den er unter seinem Gebetbuch versteckt hatte. Während alle anderen inbrünstig beteten, las er Goethes *Faust* und Schillers *Räuber* oder Kleist und Heine. Oh, Heine, den mochte er ganz besonders. Er pflegte, seine Gedichte auswendig zu lernen, verschlang seine Reisebeschreibungen und träumte davon, diese Reisen eines Tages selbst zu machen. Er war aber auch ein profunder Kenner der rabbinischen Literatur, des Talmuds und der Kabbala, und auch das Buch Zohar stand später in seinem Bücherregal neben den deutschen Klassikern. Nicht zuletzt deswegen respektierte und mochte ihn der Vater meiner Mutter, Großvater Abraham Stein, und das war auch der Grund, warum er ihm seine Tochter zur Frau gab.

Mein Vater war ein sehr strenger und jähzorniger Mann. Bis zu seiner Heirat lernte er in der »Jeschiwa«, wie man die Hochschulen für Talmudschüler nannte, und war von seinen Eltern als Rabbiner auserkoren. Nach dem Tod seines Vaters rasierte er sich seinen Bart ab, entledigte sich seiner Schläfenlocken, stutzte seinen Kaftan zu einem kurzen Jackett und wurde ein »Abtrünniger«. Er besuchte keine staatliche Schule und eignete sich autodidaktisch ein respektables Wissen an. So eignete er sich zum Beispiel die Buchführung aus einem gewöhnlichen Rechenbuch an.

Später in Berlin war er bei privaten Unternehmen beschäftigt, und seine Bilanzen waren beim Finanzamt als einwandfrei anerkannt. Seine Korrektheit war sprichwörtlich in jeder Beziehung. Er kam pünktlich um 13 Uhr zu Mittag und wehe, wenn das Mittagessen nicht zur Stelle war. Dann verließ er wortlos das Haus, was für meine Mutter die schlimmste Strafe bedeutete. Auch die Kinder mussten parieren und Knetmasse in seinen Händen sein. Als Ältester hatte ich am meisten darunter zu leiden. Es hagelte Schläge für jede Unartigkeit, beziehungsweise das, was Erwachsene darunter verstanden. Mein Vater führte ein Notizbuch über meine »Verfehlungen«, und wenn das Maß voll war, wurde die Weidengerte hervorgeholt, meine Hosen heruntergelassen, und auf den nackten Popo bekam ich die Schläge zugezählt, die mir nach seinen Berechnungen zustanden. Es ging nicht ohne dramatische Höhenpunkte ab: Ich schrie, weil es weh tat, wie ein zum Abstechen gezerrtes Schwein. Meine liebe Mutter konnte dieser Schlägerei nicht zusehen und entfloh zu ihren alten Eltern, bei denen sie wohnen blieb, bis sie und mein Vater sich wieder versöhnten.

In seinem Bücherschrank standen nicht nur die deutschen Klassiker in der bekannten populären und preiswerten Ausgabe des Verlages Bong & Co. Mein Vater war auch in der modernen hebräischen Literatur bewandert. Er gehörte zu jenen unglücklichen ostjüdischen Menschen, die zwischen zwei Welten hin- und hergerissen waren, von der einen ausgestoßen, von der anderen nicht aufgenommen. Sein Deutsch war so perfekt und schön, dass mein Lehrer in der Volksschule in Berlin, als er einen Entschuldigungsbrief meines Vaters gelesen hatte, mich fragte, wo mein Vater studiert habe. Er starb im Jahre 1929 in Berlin, wo er im Jüdischen Friedhof in Weißensee seine letzte Ruhestätte fand. Zu seinem Glück hat er den Untergang der deutschen Kultur und die Machtergreifung der Nationalsozialisten nicht mehr erleben müssen. Auch mit dem Sterben muss man Glück haben.

Ich war als Kind der Obhut meiner Großeltern anvertraut und fand bis zu meinem sechsten Lebensjahr bei ihnen ein Zuhause. Mit drei Jahren wurde ich von einem »Behelfer«, unserem Hausknecht, zum Cheder gebracht, wo den Kindern vom Rebben Mejer, der Rojter die Thora und Hebräisch beigebracht werden sollte. Der »Behelfer« trug mich auf seinen Schultern, und da er ein großer Goi war, thronte ich hoch über allen und genoss es, in den Cheder gebracht zu werden. Mein Freund Schalom lief uns hinterher.

Der »Behelfer« hieß Karl und war Pole. Er verstand aber auch Jiddisch. Eigentlich war er mein bester Freund. Er machte jeden Unsinn mit, um mich zu erheitern und bei Laune zu halten. Donnerstags, wenn Markttag war und wir vom Cheder nach Hause gingen, machte er einen Umweg über den Marktplatz und kaufte uns, Schalom und mir, von dem wenigen Geld, das er hatte, ein Zitroneneis. Und manchmal, wenn es im Sommer erbarmungslos heiß war, ging er mit uns runter zum Tscheremosch, und ich durfte meine Schuhe ausziehen und ins Wasser treten, allerdings nur so weit, dass er mich jederzeit packen konnte, sollte ich den Versuch unternehmen, mich vom Ufer zu entfernen.

Karl gehörte zur Familie. Er wohnte bei uns, aß mit uns, und einmal im Jahr ging meine Großmutter mit ihm auf den Marktplatz und kaufte ihm neue Kleider und neue Schuhe, wenn seine vom vielen Laufen abgetragen waren. Die Tatsache, dass er kein Jude war, störte uns überhaupt nicht, und eigentlich war es für uns von Vorteil, weil er auch unser Schabbes-Goiwar und am Schabbat alle Arbeiten für uns verrichtete, die den gläubigen Juden verboten sind, wie zum Beispiel Licht an- und ausmachen, kochen und den Tisch decken und abräumen. Im Winter holte er Holz für den Ofen und sorgte so immer für wohltuende Wärme.

Der Unterricht im Cheder fand in der Wohnung des Lehrers statt. Die Lehrerwohnung bestand aus zwei Räumen, dem Klassenraum und der Küche. Im Klassenraum stand gegenüber der Tür ein langer Tisch, über dem an einem Draht eine Petroleumlampe hing. Auf zwei Bänken saßen zu beiden Seiten des Tisches die Schüler.

Das Unterrichtszimmer war klein, dunkel und feucht, da die Küchenwärme nicht ausreichte, um es richtig zu beheizen. Wir saßen im Winter in unsere Mäntel gehüllt, froren und versuchten, uns beim Singen der Thoraverse aufzuwärmen. Die Frau des Lehrers, eine verhärmte, älter aussehende jiddische Mamme, die immer ihre kleinen Kinder um sich hatte, schaute zwischendurch immer mal rein und fragte ihren Mann:

»Mejer, möchtest du einen Tee?«

Und Reb Mejer antwortete zumeist: »Ja, Channe, ein Tee wäre jetzt genau das Richtige.«

Augenblicklich kam einer der Kleinen mit einer noch dampfenden Tasse, und Mejer begann genüsslich zu schlürfen.

Diese Form des Unterrichts war in der Regel nur für Jungen. Er fand in kleinen Gruppen verschiedener Altersstufen statt. Reb Mejer, der Rojter, zeichnete das hebräische Alphabet auf die Wandtafel, zeigte mit seinem Stab auf den ersten Buchstaben und sagte laut »Aleph«, und die Kinder riefen laut »Aleph!« Und dann zeigte er auf den zweiten Buchstaben und sagte wieder laut »Beth«, und alle Kinder wiederholten im Chor »Beth!« und so weiter bis zu »Taw!«, dem letzten Buchstaben des hebräischen Alphabets.

Mit demselben Stab schlug Mejer, der Rojter hin und wieder auch Schüler, die gestört oder einen Fehler gemacht hatten. Mich freilich nie, denn ich war der Enkel vom vornehmen und reichen Reb Abraham Stein, und Kinder von reichen und vornehmen Familien wurden nicht geschlagen. Dies war nur den armen Kindern vorbehalten. Und so lernte ich schon im zarten Alter, wie ungerecht die Welt ist und wie angenehm es ist, Enkel eines wohlhabenden Mannes zu sein. Die armen Kinder bekamen es wahrlich doppelt und dreifach und gingen manchmal mit blutigen Händen nach Hause.

Viel später, als ich Manès Sperber kennenlernte und mit ihm Kindheitserinnerungen austauschte, stellte ich fest, dass es bei ihm im Cheder genauso gewesen war. Mejer, der Roiter, war nicht der einzige Lehrer, der seine Schüler prügelte. Prügel gehörte zum Unterricht nach der talmudischen Weisheit: »Wer sein Kind liebt, züchtigt es.«

Auf dieser Grundlage studierte ich dann die Thora, beginnend mit dem dritten Buch Mose, und anschließend den Talmud, also die Mischna und Gemara und zusätzliche Kommentare.

Gegenseitiges Vorlesen und Auswendiglernen waren die vorherrschenden Lernformen. Im Alter von 13 Jahren wurde die Ausbildung im Cheder in der Regel mit der Bar Mizwa abgeschlossen. Neben dem Unterricht im Cheder, wo nur Jungen unterrichtet wurden, musste man ab dem siebten Lebensjahr in die staatliche Schule gehen, die auch Mädchen besuchten. Die Klassen waren allerdings pflichtgemäß nach Geschlechtern getrennt, wie es der Staat verlangte. Danach wurde man, wenn man begabt genug war, auf die Jeschiwa, die Talmudschule, geschickt. Meine Ausbildung wurde aber schon viel früher durch den Ausbruch des Ersten Weltkriegs abgebrochen.

Es waren etwa zehn Buben in meinem Alter, denen von einem bärtigen Juden das hebräische Alphabet beigebracht wurde. Den Spitznamen Rojter bekam er, weil er einen roten Bart hatte. Wir saßen von morgens bis abends im Unterricht, mit einer kleinen Mittagspause, und mussten dem Rebben die einzelnen Buchstaben des hebräischen Alphabets nachsprechen. Mittags kam der Behelfer und trug mich nach Hause, wo ein deftiges Mittagessen auf mich wartete, zubereitet von einer polnischen Hausfrau, einer »Schickse«, deren Kochkünste gottbegnadet waren. Nach dem Essen trug mich der Behelfer wieder zurück in den Cheder, und wir setzten den Unterricht fort. Mein Freund Schalom durfte zum Essen natürlich mitkommen und wurde von der Köchin besonders verwöhnt. Für ihn war es die einzige warme Mahlzeit am Tag. Zuhause bekam er kein Frühstück, und abends gab es bei ihm nur eine Scheibe Brot.

Nach etwa einem Jahr entschied mein Großvater, dass ich bei diesem Rebben bereits ausgelernt hätte und dass es Zeit sei, mich zu einem »höheren« Rebben zu schicken. Dieser lehrte die fünf Bücher Mose mit dem Kommentar von Raschi. Man nannte ihn Reb Lejbele Horb, das bedeutet »Buckel«, weil er verwachsen war und einen Buckel hatte. Sein richtiger Name lautete Leib Pasternack. Mit dem berühmten Maler Leonid Pasternak und seinem noch berühmteren

Sohn, Boris Pasternak, war er allerdings nicht verwandt. Die beiden Rebben waren arme Teufel, die sich von ihrer pädagogischen Arbeit nur kümmerlich ernähren konnten.

Mit sechs Jahren wurde ich neuerlich in eine höhere Stufe versetzt, zu einem Rebben, der Talmud und Midrasch lehrte. Er hieß Mechel Horner und hatte keinen Spitznamen, obwohl er wegen seiner Kleinwüchsigkeit einen solchen verdient hätte. Er war zwar nur gut anderthalb Meter groß, aber von herausragender Intelligenz. Wie die meisten Ostjuden war er Autodidakt mit gründlichen Kenntnissen der unterschiedlichen europäischen sowie der lateinischen und griechischen Sprache. Im Gegensatz zu meinen vorherigen Rebben war er kein armer Mann. Er bewohnte ein geräumiges Haus in der »besseren« Gegend der Stadt, nahm nur Schüler von »besseren« Familien und ließ sich gut bezahlen. Zu diesem Lehrer begleitete mich Schalom nicht mehr, da mein Großvater die Kosten nicht mehr übernehmen konnte oder wollte und Schaloms Eltern das Geld nicht hatten. Bei ihm lernte ich die ersten Traktate des Talmuds. Er war mein letzter Rebbe. In Österreich bestand Schulzwang, und da Galizien damals noch zu Österreich gehörte, wurde ich im März 1914 mit sieben Jahren eingeschult. Im Juli des gleichen Jahres brach der Erste Weltkrieg aus, und damit war die Schule auch schon wieder zu Ende.

Ich habe dort für mein künftiges Leben kaum etwas mitbekommen. Mensch zu sein habe ich nämlich vor allem bei meinem Großvater gelernt. Als ich ihn einmal fragte, warum die Gojim uns Juden so sehr hassen und, warum wir Juden die Gojim hassen, schwieg er lange, bevor er mir antwortete: »Mein lieber kleiner Joseph, ich hoffe, du wirst verstehen, was ich dir jetzt sage. Es steht schon in der Bibel geschrieben, dass der Trieb des Menschen von Natur aus schlecht sei. Es steht da: ›des Menschen‹ und nicht ›des Juden‹ oder ›des Polen‹. Alle Menschen sind gleich, und es gibt gute Menschen und schlechte Menschen, überall und unter allen Nationen.«

Das habe ich verstanden und für immer behalten. Für mich waren Menschen immer Menschen, ganz gleich, ob sie Juden waren oder Gojim.

In Kuty gab es außer den Rebben, die den Kindern Unterricht erteilten, zwei »geistliche« Rabbiner, die in der jüdischen Gemeinde als Autoritäten in der Auslegung der talmudischen Gesetze fungierten. Der eine war Jakob Schorr, ein »offizieller«, das heißt ein von der Regierung anerkannter und bezahlter Rabbiner. Der zweite war Chaim Gelernter, ein »inoffizieller« chassidischer Rebbe, der von seinen Anhängern entlohnt wurde. »Jankele« Schorr, wie man ihn liebevoll nannte, war ein gelehrter Mann, nicht nur in der rabbinischen Wissenschaft. Er hatte in der Jeschiwa in Frankfurt am Main bei Samson Raphael Hirsch studiert und war Mitarbeiter der Gesellschaft »Mekiz Nirdamim« (»Erwecker der Dämmernden«), wo er regelmäßig in der Vierteljahresschrift der Gesellschaft seine wissenschaftlichen Abhandlungen veröffentlichte. Einer seiner Söhne arbeitete als Professor für romanische Sprachen an der Hebräischen Universität in Jerusalem. Von dem Rebben Chaim Gelernter ist mir nur bekannt, dass er eine große Bibliothek seltener rabbinischer Schriften besaß.

Das Leben im Schtetl war mühselig für die Armen, aber angenehm für die Wohlhabenden und Reichen. Vor allem spürten wir nichts vom Judenhass oder dem, was man landläufig Antisemitismus nannte. Wir waren frei und konnten machen, was wir wollten. Wir kannten auch nichtjüdische Kinder, Scheigez genannt, mit denen wir zwar nicht befreundet waren, aber mit denen wir spielen durften. Und wenn sie uns von Zeit zu Zeit verprügelten, so nahmen wir ihnen das nicht sonderlich übel und verprügelten unsererseits, wenn sich die Gelegenheit bot, auch einige von ihnen. Wir fühlten uns nicht minderwertig, und auch die Beziehungen unter den Erwachsenen waren vollkommen entspannt und frei von Hass und Vorurteilen. Das nichtjüdische Personal im Haus meines Großvaters gehörte fast zur Familie, wurde geachtet und bei Geburtstagen und christlichen Feiertagen immer beschenkt.

Judenhass habe ich erst viel später im Deutschland der zwanziger und frühen dreißiger Jahre kennengelernt. Ich wundere mich heute über all die klugen, aber unwissenden Leute, die leichtsinnig und voller Überzeugung behaupten, im Osten seien »alle« Antisemiten gewesen. Es war allenfalls ein Antisemitismus, der aus Vorurteilen und Unwissenheit bestand, und keineswegs aus Hass. Man hatte Vorurteile gegenüber Juden und war dennoch mit ihnen befreundet.

Meine Mutter hat mit 21 Jahren meinen Vater geheiratet und ihm sechs Kinder geboren, wovon nur vier am Leben blieben. Sie war eine gute Frau und eine liebevolle Mutter, die sich seit dem Ersten Weltkrieg abmühte, ihre Kinder großzuziehen. Man nannte sie Mechla, was wohl eine Verballhornung von Michaela war. Sie hatte die Schule in Kuty besucht, konnte Deutsch und Polnisch lesen und schreiben sowie Gedichte in beiden Sprachen aufsagen. Sie starb mit 85 Jahren in Israel, während mein Vater nur 49 Jahre alt wurde.

Die ersten Keime des Chassidismus hatten ihren Anfang in der Stadt Kuty genommen. Der Begründer des Chassidismus, Israel Baal Schem Tov, lebte in den Wäldern in der Umgebung der Stadt und heiratete eine Schwester des ansässigen Rabbiners Gerschom Kutower. So hat diese kleine Gemeinde in der Geschichte des Chassidismus ihren ruhmvollen Platz errungen. Aber auch in der neuzeitlichen zionistischen Bewegung hat ein Sohn dieser Stadt einen herausragenden Platz eingenommen: Die Rede ist von Berl Locker – einem Vetter meines Vaters –, der über mehrere Jahre Präsident der Zionistischen Weltorganisation war. Sein Vater hieß Jakob Schattner und arbeitete als Hebräischlehrer. Sein erstgeborener Sohn Berl nannte sich nach dem Familiennamen seiner Mutter, da die elterliche Ehe nicht standesamtlich registriert worden war. Orthodoxe Juden scheuten das »christliche« Standesamt, und die Regierung wiederum erkannte rabbinische Eheschließungen nicht als gesetzesgültig an.

Berl Locker war alles andere als ein frommer Jude. Er verachtete die Religion und gab sich durch und durch säkular und sogar antireligiös. Eines Tages traf man ihn angeblich in einem koscheren Restaurant, und seine Freunde wunderten sich: »Du hier? Seit wann isst du koscher?« Darauf antwortete Berl gewitzt: »Ich esse nur ein Ei!« Nun muss man wissen, dass ein Ei weder koscher noch nicht koscher ist und man es deshalb überall essen durfte. Berl Locker war es, der mir später geholfen hat, meine Familie aus Nazideutschland nach

Palästina zu retten, indem er mir sogenannte »Affidavits«, Bürgschaften, beschaffte, mit denen meine Mutter und meine Geschwister 1938 nach Palästina ausreisen konnten.

## Schabbat

Wenn ich mich auch an das Haus meines Großvaters und den täglichen Gang zum Cheder nur noch schwach erinnern kann, so ist in mir die Erinnerung an den Schabbat und die ganze damit verbundene Zeremonie in allen Einzelheiten sehr lebendig geblieben. Der Schabbat war immer ein besonderer Feiertag, ähnlich wie Pessach, obwohl er sich alle sieben Tage wiederholte. Als Kind war es für mich ein Tag voller angenehmer Überraschungen und Freude, besonders was die Mahlzeiten betrifft. Ich habe seither nie mehr derartige Tage erlebt und nie wieder so gut gegessen. In meinem Elternhaus in Berlin wurden Schabbat und selbst Pessach nicht gefeiert. Mein Vater hielt von dem ganzen »Religionszirkus« überhaupt nichts, und obwohl er in der jüdischen Kultur sehr gebildet war, waren ihm Religion und die sich daraus ergebenden Gebote und Verbote zuwider. Er hielt sich an den von ihm verehrten Heine, der lange vor Marx den Satz geprägt hat: »Religion ist Opium für das Volk.« Dafür wurde es umso mehr bei meinem Großvater gefeiert, wo wir bis zu meinem siebten Lebensjahr wohnten.

Der Schabbat begann in unserem Schtetl eigentlich schon am Freitagabend, sobald sich die ersten Sterne am Himmel zeigten. Im Winter begann er schon am Nachmittag, weil es früher dunkel wurde und die Geschäfte leer wurden. Kein Jude verließ mehr die Stadt. Es kamen aber einige nach Kuty, um hier den Schabbat zu feiern. Während ich noch im Cheder das hebräische Alphabet lernte, waren zu Hause die Vorbereitungen für den Schabbat in vollem Gange. Mutter nahm den Wassertopf vom Herd, goss Wasser in eine Blechschüssel und begann die Säuglinge, einen nach dem anderen, abzuseifen: »Man muss sauber sein am Schabbat«, sagte sie. Die anderen Kinder saßen auf einer Decke um sie herum. Danach begann

Mutter, unter der Aufsicht von Großmutter, mit der Vorbereitung der Speisen. Der Duft der frischen Seife und der Kerzen mischte sich mit dem Geruch des Eintopfs. Die Gerichte wurden in der langen, niedrigen Küche zubereitet, wo es heiß und dumpfig zuging. In der abgestandenen Luft mischten sich die Düfte der fertigen Speisen, alles beherrschend der bitter-süße Geruch des Tscholent, des jüdischen Eintopfs. Der große Dichter Heinrich Heine nannte ihn »des wahren Gottes koschere Ambrosia«. Tscholent ist ein Eintopfgericht für die Mahlzeit am Schabbat. Es wird schon am Freitag vor Schabbatbeginn zum Kochen gebracht und bei geringer Hitze bis zum Samstagmittag fertig gegart. Arme, die nicht über einen angemessenen Backofen verfügten, brachten ihren Tscholent daher zum Bäcker. Wir hatten aber einen großen Backofen, und Karl, der Behelfer, der mich jeden Tag zum Cheder trug, sorgte dafür, dass der Ofen immer befeuert wurde.

Als ich nach Hause kam, waren die Kleinsten schon gewaschen und fertig angezogen. Vater und Großvater bereiteten sich für den Gang in die Synagoge vor. Sie warteten nur noch darauf, bis ich meine Schabbat-Kleider angezogen hatte. Vater in seiner »Sonntagskleidung«, Anzug mit weißem Hemd und Krawatte, und dazu eine Tasche aus Samt, in die er sein Gebetbuch und irgendeinen deutschen Klassiker hineinsteckte, den er in der Synagoge las, während alle anderen sich mit Inbrunst in ihre Gebetbücher vertieften. Großvater sah in seinem Kaftan und dem breiten Hut wie ein Gutsbesitzer aus. Im Winter trug er einen langen, schweren Mantel mit Schaffell gefüttert. Ich zog meinen blauen Samtanzug an und ein weißes Hemd mit einer dunkelblauen Krawatte. Noch auf der Treppe kämmte meine Mutter mein schwarzes Haar und verpasste mir einen Scheitel.

Auf ein Zeichen meines Großvaters verließen wir, bis auf die Kleinsten, die noch nicht allein gehen konnten, das Haus. Von überall her kamen bärtige Juden in langen Mänteln und gingen mit eiligen Schritten durch die schmalen Gassen zum Bethaus. Selten sah man einen allein unterwegs. Kaum war jemand aus dem Haus getreten, schloss sich ihm ein anderer und diesen sodann weitere an. Kinder begleiteten sie, manche wurden noch an den Händen geführt. So ging man mit eiligen und dennoch würdevollen Schritten dem Schabbat entgegen, wünschte einander »Gut Schabbes«, und das Echo dieser Worte hallte durch die kalte Luft wie ein Gruß aus einer anderen Welt.

Manchmal verirrte sich ein großer, magerer Goi in die Gasse. Sobald er aber die vielen Juden erblickte, stolperte er eilig davon und versuchte, das jüdische Viertel möglichst unauffällig zu verlassen. Die Kinder liefen ihm hinterher und riefen laut »Scheigez, Scheigez«.

Die Gasse führte um den Hügel herum zur Synagoge und zur Mikwa. Aus drei verschiedenen Gassen strömten die Juden vor dem Bethaus zusammen und drängten sich durch die offene Tür, bevor sie den Betraum betraten. In der Mitte der Ostwand befand sich die heilige Lade, wo die Thorarollen aufbewahrt wurden. Davor stand ein Holzpult für den Vorbeter und die, die später einzeln zum Vorbeten aufgerufen werden sollten. Rundherum Tische und Bänke, die im Lauf der Zeit tiefschwarz geworden waren. Die Versammlung wurde kontinuierlich größer. Am Ofen stand in der Regel eine Gruppe von Männern mit langen, weißen Bärten. Alle riefen sich gegenseitig »Gut Schabbes, gut Schabbes.« zu. Der Raum war erfüllt von lautem Gemurmel und unterdrückter Heiterkeit. Die Kinder liefen zwischen den Bänken hin und her und kreischten manchmal laut. Erst als der Rabbiner hereinkam und sich hinter dem Holzpult würdevoll aufbaute, wurde es auf einen Schlag still, und selbst die Kinder verstummten neben ihren Vätern. Alle holten ihre Gebetbücher heraus und fingen an, in einem merkwürdigen Singsang, in einer uns Kindern noch unverständlichen Sprache zu beten. Der Vorbeter sang mit einer klaren, lauten und tiefen Stimme, und sein Oberkörper wiegte sich unentwegt vor und zurück, was die Konzentration beim Beten fördern soll. Währenddessen holte mein Vater seinen Heine oder Schiller aus der Tasche und las ungestört in seinen geliebten deutschen Klassikern.

Die Gebete dauerten nicht lange, denn auf alle wartete zu Hause eine leckere, warme Mahlzeit. Als schließlich das abschließende

Amen gesprochen wurde, waren alle erleichtert und froh. Man beeilte sich nach Hause zu kommen, wo bereits das warme Essen wartete.

Der Rest der Familie einschließlich der Ehefrauen ging am Vorabend des Schabbats nicht in die Synagoge. Das taten sie dann mit umso größerer Begeisterung am Schabbat selbst, um auf der Frauenempore Nachbarinnen, Freundinnen und Familienangehörige zu treffen und sich über die wichtigen und unwichtigen Ereignisse der Woche auszutauschen.

Wir Kinder traten als Erste ins Haus, nach uns mein Vater und als Letzter Großvater.

»Gut Schabbes« rief er und verbeugte sich feierlich.

»Gut Schabbes, Herr des Hauses«, antworteten Großmutter und Mutter gleichzeitig. Großvater legte das Gebetbuch auf den Tisch und ging ins Badezimmer, um sich die Hände zu waschen. Großmutter trat an den Tisch und zündete gemäß der jüdischen Tradition die Schabbat-Kerzen an. Sie legte das abgebrannte Streichholz auf das Tablett, hob die Hände und drehte sich dreimal hin und her. Dann legte sie die Hände vor das Gesicht und sagte, wie vorgeschrieben, den Segensspruch: »... und Du hast uns befohlen, Lichter anzuzünden zu Ehren des Schabbats.« Langsam nahm sie die Hände vom Gesicht.

Großvater, aus dem Bad zurückgekehrt, legte seinen Tallit, das Gebettuch, um die Schulter und begann mit der Segnung des Brotes. Unmittelbar danach fuhr er mit dem Lob der tüchtigen Hausfrau fort, so wie es das Ritual verlangt. Dann beugte er sich über den Becher, um zu prüfen, ob genug Wein für den Kiddusch vorhanden war. Er begann zu beten: »Es wurde Abend, und es wurde Morgen: Der sechste Tag. So wurden vollendet Himmel und Erde und ihr ganzes Gefüge. Am sechsten Tag vollendete Gott das Werk, das er geschaffen hatte, und er ruhte am siebten Tag, nachdem er sein ganzes Werk vollbracht hatte. Und Gott segnete den siebten Tag und erklärte ihn für heilig: denn an ihm ruhte Gott.« Er nahm das Deckchen von den Broten und breitete die Hände über sie: »Gelobt sei der Name des Herrn der Welt, der hervorbringt Brot aus der Erde.«

Er hob den Becher an die Lippen und trank ihn halb leer, bevor er ihn Großmutter reichte. Diese senkte den Kopf und trank einen Schluck. Dann reichte sie den Becher weiter.

»Lechajim, auf das Leben«, rief Großvater.

»Lechajim«, antworteten wir alle im Chor.

Großmutter stellte einen großen Teller mit Hühnersuppe auf den Tisch und verteilte die Suppe in alle Teller. Zuerst natürlich an Großvater. Als sie fertig war, sagte Großvater mit lauter Stimme »Guten Appetit«, und Großmutter sagte: »Lasst es euch schmecken.«

Alle schlürften ihre Suppe, und der aufsteigende Dampf zog wie eine Nebelschwade durch den Raum. Nachdem wir fertig waren, brachte Großmutter einen Teller Fleisch mit gekochten Kartoffeln herein. Nur am Vorabend des Schabbats wurde bei uns Fleisch gegessen. Bei Armen, Nebbichen, gab es dagegen Heringe.

Nach dem Fleischverzehr war die Mahlzeit zu Ende. Die Kinder wurden ins Bett geschickt, und Großvater nahm vom Regal ein Buch und begann still für sich zu lesen. Nach einiger Zeit stand auch er auf und ging schlafen.

Am Schabbatmorgen standen alle früh auf, um gemeinsam ins Bethaus zu gehen. Zunächst wurden die Kinder gewaschen, aber diesmal, weil am Schabbat nicht erlaubt, ohne Seife. Zum Frühstück gab es Rosinenkuchen, den Großmutter tags zuvor gebacken hatte. Großvater wünschte allen einen guten Schabbat und las das Morgengebet vor. Man hörte ihn kaum, so leise und schnell flüsterte er es. Im Winter zogen wir uns warm an und verließen das Haus. Die Kinder machten Schneebälle, die sie auf einen Schwarm aufflatternder Tauben warfen.

»Kinder, es ist Schabbat«, schimpfte mein Großvater.

Es ging wieder die schmale Gasse hinunter, die wir einfach die »Dorfstraße« nannten. Wieder kamen von allen Seiten feierlich gekleidete Juden, die sich mit »Gut Schabbes« begrüßten. In der Mitte der Straße ging der örtliche Polizeikommissar, ohne irgendjemanden eines Blickes zu würdigen oder gar zu grüßen. Über dem gelackten Schirm seiner marineblauen Mütze prangte der österreichische Adler. Mit steifem Rücken stolzierte er eilig vor uns her.

Offensichtlich wollte er die Straße so schnell wie möglich hinter sich bringen.

Am Schabbat kamen auch die Frauen in das Bethaus. Sie gingen aber mit den Kindern getrennt von den Männern und hatten auch ihren eigenen Eingang, von wo es direkt auf die Empore ging, den Platz für die Frauen.

Im Betraum der Männer ging es laut her, wie in der sprichwörtlichen Judenschule, und das Gemurmel schwoll an und erfüllte den ganzen Raum. Hinzu kam noch das Flüstern der Frauen und das Kreischen der Kinder. Es war fast wie auf einem Jahrmarkt. Der Rabbiner kam herein und nahm seinen Platz ein. Es wurde still. Der Vorbeter begann mit seinen Gesängen. Die Betenden wiegten sich so heftig hin und her, dass es manchmal schien, als wollten sie sich gegenseitig wegrempeln. Menschen kamen und gingen, und es wurde wieder laut sowie zuvor. Es war gänzlich anders als in einer katholischen Kirche, was ich damals allerdings noch nicht wusste. Erst viel später, als Erwachsener, hatte ich Gelegenheit, einen Gottesdienst in einer katholischen Kirche zu erleben – eine völlig andere Welt. Mein Vater las heimlich in seinem Heine und sang vielleicht im Geiste seine Lieder mit.

Es ist Brauch bei den Juden, dass am Schabbat unterschiedliche Personen zum Thoravorlesen aufgerufen werden. Es ist dies eine Ehre, und meinem Großvater, als angesehenem Bürger der Gemeinde, wurde diese Ehre nahezu jedes Mal zuteil. Vielleicht, weil er ein Kohen war. Wir alle warteten stets gespannt darauf. Schließlich hörten wir den Synagogendiener rufen:

»Es möge vortreten Reb Avraham Ben Jakob haKohen!«

Großvater war ein Kohen, das heißt, unsere Familie stammt aus dem israelitischen Stamm der Kohanim, der Priester, denen es damals bestimmt war, im Tempel in Jerusalem zu dienen.

Er wurde als Letzter aufgerufen und sang seinen Text mit lauter und klarer Stimme. Als er fertig war, sagten alle Anwesenden »Amen«. Später gratulierten sie ihm.

Der Vorbeter beendete den Gottesdienst mit den Worten: »Der den Frieden geschaffen hat zu seinen Höhen, gib Frieden uns und dem ganzen Volk Israel. Amen.«

»Amen«, antworteten die Gläubigen und dankten dem Vorbeter, dass er für sie gebetet hatte.

Fast an jedem Schabbat fand auch eine Bar Mizwa statt und der Knabe, der dran war, durfte die Haftara vorsingen, den Abschnitt aus der Bibel, der zu seinem Geburtstag passte. Das war immer ein großer Tag für seine Familie und ein Festtag für uns Kinder. Kaum war der Knabe mit seinem Vortrag zu Ende, da regnete es aus der Empore, wo die Frauen und auch seine Mutter, Großmutter und alle Tanten und Nachbarn saßen, kübelweise Süßigkeiten aller Art herab, die wir Kinder fleißig umgehend einsammelten.

Für die Erwachsenen gab es nach der Zeremonie einen Umtrunk, man gratulierte dem Vater und wünschte dem 13-jährigen Bar-Mizwa-Knaben viel Erfolg in seinem Leben und vor allem, dass er ein guter Jude werde.

Dann drängten sich alle zum Tisch, auf dem die Mäntel lagen und gingen zum Ausgang.

»Gut Schabbes, gut Schabbes«, riefen alle durcheinander.

Wir gingen nach Hause. Die Frauen, die am Umtrunk nicht teilnahmen, waren schon vorher gegangen, um den Mittagstisch vorzubereiten. Zu Hause angekommen empfing uns der süßliche Geruch geschmorter Kartoffeln. Großmutter freute sich jedes Mal, dass ihr der Tscholent so gut gelungen war. Es war alles bereitet, der riesengroße Topf stand schon auf dem Tisch und daneben die Challa, das geflochtene Schabbat-Brot. Großvater beeilte sich mit dem Beten und zerschnitt danach die Challa, tauchte eine Scheibe in Salz und biss hinein. Danach gab er jedem der Anwesenden ein Stück der Challa, und wir alle machten es ihm nach.

Großmutter nahm den Deckel vom Kochtopf, beugte sich über ihn und sagte zufrieden: »Ein guter, fetter Tscholent!« Sie verteilte die Portionen, und Großvater bekam natürlich am meisten, aber auch alle anderen wurden satt.

Danach gab es noch Nachtisch, eine Portion süßen, dampfenden Gugl.

»Ein königlicher Guglhupf«, sagte Großmutter stolz.

»Und du bist die Königin«, hörte ich meine Mutter murmeln.

Der Guglhupf war mit Rosinen und Walnüssen gespickt. Zu Pessach wurde er mit Äpfeln und Matze serviert. Meine Großmutter goss noch Honig über die Masse. Es schmeckte einfach köstlich.

Als wir fertig waren, nahm Großvater wieder sein Gebetbuch und begann, Psalmen zu lesen und zu singen. Die Kinder aber baten Großmutter, ihnen eine Schabbat-Geschichte zu erzählen. An eine kann ich mich lebhaft erinnern:

Es war einmal ein Jude namens Nachum, der an einem Freitagnachmittag über den Markt ging. Neugierig schaute er nach allen Seiten, nichts entging seinen Blicken. Er kannte jeden, und alle kannten ihn. Man erkundigte sich nach seiner Gesundheit, und Nachum antwortete, dass es ihm – »Gott sei Dank« – gut gehe. Dabei wandte er den Kopf ab, denn er wollte nicht, dass man sein Gesicht sah. Alle wussten, dass er eine schwere Krankheit hinter sich hatte. So schlenderte er über den Platz und beobachtete das lebhafte Treiben. Als er am Fischladen vorbeikam, rief der Händler: »Nachum, warte einen Augenblick!«, und schon war er im Laden verschwunden. Nachum blieb stehen und wartete. Bald kam der Fischhändler zurück und drückte ihm ein Päckchen in die Hand.

»Gut Schabbes«, wünschte er Nachum und ging in seinen Laden zurück.

»Gut Schabbes. Gott vergelte es dir«, sagte Nachum. Er schämte sich. Jetzt hatte er es eilig, nach Hause zu kommen. Als er beim Bäcker vorbeikam, kaufte er sich mit den letzten Groschen zwei Schabbat-Brote. Dann rannte er nach Hause. Als er in die Stube trat, saß seine Frau mit gefalteten Händen wartend auf der Bank.

»Ich bring dir Fisch und Challa. Bereite den Schabbat vor«, rief er glücklich.

»Gott ist barmherzig«, sagte seine Frau und rang die Hände.

»Beeil dich, Frau! Der Schabbat steht vor der Tür«, sagte Nachum.

Beile, so ihr Name, machte sich sofort an die Arbeit. Der Fisch war ein Hecht. Beile entschuppte ihn, schnitt ihn auf und nahm die Eingeweide heraus. Da fiel ein Stein auf den Tisch. Sie nahm ihn und betrachtete ihn. »Nachum, ein Brillant!«, rief sie.

»Ein Brillant?«, rief er ungläubig. Er mochte seinen Augen nicht trauen. Sprachlos starrten sich die beiden an.

»Beile, mach weiter. Wenn der Schabbat vorbei ist, bringe ich den Schatz zum Fischhändler«, sagte Nachum zu seiner Frau. Sie war einverstanden, und sie feierten einen glücklichen Schabbat.

Die größeren Kinder verstanden die Moral der Geschichte und klatschten, die kleineren machten es ihnen nach.

Inzwischen war es Zeit für die Hawdala, die Trennungszeremonie, die den Schabbat abschließt. Ich wusste, dass jetzt eine ganze Woche, sieben lange Tage, bevorstanden, bis ich meinem Großvater wieder so nah kommen würde.

## Pessach

Unvergessen sind mir Pessach und die Sederabende geblieben, die bis spät in die Nacht dauerten. Die Inbrunst, mit welcher Großvater die Gebete sprach, den Wein segnete und den erwarteten Propheten Elijahu begrüßte, prägten mein kindliches Gemüt. Es nahm das alles auf, als wäre es etwas, das mit dem täglichen Leben unmittelbar zusammenhängt und keineswegs ins Metaphysische entrückt war. Ich liebte Pessach nicht nur wegen des köstlichen Essens, sondern besonders wegen der unterhaltsamen Zeremonie voller Geheimnisse und Märchen, wegen des erhofften Besuchs des Propheten Elijahu (der natürlich nie kam), und nicht zuletzt wegen der Freude über den Sieg über die Ägypter. Auf dem Tisch stand immer ein volles Glas Rotwein für den Propheten, das bis zum Schluss der Zeremonie voll blieb und am Ende von Großvater ausgetrunken wurde. Pessach war auch ein Fest, an dem wir Kinder teilnehmen konnten und sollten, insbesondere um die versteckte Matze zu suchen. Und vor allem war es ein Fest, das zu Hause gefeiert wurde und nicht in der Synagoge.

Es gibt für Juden kein schöneres, emotionaleres und gemütlicheres Fest als Pessach. Man begann mit den Vorbereitungen schon einige Tage vor dem ersten Festtag, dem Sederabend, mit der Aussonderung aller für Pessach nicht geeigneten Lebensmittel. Wir Kinder durften dabei helfen. Die verpackten Lebensmittel, auf denen »Kosher für Pessach« stand, verblieben in der Küchenkammer, alle anderen wurden »verkauft«. Nicht alles, was sonst als koscher gilt, ist auch zu Pessach koscher. Da gelten andere Vorschriften, die so kompliziert sind, dass sie ein nicht religiöser Jude meist nicht versteht.

Das mit dem »Verkaufen« war natürlich ein Trick, ein Schwindel. Jede Familie hatte ihren Goi, der für einen Groschen alles, was Pessach nicht erlaubt war, aufkaufte. Somit gehörte es nicht mehr uns und konnte bleiben, wo es lag. Nach dem Fest wiederholte man diesen Handel in umgekehrter Folge. Man gab dem Goi den Groschen zurück und war wieder im Besitz seiner Lebensmittel.

Nachdem diese merkwürdige Zeremonie vorüber war, mussten wir sämtliche Küchenutensilien, Teller, Tassen, Messer, Gabel, Löffel, Kochtöpfe, Pfannen und sonstigen Gefäße, die wir im täglichen Leben benutzten, in den Keller schaffen, wo auch das gesamte Schabbat-Geschirr untergebracht war. Ein strenggläubiger Haushalt hatte von allem jeweils drei Exemplare, für die Wochentage, für den Schabbat und für Pessach. Das für Pessach vorgesehene Geschirr wurde gereinigt und in die gute Stube geschafft, was von Großmutter alles genauestens überwacht wurde. Das Pessach-Geschirr durfte – Gott behüte! – unter gar keinen Umständen mit dem gewöhnlichen Geschirr und auch nicht mit dem Schabbat-Geschirr in Berührung kommen.

Als das erledigt war, was in der Regel zwei Tage beanspruchte, wurde das ganze Haus gereinigt, um auch das allerkleinste Körnchen Chamez zu entfernen. Danach begann man mit dem Backen der Matzen, die man bei der Sederabend-Zeremonie und auch während der sieben Tage des Festes verzehrte, bis sie einem zum Halse raushingen und man sich nach einem echten Roggenbrot sehnte. Heute kauft man, wenn man in Israel oder in einer jüdischen Umgebung lebt, die Matzen im Supermarkt. In Deutschland, wo nach dem Krieg nicht mehr so viele Juden lebten, haben die jüdischen Gemeinden das Verteilen von Matzen in Paketen organisiert. Als ich noch Kind war und im Haus meines Großvaters lebte, oblag es jeder Familie, die benötigten Matzen selbst zu backen. Bei einer so großen Familie wie der unsrigen hat es zwei, manchmal drei Tage gedauert. Die fertigen Matzen wurden dann vorsichtig herausgeholt, damit sie ja nicht brechen, in einer trockenen Ecke der Wohnung gestapelt und dort mit einem Leinentuch zugedeckt. Alle diese Arbeiten wurden in einer feierlichen Atmosphäre verrichtet, wie sie in allen jüdischen Häusern der Stadt herrschte.

Endlich kam der ersehnte Tag, und nach dem Abendgebet begann der Seder, das Abendmahl. Auf Hebräisch bedeutet Seder übrigens Ordnung, und genauso verläuft auch der Abend, nach einer seit Jahrhunderten festgelegten Ordnung, in vorgeschriebenen Schritten. Bevor es losgeht, muss der Sederteller gedeckt und die anderen Zutaten vorbereitet werden: Matzen und sechs weitere Bestandteile in einer im Hinblick auf ihre mystische Bedeutung und ihre Beziehung untereinander vorgegebenen Anordnung. Dann legt man drei ganze Matzen übereinander und bedeckt sie mit einem Tuch. Darauf wird ein gebratener Hähnchenknochen gelegt, von dem das Fleisch entfernt war. Er soll das Pessachopfer symbolisieren und wird natürlich nicht gegessen. Drum herum legt man ein hart gekochtes Ei, geriebenen Meerrettich, Charosset – eine aus Äpfeln, Birnen und Wein hergestellte Paste –, ein Stück Gemüse und weitere bittere Kräuter, die an das bittere Leben der Israeliten in Ägypten erinnern sollen. Jeder der Anwesenden benötigt einen Weinbecher und eine Schale mit Salzwasser. Wenn ich sage »jeder«, dann meine ich nur die Erwachsenen. Die Kinder waren mit anderen Aufgaben beschäftigt. Zu den Erwachsenen gehörte aber auch jedes Jahr ein Gast, den Großvater von der Synagoge mitgebracht hatte.

Fremde Juden, die in der Stadt hängen geblieben waren, warteten vor dem Bethaus, um von einheimischen Hausbesitzern eingeladen zu werden, und es war eine religiöse Pflicht, sozusagen eine gute Tat, einen Gast zum Seder mitzubringen. Auch in Deutschland pflegte ich, die Sederabende für meine Familie zu zelebrieren und nahm auch die Tradition auf, Gäste einzuladen. In der Regel waren es nichtjüdische Kontakte aus meiner verlegerischen Arbeit oder auch Freunde meines Sohnes Abraham. Diese Fremden waren immer dankbar für die Einladung, die ihnen die Tür zu einer fremden Welt öffnete.

Jetzt konnte die Zeremonie beginnen. Mein Großvater füllte den Weinbecher bis zum Rand mit süßem Rotwein und sprach den Segen, den Kiddusch. Danach ging er die Hände waschen. Sie müssen gesäubert sein von den Unreinheiten eines Lebens in der materiellen Welt. Danach nimmt er ein kleines Stück Gemüse aus der Schale, tunkt es ins Salzwasser und spricht dabei den Segen für Gemüse. Alle erwachsenen Teilnehmer machen es ihm gleich. Er nimmt die mittlere der drei Matzen vom Sederteller, bricht sie entzwei und lässt das kleinere Teil liegen. Das größere Stück bricht er in fünf Teile und wickelt sie in ein Tuch. Laut der Kabbala wurde die Welt durch fünf Aspekte des Lichts erschaffen, und darauf bezieht sich dieser Brauch. Das Päckchen mit den fünf Stücken wird bis zum Ende des Seders versteckt. Das machen die Kinder, und sie freuen sich und rennen mit Geschrei in alle Richtungen. Die Erwachsenen mussten später das Paket suchen. Jedenfalls hielt uns die Spannung, wer die Matzen finden würde, bis zum Ende des Mahls wach, denn die Zeremonie dauerte noch lange.

Der zweite Becher wurde gefüllt, und wir Kinder wurden aufgefordert, die Frage zu stellen und die vier Antworten zu geben. Das war für uns Kinder der Höhepunkt des Seders. Es konnten nur fünf Enkel mitmachen. Einer, der die Frage stellte, und vier, die die Antworten gaben. Es gab aber mehr als doppelt so viele Enkel. Großvater bestimmte, wer die Frage stellen und wer die Antworten vortragen durfte. Ich, als Lieblingsenkel, war immer dabei.

Meistens stellte ich die Fragen: »Warum ist dieser Abend anders als andere Abende?«, lautete die erste Frage.

Und die Enkel antworteten einer nach dem anderen.

»An allen Abenden essen wir entweder Brot oder Matze, heute nur Matze«, sagte der erste. »An allen Abenden essen wir alle möglichen Kräuter, aber an diesem Abend nur bittere«, sagte der zweite. Und der dritte folgte: »An allen anderen Abenden stippen wir gar nicht, an diesem Abend gleich zweimal.« Dann kam der vierte dran:

»An allen anderen Abenden essen wir entweder sitzend oder angelehnt, aber an diesem Abend nur angelehnt. Früher durften nur die Freien so essen. Indem wir heute Abend auch angelehnt essen, zeigen wir, dass wir freie Menschen sind.«

Nach dieser Unterhaltung begann die eigentliche Haggada, die Erzählung des Auszugs der Israeliten aus Ägypten, der aber in Wirklichkeit eine Flucht war. Und da mein Großvater sich nie wörtlich an den Text der Haggada hielt, sondern immer auch Anekdoten aus dem Leben der Juden in der Gegenwart erzählte, erinnere ich mich an Pessach 1948, kurz bevor wir das Lager in Admont in Richtung Palästina verließen, als ich – Mitglied des Vorstands und Herausgeber der Lagerzeitung – die Ehre hatte, am gemeinsamen Sederabend aller Lagerinsassen, im Beisein von Gesandten aus Palästina, eine Rede zu halten, sozusagen im Rahmen der Liturgie der Haggada, was jedem erlaubt und sogar erwünscht war. Ich sagte: »Meine Brüder und Schwestern, wir lesen die Haggada und erinnern uns an das Wunder des Auszugs aus Ägypten vor 3000 Jahren. Aber, liebe Anwesende, uns geschah dieses Wunder erst jetzt, vor wenigen Jahren. Auch wir waren Sklaven, einige wie ich bei den Russen und die meisten von euch bei den Nazis. Noch vor kurzem habt ihr nicht daran geglaubt, dass ihr befreit sein würdet. Und dennoch, das Wunder geschah, und heute sitzen wir hier frei und unabhängig, und, so Gott will, werden wir in wenigen Tagen in unser Land aufbrechen, in das gelobte Land Israel. Wir kommen aus der Unfreiheit und marschieren in die Freiheit. So geschehen auch in unseren Tagen noch Wunder.«

Die Anwesenden weinten. Es war eine traurige Freude. Still und würdevoll saß man im großen Saal und verzehrte die Köstlichkeiten, die uns Juden in Amerika gespendet hatten. Man dachte an die Jahre des Hungers, als jeder von uns für einen Laib Brot bereit gewesen wäre, seinen Nachbarn zu verraten. Und man dachte an die vielen Verwandten und Freunde, die es nicht geschafft haben, diesen Augenblick zu erleben. Danach tranken die Erwachsenen schließlich den zweiten Becher Wein.

Es wurde eine Schüssel mit Wasser gebracht, und Großvater wusch sich wieder die Hände. Er trocknete sie sorgfältig und nahm dann die übrigen Matzen vom Teller, hob sie hoch und sprach den Segen: »Gesegnet seist Du, Gott, unser Herr König des Universums, der Du Brot aus der Erde hervorbringst.« Matze ist die wichtigste Speise beim Seder, und sie zu essen ist das Hauptgebot bei der Pessach-Zeremonie. Großvater bricht für sich und alle anderen Tischnachbarn ein Stück von der Matze ab und reicht sie herum.

Es geht weiter: man lobt die Hühnersuppe mit den Matzeknödeln, eine Köstlichkeit. Ich habe den Geschmack noch heute auf der Zunge. Manche Kinder sind schon längst eingeschlafen, und auch die Erwachsenen haben Mühe, ihre Augen offen zu halten. Großvater hält aber tapfer durch. Er liest die Liturgie bis zur letzten Zeile. Am Schluss heißt es »Nächstes Jahr in Jerusalem.« Mancher Erwachsener ist inzwischen auch eingeschlafen, und so geht der Abend ruhig und friedlich zu Ende.

Vor allem hat diese Pessach-Zeremonie mein Dasein als Jude geprägt. Von den religiösen Pflichten habe ich nicht viel gehalten, aber die Feiertage habe ich als Kind geliebt und als Erwachsener respektiert. Das war die eine Seite. Die andere Seite war mein Vater. Im Gegensatz zum Großvater, dessen Bücherregale rabbinische und talmudische Schriften füllten, waren sie bei meinem Vater mit Büchern einer ganz anderen Welt gefüllt, an der ich als Kind keinen Anteil hatte. Ich wurde in diese beiden gegensätzlichen Welten hineingeboren, von der meines Großvaters angezogen, von der meines Vaters verwirrt. Bei Ausbruch des Ersten Weltkrieges fand ich mich in einer völlig neuen Welt ohne jeden Bezug zur Religiosität meines geliebten Großvaters wieder.

Als Kind nahm ich das Judentum in erster Linie visuell wahr. Ich sah fast täglich meinen über einen großen Folianten gebeugten Großvater an seinem Tisch, wie er melodisch skandierend den Talmud las, immer wieder, jahrein, jahraus. Ich beobachtete, wie er mit peinlicher Genauigkeit die rituellen Gesetzesvorschriften an sich vollzog, wie er sich am Vorabend des Jom Kippur durch den Synagogendiener 40 Stockschläge als Sühne für etwaige Sünden verabreichen ließ, die er vielleicht unwissentlich begangen haben konnte. Ich erlebte betroffen, wie er das Kol-Nidre-Gebet vortrug und dabei bitterlich weinte und die ganze Gemeinde mit ihm. Er tat dies jedes Jahr. Ich sah, wie er sich den weißen Totenkittel anlegte und in Pantoffeln in die Synagoge ging, denn ein besohlter Schuh hätte seine Demut verringert.

## Auf der Flucht

Es nahte das unheilvolle Jahr 1914. In Kuty verspürte man von der bevorstehenden Katastrophe noch nichts. Zu Hause hielt Großvater die Zeitung in der Hand und sagte: »Der Thronfolger ist ermordet worden. Das bedeutet Krieg.« Großmutter meinte: »Der alte Kaiser Franz Joseph ist 84 Jahre alt, da ist man nicht mehr kriegslustig. Du kannst beruhigt sein.«

Der Krieg kam aber dennoch.

Bald nach der Kriegserklärung standen die russischen Kosaken vor der Grenze Galiziens, die an das zaristische Russland reichte. Panischer Schrecken ergriff die Juden Galiziens bei dem Gedanken, den wilden Horden der Kosaken ausgeliefert zu sein. Die Erinnerung an die Pogrome des Kosakenführers Chmielnicki war tief im Gedächtnis fast aller Juden verwurzelt. Ein jeder suchte nach Möglichkeiten, um zu entkommen. Die Reichen benutzten eine Droschke, die weniger Bemittelten Pferde und Leiterwagen, die Armen wanderten zu Fuß los.

Mein Vater verfügte über einen blinden Klepper, den ihm ein gewitzter Pferdehändler angedreht hatte. Mit letzten Kräften zog das arme Tier den Leiterwagen mit der kinderreichen Familie und den wenigen Habseligkeiten, die man in Eile zusammengepackt hatte. Der vollbeladene Wagen kam nur schrittweise vorwärts, er schlängelte sich zwischen den Kanonen, den Pontons und den marschierenden und reitenden Truppen durch, die in die Gegenrichtung an die Front zogen.

Mit den flüchtenden Juden zog auch das österreichische Militär teils vorwärts, teils rückwärts, die armen Juden in der Mitte. Mein Vater, ungeübt, mit Pferden umzugehen, schwang die Peitsche und schrie »Wiau, wiau«. Aber das arme Pferd konnte oder wollte nicht vom Fleck. Berittene Offiziere an der Spitze der nachfolgenden Soldaten, denen Pferd und Wagen im Wege standen, schrien und fluchten und versuchten ihrerseits mit gutem Zureden das Pferd zum Weitergehen zu bewegen – auch ohne Erfolg, und so gaben sie auf. Ein diensthabender Offizier verlor schließlich die Geduld, entriss meinem Vater die Peitsche, gab dem Tier einen kräftigen Schlag – und das Pferd setzte sich in Bewegung.

Es dauerte mehrere Tage, bis wir eine Bahnstation erreichten, wo eine Sammelstelle für die Flüchtlinge eingerichtet war. Sie wurden dort in Viehwaggons verfrachtet, um ihre Reise fortzusetzen. Wir wurden mit einem alten Ehepaar und dessen todkranken Sohn zusammengepfercht. Die Eltern waren über 80 Jahre alt, der Sohn verstarb unterwegs, und die beiden Alten blieben allein zurück. Das war der erste Tote, den ich je gesehen hatte, ein traumatisches Erlebnis, das ich mein Leben lang nicht vergessen konnte.

Der Flüchtlingszug erreichte schließlich die tiefe Ebene der österreichischen Provinz, die südliche Steiermark. In der Nähe der Stadt Pettau wurde haltgemacht. Die Menschenmassen wurden ausgeladen. Ein leerstehendes altes Schloss, mehr Ruine als Wohnstätte, wurde uns als Wohnsitz zugewiesen. Es begann ein Laufen, Drängen und Raufen, wer sich wo und wie einquartieren durfte. Endlich fanden wir im oberen Stockwerk ein Zimmer, das einigermaßen bewohnbar war. Wir waren nicht allein und mussten es mit drei weiteren Familien teilen. Gekocht wurde im weiträumigen Hof des Schlosses, wo bald Hunderte von Kochtöpfen über offenen Feuern brodelten und brutzelten.

Bald konnten wir in eine Wohnung in einem nahegelegenen Dorf umziehen. Mein Vater wurde verpflichtet, in der dortigen Bezirkshauptmannschaft als Schreiner Dienst zu tun. Meine Mutter kümmerte sich allein um uns. Sie musste dazu auch noch das Essen für uns alle beschaffen und zubereiten. Sie tat es aufopferungsvoll und mit viel Geschick.

Ich habe eine nur blasse Erinnerung an die Stadt Pettau, weil wir ja nur in einem etwa zehn Kilometer entfernten Dorf namens Kartschowina wohnten. Unsere Wohnung bestand aus einem großen Zimmer in einer Kate, die einem kroatischen Bauern gehörte. Wir nannten ihn Friedel. Ob dies sein wirklicher Name war, ist zweifelhaft. Er war ein guter Mensch. Als er sein einziges Schwein schlachtete, brachte er uns einen Teller mit allerlei Wurst- und Fleischstücken, worauf meine Mutter sich mit Entsetzen abwandte und ihm sagte: »Das dürfen wir nicht essen.« Er aber, der noch nie in seinem Leben einem Juden begegnet war, sagte: »Nichts darf essen! Gut essen! Gut Schwein!« Er konnte Deutsch nur mit Mühe radebrechen.

So vergingen die Jahre 1914, 1915 und 1916, und die Lage, von der wir glaubten, dass sie nur eine kurze Unterbrechung unseres gewohnten Lebensrhythmus sein würde, wurde zur Normalität. Ich war nicht eingeschult worden, weil wir immer damit rechneten, alsbald wieder zurückzukehren. Als die ersehnte Rückkehr sich aber immer weiter hinauszögerte, musste ich schließlich doch eingeschult werden, und so wurde ich in Pettau in der deutschen Schule eingeschrieben und wegen meiner neun Jahren gleich in die zweite Klasse aufgenommen, die ich schon nach einem halben Jahr übersprang. Nach Kriegsende, 1918, saß ich noch immer in der dritten Klasse, da ich die Schule nur sporadisch besuchen konnte. Meine Mutter war infolge einer Fehlgeburt monatelang bettlägerig geworden, und ich musste mich als Ältester um die jüngeren Geschwister kümmern. In der Schule kannte ich niemanden, ich war dort ein Fremder und blieb es bis zum letzten Schultag. Ich wuchs in diesen Jahren ohne Freunde und Spielgefährten auf. Nach Spielen war mir auch nicht zumute – obwohl ich selbst noch ein halbes Kind war –, weil ich für die Familie sorgen musste.

Das Jahr 1916 war das Todesjahr von Kaiser Franz Joseph, des österreichischen Monarchen, den die Juden als ihren Patron verehrten. Er war gut zu uns Juden gewesen, und natürlich war sein Tod für die Juden ein großer Verlust und ein Unglück dazu. Sein Nachfolger Karl wollte einen Separatfrieden schließen, aber der Hohenzoller, Kaiser Wilhelm, ließ dies nicht zu. Endlich kam das Kriegsende und mit ihm die Revolution in Deutschland und in Österreich. Das Kaiserreich zerfiel in seine einzelnen Nationalitäten. Ungarn wurde ein freier Staat. Galizien gehörte fortan zu Polen und wurde als polnische Provinz Kleinpolen genannt.

*Mein Vater auf der Flucht in Pettau*

Wir fuhren in das neue Polen zurück, wo gerade in Lemberg und in anderen Städten Galiziens Pogrome gegen Juden stattfanden. Auch Großvater kam mit Großmutter aus seinem Zufluchtsort zurück. Ich habe nie erfahren, wo er gewesen war. Da es ihm aber an Geld nicht fehlte, munkelte man, dass er bis nach Wien geflohen sei, wo er in einem vornehmen Hotel die schlimme Zeit verbracht habe. Zurück in Kuty fanden wir alle Häuser der Juden ausgeraubt und zertrümmert. Die rabbinische Bibliothek meines Großvaters war von Vandalen zertrampelt und verwüstet worden. Die Bücher hatte man in Stücke gerissen. Die Geschäfte waren ausgeplündert. Mehr als über die Plünderung seines Geschäftes trauerte Großvater aber über den Verlust seiner Bücher. Mein Freund Manès Sperber schrieb dazu: »Die Stimmung, die im Schtetl vorherrschte, war gleichsam manisch-depressiv. Hoffnungsvolle Erwartung wechselte immer wieder blitzschnell mit Angst vor einer russischen Invasion, vor Pogromen, Hungersnöten und Epidemien ab. Nach jedem Pogrom kamen Juden über die Grenze, sie blieben eine Weile, dann zogen sie weiter. Sie strebten einem Hafen zu, sie wollten Europa für immer verlassen.«

»Für uns ist jeder Krieg ein Unglück«, sagte mein Großvater.

Mit einem Mal begriffen alle, auch wir Kinder, dass eine andere Zeit angebrochen und die alte Welt für immer verloren war. Wir verstanden aber auch, dass es keinen Sinn machte, nach der alten, verlorenen Zeit zu suchen und wandten unseren Blick nach vorne in der Hoffnung auf eine bessere Zeit. Ich fragte mich, was es mit der »Auserwähltheit« der Juden auf sich hat. Sperber schrieb darüber folgendes: »Nur die wenigsten Nichtjuden haben begriffen, dass das jüdische Leid nicht etwa trotz, sondern vor allem wegen dieser Auserwähltheit zu unserem Schicksal geworden ist. Indem Gott mit uns ein Bündnis schloss, warf er den göttlichen Ziegelstein seiner Gnade auf uns. Seitdem tragen wir die erdrückende Last seiner Gnade auf unseren Rücken wie einen Fluch.« Wenn Gott uns so sehr liebt, warum hat er uns über Jahrhunderte so sehr gequält? Ich entdeckte damals die Niedertracht der Menschen, aber auch sehr viel Liebe und Gerechtigkeit. Die Beziehung zwischen uns und der nichtjüdischen Umwelt war keineswegs einfach, dennoch brachten wir für sie viel Sympathie und Verständnis.

Juden sind es gewohnt, zu improvisieren und aus dem Chaos heraus ein neues Leben zu beginnen. Bald waren die Geschäfte wieder voller Leben, und Bauern und Juden tummelten sich wie eh und je auf dem Markt, nur dass wir jetzt plötzlich Polen waren und die deutsche Sprache nicht mehr erwünscht war. Ich war inzwischen zwölf Jahre alt geworden. Mein jüdisches Wissen aus der Knabenzeit war im Laufe der Jahre verloren gegangen. Nun galt es, das Vergessene aufzufrischen und mich weiterzubilden. Auf Betreiben meines Großvaters wurde ich zum »besten« Rebben der Stadt geschickt. Es war wieder Mechel Horner, der keinen Spitznamen hatte, sondern ehrfurchtsvoll mit seinem Familiennamen angeredet wurde. Ein Unikum unter den damaligen »Melamdim« wie man jüdische Kinderlehrer nannte. Er wohnte immer noch in einem besseren Viertel der Stadt, in der Gerichtsgasse, wo er ein geräumiges Steinhaus besaß. Bei ihm studierte ich den Talmud und die Bücher der Propheten, die von den frommen Juden meist gemieden wurden. Für die orthodoxen Juden ist nur die Thora heilig, von den Propheten halten sie nicht viel. Das wissen nur die wenigsten. Diese Lernzeit dauerte nicht länger als ein Jahr. Ein Jahr darauf hatte ich Bar-Mizwa, und ein halbes Jahr später siedelte ich zu meinem Vater um, der inzwischen in Berlin lebte.

Kuty und so viele andere Schtetl in Osteuropa haben ein Ende gefunden. Sie haben sich nach dem Ersten Weltkrieg nie wieder richtig erholt. Dann kam der Zweite Weltkrieg und mit ihm die Deutschen. Die Juden in den Schtetl haben die Deutschen freundlich empfangen, da sie aus dem Krieg davor nur gute Erinnerungen an sie hatten. Aber sie sollten sich täuschen.

# II 1918–1933

## Berlin

Die Zeit zwischen den beiden Weltkriegen war für die Juden in Polen sehr turbulent und gefährlich. Die polnische Regierung tat alles, um ihnen das Leben so schwer wie nur möglich zu machen. Die Steuerlast wurde fast ausschließlich auf die jüdische Minderheit abgewälzt, und jüdische Beamte, die in österreichischem Dienst standen, wurden durch Polen ersetzt. Es gab also für uns in Polen kaum noch eine Existenzmöglichkeit. Mein Vater, der bis zum Ausbruch des Krieges Buchhalter beim deutschen Mühlenbesitzer Hermann Jäckel war, konnte nach Kriegsende den Beruf nicht mehr ausüben, weil die Mühle nicht mehr Hermann Jäckel gehörte, sondern irgendeinem polnischen Parvenü, der Antisemit war und Juden nicht beschäftigen wollte. Deswegen wandte sich Vater an seine in Berlin lebende Cousine mit der Bitte um Hilfe. Die antwortete ihm postwendend, dass er kommen möge, sie hätte für ihn Arbeit im Verlag ihres Mannes, Leon Chasanowitsch.

Dieser war ein bekannter jiddischer Journalist und ein Freund vieler Politiker der Sozialistischen Internationale. Er lebte in Berlin als Korrespondent mehrerer amerikanischer Zeitungen, von denen er sein Honorar in Dollar bekam. Was das bedeutete, kann nur der ermessen, der die damaligen Verhältnisse im Nachkriegsdeutschland miterlebt hat. Mit 100 Dollar im Monat konnte man fast das Leben eines Millionärs führen. Der Dollar stieg. Die Mark sank. Milliarden Mark waren plötzlich einen Dollar wert. Außerdem unterhielt Chasanowitsch in der Französischen Straße in Berlin ein Pressebüro unter dem Namen »Judäa«. Privat wohnte er zuerst in Schmargendorf und später mit seiner Frau und zwei

Kindern in einer Zehn-Zimmer-Villa am Südwestkorso in Schöneberg.

Chasanowitsch war in jeder Hinsicht eine imposante Erscheinung: Annähernd zwei Meter groß und 140 Kilo schwer, ein großer quadratischer Kopf, umrahmt von einer Löwenmähne. Er war befreundet mit allen bedeutenden politischen Persönlichkeiten der linken Szene in Europa. In seinem Haus verkehrten alle Größen der deutschen Republik. Seine Frau Tanja war eine charmante Gastgeberin und ganz im Gegensatz zu ihrem Mann von zarter und zerbrechlicher Statur. Sie hatte ihn als Studentin in Czernowitz kennengelernt. Dieser Ehe entsprossen zwei Kinder, Harry und Lilian. Der ältere, Harry, war nur halb so alt wie ich, also noch ein Kind, und die kleine Lilian war etwa drei oder vier. Obwohl ich viel älter war, spielte ich bei den seltenen Einladungen natürlich mit ihnen. Es ging da recht großbürgerlich her. Sie hatten eine Gouvernante, im Haus herrschte ein Butler, in der Küche kommandierte eine Köchin. Obwohl ich zur entfernteren Familie gehörte, fühlte ich mich immer deplatziert in dieser Umgebung, aber sie machte großen Eindruck auf mich.

Im Haus war nicht selten die Prominenz der Weimarer Republik zu Gast – mit Ausnahme natürlich der Rechten. Besonders die Vertreter der Sozialdemokratie wie Philipp Scheidemann, Gustav Bauer, Hermann Müller und andere waren immer wieder gern gesehen, und ich durfte zuweilen zuhören, was sie von sich gaben. Ansonsten waren auch Politiker von der KPD bis zur Volkspartei eingeladen.

Vater befolgte den Rat seiner Cousine und fuhr Anfang 1919 nach Berlin. Die Familie sollte später nachkommen. Da ich der Älteste war, durfte ich als Erster meiner drei Geschwister allein zum Vater nach Berlin fahren. In der ersten Dezemberhälfte 1919 wurde ich zuerst in ein Fuhrwerk gesetzt und bis nach Kolomea gefahren, wo es die nächste Bahnstation gab. Von dort ging es im Schneckentempo weiter nach Berlin. Eine Reise, die normalerweise etwa zwei Tage dauerte, zog sich ganze zwei Wochen hin. Ende Dezember kam ich halb verhungert und erfroren auf dem Schlesischen Bahnhof in Berlin an.

*Im Alter von 14 Jahren in Berlin*

Nach Flucht und mühseligen Wanderungen, demütigenden Behandlungen durch Polizei und judenfeindliche Behörden begann meine Zeit in Berlin. Ich wurde mit 13 eingeschult, und mit 14 musste ich die Schule bereits wieder verlassen. Ich lernte Deutsch lesen und schreiben. In mir erwachte die Begierde nach Wissen. Mein Vater konnte mir den Wunsch zu lernen nicht erfüllen. Ich begann zu lesen, aber nicht wie ein normal heranwachsender Junge Karl May und ähnliche Jugendliteratur. Schon mit 14 Jahren las ich *Peter Camenzind* und *Demian* von Hermann Hesse, zwei Bücher, die mich stark beeindruckten. Ich begann, mich für Politik zu interessieren, und fragte mich zum ersten Mal, warum es so viel Elend in der Welt gäbe und wie man dieses Problem lösen könnte. Ich hörte von Karl Marx und versuchte, *Das Kapital* zu lesen – kam aber über die erste Seite nicht hinaus. Da fiel mir ein Werk in die Hände, das den provozierenden Titel *Aufruf zum Sozialismus* trug, geschrieben von Gustav Landauer. Ich verschlang es geradezu von der ersten bis zur letzten Seite. Das war das »Manifest« meines Sozialismus, der humane Züge trug und mir als die einzig mögliche Lösung der gesellschaftlichen Probleme erschien. Gustav Landauer, ein Freund Martin Bubers, wurde später in München von der deutschen Soldateska ermordet.

Die »Goldenen Zwanziger« waren die Hochzeit des deutschen Theaters. Es waren Jahre der Gärung und der geistigen Experimente, die besonders am deutschen Theater ihren Niederschlag fanden. Es gab die großen Regisseure Max Reinhardt, Leopold Jessner und Erwin Piscator, die dem Theater neue Impulse gaben und die das aufgeschlossene Publikum in Scharen anlockten. Ich war begeistert, Theater wurde mein Leben. Ich fehlte bei keiner Premiere. Einen Stehplatz im Deutschen Theater in der Karlstraße musste man sich durch nächtliches Schlangestehen ergattern. Auch wenn ich nichts zu essen hatte, eine Premiere von Reinhard oder Jessner durfte nicht ohne mich stattfinden. Ich liebte den Schauspieler Alexander Moissi und verehrte Werner Krauß. Ich war tief erschüttert, als ich später erfahren musste, dass er sich der Barbarei der Nazis verschrieben hatte. Ich vergötterte die Schauspielerinnen Anita Pallenberg, Elisabeth Bergner, Käthe Dorsch und viele andere. Für das deutsche Theater waren es in der Tat »Goldene Zwanziger«. Aber sie wurden überschattet von Millionen Arbeitslosen und dem dumpfen Grollen der kommenden Katastrophe für uns Juden, für das deutsche Volk, für ganz Europa. Noch lebten, liebten, tanzten und lachten die wenigen Privilegierten. Für die Unglücklichen, die täglich stempeln gehen mussten und dafür acht Reichsmark die Woche erhielten, bestand kein Grund zur Freude.

Jetzt hat mir meine Leidenschaft für das Theater einen Strich durch meine Schreibplanung gemacht und mich zu einem Sprung von zwei, drei Jahren verführt. Noch war es nicht so weit, noch sprach ich kein Deutsch, und all die Namen, die ich oben erwähnte, waren mir unbekannt. Aber ich komme später darauf zurück.

Mein Vater bewohnte in Berlin ein möbliertes Zimmer im Scheunenviertel bei einer Frau Leutz, deren Tochter Ilse Leutz eine bekannte Trivialschriftstellerin war. Er diente ihr auch zum Vorbild eines Romans unter dem bezeichnenden Titel *Volk ohne Land*. In diesem Zimmer war für mich kein Platz, also wurde ich in einem jüdischen Kinderheim in der Augustusstraße untergebracht, wo Oberschwester Berger das Regiment führte. Gleich darauf wurde ich in der Volksschule am Koppelplatz eingeschult, wo mich Hauptlehrer Giesel bis zum Schulende behutsam begleitete. Da war ich bereits über 13 Jahre alt. Ich kam in die dritte Klasse, die ich kurz darauf mit 14 in die vierte übersprang, an deren Ende ich die Volksschule verlassen musste. Lehrer Giesel stellte mich vor die Klasse, und sichtlich bewegt nahm er Abschied von mir. Ich entsinne mich genau seiner Worte: »Schade, dass du die Schule verlassen musst, du bist ein guter Schüler. Sag deinem Vater, er soll ein Gesuch einreichen, damit du die Schule noch bis zu Ende besuchen darfst. Aber wenn wir uns nicht mehr sehen auf dieser Welt, dann sehen wir uns in Bitterfeld.« Ich dachte damals, Bitterfeld sei ein Euphemismus für »Hölle«, bis ich später erfuhr, dass Bitterfeld der meist benutzte Umsteigebahnhof im deutschen Reich war.

Giesel versuchte noch, auf meinen Vater einzureden, mich weiter auf der Schule zu belassen. Er schrieb ihm einen Brief, den Vater auch beantwortete. Ich weiß nicht, was er ihm schrieb, aber als Giesel den Brief las, fragte er mich, wo mein Vater studiert hätte. Ich wunderte mich und sagte:

»Er hat nicht studiert. Mein Vater ist Buchhalter.«

»Aber er schreibt ein so wunderbares Deutsch, zitiert unsere Klassiker und macht auch sonst keine Fehler, wo hat er das alles gelernt?«

Ich konnte seine Frage nicht beantworten, obwohl ich natürlich von Vaters deutschen Büchern wusste. Er hätte es auch nicht verstanden, wenn ich ihm erzählt hätte, dass mein Vater die Klassiker in der Synagoge gelesen hat.

Es war nun nicht so, dass er mich nicht auf der Schule lassen wollte und mir keine höhere Bildung gönnte. Er konnte es sich schlicht und einfach nicht leisten. Als Buchhalter bekam er einen Hungerlohn, und schließlich waren noch drei weitere Kinder zu ernähren. Mit 14 Jahren schon musste ich also die Schule verlassen und anfangen, Geld zu verdienen.

Ich habe aber immer danach gestrebt, meine Bildung zu erweitern. Später besuchte ich an der Humboldt-Universität Lesungen über Literatur, jüdische Geschichte und Religion. Ich las alles, was mir in die Hände kam, verkehrte fast nur in intellektuellen Kreisen und machte auch durch meine spätere Arbeit in Verlag und Buchhandel die Bekanntschaft interessanter Menschen, von denen ich eine Menge gelernt habe.

Dennoch empfand ich mein Leben lang den Mangel an akademischer Bildung und fühlte mich oft meinen Gesprächspartnern unterlegen, auch wenn es manchmal Akademiker waren, die als Kalb in die Universität gingen und sie als Ochse verließen. Sehr früh entwickelte ich also notgedrungen meine Einbildungskraft, der ich mich nur zu gern hingab. Sie war es, die es mir ermöglichte, die Lücken zwischen den fehlenden Kenntnissen und dem, was man wissen musste, zu schließen. Mein Leben lang habe ich Menschen mit Wissen und Bildung bewundert und Dummheit verachtet. Zumal für uns Juden, die gewohnt sind, auf der Flucht zu sein, Wissen und Bildung überaus wichtig ist. Man kann es schließlich überall hin mitnehmen.

Der Antisemitismus erfand jeden Tag neue Gründe, uns zu hassen. Zu jener Zeit entwickelte sich vor allem unter den Juden Mittel- und Osteuropas ein neues Identitätsbewusstsein und mit ihm ein neues Selbstwertgefühl.

Später, als Verleger, beim Umgang mit Intellektuellen und solchen, die es sein wollten, habe ich einen Professor für Jiddisch kennengelernt, der mich nach einem kurzen Gespräch fragte, wo ich studiert hätte. Ich erinnerte mich an die Frage von Lehrer Giesel und antworte, diesmal für mich: »Ich habe nicht studiert.«

»Aber Sie haben doch Abitur gemacht, auf welchem Gymnasium?«

»Ich habe kein Abitur gemacht. Ich habe nur bis zur vierten Klasse die Volksschule besucht.«

Mein Gesprächspartner, der Professor, machte ein erstauntes Gesicht und sagte: »Wer weiß, was aus Ihnen geworden wäre, wenn sie die Volkshochschule beendet hätten.«

Kaum in Berlin angekommen, musste ich in eine Welt eintauchen, die mir vollkommen fremd war. Minderjährig – gerade mal 14 Jahre alt – blieb mir keine andere Wahl, als das zu machen, was mein Vater für mich vorgesehen hatte. Und auch wenn ich damals enttäuscht und zornig war, so habe ich aus heutiger Sicht Verständnis für meinen armen Vater, der nur das machte, was sein Vater mit ihm gemacht hatte. Und beide taten, was sie machten, weil sie es nicht besser wussten. Das Leben ist manchmal ungerecht, aber ich habe gelernt, damit umzugehen und das Beste aus jeder Situation zu machen. Ich bin sicher, dass mir das auch später in Sibirien geholfen hat zu überleben.

Mein Vater wollte nur das Beste für sich und für mich, aber er wusste nicht, was genau für mich das Beste sein konnte. Deshalb wählte er den für ihn einfachsten Weg, und ich hatte zu gehorchen.

## In der Landwirtschaft

Nachdem ich die Schule verlassen hatte, sollte für mich der Ernst des Lebens beginnen, aber wie? Ich wollte weiter lernen, womöglich studieren, »um zu sehen, was die Welt im Innersten zusammenhält«. Aber mein Vater war der Ansicht, dass es bei den Juden viel zu viel Akademiker gäbe und ich lieber einen praktischen Beruf erlernen sollte, der zum Beispiel auch für Palästina brauchbar wäre. Nicht dass mein Vater ein Zionist gewesen wäre. Der Zionismus war ihm fremd und fast schon unheimlich, und auch ich wusste so gut wie nichts von Palästina und brachte es auch keineswegs in Verbindung mit dem häufig gehörten Gebet: »Nächstes Jahr in Jerusalem«.

Zu Hause in Galizien war der Zionismus überhaupt kein Thema. Für meinen Großvater galten Zionisten als Abtrünnige und der Zionismus gar als Sünde. Im jüdischen Kinderheim, wo ich eine Zeitlang untergebracht war, wurde er auch kaum je thematisiert. Andererseits waren die Zionisten fast die einzigen, die sich um jüdische Jugendliche kümmerten, nicht so sehr, weil sie sich sonderlich für sie interessierten, sondern vielmehr, weil sie möglichst viele, insbesondere junge Juden für die Einwanderung nach Palästina mobilisieren wollten. Dafür übernahmen sie sogar sämtliche Kosten. Sie richteten sich mit ihrer Propaganda vor allem an die armen Juden, die das Geld für eine anständige Ausbildung ihrer Kinder nicht aufbringen konnten. Nachdem ich mehrere Wochen nicht zur Schule gegangen war, meinte Oberschwester Berger, dass es Zeit würde, das Kinderheim zu verlassen. Die Frage war allerdings, wohin? Und genau da boten sich die Zionisten an. Für sie stand vor allem die Ausbildung zum Landwirt im Vordergrund, da diese in Palästina zur Urbarmachung der »Wüste« gefragt waren.

Für meinen Vater war die erstbeste Lösung auch tatsächlich die beste. Ein landwirtschaftlicher Beruf wäre nicht seine erste Wahl gewesen, aber er musste handeln und wandte sich deshalb an die Zionistische Vereinigung, an das Chaluz-Amt mit der Bitte, mir eine entsprechende Lehrstelle zu vermitteln. Der Bitte wurde entsprochen, und man schickte mich mit einem Empfehlungsbrief nach Fulda, an die dortige Blau-Weiß-Jugend, die Jugendorganisation der Zionisten. Nicht einmal in Kuty hatte ich Kontakt zu Bauern und Landwirtschaft gehabt. Ich war ein Schtetlkind durch und durch.

Vom Anhalter Bahnhof in Berlin trat ich allein die Reise nach Fulda an. Die Fahrkarte erhielt ich zusammen mit einem Beutel Verpflegung vom Chaluz-Amt. Nach mehrstündiger Fahrt in der vierten

Klasse erreichte der Bummelzug Bitterfeld, wo man umsteigen musste, um den südlichen Teil des Reiches zu erreichen. Der Bahnhof wimmelte vor Reisenden aus allen Himmelsrichtungen. Ganz egal von wo und wohin, man musste immer über Bitterfeld reisen. Erst jetzt wurde mir klar, warum mein Lehrer Giesel mich mit der Bemerkung verabschiedet hatte, dass wir uns in Bitterfeld wiedersehen würden.

Nach 18 Stunden Zugfahrt in Fulda angekommen, wurde ich von einer Delegation der jüdischen Jugend Fuldas empfangen, die von der Zentrale in Berlin per Telegramm auf meine Ankunft vorbereitet worden war. Mein Gepäck bestand aus einem schweren Koffer und einem Tornister, wie Jugendliche sie damals trugen. Die Jungs, die mich erwarteten, waren alle Abiturienten, also wesentlich älter als ich. Als einer von ihnen meinen Koffer heben wollte, fragte er verwundert: »Was hast du in diesem Koffer, etwa Steine? Er ist ja kaum zu heben.« »Nein«, sagte ich, »es sind Bücher«. Alle blickten mich verwundert an – ein 14-jähriger Junge mit einem Koffer voller Bücher?! Mit dem wenigen Geld, dass ich besaß, lief ich vor meiner Abfahrt zum Antiquariat in der Nähe unserer Wohnung und kaufte einige gebrauchte Bücher über Judentum, jüdische Geschichte, Zionismus und sogar *Das Kapital* von Karl Marx, die ich mir dort, wo ich hinfahren, wohin mich die zionistische Organisation dann schicken sollte, zu lesen vornahm.

Man brachte mich zunächst zur Familie Gerson in der Waldstraße, die aus Vater, Mutter, Großmutter und sieben Kindern bestand. Es waren fromme Juden. Überhaupt war die Gemeinde Frankfurt, zu der auch Fulda gehörte, im Gegensatz zu meiner in Berlin, nicht orthodox, aber fromm. Dabei gab es in Berlin mehrere jüdische Gemeinden, unter ihnen auch streng orthodoxe. Vater Gerson war ein kleines schwächliches Männlein, Mutter Gerson hingegen eine große starke Person, die nicht nur Mutter ihrer eigenen Kinder, sondern die der gesamten zugereisten jüdischen Jugend in Fulda war. Sie kochte riesige Töpfe mit Suppen und schnitt ganze Brotlaibe in Scheiben, die sie mit Butter oder Margarine bestrich, um die hungrigen Jungs und Mädels zu sättigen. Sie tat dies mit aufopfernder Liebe, ohne von irgendjemandem Dank zu erwarten. Aber wir belohnten sie alle mit unserer Dankbarkeit und Verehrung. Dabei waren die Gersons keineswegs reiche Leute. Vater Gerson betrieb ein kleines Schuhgeschäft im gleichen Haus, von dessen Gewinn er seine Familie von zehn Personen ernähren musste, nicht gezählt die vielen Mitesser, die sich Tag für Tag einfanden. Ich hatte jedoch nie ein Wort des Unmuts oder der Klage von ihm gehört. Diese Menschen werde ich nie vergessen, ihre Güte und Liebe haben mich mein Leben lang begleitet. Die beiden jüngsten der Familie, Ruth und Jule, waren schon an die 17 oder 18 Jahre alt, als ich dort ankam. Sie sind nach Palästina ausgewandert. In Fulda gab es noch weitere jüdische Familien, die später in Israel Zuflucht fanden. Die Gemeinde und ihre Einrichtungen wurden von den Nazis ausradiert, und die in Fulda verbliebenen Juden endeten zuletzt in Auschwitz.

Meine Arbeitsstelle befand sich unweit Fuldas, in Heimbach, bei der Gärtnerei Möller, einer Blumengärtnerei, wo die ganze Woche hindurch Kränze gewunden wurden, die in der Stadt und ihrer Umgebung verkauft werden sollten. Der Gärtner Möller schaute sich seinen neuen Gärtnereilehrling an, der sehr mickrig aussah infolge der mangelhaften Ernährung der Nachkriegsjahre in Berlin, und wird sich wohl überlegt haben, was er mit diesem Judenjungen anfangen solle. Fürs Erste wies er mir ein kleines Zimmerchen im Dachgeschoss seines Hauses zu. Die Jungs, die mich dorthin brachten, schleppten meinen schweren Koffer hinauf und bestanden darauf, dass ich in ihrer Gegenwart den Koffer auspacke, um sich davon zu überzeugen, dass er tatsächlich keine Steine enthielt. Wie groß war ihr Erstaunen, dass es wirklich im doppelten Sinn »schwere« Bücher waren, wie zum Beispiel Hermann Cohens *Religion der Vernunft*, Spinozas *Ethik*, *Die Geschichte des jüdischen Volkes* von Heinrich Graetz und Jakob Wassermanns schmales Bändchen *Mein Weg als Deutscher und Jude*. Verdutzt fragten sie mich:

»Hast du diese Bücher auch gelesen?«

Ich antwortete: »Nein, aber ich werde sie lesen, denn ich will die Wahrheit ergründen.«

Sie zwinkerten sich vielsagend zu und verabschiedeten sich mit spöttischem Lächeln.

Nun begann eine neue Phase meines Lebens. Ich war Gärtnerlehrling, jätete die Beete, lernte das Winden von Kränzen, striegelte den Gaul, der für die Schwerstarbeit zuständig war, und mistete den Schweinestall aus. Das Schwein war für mich, der ich in einem jüdischen Haus aufgewachsen war, ein unreines Tier im buchstäblichen, aber auch in einem metaphysischen Sinne. Es war für mich das Symbol der Unreinheit und der Unmoral.

Zum ersten Mal erlebte ich das Abstechen eines Schweines. Das geschah im Herbst. Ein berufsmäßiger »Keiler« kam aus Fulda, mit einem langen Schlachtermesser und einem eisernen Schlagring, mit dem er das Tier durch einen Schlag auf den Schädel betäubte, bevor er mit dem Messer zu hantieren begann. Sobald das vermeintlich »dumme« Schwein den »Keiler« erblickte, begann es jämmerlich zu schreien und wollte unter gar keinen Umständen aus seinem Koben herauskommen. Nur mit großer Mühe konnte man das Tier in den Hof zerren. Dabei kam mir der Gedanke, dass das Schwein gar nicht so dumm ist, wie allgemein angenommen. Sein Instinkt sagte ihm: »Jetzt geht's dir an den Kragen, wehre dich, solange du kannst!«

Ein Jahr lang blieb ich beim Gärtner Möller, und da ich mehr lernen sollte, wechselte ich die Blumengärtnerei gegen einen Gemüsebetrieb aus. Dieser lag außerhalb der Stadt und war zu Fuß sehr schwer zu erreichen. Nachdem ich von der blau-weißen Jugendgruppe in Fulda aufgenommen worden war, holte man mich jeden Freitagabend mit dem klapprigen Lieferwagen von Vater Gerson ab, und ich verbrachte den Schabbat mit den Gersons und mit meinen Kameraden. Weil am Schabbat nicht gearbeitet werden durfte, bin ich erst sonntags zur Farm zurückgekehrt – jetzt aber zu Fuß, was fast zwei Stunden dauerte.

Diese Gruppe trennte sich später aus ideologischen Differenzen von Blau-Weiß und gründete eine eigene Organisation, die sich Jung-Jüdischer-Wanderbund (JJWB) nannte. Er stand weiter links, der sozialistisch-zionistischen Bewegung »Poale Zion« nahe. Ich habe mich dieser Neugründung angeschlossen.

Ich war etwa fünfzehneinhalb, als ich nach Lüneburg-Buntenburg zur Familie Wönnecke kam, die eine Gemüsegärtnerei betrieb. Die Wönneckes waren wohlhabender als Gärtner Möller oder die Besitzer der Gemüsefarm. Das Sagen hatte auch hier die Hausfrau. Ehemann Wönnecke, ein kleiner, etwas melancholisch wirkender Mann, war eher so etwas wie ihr Anhängsel. Die Familie bestand aus Großvater, Mutter und Vater sowie einem etwa siebenjährigen Sohn. Vor mir war schon ein Praktikant aus Hamburg angenommen worden, Edmund Lippmann. Er sollte in meinem Leben noch eine wichtige Rolle spielen. Er war schon etwa 20 Jahre alt, Abiturient, sehr belesen und orientierte sich an Martin Buber. Was hätte er wohl gesagt, wenn ich damals behauptet hätte, dass ich eines Tages Verleger von Martin Buber sein würde.

Er stammte aus einem gutbürgerlichen Haus und war, im Gegensatz zu mir, sozusagen ein »feiner Pinkel«. Wir teilten uns eine kleine Kammer. Später kam noch ein Mädel aus Berlin hinzu, Sophie Nagler, deren Vater der Besitzer des Café Nagler am Moritzplatz war. Sie hatte zwei Brüder, von denen der ältere, Felix, Buchhändler in Haifa und der jüngere, Dr. Heinz Nagler, der Besitzer der großen Konservenfabrik ASIS in Palästina wurde. Auch Sophie wanderte nach Palästina aus und heiratete dort einen reichen Landwirt.

Das Leben bei den Wönneckes war im Vergleich zu Fulda ein Leben im Schlaraffenland. Zu essen gab es in Hülle und Fülle, in bester Qualität und in großer Auswahl. Geweckt wurde im Sommer um vier Uhr früh. Zuerst mussten die Tiere, zwei Kühe und ein Pferd sowie drei Schweine, versorgt werden. Mir oblag es, die Kühe zu melken, was ich, nachdem mir Frau Wönnecke dies drei Mal gezeigt hatte, ohne Schwierigkeiten fertigbrachte. Danach musste das Pferd gestriegelt werden. Die Schweinefütterung war Aufgabe von Frau Wönnecke. Edmund und ich misteten die Ställe aus. Vorher gab es aber noch das erste Frühstück, das man als frugal bezeichnen konnte. Es bestand aus »Blümchenkaffee«, Brot und frischer Butter mit Konfitüre aus eigener Produktion. Das große, das zweite Frühstück wurde erst um zehn Uhr eingenommen. Ich traute meinen Augen kaum, als ich den gedeckten Tisch zum ersten Mal sah. Verschiedene Wurstsorten, Schinken, Speck, Käse, Butter, Milch, Kaffee, Eier und mehr. Ich staunte, als Herr Wönnecke zum Frühstück mehr Eier aß als meine Familie in einer ganzen Woche. Mir gingen die Augen über, denn so was hatte ich die letzten Jahre seit der Flucht aus Galizien 1914 nicht mehr gesehen, und selbst in Kuty hätte es so etwas nie gegeben, allein schon, weil die Hälfte der Produkte nicht »koscher« war. Ich griff zu, und Frau Wönnecke feuerte mich immer wieder an, doch mehr zu nehmen: »Du bist e kleene Jung, de musst essen«. Ich ließ mir das nicht zweimal sagen. Erst bei den Wönneckes bin ich zu einem kräftigen jungen Mann herangewachsen.

In Lüneburg lebte auch die Familie Levy. Edmund Levy war Bankdirektor und seine Frau Anna eine aktive Zionistin, auch wenn sie nicht im Traum daran gedacht hätte, selbst nach Palästina auszuwandern. So lag es nahe, dass sie sich der »Chaluzim« in ihrer näheren Umgebung annahm und sie mütterlich betreute. Wochentags, auch am Samstag, hatten wir zu arbeiten, aber an Sonn- und Feiertagen waren wir stets einzeln oder zu zweit bei ihr zu Gast. Die Levys wohnten in einer vornehmen Wohngegend, wie es sich für einen Bankdirektor gehörte. Die Wohnung war geschmackvoll eingerichtet, es roch in allen Winkeln nach Wohlstand und Kultur. Man lud uns auch immer entweder zum Mittagsessen oder zum Kaffee ein. Das Essen war vorzüglich, erlesen und wohlschmeckend, auch die Weine, obwohl ich damals noch keine Ahnung davon hatte und gerade noch zwischen Rotwein und Weißwein unterscheiden konnte. Aber ich spürte, dass der Wein gut sein musste.

Mein Verhältnis zu meinem Kameraden Edmund war in der Anfangszeit kühl und distanziert. Das lag auch an seinem hanseatischen Charakter, der nicht nur die Hamburger allgemein auszeichnete, sondern – »wie der Herr so's Gescherr« – auch die Hamburger Juden. Mit der Zeit lockerte sich unser Verhältnis, und er, als der Ältere, bevetterte mich leutselig. Da er die Erlaubnis hatte, jede vierte Woche seine Eltern in Hamburg zu besuchen, nahm er mich einmal dorthin mit. Seine Eltern waren kleinbürgerliche Leute von bescheidenem Wohlstand. Sie wohnten am Grinderberg, einer mittelständischen, jüdischen Hochburg. Der Unterschied zwischen der

Wohnung der Levys und der Lippmanns war für mich sehr aufschlussreich. Dort spürte man die Unbeschwertheit des Lebens, hier dagegen roch es aus allen Ecken nach Existenzsorgen. Nicht dass die Lippmanns arm gewesen wären, aber sie hatten kein »Geld«. Dies ist kein Widerspruch. Geld haben beginnt bei den Hamburgern erst mit Besitz und Eigentum von Haus und Boden, möglichst auch einer Sommerwohnung auf Sylt und mit einem Bankkonto, das immer dick bleibt, auch zum Monatsende.

Ich bin dort mit Edmund die Alster entlang gerudert und habe dann im Alsterkaffee eine Schokoladentorte mit Schlagsahne genossen. Ich führte mit Edmund lange und tiefe Gespräche, über Buber, den Zionismus und das Judentum. Ich las gerade Herzls *Der Judenstaat* und hatte noch seine Worte im Kopf: »Wir sind vergebens überall brave Patrioten. Wenn man uns in Ruhe ließe … aber man wird uns nicht in Ruhe lassen … müssen wir weg, und wohin? Oder können wir noch bleiben? Und wie lange?«

»Hast du Herzls *Judenstaat* gelesen?«, fragte ich Edmund. Er war kein Zionist, aber als Jude interessierte er sich für den Zionismus mindestens genauso wie ich.

»Selbstverständlich«, antwortete er.

»Und?«, wollte ich wissen. Seine Meinung interessierte mich.

»Man muss natürlich den verfolgten russischen Juden helfen und unsere Glaubensgenossen in Jerusalem unterstützen, aber Zionismus ist etwas ganz anderes. Die Zionisten sprechen uns die Existenzberechtigung in Deutschland ab. Da sind sie sich mit den Antisemiten einig.«

Ich merkte, dass er dabei war, sich zu ereifern, und lenkte von der Diskussion ab. Als wir wieder bei ihm zu Hause waren, nahm er ein Buch aus dem Regal. Er blätterte einige Sekunden und fand die Stelle, die er mir vorlesen wollte.

»Ich werde dir etwas von Herzl vorlesen, was dir vielleicht bisher entgangen ist: ›Eine Fahne, was ist das? Eine Stange mit einem Fetzen Tuch? Nein, mein Freund, eine Fahne ist mehr als das. Mit einer Fahne führt man die Menschen, wohin man will, selbst ins Gelobte Land. Für eine Fahne leben und sterben sie.‹«

»Aber er hat doch recht«, sagte ich ganz leise und verschämt.

»Nein«, schrie Edmund. »Fahnen, Bänder, Symbole und Lieder sind Rauschmittel. Ihre Benutzung ist Demagogie. Mit einer Fahne führt man die Menschen zu Massenmorden, zu Scheiterhaufen, zu Hexenprozessen. Vielleicht auch ins Gelobte Land, aber der Preis ist zu hoch.«

Es vergingen nur wenige Jahre, und ich habe erfahren müssen, wie recht er hatte. Die Kommunisten rannten der Fahne hinterher, die Faschisten ebenso wie die Nazis und auch die Zionisten. Seitdem sind mir Fahnen verhasst.

»Du bist wohl Zionist«, meinte Edmund – dabei war ich noch gar keiner. »Ich finde es gut, dass es gegen diese rasenden Auflösungserscheinungen im Judentum ein Gegengewicht gibt. Die Juden haben ein Recht, sich zu wehren. Und rein pragmatisch gesprochen, ich glaube auch, dass ein Bekenntnis zum eigenen Volk besser ist als eine unterwürfige Anpassung. Für mich ist das aber nichts. Ich bin zwar Jude, aber vor allem bin ich Deutscher.«

Wir beide waren Fans von Jakob Wassermann und verschlangen sein Buch *Mein Weg als Deutscher und Jude*. Dieses war damals oft im Gespräch, und viele zitierten die berühmte Passage:

*Bei der Erkenntnis der Aussichtslosigkeit der Bemühung wird die Bitterkeit in der Brust zum tödlichen Krampf.*

*Es ist vergeblich, das Volk der Dichter und Denker im Namen seiner Dichter und Denker zu beschwören. Jedes Vorurteil, das man abgetan glaubt, bringt, wie Aas die Würmer, tausend neue zutage.*

*Es ist vergeblich, die rechte Wange hinzuhalten, wenn die linke geschlagen worden ist. Es macht sie nicht im Mindesten bedenklich, es rührt sie nicht, es entwaffnet sie nicht: Sie schlagen auch die rechte.*

*Es ist vergeblich, in das tobsüchtige Geschrei Worte der Vernunft zu werfen. Sie sagen: was, er wagt es aufzumucken? Stopft ihm das Maul.*

*Es ist vergeblich, beispielschaffend zu wirken. Sie sagen: wir wissen nichts, wir haben nichts gesehen, wir haben nichts gehört.*

*Es ist vergeblich, die Verborgenheit zu suchen. Sie sagen: der Feigling, er verkriecht sich, sein schlechtes Gewissen treibt ihn dazu.*

*Es ist vergeblich, unter sie zu gehen und ihnen die Hand zu bieten. Sie sagen: was nimmt er sich heraus mit seiner jüdischen Aufdringlichkeit?*

*Es ist vergeblich, ihnen Treue zu halten, sei es als Mitkämpfer, sei es als Mitbürger. Sie sagen: er ist der Proteus, er kann eben alles.*

*Es ist vergeblich, ihnen zu helfen, Sklavenketten von den Gliedern zu streifen. Sie sagen: er wird seinen Profit schon dabei gemacht haben.*

*Es ist vergeblich, das Gift zu entgiften. Sie brauen frisches.*

*Es ist vergeblich, für sie zu leben und für sie zu sterben. Sie sagen: er ist ein Jude.*

Wassermann sprach uns allen aus der Seele. Genauso haben wir es empfunden. Es ist vergeblich, für die Deutschen zu leben und für sie zu sterben. Sie sagen immer: »Er ist ein Jude«, sogar zu den vielen jüdischen Kriegsveteranen, die stolz das Eiserne Kreuz trugen. Wir liebten Deutschland und hassten es gleichzeitig. Wir benahmen uns wie enttäuschte Liebhaber, deren Liebeserklärung abgelehnt und ins Lächerliche gezogen wurde. Wir waren Mitglieder einer zionistischen Organisation, aber keiner von uns dachte daran, nach Palästina auszuwandern. Wir sprachen untereinander mehr über Thomas Mann oder Hermann Hesse als über Theodor Herzl. Eigentlich wollten wir alle gute Deutsche sein.

Meine Lehre in Lüneburg dauerte ein Jahr. Nach Ablauf dieses Jahres wurde ich zur weiteren Ausbildung in der Landwirtschaft nach Niedersachsen, nach Hameln an der Weser, versetzt. Wenn ich mich recht erinnere, hieß das Dorf Ollendorf, wo ich bei einem Großbauern als Kleinknecht aufgenommen wurde. Im selben Ort waren noch einige junge Chaluzim als Lehrlinge oder Knechte bei anderen Landwirten tätig, so dass ich nicht ganz allein war. Wir trafen uns regelmäßig in der Dorfkneipe, tranken zu zweit ein Bier, denn das wenige Taschengeld, das wir bekamen, reichte kaum für mehr. Wir sprachen über unsere tagtäglichen Erlebnisse, über Politik und über die Bücher, die wir gelesen hatten. Ich war der Einzige, der Bücher besaß, und dazu noch solche, die eigentlich niemanden interessierten. Aber es gab Gott sei Dank auch noch andere Möglichkeiten, an Bücher zu kommen, ohne sie kaufen zu müssen, denn das hätte sich keiner von uns leisten können.

Während ich noch beim Bauern in Hameln war, fand das Treffen auf dem Hohen Meißner statt, wo 1913 der erste freideutsche Jugendtag stattfand und seitdem jährlich die Bundestage der Wandervögel und anderer christlicher und jüdischer Jugendbewegungen. Mit einer großen Schar von Jugendlichen aus Hameln an der Weser pilgerte ich per pedes dorthin. Mit von der Partie war ein Mädchen mit Namen Trude Weiss aus Frankfurt, die später als Dr. Trude Weiss-Rosmarin in New York als geachtete Publizistin lebte. Auf dem Hohen Meißner wurden von den »Führern« große Reden geschwungen, die Mädels mussten für unser leibliches Wohl sorgen, während die Jungs sich mit ideologischen Themen wie Links- und Rechtszionismus herumschlugen.

Zum Bundestag hatten wir Besuch aus Palästina. Es kamen Berl Katzenelson, Dov Stock (später Dov Sadan) und andere Größen der linken jüdischen Szene. Für mich, den Jüngsten auf diesem Terrain, war es ein erhebendes Gefühl, unter den »Großen« zu sein und ernst genommen zu werden.

Danach hatte ich keine Lust mehr, auf dem Bauernhof zu bleiben. Ich wollte hinaus in die weite Welt. Unvergessen ist mir der Aufenthalt in der Vaucluse, in der Gegend von Avignon, wo ich zusammen mit meinem Freund Leo Glassner einem Bauern bei der Weinlese aushalf. Außer uns beiden arbeitete dort noch ein uralter Spanier, dessen Hände von der Gicht entstellt waren.

Leo war Berliner aus dem Scheunenviertel, und ich kann mich nicht mehr entsinnen, wo wir uns kennengelernt hatten. Jedenfalls waren wir ein halbes Jahr fast Tag und Nacht zusammen, denn wir hausten gemeinsam in einem engen Raum, in den man nur über eine Hühnerleiter gelangte. Leo war ein intelligenter Junge, einfallsreich, temperamentvoll und unternehmungslustig. Wir diskutierten von morgens bis abends, manchmal stritten wir uns auch, wenn es um unsere Zukunft als Juden ging. Noch waren Deutschland und Europa nicht vom nationalsozialistischen Gift verseucht, auch wenn der Antisemitismus bereits sein widerliches Haupt aus allen Ecken hervorreckte. Jahre zuvor hatten der britische Außenminister Lord Balfour und die britische Regierung eine merkwürdige Deklaration erlassen, in welcher den Juden eine Heimatstätte in Palästina in Aussicht gestellt wurde. Die zionistische Organisation, der wir beide nahestanden, hatte diese Deklaration verbreitet, als wäre sie die Lizenz zur Gründung eines jüdischen Staates, und forderte uns alle auf, nach Palästina auszuwandern. Leo war nicht abgeneigt. Ich hingegen wollte lieber nach Berlin zurückkehren.

Von Berlin nach Fulda, von Fulda nach Lüneburg und von Lüneburg nach Hameln, das waren die Stationen meiner landwirtschaftlichen Ausbildung. Das waren auch die ersten großen Reisen, die mich durch die schönen deutschen Lande führten. Danach ein kurzer Aufenthalt in Südfrankreich und von dort wieder zurück nach Berlin.

Ich mochte zwar nicht nach Berlin zurückkehren, aber ich wollte meine Geschwister und meine Mutter sehen, bevor ich etwas anderes machen würde. In Berlin ging ich in die elterliche Wohnung in der Erwartung, dass der heimgekehrte Sohn mit offenen Armen aufgenommen würde. Diese Rechnung ging aber nicht auf. Mein Vater öffnete auf mein Klingeln einen Türspalt, und als er mich sah, fragte er, »Wieso bist du gekommen, ohne mich vorher zu fragen?« Bevor ich aber eine Antwort stottern konnte, sagte er: »Wer auf eigene Faust kommt, muss selbst die Verantwortung tragen«, und flugs war die Tür vor meiner Nase zugeschlagen. Da stand ich unerwartet mit meinem jugendlichen Übermut ratlos auf der Straße, im Scheunenviertel, wo die Mehrzahl der Bewohner Ostjuden waren. Es war die Alte Schönhauser Straße.

Was nun? Nach Hause konnte ich nicht. Ich hatte keins mehr. Es war aber die Zeit der Jugendbewegungen, und entsprechend bewegte sich die Jugend überall. Die »Wandervögel«, so wurden wir genannt, wanderten quer durch Deutschland und ganz Europa. Ich beschloss also, auf die Walz zu gehen, um die Welt ein wenig kennenzulernen, zumindest die nähere Welt insbesondere im Süden Europas. Ich dachte an Heines italienische Reisen und an Johann Gottfried Seumes *Spaziergang nach Syrakus*, die ich verschlungen hatte. Und auch Goethe war mir noch im Gedächtnis. Ich wollte in das Land, wo die Zitronen blühen.

Kurz entschlossen packte ich mir mein Bündel auf die Schulter und zog in die weite Welt. Nach Süden zog es damals viele jungen Menschen, vor allem natürlich die Deutschen, seitdem der große Goethe von Italien geschwärmt hatte. Seumes Fußwanderung sollte ich später in meinem Verlag veröffentlichen.

Ich entsinne mich nicht mehr, wo ich meine Reise schließlich begann. Irgendwann befand ich mich jedenfalls auf der Landstraße Richtung Italien. Unterwegs stieß ich auf Scharen von Leidensgenossen und Berufstippelbrüdern, die wie die Zugvögel gen Süden zogen. Ich schloss mich zwei Burschen an, die mit einer Zupfgeige bewaffnet waren. Sie kamen aus Frankfurt und waren mir sofort sympathisch. Wann immer wir eine Ortschaft erreichten, gaben wir ein Straßenkonzert mit Gesang und Gitarre, sammelten die milden Gaben ein und zogen, nachdem wir unseren Hunger gestillt und unsere Beine ein wenig ausgeruht hatten, gestärkt weiter. So überquerten wir die Alpen und gelangten über Mailand, Bologna und Pisa nach Florenz. Wir übernachteten in Jugendherbergen oder bei der Heilsarmee, die in allen größeren Städten Italiens saubere und billige Unterkünfte anbot.

In einem Asyl der Heilsarmee in Florenz begegnete ich einer Gruppe deutscher Handwerksgesellen ebenfalls aus Berlin, die zum Kolpingwerk gehörten und nach Rom pilgerten. Es waren Jugendliche in meinem Alter, und weil ich auch aus Berlin kam und den gleichen Weg vorhatte, forderten sie mich auf, gemeinsam mit ihnen weiterzuziehen. In Rom angekommen wollte ich mich von ihnen trennen, denn sie hatten ihr Pilgerziel ja erreicht, während ich noch eine Schlafstelle suchen musste. Sie schlugen mir aber vor, mit ihnen ins Kolpingheim zu ziehen. Auf meinen Einwand, ich sei Jude und daher wohl in einem katholischen Heim kaum erwünscht, sagten sie unisono: »Ach, komm mit, lass das mal unsere Sache sein.« So ging ich also mit und wurde genauso wie einer von ihnen behandelt. Nach einigen Tagen hieß es, man bekomme eine Audienz beim Heiligen Vater, und sie fragten mich, ob ich mitgehen möchte. Ich sagte: »Wenn dies für einen Juden möglich ist, warum nicht?« Und wieder wischten sie mit einer Handbewegung meine Bedenken weg und meinten: »Du bist einer von uns.« Daran musste ich denken, als man nach dem Krieg alle Deutschen als Antisemiten bezeichnete.

Ich ging mit und war fasziniert von Pomp und Pracht des Vatikans. Wir wurden in einem schmalen Audienzsaal in zwei Reihen aufgestellt. Außer der Kolpingjugend aus Berlin war noch eine größere Anzahl von Gruppen und Einzelpersonen zu dieser Massenaudienz zugelassen. Wir wurden, bevor wir den Audienzsaal betraten, von einem Zeremonienmeister sorgfältig beäugt, ob auch kein Stück Fleisch zu sehen war. Kurze Hosen oder ärmellose Bekleidung waren untersagt. Nach einer etwa 15-minütigen Wartezeit wurde der Heilige Vater auf einem Baldachin von vier Gardesoldaten in den Saal getragen, begleitet von dem General der Schweizer Garde und dem Staatssekretär Eugenio Pacelli, dem späteren Papst Pius XII. Ich hatte also Gelegenheit, gleichzeitig einen amtierenden Papst und einen in spe kennenzulernen. Im Eingang zur Halle verließ der Papst den tragbaren Thron. Er war im Gegensatz zu seinem Staatssekretär Pacelli durch ein rundes und von Güte und Weisheit strahlendes Antlitz gekennzeichnet. Dieser Mann war auch in meinen jüdischen Augen auf den ersten Blick in der Tat ein Heiliger Vater. Er gab jedem seine Hand mit dem Ring zum Kuss – ich konnte mich dieser Zeremonie nicht entziehen und küsste wie die anderen diesem gütigen Mann die Hand. Staatssekretär Pacelli sah im Gegensatz zu ihm aus wie der leibhaftige Don Quichotte de la Mancha. Eine hagere, lange Gestalt mit einem todernsten Gesicht, das, wie mir schien, zu keinem Lächeln fähig war. Eine volle Stunde dauerte die Audienz. Nach Empfang des Segens war die Zeremonie zu Ende. Wir marschierten zurück ins Kolpingheim, wo die Handwerksburschen ihren Ranzen packten, denn ihr Ziel und ihre Absicht war erreicht und ihr Aufenthalt in Rom damit zu Ende. Volle acht Tage war ich mit ihnen zusammen gewesen. Der deutsche Vater, der das Heim betreute, wusste, dass ich Jude war, machte aber keine Anstalten, mich etwa konvertieren zu wollen. Hätte er das damals versucht, wäre ich in meinem jugendlichen Leichtsinn und unter dem Eindruck des Papstbesuches wahrscheinlich konvertiert. Gottlob kam es nicht dazu, und es blieb mir erspart, einen Schritt zu tun, den ich später wohl bereut hätte.

Auf der Hauptpost in Rom fand ich ein Telegramm meiner Mutter vor: »Vater tot, komm sofort nach Hause.« Also suchte ich eine Möglichkeit, auf dem schnellsten Wege nach Berlin zurückzukehren. Ich ging zur jüdischen Gemeinde in Rom und bat um Hilfe. Sie gaben mir eine Fahrkarte bis zur nächsten größeren Gemeinde, und dies war Florenz. Dort kannte ich die Adresse eines Rechtsanwalts und Zionisten, Alfonso Pacifici. Dieser versorgte mich mit einer Fahrkarte nach Berlin (natürlich dritter Klasse) und gab mir auch etwas Geld für die Wegzehrung mit.

So endete meine Reise nach Italien abrupt und unerfreulich. Ich hatte zwar keine sehr enge Beziehung zu meinem Vater, den ich ja kaum kannte, aber dafür eine umso engere zu meiner Mutter, bei der ich ja aufgewachsen war. Ich musste jedoch während der langen Fahrt, die zwei Tage und Nächte dauerte, immer wieder an meinen Vater denken. Er war erst 49 Jahre alt, als er nach längerer Krankheit starb. Die letzten Wochen vor seinem Tod verbrachte er im katholischen St.Hedwig-Krankenhaus. Meine Mutter besuchte ihn täglich und erzählte uns, dass die Schwester, die ihn betreute, ihn kurz vor seinem Hinscheiden fragte, woran er gerade denke. Darauf gab er die Shakespeare'sche Antwort: »Über Sein und Nichtsein«.

Er wurde im Jüdischen Friedhof Weißensee begraben, und es gab niemanden, der für ihn das Kaddisch, das Totengebet, gesagt hätte. Es ist im Grunde auch kein richtiges Totengebet, sondern eher ein

Lob Gottes, und da mein Vater nicht an Gott glaubte, wird es ihm nichts ausgemacht haben. Mutter stellte aber, nach jüdischer Tradition, die Uhr ab und verhängte den einzigen Spiegel, der in der Wohnung hing.

Mein Vater war eine ambivalente Person, hin- und hergerissen von innerem Zwiespalt und Zweifeln. Aufgewachsen in den ärmlichen Verhältnissen eines ostjüdischen Schtetls, in engherziger Orthodoxie und angehaucht von den zaghaften Strömungen westlicher Kultur. Frühzeitig war er gegen seinen Willen in das Joch der Ehe gezwängt worden, so dass sein inneres und äußeres Leben einen unglücklichen Verlauf nehmen musste. Von seinem ausgeprägten Pflichtbewusstsein beherrscht, konnte er sich nicht entschließen, Frau und Kinder zu verlassen und in den Westen zu fliehen, wie dies viele seiner Alters- und Schicksalsgenossen getan hatten, um sich dort weiterzubilden. Er trug das ihm auferlegte Schicksal bis zum bitteren Ende.

Meine Mutter war nun allein mit einem kleinen Jungen, meinem jüngsten Bruder Schalom. Zum Glück hatten meine Schwester Lea und mein Bruder Nathan Arbeit. Nathan arbeitete in der Konfektionsbranche in Berlin, nahe der Kochstraße. Sein Chef hieß Georg Schramm. Er war nur einige Jahre älter als sein gerade ausgelernter Geselle. Als ihm zu Ohren kam, dass unser Vater gestorben war, ließ er meinen Bruder zu sich kommen und sagte zu ihm: »Ab heute bist du Einkäufer in meinem Haus, und dein Gehalt wird verdoppelt, denn du musst ja jetzt für die ganze Familie sorgen.« Er gehörte zu den wenigen deutschen Menschen, die sich von der Nazibarbarei nicht anstecken ließen. Als die NSDAP ihn nach 1933 wiederholt aufforderte, meinen Bruder, den Juden, zu entlassen, zögerte er die Entlassung immer wieder hinaus. Die Kristallnacht, im November 1938, war dann auch für beide das Fanal, Berlin endlich zu verlassen. Mein Bruder und sein Chef verließen also die Stadt am gleichen Abend mit dem Zug. Während Schramm unbehelligt London erreichte, wurde mein Bruder an der belgischen Grenze festgenommen und an der Weiterreise gehindert. Über sein weiteres Schicksal wird noch zu berichten sein.

## Zurück in Berlin

Die Weimarer Republik und speziell Berlin waren zu Beginn der zwanziger Jahre gleichsam ein brodelnder Vulkan kurz vor dem Ausbruch. Wegen der hohen Arbeitslosigkeit und der galoppierenden Inflation waren die Menschen verunsichert, und Straßenunruhen waren an der Tagesordnung. Es kam immer wieder zu gewalttätigen Auseinandersetzungen zwischen den nationalistischen Rechten und den kommunistischen Linken, die noch von der russischen Revolution angetan waren und begeistert, aber naiv glaubten, sie könnten so etwas auch in Deutschland herbeiführen. Die Massen waren reif für eine Änderung des Regimes, die Frustration über die Versailler Verträge nahm zu, und auf den Straßen machten die Nazis die Juden für den verlorenen Krieg verantwortlich. Die Dolchstoßlegende verbreitete sich wie ein Lauffeuer in ganz Deutschland.

Der jüdische Außenminister Walther Rathenau, der sich für die Erfüllung der Reparationszahlungen an die Siegermächte eingesetzt hatte, wurde auf offener Straße von Nationalisten und Antisemiten ermordet, und ein Österreicher Namens Adolf Hitler führte in München einen Putsch durch, der aber zum Glück misslang. Die Weimarer Regierung kämpfte um ihr Überleben, und es dauerte noch ein Jahrzehnt, bis sie von den Nazis weggefegt werden sollte.

Meine Mutter lebte in einfachen Verhältnissen zusammen mit meinem Bruder Schalom, dem Letztgeborenen. Sie hielt sich mit Putz- und Näharbeiten über Wasser und musste nach dem Tod meines Vaters das zweite Zimmer der Wohnung an einen unverheirateten jüdischen Buchhalter, einen ehemaligen Kollegen meines Vaters, untervermieten. Für mich gab es keinen Platz in der Wohnung, und so musste ich, nolens volens, zurück auf die Straße, ohne zu wissen wohin.

Wie ich so ratlos in der Oranienburgerstraße nicht weit entfernt von der Synagoge stand, schien man mir meine Verunsicherung anzusehen, denn ein Passant sah mich prüfend an (er stellte sich als Jude heraus) und fragte:

»Bist du fremd in Berlin?«

Ich antwortete mit einem »Ja« und sagte, ich wüsste nicht wohin. Der Fremde daraufhin: »Ich weiß einen Rat. Hier in der Nähe, in der Dragonerstraße, befindet sich das Jüdische Volksheim. Dort gibt es das Fräulein Baer. Wende dich an sie. Sie kann dir bestimmt weiterhelfen.«

Die Dragonerstraße, die im Volksmund »Drei-Gauner-Straße« hieß, lag tatsächlich um die Ecke, und ich ging mit meinem fast leeren Rucksack ins Jüdische Volksheim. Dort angekommen, fand ich eine Meute Jugendlicher, die mich argwöhnisch beäugte und mir den Weg zum Zimmer von Fräulein Baer wies. Sie war eine alte Jungfer mit einem gütigen und freundlichen Gesicht.

Ich erzählte ihr von meiner Odyssee, sie hörte sich alles aufmerksam an, und sagte dann:

»Setz dich mal ins Vorzimmer, und ruh dich aus. Hast du schon was gegessen heute?« Wahrheitsgemäß verneinte ich es.

»So, dann mache ich dir ein paar Stullen mit Marmelade und eine große Tasse Kaffee, damit du deinen ersten Hunger stillen kannst. Später kommt Dr. Lubinski, mit dem werde ich dein Problem besprechen, und er wird bestimmt einen Ausweg für dich finden.«

Ich machte mich über die Marmeladenbrote her und ließ sie mir schmecken. Wenn man jung ist und Hunger hat, schmeckt alles. Vor Müdigkeit schlief ich auf dem Stuhl ein und bemerkte nicht, dass der erwartete Dr. Georg Lubinski inzwischen eingetroffen und bereits von meinem Schicksal unterrichtet worden war.

Ich schlief so fest, dass mich weder der Tumult und das Geschrei der Jugendlichen noch das Rütteln von Fräulein Baer aus dem Tiefschlaf wecken konnten – kein Wunder, ich hatte zwei Nächte kaum geschlafen. Endlich wachte ich auf und sah einen jüngeren Mann mit leicht zur Seite geneigten Kopf vor mir stehen. Er war von schlanker Statur und sehr feinen Gesichtszügen. Er sagte etwas, aber ich verstand kein Wort. Erst allmählich begriff ich, dass dies Dr. Georg Lubinski war, der da auf mich einredete. Er schlug fürs Erste vor, mit ihm zu seinen Eltern zu gehen, bei denen er noch wohnte. Dort würde ich einige Zeit bleiben können, bis er eine Arbeitsstelle für mich gefunden hätte. Dr. Lubinski war Jurist, und er hatte einen älteren Bruder, Kurt, der als Mediziner im jüdischen Kinderheim in Kaunas arbeitete. Die Eltern waren bescheidene Kleinbürger. Der Vater arbeitete in einer Fabrik als Buchhalter, die Mutter, eine robuste Frau, führte im Haus das Regiment. Es herrschte Eintracht in dieser Familie, und ich wurde umstandslos als Pflegekind auf Zeit angenommen.

*Die Dragonerstraße im Jahr 1910*

Georg, der erst kürzlich sein Studium beendet hatte, war erst 24 Jahre alt, das brachte ihn mir ein wenig näher, und ich konnte mit ihm alles besprechen und ihm alles erzählen. Auf diese Weise versuchte er herauszufinden, für welchen Beruf ich mich interessierte. Ich schwärmte von einem Studium, aber dies redete er mir schnell aus. Zum Studium brauche man das Zeugnis der Reife, das Abitur, und vor allem Geld. Aber woher sollte ich es nehmen, wenn meine Mutter es nicht hätte? Ich solle versuchen, mich weiterzubilden, er wolle mir dabei helfen. Es gäbe in Berlin so viele Möglichkeiten.

Er fand heraus, dass ich zwei prominente Verwandte hatte, die in der zionistischen Bewegung eine gewisse Rolle spielten. Der eine war Leon Chasanowitsch und der andere der spätere Präsident der Zionistischen Weltorganisation, Berl Locker. Mit diesen Informationen ging Lubinski zur »Ewer-Gesellschaft«, einer Buchgroßhandlung, die unter zionistischer Leitung und entsprechendem Einfluss stand. Die Ewer-Gesellschaft befand sich an der Lietzenburgerstraße 8a, in Bürogemeinschaft mit dem hebräischen DVIR-Verlag, der ebenfalls von der zionistischen Organisation abhängig war. Die Leitung dieser beiden Gesellschaften lag in den Händen bekannter Persönlichkeiten wie Chaim Nachman Bialik und Schemarjahu Levin. Mein unmittelbarer Vorgesetzter war Dr.

Kurt Fryer, ein zartes, kleines Männlein von universaler Bildung, spinozistischer Weisheit und Bescheidenheit. Ihm unterstand ich formal, aber ich diente allen oben genannten Herren, sofern sie eines Dienstes bedurften.

Dort fand ich mit Hilfe von Georg Lubinski zwar ein Unterkommen, weniger aber ein Auskommen. Es waren die berüchtigten Inflationsjahre, und die monatlichen Gehälter reichten kaum für einen einzigen Tag. In der ersten Zeit bekam ich Millionen, dann Milliarden, und zum Schluss waren es sogar Billionen. Eines Tages, nachdem ich mich beschwert hatte, dass ich mit meinem Gehalt nicht auskommen könne, rief mich Bialik in sein Büro und fragte: »Wie viel verdienst du denn, junger Mann?« Ehrfurchtsvoll antwortete ich »100 Millionen Mark im Monat.« »Na siehst du, ich verdiene nur 100 Dollar«, antwortete er verschmitzt und ließ mich abtreten. Mit 100 Dollar konnte man damals freilich eine ganze Straße kaufen, mit 100 Millionen Mark aber kaum eine Woche überleben. Die Inflation wuchs in einem rasenden Tempo. Kaum waren 10 000 Mark einen Dollar wert, kletterte der Wert am nächsten Tag bereits auf 30 000 Mark. Für diese astronomische Summe bekam man bei Aschinger gerade mal eine Suppe. Allerdings durfte man dort so viele Brötchen essen, wie man konnte. Und so ging ich täglich zu Aschinger und stopfte mir die Taschen voll mit Brötchen, so dass ich auch noch ein Abendessen hatte.

Einige Tage später kostete ein Dollar schon 47 000 Mark, und das war keineswegs das Ende. Kaum vergingen zwei, drei Wochen, und der Dollar kostete eine Million Mark. Um eine solche Menge Geld zu transportieren, reichte auch keine noch so große Geldbörse mehr. Man musste es zum Beispiel in einem kleinen Koffer transportieren. Und so ging es weiter, bis ein Dollar eine Milliarde Mark wert war und am Ende 4,2 Billionen (also 4 200 Milliarden) Mark. Geld war im Grunde nur noch Papier.

Aber urplötzlich war der Spuk zu Ende, und eine Mark war wieder eine Mark wert. Man musste kein Rechenkünstler mehr sein, um herauszufinden, ob das Geld, das man am Abend bekam, noch für das Abendessen reichen würde. Mit all dem hatte es ein Ende, als

Reichsbankpräsident Hjalmar Schacht im November 1923 über Nacht die Rentenmark einführte: eine Billion Papiergeld entsprach nun einer Rentenmark.

Dies war die Ouvertüre zu den Goldenen Zwanzigern. Ich wohnte für 20 Mark im Monat mit Frühstück bei einer Kriegswitwe in einem Gartenhaus in der Schaperstraße. Mittags aß man bei Aschinger Erbsensuppe mit Einlage und unbegrenzter Brötchenmenge für 40 Pfennig, und am Abend trank man einen Kaffee im »Romanischen« oder in der »Lunte«, oder am Kurfürstendamm in der »Kaffeeplantage«. Satt wurde man selten in diesen Tagen, aber das Berlin jener Zeit war von einer derartigen Intensität, dass man das Knurren des Magens überhören konnte.

Man sprach über Politik und Geld und besonders über das Theater. Hier habe ich besonders aufmerksam zugehört, denn das Theater war ja meine Leidenschaft.

Irgendwer sagte: »Dieser *Don Carlos* von Reinhardt ist wunderbar.«

»Harry Walden als Carlos. Gott wie himmlisch", ergänzte ein anderer.

»Und Moissi als Posa!«

»Und die Durieux – sie war richtig verführerisch.«

Alle diese Namen waren mir bekannt. Die Schauspieler in der Volksbühne waren nahezu alle jüdisch. Später sollte ich sie alle auch erleben, als ich für 50 Pfennig immer wieder einen Stehplatz in der Volksbühne ergatterte.

Einmal ging ich mit Freunden in den Zirkus, nicht um Akrobaten und Tiger zu sehen, sondern einen Redner, der gerade bekannt zu werden begann. Er stand auf der Bühne, und ein Lichtkegel traf ihn voll ins Gesicht. Es war der Führer der NSDAP, Adolf Hitler, der Menschen mit seinem Antisemitismus anlockte und verführte.

»Du, alte Frau«, sagte er in einem mir fremden Dialekt zu einem alten Weib in der ersten Reihe, »wer ist schuld daran, dass du so elend aussiehst, wer hat dich um dein Geld gebracht?«

Aus dem riesigen Zelt tönte es von hinten im Chor: »Der Jude«. Von der gegenüberliegenden Seite ertönte eine weitere Stimme:

»Der Jude.« Die Stimmen vervielfältigten sich: »Der Jude, der Jude, der Jude.«

»An wen hast du deine goldene Uhr verkauft, die dein Großvater dir vererbt hat? Wer hat dir deine Ersparnisse weggenommen?«

Und wieder tönte es von allen Seiten im Chor: »Der Jude, der Jude, der Jude.«

Und Hitler begann mit einem längeren Monolog, aus dem mir nur wenige Schlagworte in Erinnerung geblieben sind: »Was hat uns unter die Zinsknechtschaft gebracht? Das jüdische Kapital. Wem muss das deutsche Volk seine Eisenbahnen schenken, seine Bergwerke verschleudern, seine Elektrizitätswerke für Groschen verkaufen? Dem Juden Morgan! Für wen rackerst du in deinem Feld, deutscher Bauer? Für das Finanzjudentum von New York, für Rockefeller und seine Söhne. Du hast deine Freiheit verloren, deutsches Volk, du bist dem Juden hörig. Er saugt dir deine Seele aus dem Leib, so wie er das Blut deiner Kinder trinkt …« Dass Morgan und Rockefeller überhaupt keine Juden waren, spielte da keine Rolle. Hitler nannte das Böse gut und das Gute böse. Die Menge stand auf, brüllte und sang: »Wenn's Judenblut vom Messer spritzt, dann schmeckts noch mal so gut.«

Ich musste rauslaufen und mich übergeben. Man sagte, Hitler sei ein Verrückter. Aber einige aus meinem Kreis setzten an: »Na ja, man muss doch zugeben, dass ungewöhnlich viele Juden …«, und ich rannte weg. Ich konnte es nicht ertragen, was meine Freunde zu sagen hatten. Wenige Jahre später konnte man all das im *Stürmer* lesen, und dieses Gift drang bis in die Mitte der Gesellschaft vor. Ich hatte keine andere Wahl, als mich aus diesen nichtjüdischen Kreisen zurückzuziehen.

Bei meiner Arbeit begegnete ich fast allen Größen der damaligen hebräischen Literatur, angefangen mit Chaim Nachmann Bialik, den ich täglich im Büro sah. Alle großen und kleinen Dichter machten ihm ihre Aufwartung: Uri Zwi Grünberg, Samuel Agnon, und viele andere. Sie waren oft Gäste in der Ewer-Gesellschaft, aber auch die zionistischen Größen wie Nachum Sokolow und Leo Motzkin oder Leonid Pasternak, der Maler und Vater von Boris Pasternak, dem Verfasser von *Doktor Schiwago*.

Ich besuchte ihn oft in seinem Atelier, und wir sprachen und diskutierten über das Judentum und den Zionismus. Obwohl ich so viele Jahre jünger war als er, hat er mich das nie spüren lassen. Er nahm mich immer ernst. Er dachte nicht daran, der zionistischen Propaganda zu folgen und nach Palästina auszuwandern. Den ganzen Zionismus hielt er für einen Spuk und meinte, dass Europa die Heimat des jüdischen Volkes sei.

Im Büro gab es einen jüdischen Mitarbeiter, einen Weltkriegsveteran, der offen seine deutsch-nationale Gesinnung zugab. Obwohl wir eine zionistische Firma und die Inhaber und Chefs bekennende Zionisten waren, vertrat Herr Weinstein wirre nationalistische Ansichten, die uns anfangs amüsierten und später erschreckten. Als ich eines Tages bei Aschinger meine Linsensuppe aß und Brötchen in die Tasche stopfte, stand er plötzlich neben mir und begann zu monologisieren: »Jede Weltanschauung hält sich für unfehlbar, und der Zionismus macht da keine Ausnahme, sondern er nimmt alle Argumente dieser neuen totalitären Weltbewegungen für sich in Anspruch. Er kämpft aber auf der falschen Seite, denn vom Standpunkt des Blutes aus hat der Antisemitismus seine Berechtigung. Für die Zionisten ist auch nur derjenige Jude und berechtigt, Zionist zu sein, dessen Mutter Jüdin ist. Nichtjuden haben im Zionismus beziehungsweise in Palästina nichts zu suchen. Was anderes sagen die Nazis doch auch nicht.«

Ich ahnte, was noch kommen würde, und unterbrach ihn.

»Sind Sie denn ein Anhänger Hitlers?« fragte ich beklommen.

»Ich bin ein Anhänger Deutschlands«, erwiderte er. »Dieser Hitler wird Schluss machen mit dem polnischen Korridor. Er wird Deutschland den Deutschen zurückgeben. Die Deutschen sind der Verzweiflung nahe. Sie stehen vor einem völligen geistigen oder, besser gesagt, seelischen Zusammenbruch. Wir werden den grotesken Zustand beenden, dass wir sieben bis acht Prozent für Kredite zahlen müssen für einen Krieg, den wir nicht verloren haben«, und ohne Vorwarnung sprang er plötzlich zum Lieblingsthema des Führers: »Ich will weder Sie noch die deutschen Juden herabsetzen, aber die polnischen Juden sind nun mal keine Deutschen. Sie sind ein anderes Volk, selbst uns Juden fremd.«

»Sind Sie ein Antisemit?«, fragte ich erschrocken.

»Ich bin doch kein Antisemit. Ich bin doch selbst Jude«, sagte er, auch ein wenig erschrocken. »Ich habe für Deutschland gekämpft und auch das Eiserne Kreuz bekommen. Ich wollte in die Partei eintreten, aber man hat mich abgelehnt, weil ich Jude bin. Dabei bin ich nationaler und deutscher als manche dieser Nazi-Bonzen. Ich habe in Verdun gekämpft und bin dort auch verwundet worden. Ich hätte mein Leben für unser Vaterland gegeben.«

Verwirrt und verunsichert ging ich ins Büro zurück. Ich hatte mir nicht vorstellen können, dass es auch Juden gab, die Hitler bewunderten.

Ich hatte mich einem kleinen Kreis von jungen Menschen angeschlossen, die allabendlich zusammenkamen und über Gott und die Welt diskutierten. Es waren dies Bruno Kreitner, Fritz Kain und Werner Kraut, der später Intendant der Wuppertaler Bühnen wurde. Fritz und ich waren die beiden Juden in der Gruppe. Später gesellte sich auch Harro Schulze-Boysen hinzu, der in der Zeitschrift *Der Gegner* mitarbeitete.

Ich kann mich an den blonden, hochaufgeschossenen Jüngling sehr gut erinnern, von dem ich schwer glauben konnte, dass er der Leiter des kommunistischen Spionagerings »Rote Kapelle« gewesen sein soll. Eher hätte ich ihn für ein Mitglied des »Jungdeutschen Ordens« gehalten. 1936, während der Berliner Olympiade, als es im Reich sozusagen Burgfrieden gab und die Nazis sich bemühten, ein positives, weltoffenes Bild von sich zu präsentieren, fuhr ich nach Berlin, um meine Familie zu sehen und bei dieser Gelegenheit alte Bekannte zu treffen. Ich sah Harro im Romanischen Café sitzen und am Revers eine Hakenkreuznadel stecken. Ich verkniff es mir, ihn darauf anzusprechen. Es war mir peinlich, ihn so zu sehen, und ich wollte ihn nicht in Verlegenheit bringen. Dass er die Nazis bekämpfte, erfuhr ich erst viel später.

Bruno Kreitner war deutscher Korrespondent bei der sowjetischen Handelsvertretung, von der er seinen Lebensunterhalt bezog, aber er lebte für die Dichtkunst und schrieb ununterbrochen Manuskripte, die zuweilen auch gedruckt wurden. Fritz Kain, der intelligenteste von uns allen, war Schauspieler. Wo er jedoch schauspielerte, wusste keiner von uns. Abend für Abend spielte er uns etwas vor. Er war sehr musikalisch, ein Mozart-Liebhaber, scharfzüngig und von feinem ästhetischem Empfinden. Er stammte aus dem Rheinland, und sein Familienname war vermutlich Kahn, welchen er – »corriger la fortune« – in Kain umschrieb. Aber es half ihm wenig bei der nachfolgenden Barbarei. Der Jüngste unter uns war Werner Kraut, und er sah auch am besten aus. Er nahm Schauspielunterricht beim großen Max Reinhardt und spielte schon vereinzelt in kleinen Rollen. Als echter Schweizer Naturbursche hätte er ebenso einen feschen SA-Mann abgeben können, falls ihm danach gewesen wäre. Aber er verließ Berlin beim ersten Paukenschlag der neuen Ordnung. Ich sah ihn zum letzten Mal wohl 1958, nach meiner Rückkehr aus Israel, als er mich in Köln mit seinem Borgward-Cabriolet abholte und nach Wuppertal brachte, wo er in einem Wasserschloss unweit der Stadt wohnte. In den siebziger Jahren starb er in Wien. Von ihm hörte ich den Ausspruch: »Die Juden waren nicht so sehr gegen Hitler, wie Hitler gegen die Juden.« Wie wahr! Ich wurde daran erinnert, als ich 1958, nachdem ich mich in Köln niedergelassen hatte, zum ersten und zum letzten Mal einer Versammlung der christlich-jüdischen Gesellschaft beiwohnte. Dort traf ich einen jüdischen Arzt, einen gewissen Dr. Seligmann – ein sympathischer, gebildeter älterer Herr –, der mir zu meinem Entsetzen hoch und heilig versicherte, dass er

*Harro Schulze-Boysen*

gerne Mitglied der NSDAP geworden wäre, aber leider als Jude nicht aufgenommen wurde.

## Die Judenfrage

Die Revolution in Russland war für die Jugend der Welt ein verheißungsvoller Neuanfang: »Ex oriente lux«, riefen wir, »Das Licht kommt aus dem Osten«. Wir glaubten zunächst, dass von dort eine neue Heilslehre kommen könnte. Wir wurden bald eines Besseren belehrt. Die Prozesse und Erschießungen sowie die nach Berlin geflohenen Migranten klärten uns auf, dass Russland sich nicht geändert hatte. Es blieb, was es unter den Zaren gewesen war: ein barbarisches Regime. Unter den russischen Auswanderern lernte ich Jitzchak Nachman Steinberg kennen, der unter Lenin Justizminister gewesen war. Er hatte sich als Sozialrevolutionär geweigert, Todesurteile zu unterschreiben. Er war ein streng orthodoxer Jude, ein Paradoxon in einem Staat, dessen Devise lautete: Religion ist Opium für das Volk.

Nach meiner Lehrzeit bei der Ewer-Gesellschaft im Westen Berlins war ich 1926 von der jüdischen Arbeiterbuchhandlung im Osten Berlins eingestellt worden, wo ich etwa ein halbes Jahr hospitierte. Um diese Zeit wurde in Berlin die »Liga für das arbeitende Palästina« gegründet. Man trug mir an, als Hilfskraft in diese neugegründete Institution einzutreten. Die Liga war in einer Bürogemeinschaft mit der »Poale Zion« in einem kasernenähnlichen Gebäude in der Augustusstraße untergebracht. Ihr Sekretär war Boris Eisenstadt; der Sekretär der Liga war Dr. Kurt Löwenstein, mit dem ich zusammenarbeitete. Meine Aufgabe war es, Botengänge zu machen, um Geld zu sammeln und Unterschriften bekannter Persönlichkeiten für Spendenaufrufe zu erbitten.

Einen solchen Gang musste ich auch in die Haberlandstraße 10 machen, wo Professor Albert Einstein wohnte. Ich fühlte mich dabei wie auf dem Weg zum lieben Gott. Auf mein Klingeln öffnete mir Einsteins damaliger Sekretär Jacoby, den ich von Poale Zion gut kannte. Er begrüßte mich erstaunt mit der Frage: »Was willst denn du hier?« Ich erklärte ihm mein Anliegen, worauf er erwiderte: »Ich werde es dem Professor melden.« Nach einer kurzen Wartezeit kam dieser tatsächlich persönlich im obligaten Pullover und fragte leise nach meinem Wunsch. Ich wiederholte den eingeprägten Satz, dass ich gern seine Unterschrift für einen Aufruf der »Liga für das arbeitende Palästina« hätte. Mit sichtlichem Unbehagen bedeutete er mir, dass darüber seine Frau zu entscheiden hätte. Sie erschien nach kurzer Wartezeit, und ich sagte meine Bitte erneut auf, worauf sie mir antwortete, »Der Name meines Mannes wird von rechten wie von linken Juden missbraucht. Wer auch immer zu ihm kommt und ihn um seine Unterschrift bittet, tut dies, ohne zu überlegen, ob dies auch seinen Vorstellungen entspricht. Wir haben deshalb beschlossen, dass in ihrem Falle Herr Kurt Blumenfeld von der Zionistischen Organisation entscheiden soll, ob Sie den Namen meines Mannes unter ihren Aufruf setzen können.« Und so geschah es.

Im Jahr 1928 ging ich nach Frankfurt am Main und fand Arbeit beim Antiquariat Wahrmann. Ich kündigte aber schon nach einem halben Jahr, weil man mir das monatliche Gehalt nicht auszahlen konnte. Immer wieder erwachte in mir der Drang zu studieren, und so verließ ich Frankfurt in Richtung Wien in der Hoffnung, mit Hilfe eines entfernten Verwandten, des Wiener Oberrabiners Professor Chajes, ein Stipendium für einen Studienplatz zu bekommen. Der Oberrabbiner empfing mich in seinem Büro im jüdischen Gemeindehaus Wiens. Als ich ihm mein Anliegen vorgetragen hatte, war seine erste Frage:

»Haben Sie Matura?«

Ich verneinte und sagte, dass ich Autodidakt sei und nur drei Volksschulklassen besucht hätte, worauf er erwiderte,

»Ohne Matura wird Sie keine Universität immatrikulieren. Im Übrigen – wozu studieren? Sie scheinen mir ein intelligenter junger Mann zu sein, gehen Sie nach Palästina in einen Kibbuz, dort werden Sie praktische Bildung erhalten, dies ist der beste Rat, den ich Ihnen geben kann.«

Oberrabiner Chajes war offensichtlich auch einer dieser Zionisten, die andere Juden nach Palästina schicken und selbst bleiben, wo es ihnen gut geht. Damit war mein Traum vom Studium in Wien gestorben. Ich kehrte nach Berlin zurück.

Die Tage zogen ins Land, und das kommende Unheil rückte immer näher. Zuerst erschütterte der »Schwarze Freitag« der New Yorker Börse die Vereinigten Staaten, der wirtschaftliche Aufschwung des Deutschen Reiches, der nach der Schacht'schen Währungsreform begonnen hatte, kam zum Erliegen, die Arbeitslosigkeit nahm von Tag zu Tag zu, bis es schlussendlich sechs Millionen Arbeitslose geworden waren. Auch ich musste täglich stempeln gehen, um in diesem Meer der Arbeitslosen nicht zu ertrinken. Meine Freunde waren in gleicher Weise betroffen.

Das war das Ende der Goldenen Zwanziger, deren Goldglanz ich persönlich nie erlebt hatte. Die Männer und Frauen, die auf dem Kurfürstendamm mit Plakaten »Suche Arbeit jeder Art« herumlaufen mussten, hätten es als blanken Hohn empfunden, wenn man ihnen diese Zeit als »golden« angepriesen hätte. Golden waren sie nur für Kriegsprofiteure, Spekulanten und Börsenjobber – die große Mehrheit der deutschen Bevölkerung hatte keine Anteile daran.

Stempeln konnte ich irgendwann auch nicht mehr, weil ich ja fast ein Jahr nicht mehr gearbeitet und Berlin zwischenzeitlich verlassen hatte. Ich suchte also wie viele andere nach einer Beschäftigung, gleich welcher Art. Freunde ließen mich wissen, dass der jüdische Buchhändler Kurt Rosenbaum in der Meineckestraße einen Gehilfen brauchte. Ich meldete mich auf der Stelle, und mit der Fürsprache von zionistischen Freunden bekam ich die Stelle. Das Gehalt war selbst für damalige Verhältnisse recht bescheiden, aber besser als nichts. Ich bewohnte ein Zimmer in der Schaperstraße, für das ich 20 Mark im Monat inklusive Frühstück zahlte. Für Essen und Kleidung blieben mir kaum 100 Mark. Von diesem kargen Lohn unterstützte ich gelegentlich auch noch meine Mutter, aber die Hauptlast für sie lag auf den Schultern meines Bruders Nathan.

Die Losung »Ein Land ohne Volk für ein Volk ohne Land« provozierte irrige Vorstellungen, die immer wieder zu teils heftigen Konflikten führte. In diese Diskussion, die auch in der zionistischen Presse Deutschlands – zum Beispiel in der *Jüdischen Rundschau* – geführt wurde, schaltete ich mich auch mit einem längeren Leserbrief ein.

Ich vertrat darin die Meinung, dass die zionistische Parole offensichtlich ein Irrtum sei, den man zu propagandistischen Zwecken in der zionistischen Bewegung benutzte. Ich verwies unter anderem auf die lange friedliche Geschichte der Juden in der arabischen Welt und erwähnte das »Goldene Zeitalter« der Juden in Andalusien unter der Herrschaft der muslimischen Mauren, die annähernd 800 Jahre dauerte und nicht von den Muslimen, sondern von den Christen beendet wurde. Ich meinte, dass die Unruhen in Hebron nichts mit Antisemitismus zu tun hatten, wie es in der jüdischen Presse vereinzelt behauptet wurde.

Als ich am Abend desselben Tages ins Romanische Café kam, winkte mich der Redakteur der *Jüdischen Rundschau*, Moschko Waldmann, an seinen Tisch und sagte zu den Anwesenden: »Das ist der junge Mann, der Araber liebt«. Waldmann kannte mich von der Ewer-Gesellschaft. Alle schauten mich verwundert an, und ich verspürte sofort ihre Ablehnung und ihr Misstrauen mir gegenüber. Die Situation war mir peinlich, so dass ich, ohne lange nachzudenken, antwortete: »Ich liebe die Araber nicht, aber im Gegensatz zu vielen hier hasse ich sie auch nicht!« Es entbrannte eine leidenschaftliche Diskussion, an die ich mich im Einzelnen heute nicht erinnern kann, bis auf die Tatsache, dass alle gegen mich waren und einige mir sogar vorwarfen, ein Antisemit zu sein. Damals wünschte ich, die Erde möge sich öffnen und mich verschlucken.

Die Zeit vergeht, und sie begräbt vieles unter dem Schutt des Vergessens. Ich erinnere mich aber an Jakob Seidmann, den Herausgeber und Verleger der Schriftenreihe »Chorev«. Sein Verlag hatte es sich zur Aufgabe gemacht, althebräische Literatur in preiswerten Ausgaben zu edieren. Seine Frau, Tom Seidmann-Freud, eine Nichte Sigmund Freuds, war eine bekannte Bilderbuchillustratorin. Ich traf sie oft im Romanischen Café, und wir unterhielten uns zumeist, wie nicht anders zu erwarten, über jüdische und jiddische Literatur.

Ende 1929 beendete ich meine Arbeit bei Kurt Rosenbaum und stand wieder vor der Frage: »Was tun?« Meine Freunde Georg Lubinski und David Tanne hatten gerade die Jugendzeitschrift *Der junge Jude* gegründet und schlugen mir vor, dort in der Verwaltung zu arbeiten. Meine Aufgabe bestand darin, dem chronischen Geldmangel der Zeitschrift durch Verlagsinserate und Abonnenten abzuhelfen. In der Anfangszeit gelang es mir tatsächlich, an Anzeigen von großen Verlagshäusern zu kommen, die in Form von Buchlieferungen bezahlt wurden, welche ich wiederum an jüdische Buchhandlungen zu verkaufen versuchte. Nach zwei Monaten aber gab ich diese Bemühungen wegen ihrer Aussichtslosigkeit auf.

Einmal in der Zeitschriftenbranche gelandet, konnte ich dem Versuch nicht widerstehen, eine eigene Zeitschrift herauszugeben, die unparteiisch über jüdische Probleme und Fragen berichten sollte. So gründete ich Anfang 1931 die *Freie Jüdische Monatsschau* (FJM), an der Jitzchak H. Steinberg, Gustav Krojanker, Walter Mehring, Dawid Koigen und andere mitarbeiteten. Die erste Ausgabe erschien im März. Zum Geleit schrieb ich:

> *Die Freie Jüdische Monatsschau wendet sich an Leser jüdischer wie nichtjüdischer Abstammung, die bereit sind, sich für die drei großen Postulate der Zeit einzusetzen: Freiheit, Wahrheit und Gerechtigkeit, und die darüber hinaus sich bemühen wollen, ein Jahrtausende währendes hasserfülltes und von Intoleranz geprägtes Verhältnis zwischen dem Judentum und den Völkern der Erde zu entgiften und sich für eine gegenseitige Verständigung einzusetzen. Das deutsche Volk und mit ihm die ganze zivilisierte Welt befindet sich seit ungefähr zehn Jahren in einem bedenklichen Zustand der Gärung, der allenthalben, auf politischen, wirtschaftlichen, soziologischen und kulturellen Gebieten, bedrohlich krisenhaft ist. Die vielfältigen Auswirkungen dieser Krisen rücken auch jüdische Mitbürger in eine unmittelbare Gefahrenzone.*

*Diese Entwicklung ist der eigentliche Anlass der Herausgabe der Freien Jüdischen Monatsschau.*

*Die FJM will Juden aller Richtungen und Tendenzen – mit Ausnahme derer, die kulturell und politisch reaktionär sind – sammeln und ihnen eine überparteiliche Stimme geben, die jeden zu Wort kommen lässt, der zur Entwirrung und Klärung der jüdischen Problematik beitragen kann. Unsere Zeitschrift wird sich bemühen, jeden Kompromiss zu vermeiden oder irgendeinem, noch so verhüllten Sektierertum zu verfallen. Sie verschmäht Interessengemeinschaften und parteipolitische Bindungen. Sie wird über die Bestrebungen der Zionisten ebenso loyal und objektiv berichten wie über die Probleme der nichtzionistischen Welt. Keine Erscheinung jüdischen Lebens soll uns zu gering sein, um unbeachtet zu bleiben.*

*Die FJM wird jeder Kritik von nichtjüdischer Seite zugänglich sein, mit Ausnahme solcher, die einen bedingungslosen Antisemitismus predigen. Wir werden unsere Kraft und unsere Zeit nicht darauf verschwenden, Ammenmärchen zu widerlegen. Wir erachten es nicht als unsere Aufgabe, jene Spezies Mensch, die in ihrer geistigen Entwicklung im Mittelalter stecken geblieben ist, aus ihrem Infantilismus zu erwecken. Ebenso halten wir Erörterungen mit jenen Juden für vergeblich, die immer noch selbst daran glauben und andere glauben machen wollen, dass sie von Gott zu einer besonderen Mission auserwählt seien. Sie verwechseln augenscheinlich ihre heimatlichen Hügel mit dem Berge Sinai und eine Kanzelpredigt ihres Gemeinderabbiners mit der Offenbarung ihres Gottes.*

*Die FJM will wirken und leben für die Juden und um der Juden willen, aber auch um überall dort hineinzuleuchten, wo der Obskurantismus sein spukhaftes Wesen treibt; wo Muff und Moder sich an die Fersen einer neuaufkeimenden Epoche von Freiheit und Duldsamkeit Aller gegen Alle zu heften trachtet.*

*Ethos und Pathos sind von jeher großen Motoren des Judentums gewesen; sie sollen es auch für unsere Zeitschrift sein; eine Zeitschrift, deren ausschließlicher Zweck es ist, der Zeit ein wahrheitsgetreuer Spiegel zu sein.*

Woher komme ich? Wohin gehe ich? Was ist der Sinn des Lebens? Diese Fragen beschäftigten mich, der ich in Galizien, in einem urjüdischen Milieu, geboren wurde, in Deutschland aufwuchs, geprägt vom Berlin der zwanziger Jahre. Bis zu meinem siebzehnten Lebensjahr war ich in der zionistischen Jugendbewegung, zuerst in Blau-Weiß und später im Jung-Jüdischen Wanderbund (JJWB) engagiert und meinen Altersgenossen eng verbunden.

Der antisemitische Virus drang in alle Kreise der deutschen Bevölkerung ein, auch in solche, von denen man geglaubt hatte, dass sie gegen Kontamination immun seien. Der bekannte Literaturkritiker Paul Fechter, ein ansonsten ehrenwerter Mann von tadelloser Gesinnung, veröffentlichte in der *Deutschen Allgemeinen Zeitung* (DAZ), einem Organ, das der deutschen Volkspartei nahestand, einen Aufsatz unter der provokanten Überschrift »Kunstbetrieb und Judenfrage«. In diesem Artikel stellte Fechter die These auf, dass die Juden überdurchschnittlich in Literatur, Kunst und Theater vertreten seien. Dass es sich dabei um ebenso gute Deutsche handelte wie in der Mehrheitsgesellschaft, hatte Fechter zu erwähnen vergessen. Ich nahm diesen Artikel zum Anlass, mich brieflich an Thomas Mann, dessen Bücher in einem Verlag, der einem Juden gehörte – Samuel Fischer –, erschienen, zu wenden und ihn um eine Stellungnahme zu bitten. Seine Antwort war bemerkenswert. Er schrieb, er lasse sich nicht durch einen Salonantisemiten wie Paul Fechter provozieren und dass er im gleichen Sinne an seinen Freund Jakob Wassermann geschrieben habe. Aus diesem Grund müsse er es ablehnen, auf Fechters Ausführungen öffentlich einzugehen. Mit diesem Brief ging ich zu Dr. Gustav Krojanker, einem bekannten Literaten und Literaturwissenschaftler, und bat ihn, auf die Klagen und Anklagen Paul Fechters eine entsprechende Antwort zu geben. Er war damit einverstanden, und sein Artikel erschien in der nächsten Ausgabe der *Freien Jüdischen Monatsschau* und wurde 1964 im »Bulletin« des Leo-Baeck-Instituts in Jerusalem nachgedruckt.

Meine Zeitung brachte es auf sechs Hefte und wurde wegen finanzieller Auszehrung schließlich eingestellt. Etwas Gutes hatte mir die Zeitschrift dennoch gebracht, weil ich durch sie gute Beziehungen

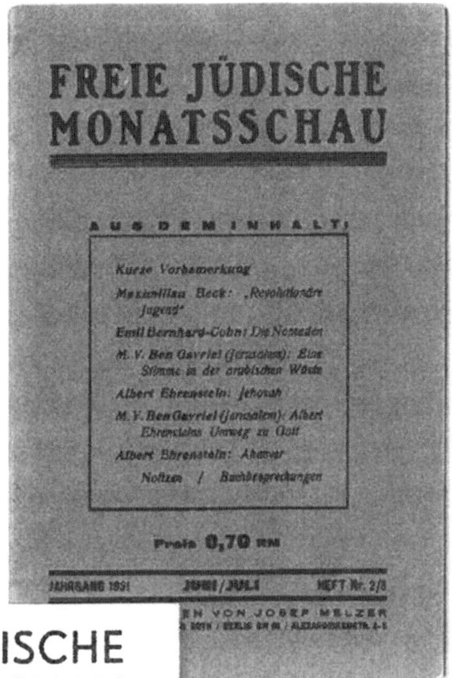

FREIE JÜDISCHE MONATSSCHAU

AUS DEM INHALT:

Kurze Vorbemerkung

Maximilian Beck: „Revolutionäre Jugend“

Emil Bernhard-Cohn: Die Nomaden

M. V. Ben Gavriel (Jerusalem): Eine Stimme in der arabischen Wüste

Albert Ehrenstein: Jehovah

M. V. Ben Gavriel (Jerusalem): Albert Ehrensteins Umweg zu Gott

Albert Ehrenstein: Ahasver

Notizen / Buchbesprechungen

Preis 0,70 RM

JAHRGANG 1931 JUNI / JULI HEFT Nr. 2/3

… EN VON JOSEF MELZER

Titelseite meiner Monatsschrift »Freie jüdische Monatsschau«

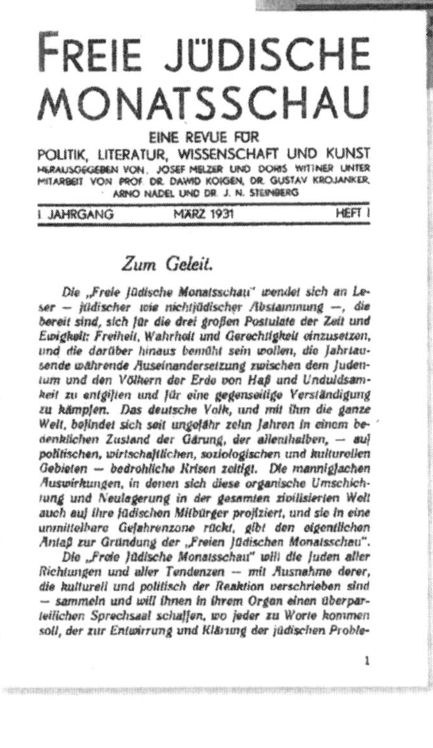

FREIE JÜDISCHE MONATSSCHAU

EINE REVUE FÜR POLITIK, LITERATUR, WISSENSCHAFT UND KUNST

HERAUSGEGEBEN VON JOSEF MELZER UND DORIS WITTNER UNTER MITARBEIT VON PROF. DR. DAWID KOIGEN, DR. GUSTAV KROJANKER, ARNO NADEL UND DR. J. N. STEINBERG

I. JAHRGANG MÄRZ 1931 HEFT I

Zum Geleit.

*Die „Freie jüdische Monatsschau“ wendet sich an Leser – jüdischer wie nichtjüdischer Abstammung –, die bereit sind, sich für die drei großen Postulate der Zeit und Ewigkeit: Freiheit, Wahrheit und Gerechtigkeit einzusetzen, und die darüber hinaus bemüht sein wollen, die Jahrtausende währende Auseinandersetzung zwischen dem Judentum und den Völkern der Erde von Haß und Unduldsamkeit zu entgiften und für eine gegenseitige Verständigung zu kämpfen. Das deutsche Volk, und mit ihm die ganze Welt, befindet sich seit ungefähr zehn Jahren in einem bedenklichen Zustand der Gärung, der allenthalben, – auf politischen, wirtschaftlichen, soziologischen und kulturellen Gebieten – bedrohliche Krisen zeitigt. Die mannigfachen Auswirkungen, in denen sich diese organische Umschichtung und Neulagerung in der gesamten zivilisierten Welt auch auf ihre jüdischen Mitbürger projiziert, und sie in eine unmittelbare Gefahrenzone rückt, gibt den eigentlichen Anlaß zur Gründung der „Freien Jüdischen Monatsschau“.*

*Die „Freie Jüdische Monatsschau“ will die Juden aller Richtungen und aller Tendenzen – mit Ausnahme derer, die kulturell und politisch der Reaktion verschrieben sind – sammeln und will ihnen in ihrem Organ einen überparteilichen Sprechsaal schaffen, wo jeder zu Worte kommen soll, der zur Entwirrung und Klärung der jüdischen Proble-*

1

Leitartikel »Zum Geleit« in der ersten Ausgabe der neuen Zeitschrift zu großen deutschen Verlagen herstellen konnte. Der Nachteil war allerdings, dass ich den Nazis vor allem wegen eines Schmähartikels über Adolf Hitler und sein »Drittes Reich« aufgefallen war, den sie mir natürlich sehr verübelten. Ich hatte geschrieben:

*Die Nationalsozialisten, die Partei Hitlers, die bei den Wahlen am 14. September 1930 sechseinhalb Millionen Wähler auf sich vereinigen konnten und zur stärksten Fraktion im Deutschen Reichstag wurden, kämpfen bekanntlich für ein Drittes Reich. Was sie mit diesem Begriff verbinden und worin sich dieses Dritte Reich von den beiden Ersten unterscheiden soll, scheint Geschäftsgeheimnis der Nazis zu sein, denn trotz eifriger Nachforschungen sensationshungriger Journalisten konnte bisher nichts ermittelt werden. Nun bringt die* Frankfurter Zeitung *dieser Tage eine aufschlussreiche Meldung, die des Rätsels Lösung zu sein scheint und die besagt, dass wir es im Dritten Reich mit einem geradezu paradiesischen Zustand zu tun haben (werden). Die Meldung lautet: »Was ist das Dritte Reich?« Diese Frage wird von einer Hamburger Konfektionsfirma beantwortet, die eine Propaganda-Broschüre unter der Überschrift »Ins Dritte Reich« verteilt. Dort heißt es: Drei Reiche beherrschen die Welt: das erste Reich ist der Frühling, dort blühen die Bäume und singen die Vögel; das zweite Reich ist die Jugend, jeder ist dort heutzutage Untertan. Das dritte Reich, das ist die Mode. Dort sind Sie Herrscher und Herrscherin und können wählen, was Ihnen beliebt. Also bitte! Nun wissen wir, woran wir sind. Die Nazis sollten aber über die Konfektionsfirma, die nicht semitischen Ursprungs ist, sehr erbost sein, weil sie ihren einzigen Trumpf nunmehr preisgegeben hat.*

Als ich das schrieb, ahnte ich nicht, wie nachtragend die Nazis sein würden. Ich landete auf einer Liste von »Staatsfeinden« und blieb darauf vermerkt bis zum Januar 1933, als die Nazis an die Macht kamen.

Nachdem mein Projekt mit der *Freien Jüdischen Monatsschau* nach kaum einem Jahr gescheitert war, war der Zionismus nicht mehr der zentrale Punkt meines Lebens, wohl aber die »jüdische Frage«, die mich unmittelbar betraf. Unter den jungen Menschen, mit denen ich damals verkehrte, herrschte die Meinung vor, dass die »Judenfrage« letztlich eine gesamtgesellschaftliche sei, die nur mit Toleranz und Verständigung lösbar sei, ein Standpunkt, der mit dem Aufklärungsgedanken eng verflochten war. Für uns war dies allerdings eine neue Erkenntnis. Harro Schulze-Boysen, der aus einer deutsch-nationalen Familie stammte, interessierte sich für das Judentum und überredete mich, als »Judenreferent« für den *Gegner* über Themen der jüdischen Gemeinschaft zu berichten. Diese Zeitschrift war überparteilich organisiert und stets bemüht, kontroverse Sichtweisen faktenorientiert zu behandeln. Man stellte mir eine Pressekarte aus, aber zur Mitarbeit am *Gegner* kam es letztlich nie.

Damals, in der Frühzeit der kommunistischen Bewegung, glaubte ich noch, wie viele andere Juden, dass die soziale Frage auch die »Judenfrage« lösen würde. 40 Jahre später waren wir alle klüger und wissen, dass der sowjetische Sozialismus weder die soziale noch die jüdische Frage zu lösen imstande war. Das Problem blieb ungelöst, und nach dem Holocaust sahen viele Juden in der Emigration nach Israel ihren einzigen Ausweg.

Die bedrohliche Lage in Deutschland näherte sich ihrem Kulminationspunkt. Täglich marschierten die Kolonnen von rechts und links, »Juda verrecke« auf den Bannern der einen, »Rotfront« auf denen der anderen. Täglich kam es zu Auseinandersetzungen, bei denen es Verwundete und Tote gab. Es herrschten chaotische Zustände. Obwohl in Berlin aufgewachsen, sah ich mich selbst als Ausländer, dem Parteienspektrum entrückt, wenngleich auch meine Sympathien den links-orientierten Parteien galten. Als nun zu Beginn der dreißiger Jahre die Antifa gegründet wurde, meldete ich mich sofort und wurde aktives Mitglied. Mein Aufenthalt in Italien hatte mir einen Vorgeschmack von faschistischen Polizeistaaten gegeben. In allen größeren Ortschaften Italiens wurden verdächtige oder ärmlich aussehende Passanten angehalten und kontrolliert. Ich selbst wurde in Rom mehrere Male verhaftet und in Gewahrsam genommen, wo ich mir die vollgepferchte Zelle mit Leidensgenossen unterschiedlichster Art teilen musste. Ich konnte mir aber damals in Rom nicht vorstellen, dass wir bald auch in Deutschland ähnliche Zustände bekommen würden. In meiner Kindheit in Osteuropa, wo angeblich der Antisemitismus grassierte, habe ich derartige Ausschreitungen und solch primitiven Judenhass nie erlebt. Eine neue antisemitische Welle erhob sich in vielen Teilen Europas. In Deutschland wurde es von Jahr zu Jahr stürmischer und gefährlicher, während der Faschismus in Italien und Spanien zwar autoritär und brutal, aber kaum antisemitisch war.

Leitende Genossen der Antifa baten mich, meine Erfahrungen in Italien den deutschen Arbeitern zu berichten, um sie davon zu überzeugen, sich gegen das drohende Unheil eines deutschen Faschismus zu wehren. Ich leistete ihrer Aufforderung Folge, und es gab Abende, an denen ich auf drei oder vier Versammlungen verschiedener Zellen sprach. Die Geschichte hat gezeigt, dass alle Warnungen vergeblich waren. Der deutsche Faschismus schlug alle Widerstände brutal nieder, nur hätte sich keiner von uns vorstellen können, welche Folgen er haben würde.

Nicht selten marschierten Hundertschaften von SA-Mitgliedern mit Hakenkreuzfahnen in die Säle, wo ich entweder einen Vortrag hielt oder nur Besucher war, und sprengten die Versammlung. Sie schrien laut »Juden raus!«, und die Genossen im Saal riefen »Nazis raus!« In der Regel liefen zwei SA-Kameraden zur Bühne vor und breiteten eine riesengroße Hakenkreuzfahne aus, hinter der man die Referenten nicht mehr sehen konnte. Es dauerte eine Weile, bis schließlich die Polizei kam und die Kontrahenten trennte. An Weitermachen dachte niemand mehr, und wir trennten uns zornig und frustriert.

Kein Mittel wurde gescheut, um den Judenhass zu schüren. In den Jahren nach dem Ersten Weltkrieg erlebten *Die Protokolle der Weisen von Zion*, ein ursprünglich in Russland erschienenes Traktat, weite Verbreitung in vielen Ländern, auch in Deutschland. Das Buch gab die angeblichen Protokolle einer jüdischen Weltverschwörung wieder. Obwohl schon sehr früh nachgewiesen wurde, dass es sich um eine Fälschung handelte, wurde das Buch immer weiterverbreitet. Das stolze deutsche Kaiserreich hatte eine demütigende Niederlage erlitten, und das verbitterte Volk suchte einen Sündenbock für dieses Unglück. Nichts war leichter, als die Schuld auf die Juden zu schieben, und obwohl ein Jude, Walter Rathenau, damals Deutschlands Außenminister wurde, nahm der Antisemitismus stetig zu und wurde von Adolf Hitler und seinem Buch *Mein Kampf* sowie seiner Partei, der NSDAP, befeuert.

Damit begann auch für mich eine demütigende und gefährliche Zeit. Die SA marschierte täglich durch die Straßen und schrie »Deutschland erwache!«. Aber leider ließ sich das genaue Gegenteil beobachten: Deutschland schlief. In den Zeitungskiosken lag provokativ das antisemitische Wochenblatt von Julius Streicher, *Der Stürmer*, aus dem sozusagen jüdisches Blut tropfte. Es gab noch keine Pogrome, wie in Osteuropa, aber Juden wurden gedemütigt, bedrängt, beleidigt und unwürdig behandelt. An die Schaufenster mancher Geschäfte wurde in großen Buchstaben geschmiert: »Kauft nicht bei Juden!« Noch funktionierten die Gerichte und noch waren die Juden nicht rechtlos, aber es war mitnichten angenehm. Viele Mischehen wurden geschieden, auch wenn es vom Staat noch nicht angeordnet war. Weitsichtige Juden verließen das Land. Viele von ihnen gingen nach Palästina.

Für mich sah die Zukunft düster aus. Ohne Arbeit, ohne Geld, ohne Anhang. Was sollte ich jetzt tun? Ich beriet mich mit meinen Freunden Bruno Fritz und mit Anya Ashkenazy, der Redaktionssekretärin der *Jüdischen Rundschau*, deren Ehegatte Bauingenieur war und als überzeugter Kommunist nach Moskau ausgewandert war, wo er später liquidiert wurde. Alle waren der Ansicht, ich solle meine Beziehungen zu deutschen Verlagen nutzen und mich als Verlagsvertreter bewerben. Im Deutschen Reich Vertreter zu werden war ein aussichtsloses Unterfangen, weil alle großen Verlage ihre langjährigen Vertreter hatten, die sie kaum gegen einen Neuling austauschen würden. Ich bewarb mich bei allen großen Verlagen um eine Vertretung im Ausland, und zwar auf einer Reiseroute von Österreich über den Balkan, wo damals noch sehr viele Juden lebten, die alle deutsche Literatur lasen, bis nach Palästina. Für diese Länder hatten deutsche Verlage keine Vertreter. Ich bekam umgehend positive Antworten von Ernst Rowohlt, Kurt Wolff, Wieland Herzfelde, Salman Schocken und Lambert Schneider. Vom Jüdischen Verlag und von der *Jüdischen Rundschau* erhielt ich Empfehlungsschreiben für alle zionistischen Organisationen, was sich später noch als überaus hilfreich erweisen sollte. Sie stimmten zwar alle meinem Vorhaben zu, aber niemand wollte mir für die Reise einen Vorschuss zahlen, bis auf Schocken, der mir einen Hundertmarkschein schickte. Die anderen Verlage begnügten sich damit, mir einen Auftragsblock zukommen zu lassen mit dem Versprechen, die mir zustehende Provision nach Eingang von Bestellungen und erfolgter Bezahlung sofort zu überweisen.

Meine Reisevorbereitungen dauerten mehrere Monate bis Ende 1932. Ich war immer noch in Berlin, obwohl die Lage immer bedrohlicher wurde und mir schon etliche Steine knapp am Kopf vorbeigeflogen waren. Täglich gab es Prügeleien mit der SA, die regelmäßig Säle stürmte, in denen sich Sozialdemokraten oder Juden versammelten. Doch so beklemmend die Lage auch war, die wenigsten in meinen Kreisen nahmen sie ernst, und kaum einer hätte sich vorstellen können, dass Hitler die Wahlen gewinnen würde. Man war vielmehr von seiner Erscheinung und seinem glühenden Nationalismus und Antisemitismus so angewidert, dass man nicht glauben konnte oder auch wollte, dass dieser Mann jemals an die Macht kommt. Auch ich habe Hitler und die NSDAP nicht ernst genommen. Ich erwachte jeden Tag mit der Hoffnung, dass der Spuk endlich vorbei sei. Es überstieg meine Vorstellungskraft, dass ein derartiger Politiker die Wahlen gewinnen und Reichskanzler werden könnte.

Weit gefehlt. Hitler wurde am 30. Januar 1933 zum Reichskanzler gewählt, und ich musste mitansehen, wie die unzähligen Anhänger der Nazis feierlich mit Fackeln durch Berlin zogen. Mit einem Mal wusste ich, dass ich verloren hatte und keinen Tag länger in der Stadt bleiben durfte. Die Nacht verbrachte ich bei Schulze-Boysen und seiner Frau, die versuchten, mich zu beruhigen: »Es wird schon nicht so schlimm werden. Hitler wird sich nicht lange an der Macht halten können.«

Am nächsten Tag ging ich in mein Zimmer zurück, und meine

Wirtin, Frau Wagner, erwartete mich schon mit Ungeduld. »Herr Melzer, hier waren heute früh zwei Herren für Sie.«

»Was für Herren?«, fragte ich mit einer Vorahnung der zu erwartenden Antwort.

»Es waren Herren von der Gestapo, sie fragten, wo Sie sind. Sie sagten, dass sie wiederkommen werden.«

Ich nahm sofort alle wichtigen Unterlagen und Dokumente, packte meinen Koffer und verabschiedete mich von Frau Wagner. Bevor ich aber die Stadt verließ, rief ich meinem Bruder Nathan an und bat ihn, in die Wohnung unserer Mutter zu kommen, wo auch meine Schwester Lea auf mich wartete. Ich eröffnete ihnen, dass ich noch am selben Tag Berlin verlassen würde.

»Ich verstehe dich nicht«, sagte meine Schwester, und mein Schwager Jakob nickte zustimmend. »Du warst schon immer ein wenig hysterisch. Warum läufst du davon. So schlimm wird es nicht werden, so anständig wie die Deutschen sind.« Meine Schwester war schon immer vollkommen naiv und unpolitisch.

»Ausgeschlossen«, sagte mein Bruder Nathan, »mein Chef Schramm hält es für ausgeschlossen, dass die Regierung gegen alle Juden vorgeht. Hitler ist nur eine vorübergehende Erscheinung. In einigen Monaten wird er abgewählt, und der Spuk ist vorbei.«

Und meine Mutter fügte hinzu: »Ich versteh dich nicht. Bleib hier. Man will uns Juden doch nur nicht in der Politik haben.«

Wie gut, dass ich nicht auf sie gehört habe. Noch am selben Abend nahm ich den Zug nach Wien.

# III 1933–1936

## Unterwegs

Im Februar des unheilvollen Jahres 1933 war ich mit der Reichsbahn »auf Achse«, nicht auf Schusters Rappen wie früher. Zuerst nach Wien, wo ich aber nur wenig erreichen konnte, denn die Wiener Buchhändler scheuten Lagerbestellungen. Sie wurden regelmäßig von den deutschen Barsortimenten beliefert, weswegen ich unverrichteter Dinge nach Budapest weiterfahren musste. Dort hatte ich mehr Glück, weil die Lieferfähigkeit der deutschen Barsortimente nicht bis Budapest reichte. In einer kleinen Seitenstraße der Király utca, der »Königsstraße«, befand sich das Geschäft des jüdischen Buchhändlers Gondos, der eine gewaltige Bestellung von Büchern des Schocken-Verlags vornahm, nebst einiger kleinerer Kontingente von Kurt Wolff und des Jüdischen Verlags.

Von Budapest setzte ich meine Reise nach Bukarest fort, wo mich die jüdische Gemeinde gastfreundlich aufnahm. In erster Linie half der Sekretär der dortigen Niederlassung der Zionistischen Organisation, Chajim Feilbusch, und das tat er großzügig. Die geräumige Buchhandlung Hasefer (»Das Buch«) gehörte einem Herrn Steinberg, der mir große Aufträge für Judaica gab. Außerdem fand ich dort Zugang zu den reichen jüdischen Familien Margulies und Baruch, an deren Privatbestellungen ich außerordentlich gut verdiente. Auch der Oberrabbiner Senator Nemirower nahm meine Dienste für sich selbst und für die Gemeindebibliothek in Anspruch.

Der geschäftliche Erfolg zog aber meinen Aufenthalt in Bukarest in die Länge. Inzwischen war es November geworden, und ich wollte mich im Hafen von Constanta nach Palästina einschiffen. Dazu benötigte ich nicht nur Reisespesen, sondern auch ein Einwanderungszertifikat. Auf Reisespesen hatte ich kein Anrecht. Einem Einreiseantrag wäre nur dann stattgegeben worden, wenn ich einige tausend englische Pfund hätte vorweisen können. Man hätte ebenso gut eine Million verlangen können. Feilbusch versprach mir, sich im englischen Konsulat für mich einzusetzen, um mir ein Besuchervisum zu verschaffen, was ihm am Ende auch gelang. Nun galt es, eine billige Überfahrt zu finden. Es traf sich, dass zur selben Zeit ein befreundeter rumänischer Jude einige Transportochsen nach Palästina zu befördern hatte. Er charterte ein billiges Schiff, auf dem auch einige Chaluzim, wie die neuen Pioniere genannt wurden, nebst meiner Wenigkeit Platz fanden. Die Überfahrt dauerte fünf Tage. Sie war wegen der winterlichen Jahreszeit sehr unangenehm. Das östliche Mittelmeer war unruhig und zuweilen stürmisch, und die Chaluzim und ich standen lange vor der einzigen Toilette und froren. Wir waren alle seekrank.

Kaum dass die Sonne am sechsten Tag im Osten aufging, sahen wir die Silhouette des Karmelgebirges aus der Ferne. Für mich und für die Chaluzim war es ein erhabenes Gefühl voller Emotionen und Freude, auch wenn ich kein gläubiger Zionist war. Ich fühlte, dass mein altes Leben hier und jetzt endet und ein neues beginnt.

In Haifa angekommen, wurden die Ochsen vom Schiff geladen, und auch die Chaluzim konnten mit ihren Zertifikaten anstandslos das Schiff verlassen, lediglich bei mir gab es Schwierigkeiten. Der Einwanderungsbeamte ließ sich von meinem englischen Visum nicht beeindrucken. Er fragte: »Do you have any money? Haben Sie Geld?« Da ich nicht wusste, ob meine Provisionen schon bei der Anglo-Palestine-Bank angekommen waren, konnte ich die Frage nicht mit Gewissheit bejahen. Ich stotterte etwas für ihn Unverständliches. Er nahm ungeduldig meinen Pass und überstempelte das Visum mit »Refused!« – abgelehnt! So musste ich schweren Herzens die Rückreise antreten, während die Sonne über das Mittelmeer den Hügeln des Karmels aufleuchtete, als wollte sie mir die Schönheit des Landes zeigen, in welches einzureisen mir soeben verwehrt worden war. Es war wohl nichts mit dem Neubeginn.

Auf der Rückreise gab es außer mir keine Passagiere. Um die Reisekosten abzugelten, musste ich mich auf dem Schiff nützlich machen. Meine Provision aus den Verkäufen in Budapest und Bukarest hatte ich noch nicht erhalten. Und selbst wenn das Geld bei der Anglo-Palestine-Bank in Tel Aviv lag, wohin es hätte überwiesen werden sollen, so hatte ich keinen Zugriff darauf, und Tel Aviv war wieder in unerreichbare Ferne gerückt.

In Constanta angekommen, fuhr ich sofort nach Bukarest und meldete mich bei Feilbusch. Er war nicht wenig erstaunt, mich wiederzusehen, obwohl er im Stillen durchaus Zweifel gehegt hatte, ob ich die Grenzkontrollen passieren würde. Jetzt war guter Rat teuer. Mit diesem Pass konnte ich mich beim englischen Konsulat nicht mehr sehen lassen. Es war auch fraglich, ob mir ein neuer Pass helfen würde, denn mein Visum war ja bei den Behörden eingetragen, was dort unweigerlich die Frage nach dem alten Visum aufgeworfen hätte. Feilbusch riet mir, zunächst den Pass zu »verlieren«. Dann sollte ich mich beim polnischen Konsulat melden – ich hatte ja einen polnischen Pass –, um einen neuen zu beantragen.

Dies war aber leichter gesagt als getan. Ich »verlor« also meinen Pass, ging zum polnischen Konsul und erklärte ihm mein Ungeschick in einem Kauderwelsch aus Französisch und Deutsch, weil ich die polnische Sprache nicht beherrschte. Er fragte mich, wie es möglich sei, dass ich als polnischer Bürger die Landessprache nicht spreche. Ich erwiderte: »Als ich geboren wurde, gab es noch kein Polen, und als es ein Polen gab, lebte ich nicht dort. Deswegen bin ich der Sprache nicht mächtig.« Er brummte etwas in seinen Bart. Vermutlich: »So sind sie, die Juden.« Zum Pass sagte er: »So einfach geht das nicht. Zuerst müssen Sie bei der hiesigen Polizei den Verlust melden und eine Bescheinigung darüber erbitten. Zweitens müssen Sie zur örtlichen Tageszeitung gehen und eine Anzeige aufgeben, worin Sie den Verlust melden und den Finder bitten, den Pass beim Konsulat abzugeben. Wir unsererseits müssen, auf ihre Kosten, beim Konsulat in Berlin nachfragen, ob sie tatsächlich dort registriert sind und einen polnischen Pass haben. Das alles dürfte etwa zwei bis drei Wochen dauern. Wenn die Antwort aus Berlin positiv ausfällt und Sie uns die erwähnten Bestätigungen beibringen, können wir Ihnen einen neuen Pass ausstellen.«

So weit, so schlecht. Jetzt hieß es warten und Gelder aufbringen, um alle geforderten bürokratischen Formalitäten zu bezahlen. Da half mir Feilbusch wieder, der mir für die notwendigen Ausgaben ein Darlehn gab. Ich tat alles, nolens volens, wie verlangt, und drei Wochen später erhielt ich zu meiner und aller Beteiligten Erleichterung tatsächlich einen neuen Pass.

Jetzt begann die Schlacht an der zweiten Front. Feilbusch war skeptisch, ob es ihm gelingen würde, ein zweites Mal an ein englisches Besuchervisum zu kommen. Dass das erste beim Konsulat eingetragen war, galt als sicher. Es stellte sich nur die Frage, wie man den Konsulatsbeamten davon überzeugen konnte, dass der verlorene Pass auch das vermeintlich unbenutzte Visum enthielt. Sollte er darauf beharren, in Palästina nachzuforschen, dann war jede Hoffnung verloren. Also kam es auf einen Versuch an. Feilbusch ging erneut mit mir zum englischen Konsulat, und es gelang ihm, den Beamten zu überzeugen, dass ich Pass und Visum ungenutzt verloren hatte und erst jetzt meine Reise nach Palästina antreten wollte. Ich erhielt zu guter Letzt das begehrte Visum, aber mit dem Schiff konnte ich nicht mehr reisen, denn ich war jetzt an beiden palästinensischen Häfen, Haifa und Jaffa, auf der schwarzen Liste und hätte auf diesem Weg nicht mehr einreisen können. Mir blieb also nur der Landweg über Beirut.

Von dem Geld, das mir Feilbusch lieh, besorgte ich mir eine Eisenbahn-Fahrkarte dritter Klasse und fuhr nach Athen. Nach einem kurzen Aufenthalt ging es weiter nach Istanbul. Dort angekommen, suchte ich am Hafen nach einer billigen Überfahrt nach Beirut. Es dauerte nicht lange, und ich fand eine Barke, die zwischen der Türkei und Syrien hin und her pendelte. Ich hatte ein französisches Transitvisum im Pass. Von Feilbusch erhielt ich noch ein Empfehlungsschreiben an den Direktor der Anglo-Palestine-Bank in Beirut, der mir bei der Weiterreise nach Palästina helfen sollte.

Gleich nach der Ankunft meldete ich mich beim Direktor der Bank, wo man anscheinend auf Touristen meiner Art gut vorbereitet war. Sobald ich meinen Brief abgegeben hatte, bekam ich eine Empfehlung für ein Hotel in der Stadt und die Auflage, mich täglich bei der Bank zu melden. Es galt eine günstige Gelegenheit für die Weiterfahrt abzuwarten. Das Hotel war billig, aber trotzdem reinlich und ordentlich. Nachdem ich mich ein wenig ausgeruht hatte, machte ich einen kurzen Rundgang durch die Stadt. Eine alte, klapprige Straßenbahn fuhr vom Hafen stadteinwärts. Der Trubel in der Innenstadt unterschied sich nicht wesentlich von dem in Istanbul, nur war Beirut deutlich kleiner. Überall herrschten geschäftiges Treiben und ein Feilschen in einem mir natürlich unverständlichen Idiom.

In Beirut machte ich Bekanntschaft mit der arabischen Küche, die ich auf Anhieb genoss. Der orientalische Mittelmeer-Salat aus Tomaten, Gurken, Paprika, Zwiebeln und Joghurt und dazu ofenfrische Pitas schmeckte mir besonders gut. Er war auch sehr preiswert, zumal es zusätzliche Pitas umsonst gab. Ich erinnerte mich an Aschinger in Berlin. Auf diese Weise ernährte ich mich mittags und abends. Obwohl mein Geld langsam zur Neige ging, blieb mir die Hoffnung, bald nach Palästina einreisen zu können. Schließlich wartete dort ein kleines Vermögen auf mich.

Nach einigen Tagen eröffnete man mir in der Bank: »Morgen ist es so weit. Schneersohn von Kfar Giladi kommt mit einem Taxi aus Haifa nach Beirut, und er wird mit dir nach Palästina zurückfahren.«

Am folgenden Tag lernte ich Schneersohn kennen. Er war ein Hüne von einem Mann, mindestens 1,90 Meter groß, muskulös und breitschultrig. Er war der Spross einer berühmten Rabbinerfamilie aus Lubawitsch. Mit einem herzlichen »Schalom!« stellten wir uns einander vor.

Neben Hebräisch sprach er glücklicherweise auch Jiddisch, sodass ich mich mit ihm verständigen konnte, denn zu dieser Zeit war mein Hebräisch noch recht mangelhaft. Er sagte: »Eine Garantie, dass du durchkommst, gibt es auch hier nicht. Die Grenze in Rosch haNikra ist etwa 25 Kilometer entfernt von hier. Die Grenzposten sind abwechselnd von englischen Soldaten und arabischen Polizisten besetzt. Sind es Engländer, dann stehen deine Chancen 50:50, sind es Araber, dann 90:10. Araber kann man allerdings auch schmieren.« Das Problem für mich war nur, womit?

Die Fahrt mit dem Taxi ging los. Der Fahrer raste über die holprige Küstenstraße, bis wir nach etwa 45 Minuten an der Grenze ankamen. Diese bestand aus einer hölzernen Baracke und einer Holzschranke, die glücklicherweise gerade von zwei Arabern bewacht wurde. Da die anderen Mitreisenden palästinensische Pässe besaßen, musste nur ich aussteigen und wurde prompt in die Baracke befohlen. Der arabische Posten betrachtete meinen Pass von allen Seiten. Ich hatte den Eindruck, als ob er einen solchen Pass zum ersten Mal sähe. Anscheinend war er auch des Lesens nicht ganz mächtig, und von der englischen Sprache schien er in etwa so wenig zu verstehen wie ich. Nachdem er einige Zeit ratlos hin und her geblättert hatte, sagte er plötzlich wie aus der Pistole geschossen: »Money!«, und zwirbelte dabei mit den Fingern, um der Aufforderung Nachdruck zu verleihen. »Money« war offensichtlich das Zauberwort, das »Sesam öffne dich!«, aber ich hatte kein Sesam anzubieten, womit sich die Öffnung hätte erreichen lassen. Mir fiel nur das Empfehlungsschreiben der *Jüdischen Rundschau* in meinem Koffer ein, in dem alle palästinensischen Bankverbindungen der Zeitschrift aufgelistet waren, um den Abonnenten in Palästina die Überweisung leichter zu machen. Ich kramte also den Brief aus der Tasche und zeigte dem Polizisten die darauf ausgewiesenen Bankkonten. Er nahm daraufhin eine stramme Haltung ein, sagte: »Thank you, Sir!«, und ich war gnädig nach Palästina entlassen.

Schneersohn, der diese Komödie mit angehört hatte, fragte mich herzlich lachend: »Wie bist du denn auf den Einfall mit dem Brief gekommen?«

»Geld«, sagte ich, »habe ich nicht, aber dafür konnte ich ihm, auf gut Glück, Briefpapier von der *Jüdischen Rundschau* zeigen, auf dem die Konten der *Jüdischen Rundschau* bei der Anglo-Palestine-Bank gedruckt waren. Er hat offensichtlich geglaubt, es seien meine Konten.«

Gott sei gedankt! Es war geglückt.

## Im Heiligen Land

Wir fuhren weiter die Küstenstraße entlang in Richtung Süden an den kahlen mit Felsen übersäten Hängen des westlichen Galiläas. Hier und da standen einzelne Olivenbäume zur Linken und das blaue Mittelmeer zur Rechten. Wir passierten arabische Dörfer und kamen sehr schnell auch in der Hafenstadt Akkon an, die mir aus der Geschichte bekannt war. Sie war die letzte Festung der Kreuzritter, von der aus sie in das christliche Abendland zurückkehrten. Wie für die Ewigkeit gebaut sah die Festung aus, die Napoleon, den sein Feldzug nach Ägypten auch in das Heilige Land geführt hatte, nicht einzunehmen vermochte. In Akkon machten wir eine kurze Pause und tranken einen orientalischen Kaffee in einer Pilger- und Karawanenherberge. Vom Restaurant aus konnten wir jenseits der Bucht das Karmelgebirge und Haifa sehen. Wir sahen die goldene Kuppel des Bahaitempel in der Sonne glänzen. Ich dachte an die erst wenige Monate zuvor stattgefundene Vertreibung aus dem »Paradies«.

Von Haifa, wo wir schon nach kurzer Fahrt ankamen, fuhr ich noch am selben Tag mit dem Bus nach Tel Aviv weiter, wo ich mich bei der Zionistischen Immigrationszentrale melden sollte. Dort wurde ich in ein Aufnahmeheim geschickt, wo man meine Personalien aufnahm. Dann machte ich mich auf den Weg zur Anglo-Palestine-Bank, wo tatsächlich so viel Geld auf mich wartete, dass ich zwei oder sogar drei Monate davon leben konnte.

Tags drauf fragte mich der Heimleiter, was ich denn vorhätte, da man nicht länger als eine Woche im Heim bleiben durfte. Ich entschied mich, zum Kibbuz Givat Brenner zu reisen, wo bereits einige Berliner Freunde lebten. Das Wiedersehen war herzlich, und ich war mir sicher, dort meine Endstation gefunden zu haben. Ich muss jedoch gestehen, dass sich meine Begeisterung für den Zionismus in Grenzen hielt. Aber weil damals kaum ein anderes Land, in das ich hätte auswandern wollen, bereit war, Juden aufzunehmen, blieb Palästina als einziger Zufluchtsort übrig, obwohl mir das Land, wie anderen jüdischen Flüchtlingen auch, sehr fremd vorkam. Ich wäre lieber nach England oder in die USA ausgewandert, aber für diese Länder gab es kein Visum. Währenddessen brach das Deutsche Reich zu neuen Ufern auf, und aus dem Reichskanzler wurde der »Führer«. Damit war für mich eine Rückkehr nach Deutschland ausgeschlossen – auch wenn meine Mutter und meine drei Geschwister immer noch in Berlin lebten.

Im Kibbuz Givat Brenner wurde ich zunächst als Hospitant aufgenommen, da man vollgültiges Mitglied erst nach Ablauf einer Probezeit werden konnte. Man schickte mich zunächst nach Gedera, wo der Kibbuz einen Arbeitsauftrag zu erfüllen hatte. Gedera war eine alte Siedlung der jüdischen Gruppe Biluim, gegründet um das Jahr 1884. Ich arbeitete beim Orangenplantagenbesitzer Zuckermann. Der Lohn für meine achtstündige Fronarbeit wurde von der Histadrut, dem Dachverband der Gewerkschaften Israels, mit 20 Piaster festgesetzt, das waren etwa vier Reichsmark. Arabische Arbeiter erhielten nur die Hälfte, manchmal sogar nur ein Drittel dieses Lohns. Es versteht sich, dass jüdische Plantagenbesitzer daher bevorzugt Araber beschäftigten, die zudem oft mehr als zehn Stunden arbeiteten. Es galt also, einen Arbeitskampf gegen die jüdischen Plantagenbesitzer zu führen, die arabische Arbeiter ausbeuteten. Die Geknechteten mussten davon überzeugt werden, dass die Histadrut auch ihre Interessen vertrete und dass sie für einen so geringen Lohn nicht arbeiten sollten. Natürlich kümmerte sich die Histadrut, die eine Gewerkschaft allein für Juden war, nicht im Geringsten um die Probleme und Sorgen arabischer Arbeiter. Außerdem scherten sich diese wenig um die Histadrut und arbeiteten weiter für einen Hungerlohn. Der »Kampf« ging in Wirklichkeit nicht um höhere Löhne für die arabischen Arbeiter als vielmehr um deren Entlassung und Ersetzung durch jüdische.

Unternehmer oder Kapitalisten, ob Juden oder nicht, sind am Gewinn interessiert. Ethnische Unterschiede sind ihnen weitgehend gleichgültig, und der Begriff Gerechtigkeit bekümmert sie kaum. Die arabische Arbeiterschaft, die mit der jüdischen konkurrierte, bestand jedoch nicht nur aus Palästinensern. Auch zahlreiche Immigranten waren aus armen arabischen Nachbarländern gekommen.

Die jüdische Einwanderung hatte auch sie angelockt, weil sie in ihren Heimatländern kaum Aussicht auf Arbeit hatten.

Es galt also einen zweiseitigen Kampf zu führen, sowohl gegen ausbeuterische Arbeitsverhältnisse allgemein als auch gegen Lohndumping durch die arabischen Arbeiter. Arabische Plantagenbesitzer beschäftigten erst recht keine Juden, nicht etwa, weil sie etwas gegen Juden hatten, sondern einzig und allein, weil arabische Arbeiter billiger waren. Sie hielten sich auch nicht an die von der Histadrut festgelegten Lohnbestimmungen. Es fanden sich aber auch keine Juden, die bei arabischen Plantagebesitzer arbeiten wollten. Diese beschäftigten deshalb ausschließlich arabisches Lumpenproletariat für geringen Lohn. In einer Kibbuz-Versammlung wurde beschlossen, auf jüdischen Plantagen Posten aufzustellen, die arabische Arbeiter daran hindern sollten, sich für wenig Geld zu verdingen. Es ging uns nicht darum, die Ausbeutung der arabischen Arbeiter zu verhindern, sondern um unsere Arbeitsplätze zu erhalten.

Wir nannten dies »Kibbusch Awoda« (Eroberung der Arbeit), was schon im Namen zum Ausdruck brachte, worum es in Wirklichkeit ging, nämlich um Eroberung. Wir zwangen auf diese Weise jüdische Unternehmer, keine arabischen Arbeiter zu beschäftigen. Es ging nicht immer friedlich zu, oft genug gab es Verletzte und sogar Tote. Letzten Endes siegte der starke Wille der jüdischen Arbeiter, und die Plantagenbesitzer mussten sich der gerechten Forderung nach besserer Bezahlung und Entlassung der arabischen Arbeiter beugen. Wir schliefen in einer Scheune, und die Mädchen aus dem Kibbuz, die dort im Haushalt arbeiteten, kochten für uns abends eine warme Mahlzeit und wuschen unsere Wäsche.

Gedera lag auf dem Weg nach Be'er Scheva im südlichen Teil Palästinas und bildete eine Oase in einer wasserarmen Gegend, wo es keine Brunnen, sondern nur Zisternen gab, deren Wasser nach kurzer Zeit bereits einen faden Geschmack hatte. Die Bewohner Gederas waren russische Juden, die ihre Häuser nach russischer Bauweise errichteten. Es waren kleine, einstöckige Steinhäuser, die sich deutlich von der arabischen Umgebung abhoben. Vor jedem Häuschen blühte ein kleiner Gemüsegarten für den Eigengebrauch. Jeder

Bauer oder Plantagenbesitzer besaß ein oder zwei Kühe und einen Esel oder ein Pferd. Diese Menschen mussten schwer arbeiten, um einen bescheidenen Wohlstand zu erreichen.

Nach einem halben Jahr Pionierarbeit wollte ich nicht mehr im Kibbuz bleiben. Die Sehnsucht nach der gewohnten Beschäftigung mit Büchern war übermächtig. Mein Berliner Freund van den Walde, der schon lange im Kibbuz war, versuchte mich zum Bleiben zu überreden, aber ohne Erfolg. Ich konnte mich mit der verlogenen Vorstellung von Gemeinschaft nicht mehr abfinden. Der Kibbuz war keine echte Gemeinschaft, sondern eine Zweckgemeinschaft von Individualisten, bei denen Neid, Hass und Missgunst genauso herrschte wie in der bürgerlichen Gesellschaft, nur noch offensichtlicher. Ich verstand, dass der Sozialismus hier an seine Grenzen gekommen ist und ebenso kapitalistisch handeln musste wie die widerwärtigsten Kapitalisten. Man verkaufte meine Arbeitskraft an jüdischen Plantagenbesitzer für teures Geld, und ich hatte nichts davon. Man predigte Gleichheit, aber in der Praxis hieß es, die arabischen Arbeiter zu verdrängen, indem man ihnen erzählte, dass man für ihre Rechte kämpft. Das war auf Dauer unerträglich, und ich verabschiedete mich von meinem Freund van den Walde, nicht bevor ich ihm meine Meinung sagte.

Ich verließ den Kibbuz und kehrte nach Tel Aviv zurück. Tel Aviv war um diese Zeit eine kleine Stadt von etwa 35 000 Einwohnern. Es war eine Mischung von Orient und Okzident, letzterer stark in der Tradition eines ostjüdischen Schtetls. Ein Makler bot mir an, ein Grundstück in bester Lage für zehn palästinensische Pfund zu erwerben. Damals hatte ich zwar mehr als zehn Pfund auf der Bank, aber ich wagte diesen Schritt nicht, weil ich nicht wusste, was die Zukunft bringen würde. Ein solches Grundstück ist heute über eine Million Dollar wert. Aber wenn man von der Hand in den Mund lebt, liegen einem derartige, auf die Zukunft gerichtete Gedanken fern.

Ich suchte nach einer Möglichkeit, mich als Buchhändler zu etablieren. Der einzige Buchhändler von europäischem Zuschnitt in Tel Aviv hieß damals Leon Blumenstein, der 1925 aus Berlin eingewandert war, wo er mit Lipa Bronstein von der Kedem-Buchhandlung assoziiert war. Seine Buchhandlung befand sich zu jener Zeit in der Achad-Ha'am-Straße. Ich versuchte erst gar nicht, mich bei ihm zu bewerben, da ich wusste, dass er und seine Frau den Laden allein führten und sich kaum entschließen würden, einen bezahlten Angestellten zu beschäftigen. Auf der Allenby Street, ganz in der Nähe des Moghrabi-Kinos, des damaligen Wahrzeichens Tel Avivs, befand sich die Leihbibliothek Mayer. Sie gehörte einem Juden aus Riga namens Levinsohn. Der Verkauf von Büchern war in seinem Geschäftsmodell nicht vorgesehen. Er beschränkte sich auf das Ausleihen von Werken in allen möglichen Sprachen. Ich stellte mich ihm als Buchhändler aus Deutschland vor und fragte ihn, ob er bereit wäre, mir für den Verkauf fremdsprachiger Bücher eine Ecke in seinem Laden und eine noch kleinere Ecke in seinem Schaufenster zu vermieten. Ich war bereit, ihm als Miete ein palästinensisches Pfund im Monat zu zahlen. Da er selbst für den ganzen Laden nur drei Pfund bezahlte, war er mit meinem Vorschlag sofort einverstanden.

Ich war nun Untermieter seines Ladens, hatte aber noch keine Bücher vorrätig, die ich hätte verkaufen können. Ich ließ mir einen Briefbogen nebst ansprechender Kopfzeile drucken und verschickte ein Rundschreiben an deutsche Verlage und Exilverleger, dass ich in Tel Aviv eine Buchhandlung für fremdsprachige Bücher eröffnet hätte, verbunden mit der Bitte, mir von ihren Neuerscheinungen zunächst je ein Exemplar als Muster zuzusenden. Sowohl aus Deutschland als auch seitens der Exilverlage wurde mir mitgeteilt, dass man bereit sei, mich zu beliefern, sofern ich bereit wäre, bei der ersten Bestellung im Voraus zu bezahlen. Weil ich während meines Aufenthalts im Kibbuz kaum Geld verbraucht hatte, konnte ich auf mein Sparkonto zurückgreifen und zehn palästinensische Pfund, die einem Wert von 200 Reichsmark entsprachen, in das Geschäft investieren. Ich bestellte für diese Summe die aktuellen Neuerscheinungen und benutzte den mir zugewiesenen Platz im Schaufenster, um bekannt zu machen, dass hier in Kürze eine Verkaufsstelle für fremdsprachige Literatur, vor allem deutsche, eröffnet würde. Bis zum Eintreffen der Bücher arbeitete ich auf einer Baustelle, denn ich musste schließlich von irgendwas leben. Nach etwa fünf Wochen trafen die ersten Bücher ein, die ich im Fenster ausstellen und bald auch verkaufen konnte. Gutbetuchte Neueinwanderer und solche, die schon länger in Palästina lebten, waren meine Kunden. Der Verkauf lief gut an, und nach wenigen Wochen konnte ich einen Gewinn von 15 Pfund verbuchen, der es mir ermöglichte, von den populärsten Büchern mehrere Exemplare zu bestellen.

Nach drei Monaten überraschte mich mein Vermieter Levinsohn, der meinen Geschäftsbetrieb beobachtet hatte und vermutlich glaubte, dabei die Kunst des Bücherverkaufs gelernt zu haben, mit der Kündigung unter dem Vorwand, dass meine Kunden ihn zu stark behindern würden. Ich musste mich also um eine andere Niederlassung für meine Buchhandlung umsehen. Ganz in der Nähe befand sich ein Uhrmacher, der meinen Vorschlag, einen bescheidenen Teil seines kleinen Ladens und ein Eckchen seines Schaufensters für ein palästinensisches Pfund zu vermieten, mit Freuden annahm. In diesem Uhrmachergeschäft führte ich den Verkauf vornehmlich deutscher Literatur weiter.

Inzwischen hatte sich ein eingewanderter deutscher Buchhändler als Großhändler etabliert und die Auslieferungsrechte deutscher Verlage für Palästina erworben. Ich musste die Bücher also nicht mehr selbst importieren, sondern konnte über diesen lokalen Zwischenhändler bequem und schnell jeden fehlenden Buchtitel beschaffen.

Zu meinen Kunden der ersten Stunde gehörte auch Frau Dr. Nadja Stein, die Vorsitzende der jüdischen Frauenorganisation WIZO (»Womens International Zionist Organisation«). Ihr Mann Andor Stein, der in Berlin das Amt des Direktors von General Motors bekleidet hatte, war nunmehr in Palästina ein leitender Angestellter der Zahnprothesenfabrik Blum. Frau Stein lud mich eines Tages zum Abendessen ein. Sie wohnte mit ihrem Ehemann und einer zwölfjährigen Tochter in der HaYarkon-Straße, damals die beste Wohngegend Tel Avivs, in einer Vierzimmerwohnung, was zu damaliger Zeit ein unerhörter Luxus war. Es wurde zu Tisch gebeten, und man speiste vorzüglich. Beim Kaffee fragte mich Frau Stein, wie ich die Zukunft des Buchhandels in Palästina beurteilen würde. Ich teilte ihr meine Zuversicht mit, dass die Chancen für eine gut geführte Buchhandlung in Tel Aviv äußerst günstig seien. Daraufhin sagte sie: »In einem solchen Fall sind mein Mann und ich bereit, 500 palästinensische Pfund zu investieren, um einen richtigen Laden in einer guten Lage zu mieten und als stille Teilhaber mit 50 Prozent beteiligt zu werden.«

Ich sagte hocherfreut sofort zu, und schon am nächsten Tag mieteten wir in einem Neubau in der Sheinkin Street, unweit der Allenby, einen Doppelladen mit zwei Fenstern. Der Buchladen sollte neben deutschsprachigen Büchern auch englische, französische und selbstverständlich hebräische Literatur führen, sowie zusätzlich auch die Möglichkeit zur Ausleihe beliebter Werke bieten. Wir stellten auch eine Frau Grünberg als Buchhalterin ein, während ich die Gesamtleitung übernahm. Der Verkauf entwickelte sich von Anfang an sehr gut, und der Laden lief prächtig. Die Eröffnung verbreitete sich wie ein Lauffeuer in Tel Aviv, und innerhalb kürzester Zeit hatte ich einen Großteil der Gesellschaft als Kunden.

Das war zu Beginn des Jahres 1935. Währenddessen verschlechterte sich die internationale politische Lage gravierend. Mussolini überfiel im Oktober Abessinien, und dies war der Auftakt für eine der schwersten wirtschaftlichen Krisen in der Geschichte Palästinas.

Die Zahnprothesenfabrik Blum exportierte ihre künstlichen Zähne nach Europa und Amerika. Durch den völkerrechtswidrigen Abessinienkrieg war auch der Seeweg im Mittelmeer blockiert, und so sah sich der Unternehmer Blum gezwungen, die Fabrik von einem Tag auf den anderen zu schließen. Herr Stein stand auf der Straße, ohne Arbeit. Er kam eines Tages in den Laden und erzählte mir von seinem Missgeschick: »Sehen Sie, Herr Melzer, ich bin Familienvater und wenig mobil, während Sie als Junggeselle unschwer eine andere Stelle finden können.«

Obwohl gute Freunde und Kunden mir dringend rieten, meine verbrieften Rechte in Anspruch zu nehmen, entsprach ich dennoch seinem Wunsch und legte meine Arbeit in der Buchhandlung nieder, nachdem er mich mit einem Jahresgehalt von 120 palästinensischen Pfund abgefunden hatte.

Kurz vor meinem Ausscheiden besuchte der Dichter Chaim Nachman Bialik, mein früherer Chef aus Berlin, den Laden und bestellte Immanuel Löws *Die Flora der Juden*. Wir tauschten Erinnerungen an die schlimme, schöne Zeit, in der er 100 Dollar verdiente und ich mehr als eine Billion Reichsmark. Sein Besuch ereignete sich kurz vor seiner Reise nach Wien, wo er sich operieren lassen wollte. Von dort sollte er aber nicht mehr lebend zurückkehren. Er starb als Folge der Operation noch im Krankenhaus in Wien. Seine Leiche wurde nach Palästina überführt und in Tel Aviv begraben.

Ich nahm also Abschied von der von mir gegründeten Buchhandlung »Liberty – Cherut« und stand wieder auf der Straße und vor neuen Herausforderungen. Der Zufall wollte es, dass kurz zuvor Dr. Paul Arnsberg aus Frankfurt am Main eine neue Firma gegründet hatte, deren Ziel es war, die größte Buch- und Zeitungsvertriebsgesellschaft Palästinas zu werden. Ich hatte mir inzwischen einen Namen als versierter Buchhändler gemacht. Dr. Arnsberg bot mir an, Leiter der deutschen Abteilung seiner Firma zu werden. Ich willigte sofort ein, obwohl der Job nur auf drei Monate befristet war, nicht zuletzt wegen des monatlichen Gehalts von 25 palästinensischen Pfund. Das Büro der Gesellschaft, die »Pales« hieß, lag im Blue House am oberen Ende der Allenby Street. Meine Aufgabe bestand darin, sämtliche deutschsprachigen Verlage zu überzeugen, dass sie ausschließlich bei der Pales-Gesellschaft gut aufgehoben seien, weil sie nicht nur über ausreichend Kapital, sondern auch über geschultes Personal verfügte.

Ich befand mich dabei in Konkurrenz mit zwei Einwanderern aus Deutschland, Walter Zadek und Fritz Olaschowski, beide aus Berlin. Walter Zadek war Mitarbeiter bei der Ullstein-Presse gewesen, und Olaschowski kam aus dem Buchhandel. In der Tat gelang es mir, ihnen einen Großteil ihrer Verlagsvertretungen abzujagen und sie der Pales anzugliedern. Nach drei Monaten war meine Aufgabe erledigt, und ich, der Mohr, hatte meine Schuldigkeit getan.

Wieder war ich arbeitslos, wenngleich mit einem Kapital von mehr als 200 palästinensischen Pfund bei der Anglo-Palestine-Bank. Das machte mich zwar nicht wirklich glücklich, aber es verhinderte

*Das Braun-Buch – über den Hitlerterror in Deutschland*

immerhin, dass ich mir allzu große Sorgen machen musste. Ich dachte, kommt Zeit, kommt Rat, und wartete auf die nächste sich mir bietende Gelegenheit.

Als ich noch in meiner Buchhandlung Liberty in Tel Aviv arbeitete, gab ich aus dem in Paris erschienenen Braunbuch über Nazideutschland einen kleinen Auszug in hebräischer Sprache heraus. Die Übersetzung besorgte Dr. Jacob Blaustein, eben jener, der die Briefe Spinozas für den Insel-Verlag ediert hatte und ein Bruder der hebräischen Dichterin Rachel war. Ich wusste nicht, dass die britische Regierung jede Publikation, die sich gegen das Hitlerregime richtete, als Vergehen ahndete. Einige Monate nach Erscheinen der hebräischen Ausgabe des Braunbuches kam die Kriminalpolizei, beschlagnahmte die noch vorhandenen Exemplare und führte mich in Ketten durch die Kleinstadt Tel Aviv ins Gefängnis. Da in Palästina keine Meldepflicht bestand, konnte man illegale Einwanderer, wie ich einer war – ich war ja über die syrische Grenze nur mit einem Touristenvisum eingereist –, kaum ausfindig machen. Jetzt, nach meiner Verhaftung, kam auch dieses Vergehen an den Tag, und ich hatte das Land sofort zu verlassen. Später allenfalls könne ich mit einem gültigen Einwanderungsvisum wieder einreisen.

Meine Verhaftung wurde durch den Redakteur der linken sozialistischen Tageszeitung *Davar*, Dr. Lubrany, in großer Aufmachung publiziert, so dass ich plötzlich im Rampenlicht der Öffentlichkeit stand. Dies bewog die »Jewish Agency«, mir ein Einwanderungszertifikat auszustellen unter der Bedingung, dass ich eine zweite Person auf meinem Zertifikat mitbringe, eine Frau, die ich aus formalen Gründen heiraten musste, um mich unmittelbar nach der Einwanderung formal wieder scheiden zu lassen.

Meine frühere Geschäftspartnerin Frau Dr. Stein riet mir, nach Wien zu fahren, wo ihre Mutter die Pension »Elite« besäße, in der ich gut aufgehoben sein würde. Außerdem könne ich die Gelegenheit nutzen, unseren gemeinsamen Freund, Dr. Max Praeger, zu besuchen und für die Buchhandlung neue Ware einzukaufen. Ich schiffte mich also nach Triest ein, fuhr von dort mit dem Zug nach Wien und vom Westbahnhof direkt zur Pension von Frau Brodzky, der Mutter von Frau Stein. Dort angekommen, wurde ich wie ein alter Bekannter empfangen. Die alte Dame begrüßte mich herzlich: »Wissen Sie, Herr Melzer, bei mir wohnt ein Herr Buber, der sich sehr für Palästina interessiert, wollen Sie ihn kennenlernen?«

Ich vermutete, dass es sich um Martin Buber handeln musste, den ich nur vom Sehen kannte und von dem ich wusste, dass er ein kleiner Mann mit einem großen Vollbart war. Entsprechend überrascht war ich, als ich bei der Vorstellung einem Herrn begegnete, der mindestens 1,90 groß war und keinen Vollbart trug, sondern einen an beiden Enden hochgezwirbelten Schnauzer. Etwas verdutzt stand ich da. Mein Gegenüber, ein in die Jahre gekommener Herr, bemerkte mein Erstaunen und sagte: »Ja, ja, mein Herr, ich bin der Sohn von Salomon Buber und der Vater von Martin Buber und heiße Karl, aber ich bin gewiss keine Berühmtheit.« Somit stand ich dem Vater von Martin Buber gegenüber, der Klage darüber führte, dass er die Bücher seines Sohnes nicht verstehe.

Zur selben Zeit fand der Zionistenkongress in Luzern statt. Max Praeger, mit dem ich in Wien viel Zeit verbrachte, fragte mich, ob ich nicht Lust hätte, mit ihm dorthin zu fahren, um bei seiner großen Buchausstellung zu helfen. Ich sagte sofort zu, zumal er mir dafür ein anständiges Honorar angeboten hatte. Gemeinsam fuhren wir mit der Eisenbahn nach Luzern, wo wir im Vorraum des Kongressgebäudes einen Ausstellungsplatz für die Bücher zugewiesen bekamen. Ich stand abwechselnd mit Dr. Praeger am Tisch, verkaufte oder nahm Bestellungen entgegen. Einmal kam Salman Schocken, der reiche Inhaber der Schocken-Kaufhäuser, an den Stand, besichtigte die ausgestellten Bücher und stieß auf eine Neuerscheinung, die ihn interessierte. Es handelte sich dabei um Fritz Landauers Werk *Der Faschismus*, das sonderbarerweise später im Dritten Reich veröffentlicht wurde. Schocken fragte mich nach dem Preis und ob ich wüsste, wer er sei.

Ich antwortete: »Natürlich, Sie sind Herr Schocken!«

»Dann wissen Sie wahrscheinlich auch, dass ich selbst Buchhändler bin und Anrecht auf Rabatt habe.«

»Es tut mir leid«, entgegnete ich, »aber ich kann Ihnen keinen Rabatt geben, weil wir der Jewish Agency für diese Konzession eine erhebliche Gebühr zahlen müssen. Dies sollten Sie als deren Finanzminister eigentlich wissen.«

»Das interessiert mich nicht«, konterte er und entfernte sich. Nach wenigen Schritten kehrte er zurück und begann erneut:

»Also 15 Prozent können Sie mir schon geben!«

»Nein«, sagte ich, »ich darf keinen Pfennig Rabatt geben. Wenn Sie Rabatt haben wollen, müssen Sie direkt beim Verlag bestellen. Das können Sie als Buchhändler doch machen.«

Er nahm das Buch, legte den Betrag hin und verschwand.

Die Leute um den Stand grinsten. Einer der Herren sagte an die Umstehenden gerichtet: »So ist er! Im Kleinen handelt er um 75 Pfennige, aber wenn sie ihn auf eine wichtige hebräische Inkunabel aufmerksam machen, die eine Million Dollar kostet, sitzt ihm das Geld plötzlich locker!«

Auf dem Kongress begegnete mir auch Jechezkel Steimatzky, der, nachdem er gehört hatte, dass ich eine neue Herausforderung suchte, mir anbot, in seiner Buchhandlung in Jerusalem zu arbeiten. Einige Tage später stand ich gerade mit Dr. Praeger am Stand, als sich ein junger Mann näherte und Praeger sehr respektvoll begrüßte. »Melzer«, sagte Praeger, »lernen Sie einen meiner Autoren kennen.« Es war Fritz Rosenthal (später Schalom Ben Chorin), der damals gerade München verlassen hatte.

Der Kongress ging zu Ende, und wir kehrten nach Wien zurück. Nach einer weiteren Woche teilte man mir mit, dass ein Einreisezertifikat nach Palästina für mich beim Büro der Jewish Agency in Triest bereit liege. Dort wurde mir dann eröffnet, dass eine junge Frau auf mich wartete, die ich auf meinem Zertifikat mitnehmen müsse. Zu diesem Zweck musste also die Scheinehe geschlossen werden, die der Oberrabbiner von Triest, Dr. Ignaz Zoller, vornahm. Ich ließ die Prozedur über mich ergehen, und in Haifa angekommen trennten sich unsere Wege. Der Name dieser Frau ist diskret meinem Gedächtnis entwichen.

## Jerusalem

Jerusalem vermag Besucher und Bewohner zu enttäuschen und zu quälen. Der Gegensatz zwischen der realen und der himmlischen Stadt ist schmerzlich und führt bei manchen Besuchern regelrecht zum Wahnsinn. Jerusalem trotzt gesundem Menschenverstand, praktischer Politik und existiert vor allem im Reich unbeherrschbarer Emotionen und heißer Leidenschaften. Die Wirkungen der Religionen auf die Stadt und ihre Geschichte sind unübersehbar, und ohne einen gewissen Respekt vor fremden Glaubensgemeinschaften ist Jerusalem kaum zu verstehen. Obwohl es am Rande der judäischen Wüste liegt und man von dort bis zum Toten Meer blicken kann, ist und bleibt diese Stadt für Juden und etliche Nichtjuden der Nabel der Welt. Der Zionismus, die Bewegung, die dem Staat Israel am Ende zur Gründung verholfen hat, leitet seinen Namen vom Berg Zion ab, der sich mitten in Jerusalem erhebt. Die Sehnsucht fast aller Juden bezog sich Hunderte von Jahren auf diesen Berg und auf diese Stadt. Weniger aber meine Sehnsucht. Ich landete nämlich eher per Zufall in Jerusalem.

Wieder zurück in Palästina beschloss ich, mich bei Steimatzky zu verdingen. Ich kannte ihn offensichtlich nicht gut genug, um zu wissen, dass auf sein Wort kein Verlass war. Ich ließ es auf einen Versuch ankommen und willigte ein, nach Jerusalem umzuziehen. Wir vereinbarten ein Gehalt von zwölf palästinensischen Pfund im Monat zuzüglich Erstattung der Umzugskosten, die er mir mit dem ersten Monatsgehalt auszahlen wollte.

Steimatzky selbst war zumeist unterwegs und nur selten im Laden anzutreffen. Vertreten ließ er sich von seinem jüngeren Bruder, der aber keine Vollmachten hatte. Als ich am ersten Monatsende mein Gehalt sowie die versprochene Rückerstattung für den Umzug erwartete, gab Steimatzky mir sage und schreibe ein halbes Pfund und versprach, die restlichen fünfeinhalb in der folgenden Woche zu begleichen. Meinen Einwand, dass wir ein Gehalt von zwölf Pfund nebst Umzugskosten vereinbart hätten, bestritt er kategorisch. Schriftliches besaß ich nicht und musste also einsehen, dass ich bei diesem Gauner den Kürzeren gezogen hatte. Ich willigte schließlich notgedrungen ein, für sechs Pfund zu arbeiten, allerdings unter der Bedingung, dass mir wenigstens dieser bescheidene Lohn pünktlich ausgezahlt würde. Aber auch an diese Abmachung hielt er sich nicht. Das Gehalt tröpfelte zumeist in kleinsten Raten von 50 Piastern bei mir ein.

Noch ehe ich bei Steimatzky aber kündigen konnte, sah ich eines Tages vor dem Schaufenster plötzlich Fritz Rosenthal stehen, den ich ja erst wenige Wochen zuvor auf dem Zionistenkongress in Luzern kennengelernt hatte. Er war erstaunt, mich hier anzutreffen.

»Ich bin schon seit 1933 in Palästina und wohne erst seit wenigen Wochen hier in Jerusalem«, beantwortete ich ihm seine Frage.

Wir gingen zusammen ins nahegelegene Café Vienna, und er klagte mir sein Leid. Er sei verheiratet mit der Tochter des bekannten Antiquars Rosenthal aus München und Enkelin des Antiquars Leo Samuele Olschki aus Florenz. Ich gratulierte ihm zu dieser wohlhabenden Verwandtschaft, aber er winkte ab: »Ach was, ich habe nur sehr wenig Bargeld und weiß nicht, wie ich ohne hebräische Sprachkenntnisse hier eine Existenz aufbauen soll.«

Er fragte nach meinen Plänen, und ich erzählte ihm von meinen Schwierigkeiten mit Steimatzky. Daraufhin machte er mir spontan den Vorschlag, gemeinsam mit ihm ein Antiquariat zu eröffnen. Er besaß eine große Anzahl alter hebräischer Drucke, die seine Frau von ihrem Großvater Olschki geschenkt bekommen hatte. Diese seien sein Kapital, und ich sollte meine Kenntnisse investieren.

Bald sollte aus dem Plan Realität werden. Ich kündigte bei Steimatzky und ging mit Rosenthal zum Notar Franck, der aus München stammte, der jetzt im Haus des ehemaligen Nordia-Hotels ein Büro eröffnet hatte, und wir schlossen einen Partnerschaftsvertrag. Wir nannten unser Antiquariat »He'Atid« (Die Zukunft), was für ein Geschäft, das alte, gebrauchte Bücher verkaufen wollte, ein durchaus ungewöhnlicher Name war. Allerdings blieb es nicht bei antiquarischen Büchern, denn schon bald nutzte ich meine Kenntnisse und Kontakte und besorgte auch wichtige Neuerscheinungen in deutscher wie hebräischer Sprache. Zu unseren Kunden gehörten Professoren der Hebräischen Universität auf dem Jerusalemer Berg Skopus und jüdische Einwanderer aus Deutschland. Gershom Scholem besuchte uns regelmäßig, wie viele britische und sogar arabische Kunden auch.

Mein Bekanntenkreis in Palästina dachte kosmopolitisch und stand weit entfernt von nationaler oder gar nationalistischer Enge

*Schalom Ben Chorin, ©KNA*

und Ideologie. Als ich 1933 ins Land kam, war es britisches Mandatsgebiet. Juden waren noch eine Minderheit. Der Name »Palästina« wurde überhaupt erst durch die britische Mandatsmacht wiederbelebt. Die Region hieß ursprünglich, bevor die Israeliten in der Antike das Land eroberten, »Canaan«, später »Judäa« und »Israel«. Während des osmanischen Reiches war Palästina etwa 500 Jahre Teil der »Syrischen Provinz«. Der Name »Palästina« erinnert an die einst dort lebenden Philister; die Bezeichnung »Palästina« erhielt das Land erstmals nach der Eroberung und Zerstörung Jerusalems durch die Römer.

Auffallend war, dass die Juden in Palästina sich in einer »splendid isolation« von der einheimischen Bevölkerung absonderten. Tel Aviv liegt nahe der arabischen Stadt Jaffa, und nach der Gründung Israels wurde aus beiden Städten sogar eine einzige mit dem Doppelnamen »Tel Aviv-Jaffa«. Aber die jüdischen Bewohner im Tel Aviv der dreißiger Jahre besuchten Jaffa nur, um dort Exotik und Folklore der »Eingeborenen« zu erleben. Manchen stand der Sinn danach, ein Gefühl ihrer Überlegenheit zu zeigen. Araber aus Jaffa gingen umgekehrt aber sehr selten nach Tel Aviv. Im Gegensatz zu Haifa oder Jerusalem entwickelte sich Tel Aviv als eine rein jüdische Stadt.

Zu den Kunden meiner Buchhandlung in Jerusalem gehörten auch Palästinenser der gebildeten Oberschicht. Unter ihnen befand sich auch Raghib al-Naschaschibi, der von 1920 bis 1934 Bürgermeister von Jerusalem war. Seine Familie lebte seit 1469 in Jerusalem. Die Naschaschibis sind eine der beiden prominenten palästinensischen Großfamilien Jerusalems, die neben den Husseinis viele Jahrhunderte lang die Geschicke der Stadt maßgeblich bestimmten. Viele ihrer Mitglieder waren während der Herrschaft der Mameluken, der osmanischen Verwaltung, des britischen Mandats und später noch der jordanischen Herrschaft in leitenden Positionen tätig. Raghib al-Naschaschibi hatte in Deutschland studiert und kaufte deutsche und englische Bücher bei mir. Er war ein palästinensischer Patriot, aber kein fanatischer Nationalist wie etwa der Mufti Mohammed Amin al-Husseini.

Ich unterhielt mich gern mit ihm. Er war gebildet, sanft und vertrat durchaus liberale Ansichten, die mir zusagten. Manchmal lud er mich zu einem nahegelegenen Kaffeehaus ein, und wir unterhielten uns auf Deutsch. Ich erzählte ihm meine Lebensgeschichte, und er gab zu verstehen, dass er nichts von Hitler und seinem Nationalsozialismus hielt. Der nationalgesinnte Mufti aus der Husseini-Familie genoss bei ihm keine besonderen Sympathien, obwohl er es in unseren Gesprächen vermied, schlecht von ihm zu reden. Wir entwickelten in der Folge eine gewisse persönliche Vertrautheit zueinander.

Ich erzählte meiner früheren Geschäftspartnerin Frau Dr. Stein von dieser Bekanntschaft und schlug vor, Raghib al-Naschaschibi in ihre Privatwohnung in Tel Aviv zu einem Gespräch in einem ausgewählten kleinen Kreis einzuladen. Sie war sofort einverstanden. Ich fragte ihn also, ob er dieser Einladung Folge leisten wolle, und er sagte offensichtlich gern zu.

Wir saßen dann bei einer Tasse Kaffee in der schönen Wohnung der Steins in der HaYarkon-Straße. Frau Dr. Stein hatte auch Issai Klinow, den späteren Direktor des israelischen Rundfunks, eingela-

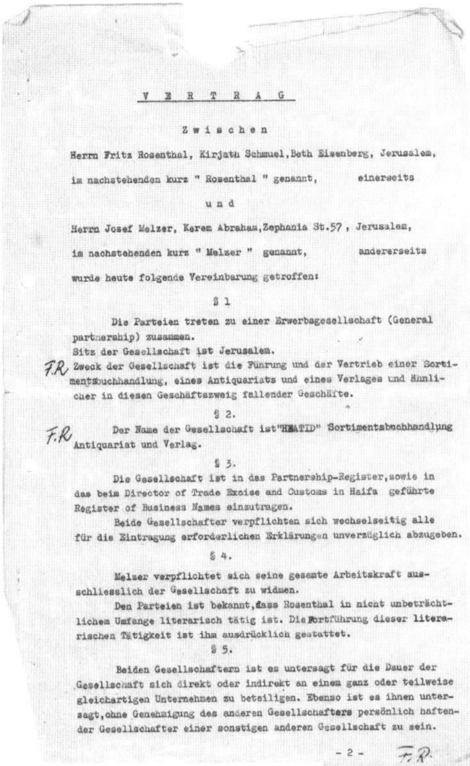

V E R T R A G

Z w i s c h e n

Herrn Fritz Rosenthal, Kirjath Schmuel, Beth Eisenberg, Jerusalem,

im nachstehenden kurz " Rosenthal " genannt, einerseits

u n d

Herrn Josef Melzer, Kerem Abraham, Zephania St.57 , Jerusalem,

im nachstehenden kurz " Melzer " genannt, andererseits

wurde heute folgende Vereinbarung getroffen:

§ 1

Die Parteien treten zu einer Erwerbsgesellschaft (General partnership) zusammen.
Sitz der Gesellschaft ist Jerusalem.
F.R Zweck der Gesellschaft ist die Führung und der Vertrieb einer Sortimentsbuchhandlung, eines Antiquariats und eines Verlages und ähnlicher in diesen Geschäftszweig fallender Geschäfte.

§ 2.

F.R Der Name der Gesellschaft ist "H[illegible]ATID" Sortimentsbuchhandlung Antiquariat und Verlag.

§ 3.

Die Gesellschaft ist in das Partnership-Register, sowie in das beim Director of Trade Excise and Customs in Haifa geführte Register of Business Names einzutragen.

Beide Gesellschafter verpflichten sich wechselseitig alle für die Eintragung erforderlichen Erklärungen unverzüglich abzugeben.

§ 4.

Melzer verpflichtet sich seine gesamte Arbeitskraft ausschliesslich der Gesellschaft zu widmen.

Den Parteien ist bekannt, dass Rosenthal in nicht unbeträchtlichem Umfange literarisch tätig ist. Die Fortführung dieser literarischen Tätigkeit ist ihm ausdrücklich gestattet.

§ 5.

Beiden Gesellschaftern ist es untersagt für die Dauer der Gesellschaft sich direkt oder indirekt an einem ganz oder teilweise gleichartigen Unternehmen zu beteiligen. Ebenso ist es ihnen untersagt, ohne Genehmigung des anderen Gesellschafters persönlich haftender Gesellschafter einer sonstigen anderen Gesellschaft zu sein.

- 2 - F.R.

*Vertrag mit Fritz Rosenthal (Shalom Ben-Chorin)*

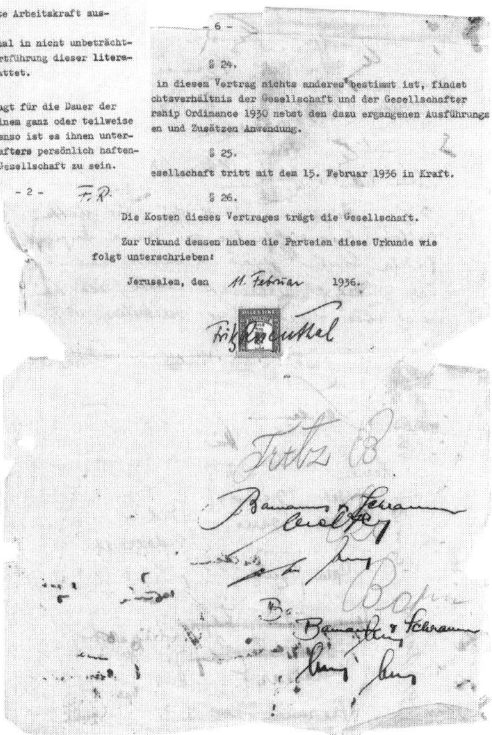

- 6 -

§ 24.

in diesem Vertrag nichts anderes bestimmt ist, findet chtsverhältnis der Gesellschaft und der Gesellschafter rship Ordinance 1930 nebst den dazu ergangenen Ausführungs en und Zusätzen Anwendung.

§ 25.

esellschaft tritt mit dem 15. Februar 1936 in Kraft.

§ 26.

Die Kosten dieses Vertrages trägt die Gesellschaft.

Zur Urkund dessen haben die Parteien diese Urkunde wie folgt unterschrieben:

Jerusalem, den 11. Februar 1936.

den. Außer uns war auch ihr Mann Andor Stein anwesend. Herr Stein war ein erklärter Antizionist, was später wohl auch Mitursache für seine Scheidung und Trennung von Frau und Tochter war.

Es entwickelte sich ein angenehmes und offenes Gespräch. Al-Naschaschibi konnte in Ruhe seine Ansichten vortragen, und die Gastgeber hörten mit Interesse zu. Selbst Issai Klinow widersprach nicht, als der Gast von der verfahrenen politischen Lage sprach und bedauerte, dass die Juden wenig Verständnis für die Lage der Palästinenser hätten, und dass sie sich im Allgemeinen oft sehr arrogant und selbstgerecht verhielten.

*Raghib al-Naschaschibi,*
*© Zvi Oron-Orushkes*

Als meine Bekannten aus der Arbeiterpartei »Mapai«, deren Vorsitzender David Ben Gurion war, von dieser Gesprächsrunde mit Raghib al-Naschaschibi erfuhren, baten sie mich, ein Treffen mit ihm zu organisieren. Sie wollten mit ihm über die aktuelle politische Lage und über die Zukunft Palästinas diskutieren. Er sagte auch diesmal zu. Das Treffen fand wenige Tage später, es war Anfang 1936, im Saal des Gewerkschaftsgebäudes in Jerusalem statt. Sehr viele Mitglieder und Gäste waren gekommen. Der Saal war voll, und viele Zuhörer mussten stehen.

Walter Klingnow, ein engagierter Zionist, begann das Gespräch, indem er al-Naschaschibi die Vorteile des Zionismus für Land und Leute pries. Er meinte unter anderen, dass der Zionismus die einheimische Bevölkerung mit der westlichen Zivilisation vertraut machen und den gebildeten Arabern die europäische Kultur nahebringen würde. Al-Naschaschibi hörte aufmerksam und ruhig zu. Immer noch ruhig und gefasst, erwiderte er dann:

»Ich verstehe die Argumente der Juden, aber die Araber haben keinen anderen Weg, als sich gegen die Überflutung des Landes durch jüdische Einwanderer zu wehren, denn sie stellen die Existenz des palästinensischen Volkes in Frage. Die unterschiedlichen Interessen der Juden und der Araber bieten keine solide Grundlage für ein wechselseitiges Verstehen der anderen Seite, weil sich ihre jeweiligen Zielsetzungen widersprechen und nicht miteinander versöhnen lassen.«

Er legte weiter dar, dass auf jüdischer Seite keine Kompromissbereitschaft erkennbar sei und dass er deswegen nicht an die Möglichkeit eines harmonisch-friedlichen Miteinanders glauben könne. Außerdem handele es sich nicht um eine rein palästinensische Frage, weil eine Lösung des jüdisch-arabischen Konflikts nicht allein innerhalb der Grenzen Palästinas gefunden werden könne. Was aber Palästina selbst betreffe, müsse man mit Mufti Amin al-Husseini Kontakt aufnehmen. Dieser sei Verhandlungen nicht abgeneigt, auch wenn er nach außen so wirke. Alles hinge letztlich von der jüdischen Seite ab.

Klingnow erwiderte: »Ich glaube nicht, dass es einen grundsätzlichen Widerspruch zwischen den nationalen Bestrebungen des jüdischen und des arabischen Volkes gibt. Selbst wenn Palästina durch jüdische Einwanderung ein vorwiegend jüdisches Land werden sollte, besteht für die Kultur und die Freiheit der Araber keine Gefahr. Für uns ist die Besiedlung des Landes eine Frage des Überlebens, ja sogar eine Frage auf Leben und Tod. Wir kamen hierher und werden hierbleiben, ob es nun eine jüdisch-arabische Verständigung geben wird oder nicht.«

Al-Naschaschibi blieb beharrlich: »Ein Judenstaat bedeutet für uns, dass ganz Palästina der Herrschaft der Juden ausgeliefert sein wird und dass die Palästinenser allenfalls geduldet blieben. In einem souveränen und eigenständigen jüdischen Staat werden Araber nicht die gleichen Rechte haben können. Auch für sie sei es darum eine Frage des Überlebens, eine Frage auf Leben und Tod.«

Die Anwesenden schwiegen. Ich war betroffen von den Worten dieses gebildeten Arabers. Mir wurde plötzlich bewusst, dass die Juden zwar »ein Volk ohne Land« waren, Palästina aber keineswegs ein »Land ohne Volk« war, und dass Unrecht nicht mit Unrecht wiedergutgemacht werden konnte.

Die Sprecher der Mapai, der Ortsvorsitzende und einige andere prominente Parteimitglieder, die auf dem Podium saßen, bestürmten Raghib al-Naschaschibi mit Fragen. Die Debatte entwickelte sich fast zu einem Verhör, was mir persönlich sehr peinlich wurde, weil ich mich als Mitinitiator für die Gesprächsentwicklung verantwortlich fühlte. Naschaschibi wurde fast wie ein Angeklagter vor Gericht behandelt. Die vielen Fragen klangen zunehmend wie Vorwürfe. Allein die Frage, warum die Araber die Juden nicht als Nachbarn akzeptieren wollten, wo doch die Juden so vieles in das Land gebracht hätten – Gewerkschaften, die Krankenkasse, Schulen, Fabriken, eine Universität und sogar Elektrizität – offenbarten das Unverständnis und die Verständnislosigkeit der Fragesteller.

Naschaschibi blieb trotz allem gefasst und hörte sich alles an, ohne eine Miene zu verziehen, und sagte schließlich: »Wir haben euch um all das nicht gebeten, und ihr habt uns auch nicht gefragt, ob wir das alles wollen. Wir müssen euch dafür also auch nicht dankbar sein, denn ihr habt es nicht für uns getan. In eurer Histadrut ist kein einziger Araber, und auch eure Krankenkasse nimmt keine Araber auf. Eure Kibbuzim sind nur für Juden, und an eurer Universität duldet ihr uns auch nicht. Wir sind eigentlich ein friedliebendes Volk. Wenn es in den letzten Jahren Spannungen zwischen Juden und uns gegeben hat, dann wohl deshalb, weil immer mehr Araber zu verstehen begannen, dass ihr hier in unserem ureigenen Land euren zionistischen Staat errichten und uns aus einem solchen vertreiben wollt. Wir haben gute Beziehungen zu anderen Fremden, die in unser für sie heiliges Land gekommen sind. Amerikanische Christen und deutsche Templer zum Beispiel, die inzwischen mehrere Siedlungen im Land gegründet haben. Sie wollen aber keinen eigenen Staat auf unserem Grund und Boden errichten und kommen gar nicht auf die Idee, uns zu vertreiben.«

Zuerst herrschte Schweigen nach dieser klaren Aussage. Dann verwandelte sich das Schweigen in einen Tumult und heftige Diskussionen. Der Ortsvorsitzende sagte: »Unsererseits wird das Recht der Araber, auf ihrem Grund und Boden zu bleiben, respektiert werden. Wir wollen, dass alle Araber, die ihren Boden bearbeiten, auf ihm angesiedelt bleiben.«

»Und wenn der Boden Eigentum der Juden wird«?, fragte al-Naschaschibi.

»Nein, wir wollen doch nur die freien Böden erwerben! Es gibt viel unbebautes und völlig unbesiedeltes Land in Palästina«, antwortete der Ortsvorsitzende.

Al-Naschaschibi antwortete: »Weizmann und die anderen geben immer wieder Erklärungen des guten Willens gegenüber uns ab – doch wie konkret ist dieser gute Wille? Wo äußert er sich praktisch? Wollt ihr uns mit schönen Worten abspeisen? Was habt ihr konkret getan, um uns euren guten Willen zu beweisen? Jede jüdische Ansiedlung untergräbt die Existenz der Araber.«

Der Ortsvorsitzende lief rot an und sagte: »Ich erkläre ihnen mit meinem Ehrenwort, dass der Zionismus aus den Arabern Palästinas keine Opfer machen wird. Nach unserer zionistischen Auffassung wollen und dürfen wir unser Leben hier nicht auf Kosten der Araber aufbauen. Die Araber Palästinas werden an ihren Orten bleiben.«

»Wollen Sie mir Sand in die Augen streuen oder mich für dumm verkaufen?«, erwiderte al-Naschaschibi. »Seien Sie doch ehrlich und aufrichtig! Wissen Sie etwa nicht, was der Gründer der Zionistischen Organisation, Theodor Herzl, in seinem Tagesbuch notiert hat? ›Die arme Bevölkerung trachten wir unbemerkt über die Grenze zu schaffen, indem wir ihr in den Durchzugsländern Arbeit verschaffen, aber in unserem eigenen Lande jederlei Arbeit verweigern‹. Das ist bisher exakt so geschehen, wie Herzl es vorgeschrieben hatte, oder ist Ihnen die Parole ›Avoda Ivrit‹ – jüdische Arbeit – nicht mehr in Erinnerung?«

»Aber Ihr Wohlstand und ihr privater Besitz wird sich durch uns doch nur vermehren«, schrien der Ortsvorsitzende und mehrere

Mitglieder und Gäste durcheinander. »Haben Sie etwa nicht bemerkt, wie die Grundstückspreise steigen?«

»Ich verzichte gerne auf eine solche Wertsteigerung. Ich habe genug Vermögen und möchte nicht noch mehr haben, und schon gar nicht durch eure Intervention. Palästina ist seit Jahrhunderten unser Heimatland. Meine Familie lebt in Jerusalem seit mehr als 500 Jahren. Es leben hier immer noch doppelt so viele Araber wie Juden. Und je früher ihr das versteht und akzeptiert, desto besser werden die Beziehungen zwischen uns werden.«

Man spürte, wie er mit Mühe seinen Ärger unterdrückte.

Ich war wieder betroffen von seinen Worten. Es hatte keinen Sinn, weiter zu diskutieren. Die Positionen waren für alle klar ausgesprochen. Meine Freunde glaubten ernsthaft daran, dass es den Arabern indirekt zugutekommen werde, von Juden dominiert zu werden. Sie waren überzeugt, dass eine zionistische, das heißt eine jüdische Übernahme der Macht schon aus diesem Grunde moralisch vertretbar und politisch tragfähig sei. Dieser unehrliche und kolonialistische Glaube zeigte sich später in der Doktrin von der aufgeklärten Besatzung, an der seltsamerweise viele Juden heute noch glauben. Ich bedankte mich bei al-Naschaschibi und bedauerte, dass die Podiumsdiskussion nicht so harmonisch verlaufen war, wie ich es mir gewünscht hatte. Er bemerkte meine Beschämung und beruhigte mich mit einem wohlwollenden Lächeln. Auf diese Weise lernte ich die Sicht auf das Palästina-Problem von der anderen Seite her kennen.

Der Kampf der Juden um den Staat Israel nahm also unmerklich die Form einer imperialistischen Politik an. Am Ende, es bedurfte dazu noch knapp zehn Jahre der Entwicklung, ist es dazu auch gekommen, genau wie Ragib al Naschaschibi es vorhergesagt hatte. Den Juden gelang es, die ursprüngliche palästinensische Bevölkerung zu vertreiben und einen eigenen – jüdischen – Staat zu errichten. Damit glichen nun die Juden allen anderen imperialistischen und kolonialistischen Völkern, die in die Welt auszogen, um Land und Bodenschätze zu gewinnen. Aber nicht nur politisch glichen sich die Juden in Israel den übrigen »Kulturvölkern« an. Das Volk

*Erinnerungsmedaille an das Ha'awara-Abkommen*

des Buches verwandelte sich zeitgemäß in ein Volk der Technokraten und Soldaten und reproduzierte all die Fehler und Sünden der Kolonialisten. Damit war es den Juden tatsächlich gelungen, so zu werden wie die anderen Völker.

Doch die zionistische Bewegung, die in knapp 50 Jahren diesen Wandel bewirkte, die den Staat Israel errichtete und die Welt belehrte, dass die Juden ein Volk wie alle Völker seien, gilt in Israel allenfalls noch als eine museale Organisation. Der inzwischen »erwachsene« und seine Region beherrschende Staat schämt sich geradezu seiner »romantizistischen Anfänge«. »Zionist« ist ein Spottname für überholte Vorstellungen geworden. Das alte Volk der Juden will nunmehr unbedingt als jung und dynamisch gelten, selbst auf die Gefahr hin, dass man unvernünftige Jugendstreiche begeht und eine nationalistische, revisionistische Politik betreibt.

Ich wurde nach der Debatte mit Ragib al-Naschaschibi erheblich empfänglicher für die Situation der Araber. Ich nahm jetzt auch den Hass gegen sie wahr. Ich fing an, am Zionismus zu zweifeln. Besonders irritierten mich die extremen Behauptungen mancher Zionisten, dass die Judenfrage in Deutschland »in unserem Sinne positiv gelöst werde«. Ich hatte in Berlin gelebt und hatte an all die Juden denken müssen, die sich als Deutsche gefühlt haben und die sicher nicht die Meinung teilten, dass die Politik der Nazis und ihre rassistischen Gesetze in ihrem Sinne zu verstehen waren. Ich empfand solche Sprüche als puren Zynismus und ignorante Überheblichkeit. Ich fing an, den Zionismus mit dem Nationalsozialismus zu vergleichen, und entdeckte dabei immer neue Übereinstimmungen, die in dem Punkt gipfelten, dass am Zionismus zwar nicht die ganze Welt, aber doch die jüdische Welt genesen solle. Damals waren gerade die Nürnberger Gesetze erlassen worden, die von linken und liberalen Zeitungen in Palästina verdammt, von rechten aber begrüßt wurden. Letztere waren der Meinung, dass der Antisemitismus Juden ins Land »spülen« werde.

Das Ziel der Zionisten war augenscheinlich, dem Judentum den Universalismus auszutreiben – der, wie Hermann Cohen meinte, aus der messianischen Mission des Judentums stammt. Das Judentum sollte auf einen Stammesglauben reduziert werden.

Damals wurde auch bekannt, dass die jüdische Führung in Palästina einen Vertrag mit den Nazis abgeschlossen hatte, den man »Ha'awara« nannte, was so viel wie Transfer bedeutete. Die Nazis erlaubten die Auswanderung von Juden nach Palästina unter Mitnahme ihres gesamten Vermögens, freilich nicht in bar, sondern in Gestalt deutscher Produkte. Diejenigen, die damit nicht einverstanden waren, und die, die nicht nach Palästina auswandern wollten, wurden benachteiligt. Sie mussten am Ende in Deutschland bleiben. Für dieses Entgegenkommen der Nazis sollte die zionistische Führung die amerikanische Presse und Öffentlichkeit zugunsten der Nazis beeinflussen und erwartete Boykottmaßnahmen gegen Deutschland verhindern.

Als wir das erfuhren, waren viele schockiert. Wie konnten Juden ein solches Geschäft mit den Nazis abschließen? Wie konnten Juden andere Juden benachteiligen, nur weil sie nicht nach Palästina auswandern wollten? Diese Eintracht zwischen Nazis und Zionisten hat bis nach Jerusalem gestunken, und viele Juden haben sich geschämt.

Solche niederschmetternden Erfahrungen haben meinen Entschluss gefestigt, Palästina wieder zu verlassen. Außerdem hatte ich feststellen müssen, dass die Buchhandlung keine zwei Gehälter erwirtschaften konnte. Deswegen erklärte ich mich bereit, auszusteigen, weil Rosenthal bereits eine kleine Familie zu ernähren hatte, während ich immer noch Junggeselle war. Fritz verpflichtete sich, mir meinen Anteil auszuzahlen. Ich sah davon allerdings nie auch nur einen Groschen oder Piaster, obwohl Ben Chorin, wie er bald darauf hieß, die Firma, die uns beiden gehörte, später mit großem Gewinn weiterverkaufte – so wurde mir zumindest berichtet.

Erleichtert packte ich meinen Koffer und kehrte nach Europa zurück. Es war Sommer 1936, das Jahr der Olympiade in Berlin. Das Deutsche Reich versprach freie Einreise für jeden, der kommen wollte. Das Wort galt auch für Juden.

Ich schiffte mich zunächst wieder nach Triest ein.

## Zu Besuch in Berlin

Ich war also wieder einmal in Triest gelandet, von wo ich den Zug nach Berlin nahm. Dort besuchte ich zuerst meine Mutter und meine Geschwister. Mein Bruder Nathan, den ich seit Februar 1933 nicht mehr gesehen hatte, arbeitete in der Konfektionsbranche bei einem gewissen Georg Schramm, wo er es als junger Mann zum Geschäftsführer gebracht hatte. Er verdiente ordentlich, es ging ihm gut und »der ganze Naziquatsch« machte ihm in seinem jugendlichen Leichtsinn keine Angst. Er glaubte, dass es bald vorüber sein würde, und blickte hoffnungsvoll in die Zukunft. Jedenfalls beabsichtigte er nicht, Berlin zu verlassen, obwohl ich ihm zusicherte, mich für die Familie um ein Einreisevisum nach Palästina bemühen zu wollen.

Meine Mutter und meine Schwester waren in der Hinsicht etwas kritischer und ängstlicher, aber auch sie wollten Berlin nicht verlassen, zumal die liberale Politik während der Olympischen Spiele ihnen Hoffnung machte, dass die Nazis sich vielleicht »bessern« könnten.

Die Stadt zeigte nach außen ihr freundliches Gesicht. Der warme Sommer warf seine Sonnenstrahlen auf die Hakenkreuzfahnen. Die gut besuchten Cafés am Kurfürstendamm ließen alle Menschen zufrieden und frohen Mutes erscheinen. Und dennoch traute ich der Dauer des Friedens nicht. Ich erinnerte mich an meine kurze Zeit im faschistischen Rom, das auch lebendig und lebensbejahend wirkte, obwohl der Tod schon seine Sense schliff.

Vor meiner Abreise aus Palästina hatte ich an Kurt Rosenbaum, meinen früheren Chef und guten Freund, geschrieben und gefragt, ob ich bei ihm während meines kurzen Aufenthalts in Berlin wohnen könne. Er willigte gerne ein. Bei meinem Bruder konnte ich nicht unterkommen, denn er bewohnte nur ein recht bescheidenes möbliertes Zimmer.

Mein Transitvisum für das Deutsche Reich sah eine Aufenthaltsdauer von drei Tagen vor. Berlin befand sich mitten in den Vorbereitungen für die bevorstehenden Olympischen Spiele. Die Herren der Macht wollten der staunenden Welt eine Olympiade mit Glanz und Gloria präsentieren. *Der Stürmer*, der, wie mir versichert wurde, am Kurfürstendamm sonst alle 250 Meter ausgestellt war, wurde von den Straßen entfernt. Man wollte Besucher aus den USA und England, gerade auch die jüdischen, nicht vor den Kopf stoßen. Für mich war das ein Beweis, dass die Behörden genau wussten, was *Der Stürmer* für ein Hetzblatt war. Immerhin schämten sie sich, das Blatt Ausländern zu zeigen.

Die ganze Stadt war mit Hakenkreuzfahnen zugeflaggt, es herrschte Festtagsstimmung und auf dem Kurfürstendamm ein reger Verkehr – so wie vor der Machtergreifung. Das Romanische Café stand noch am gleichen Ort, die Gäste trugen das Hakenkreuz im Knopfloch. Hochstimmung allerorten, und die Menschen waren freundlich wie zuvor. Nur viele Bekannte von früher fehlten. Unter den Menschen gab es wahrscheinlich auch jene, die später die Gaskammern in Auschwitz bedienen sollten. Aber so etwas konnte sich zu dieser Zeit niemand auch nur vorstellen. Die Atmosphäre der Stadt nahm mich gefangen, und ich blieb länger, als es die mir erteilte Aufenthaltserlaubnis gestattete. Ich hatte es auch versäumt, mich polizeilich anzumelden, wie es die deutsche Meldepflicht vorschrieb.

*Innenstadt Berlin zur Olympiade 1936*

Wie die Polizei von meiner Anwesenheit Kenntnis bekam, kann ich mir bis heute nicht erklären. Nach einem ausgedehnten Spaziergang kehrte ich zu Kurt Rosenbaum zurück. Ich fand den Hausherrn völlig verstört und verängstigt vor. Er empfing mich mit einem Schwall von Vorwürfen: Ich hätte ihn und mich ins Unglück gestürzt, wir würden nun beide ins Konzentrationslager kommen. Ich war überrascht und konnte mir seine Aufregung nicht erklären, bis ich die Ursache erfuhr. Die Polizei war da gewesen, hatte nach mir gefragt und eine Vorladung ins Fremdenamt in der Karlstraße hinterlassen. Ich nahm dies gelassen zur Kenntnis, worüber mein Freund sich noch mehr erboste. Eine innere Stimme sagte mir, dass ich nichts zu befürchten hätte – aber Vorahnungen bewahrheiten sich nicht immer.

Tags drauf ging ich mit der Vorladung und meinem Pass ins Fremdenamt. Der zuständige Beamte sah mich unwirsch an: »Schon wieder ein polnischer Jude – ich werde Sie dem Dezernenten melden.«

Ich nahm Platz, ohne dass er mich dazu aufgefordert hätte. Nach etwa zehn Minuten wurde mein Name aufgerufen. Ich betrat das

Zimmer des Dezernenten, der stramm und stolz an seinem Schreibtisch saß, hinter ihm eine große Hakenkreuzfahne. Auf dem Tisch lag meine Akte, die große Teile meiner Lebensgeschichte in Berlin dokumentierte.

Freundlich sagte er: »Nehmen Sie Platz, Herr Melzer. Ich ersehe aus Ihrer Akte, dass Sie sich strafbar gemacht haben. Sie sollten doch wissen, dass im Reich Meldepflicht herrscht. Außerdem haben Sie nur ein Durchreisevisum für drei Tage. Sie dürfen sich gar nicht in Berlin aufhalten.«

»Wollte ich auch nicht, Herr Dezernent, mir war ja bekannt, dass Juden in Deutschland unerwünscht sind.«

»So, so, diese Gräuelpropaganda haben Sie wohl der Pariser Emigrationspresse entnommen. Aber bei uns wird niemandem auch nur ein Haar gekrümmt, sofern er die Gesetze nicht missachtet. Für die Übertretung der Meldepflicht muss ich Sie mit fünf Reichsmark bestrafen, und jetzt sagen Sie mir noch, wie lange Sie in Berlin bleiben wollen?«

Ich wollte bescheiden erscheinen und sagte: »Vier bis fünf Tage.«

»Gut, Sie erhalten eine Verlängerung von zehn Tagen, aber bitte halten Sie diese Frist ein.«

Er klingelte, es kam ein Beamter herein. »Verlängern Sie die Aufenthaltsdauer von Herrn Melzer um weitere zehn Tage gegen die übliche Gebühr von zwei Reichsmark, kassieren Sie eine Strafgebühr von fünf Mark und stellen Sie Herrn Melzer dafür eine Quittung aus.« Er gab mir die Hand und sagte: »Gute Weiterreise.« Dieser Beamte hat später bestimmt keine Juden umbringen lassen.

Ich kam nach Hause zu Kurt, und er machte große Augen. »Was, die haben dich nicht gleich einbehalten?«

»Wie du siehst, nicht!«

»Da hast du aber großes Schwein gehabt«.

Als ich zwei, drei Tage später im Romanischen Café saß, sah ich meinen alten Freund Harro Schulze-Boysen, in Luftwaffenuniform mit einem Hakenkreuz am Revers. Ich traute mich nicht, ihn anzusprechen, nicht etwa, weil ich Angst hatte, sondern weil ich mich für ihn schämte. Damals wusste ich allerdings nicht, dass er ein führendes Mitglied des Spionagerings »Die Rote Kapelle« war und somit in seiner Position im Luftfahrtministerium gegen die Nazis operierte.

Man höre und staune: Ich habe auch diese zehn Tage überschritten und bin erst nach zwölf Tagen wieder beim Dezernenten erschienen. Er sah mich erstaunt an. »Sie sind nicht abgereist, ja warum denn nicht?«

»Ich war krank, Herr Dezernent, und konnte daher beim besten Willen nicht abreisen«.

»Gut, ich will Gnade vor Recht ergehen lassen und gebe Ihnen noch eine Chance, bis morgen das Reich zu verlassen.« Er klingelte, es kam erneut der Beamte, und er gab die Order, meinen Aufenthalt bis auf den morgigen Tag zu verlängern. Wieder musste ich zwei Reichsmark zahlen.

Nein, es waren offensichtlich nicht alle Nazis, und nicht alle Beamten hassten die Juden. Aber leider muss man auch diesen anständigen Menschen einen Vorwurf machen und sie nicht von der Schuld entlasten.

»Wer Unrecht sieht und es schweigend duldet, hat es mitverschuldet.«

Wo waren diese Menschen, als man Juden aus ihren Wohnungen rauswarf? Wo waren sie, als Nachbarn die leeren Wohnungen ausplünderten? Haben sie es nicht gesehen? Aber die brennenden Synagogen werden sie doch gesehen haben. Sie blieben »neutral«. Das ist eigentlich nicht typisch für Deutsche, die sonst zu allem eine Meinung haben. Aber es wurde typisch, dass die meisten schwiegen. Auch andernorts schwiegen die meisten. Im heutigen Israel und auch während meiner Zeit dort in den dreißiger Jahren haben die meisten geschwiegen. Der Mensch ist von Natur aus schlecht, so steht es in der Bibel geschrieben. Die Bibel spricht vom Trieb, vom bösen Trieb, der wohl stärker ist als der Gute. Und die Bibel spricht vom Menschen, also von allen Menschen, Deutsche, Juden, Araber und Eskimos.

Ich verließ Berlin und fuhr nach Zürich. Ich hatte gehofft, mit Hilfe von guten Bekannten in der Schweiz Wohnrecht und Arbeit zu bekommen. Es erwies sich sehr bald als aussichtslos. Der deutsche

Judenhass hatte auch die Schweiz erfasst, und die kleine jüdische Gemeinde wehrte sich gegen einen massenhaften Zuzug von jüdischen Flüchtlingen. Sie befürchtete, dass der massenhafte Zuzug zu einem militanten Antisemitismus führen könnte. Aber auch ohne diesen Zuzug war der Antisemitismus kein unbekanntes Phänomen – es gab ihn schon immer in der vermeintlich »liberalen« Schweiz.

Aufgrund meiner im polnischen Pass eingetragenen Rückkehrmöglichkeit nach Palästina bekam ich ohne größere Umstände ein Besuchervisum für Großbritannien. Ich fuhr nach London, wo seit der Machtergreifung der Nazis 1933 mein väterlicher Freund Salomon Adler-Rudel residierte, der in Berlin die »Jüdische Hilfsorganisation« betreut hatte. Er war in London im Woburn House für die jüdischen Flüchtlinge zuständig. Auch dort hoffte ich, eine Aufenthaltserlaubnis zu bekommen. Zum zweiten Mal musste ich eine Enttäuschung erleben. Rudel machte mir klar, dass die Briten einem Besucher mit Touristenvisum die dauerhafte Aufenthaltserlaubnis verweigern würden, weil sie eine solche Einreise als eine Täuschung betrachteten. Immerhin konnte ich mich dank der Cousine meines Vaters, Tanja Chasanowitsch, die die britische Nationalität über den Chef der Labour Party, Ramsey McDonald, einem Parteifreund ihres Mannes Leon, erhalten hatte, für eine gewisse Zeit in London aufhalten.

Nach etwa sechs Wochen verließ ich London und fuhr nach Paris.

# IV 1936–1939

## Paris

In Paris gab es auch viele Schwierigkeiten zu überwinden, aber mit Geduld und Beziehungen ließ sich in Frankreich fast alles machen. Zunächst suchte ich eine billige Unterkunft, denn meine Ersparnisse, die Abfindung durch die Steins und die Rücklagen aus meiner Arbeit bei der Pales-Gesellschaft in Palästina gingen allmählich zur Neige. Ich fand eine Wohnung für einen akzeptablen Preis in der Rue Lemon, im Quartier Latin. Es war ein möbliertes Zimmer, hoch gelegen im fünften Stock, mit Küche, inklusive Hausrat. Die Toilette war im Treppenhaus. Auf der Suche nach Verdienstmöglichkeiten besuchte ich zuerst Herrn Lipschütz von der gleichnamigen Buchhandlung. Ich stellte mich als Kollegen vor und fragte, ob er nicht eine Arbeit für mich hätte. Er hatte keine, aber er gab mir den Rat, mich auf hebräische Literatur und Judaica zu spezialisieren, denn eine solche Buchhandlung gäbe es in Paris noch nicht, er selbst pflege ausschließlich französische Literatur.

Nun war ich in der Lichterstadt Paris. Eine endlose Reihe von Restaurants lud zum Essen ein, die Auslagen waren voll von erlesenen Speisen, aus den Bäckereien roch es nach frischen Baguettes, und ich stand bewundernd vor all diesen schönen Dingen. Mir fiel auf, dass Franzosen anscheinend vollkommen gefühllos am Elend der Bettler und Wohnungslosen vorbeigingen. Erst später erfuhr ich, dass hier die Devise galt: »Chacun pour soi, Dieu pour tous« – Jeder für sich und Gott für alle.

Im ehemaligen Revier der französischen Aristokratie des 17. Jahrhunderts hausten jetzt osteuropäische Juden aus Polen und vor allem aus Russland, die nach dem Ersten Weltkrieg nach Frankreich geflohen waren. In der Rue des Rosiers, Rue du Roi-de-Sicile und in deren Nachbarschaft lebten sie in Armut und von den Franzosen ziemlich abgeschieden. Die Juden nannten diese Gegend in der unmittelbaren Nähe des monumentalen Rathauses, des Hôtel de Ville, »Pletzl«.

Dort befand sich auch eine jüdische Buchhandlung, die von einem 80-jährigen Greis mit Namen Rothenberg geleitet wurde. Er sah aus, wie man sich einen Propheten oder einen »klassischen« Juden vorstellen mag; seine hagere Gestalt gehüllt in schwarze Roben, mit einem langen, weißgrauen Bart und einem Käppi auf dem Kopf. Er war vor mehr als 50 Jahren als »Schochet« aus Jerusalem nach Paris gekommen und hatte das Schlachter-Gewerbe wohl aus Altersgründen aufgegeben und sich dem Handel mit Judaica zugewandt. Der Laden – schmutzig und unaufgeräumt – war wenig einladend. Gleich dahinter befand sich auch seine Wohnung, wenig mehr als ein Zimmer mit Kochnische, das er mit seiner gleichaltrigen Frau teilte.

Ich stellte mich ihm als einen Juden vor, der – gerade aus »Erez Israel« gekommen – auch vom Fach sei und eine Arbeit suche. Trotz seines 50-jährigen Aufenthalts in Paris konnte er nur einige wenige französische Worte stammeln, seine Muttersprache war Jiddisch. Also sprach ich die jiddische Muttersprache »Máme Loschen« mit ihm und versuchte, ihn davon zu überzeugen, dass er – oder zumindest seine Buchhandlung – jemanden wie mich dringend brauche. Meine Argumente leuchteten ihm wohl ein, nur wusste er nicht, was er mir als Lohn anbieten konnte oder sollte. Schließlich raffte er sich auf und sagte: »Ihr könnt bei mir arbeiten, ich will Euch zu essen geben, und ein kleines Taschengeld. Ihr seht ja, dies ist ein bescheidenes Geschäft.«

In Ermangelung einer Alternative willigte ich ein. Von diesem Moment an begann meine Lehrzeit in Paris. Durch sie kam ich mit vielen bekannten Persönlichkeiten in Berührung, mit deren Hilfe mir von der Präfektur schließlich die begehrte »Carte d'identité« ausgestellt wurde.

Ich machte mich bei dem alten Herrn Rothenberg nützlich, aber nach drei Monaten war ich es leid, in diesem schmuddeligen Laden herumzusitzen und das Gnadenbrot der alten Dame zu essen. Zwar habe ich für das Essen und das bescheidene Taschengeld auch einiges geleistet, aber es befriedigte mich nicht. Zuerst brachte ich etwas Ordnung in den Laden und sortierte die Bücher nach ihrem Inhalt, so dass Kunden sich überhaupt zurechtfinden konnten. Ich überredete Rothenberg, Neuerscheinungen auf dem Gebiet des jüdischen Schrifttums zu bestellen, ebenso hebräische Bücher aus Palästina. Mein Einsatz machte sich bezahlt. Es kamen mehr Kunden, und der Umsatz verdoppelte sich innerhalb von wenigen Wochen.

Mich beschäftigte unablässig der Gedanke, wie ich aus dieser engen Ghettoatmosphäre und der desolaten persönlichen Lage herauskommen könnte. Da kam mir ein glücklicher Zufall zu Hilfe. Seit meiner Ankunft in Paris hatte ich Tag für Tag die Bouquinisten an beiden Seiten der Seine abgeklappert und nach »livres hébraiques ou sur le Judaisme« gefragt. Immer bekam ich zur Antwort: »Non, non, je n'en ai pas.«

Es war gegen Ende 1937, als mich auf einem solchen Spaziergang ein Bouquinist am Rockschoß packte und flüsterte: »Monsieur, j'ai beaucoup des livres hebraiques.«

Ich sagte sofort, dass ich interessiert sei. Er schloss seinen Bücherkasten ab und ging mit mir zu seinem Lager in einer Seitenstraße. Dort lagen zwei vollgepackte Säcke mit Büchern, die er auf den Boden schüttete, als seien es Kartoffeln. Mir gingen die Augen über. Es waren ausschließlich hebräische Bücher – aber was für welche! Ein Sammelsurium an unbezahlbaren Inkunabeln oder Post-Inkunabeln aus der Zeit um 1500. Darunter waren bekannte Soncino-Drucke, die erste in Paris gedruckte hebräische Bibel auf Pergament, und viele weitere Raritäten. Er nannte mir einen lächerlich geringen Preis. Ich durfte ihm aber nicht zeigen, dass ich damit einverstanden war und verzog das Gesicht:

»Oh la, für diese alten Schwarten willst du so viel Geld haben?«

»Aber ich habe diese zwei Säcke von weit herschleppen müssen. Der Preis ist nicht hoch, und ich bin bereit, dir die Bücher in die Wohnung zu bringen, dann ersparst du dir Transportkosten«.

Ich willigte murrend ein, auch wenn ich innerlich jubelte. Das war der Grundstock meiner Selbständigkeit in Paris. Herr Rothenberg war betrübt, als ich am folgenden Morgen fristlos kündigte. »Warum?«, wollte er wissen. Ich erfand irgendeine Ausrede und bedankte mich bei ihm für seine Gastfreundschaft.

Die Wohnung in der Rue Lemon gab ich auf und mietete bei einer Madame Colomb in der Rue de Vaugirard zwei Zimmer. Eins richtete ich als Wohn- und Schlafzimmer her, das andere als Geschäftsraum.

Während meiner Londoner Zeit hatte ich – als Vertreter des in Palästina im Neudruck erschienenen *Talmudischen Lexikons* von Isaak Lampronti – die Orientalische Abteilung der British Library besucht und war von Sir David Barnett, dem Direktor, empfangen worden. Er bestellte damals ein Exemplar dieses mehrbändigen Werks. Jetzt erinnerte ich mich seiner und sandte ihm eine Liste der von mir erworbenen seltenen Hebraica zu. Unglücklicherweise war nichts dabei, was die British Library noch nicht besaß, aber er gab die Liste an den bekannten Orientalisten und Sprachforscher Professor A. S. Yehuda weiter, und dieser bestellte bei mir telegrafisch den in der Liste aufgeführten Kommentar von Don Isaak Abarbanel, gedruckt 1535 in Venedig. Er akzeptierte den Preis von 160 Pfund, für mich damals ein Vermögen, wovon ich mehr als ein halbes Jahr leben konnte.

Mein Kollege Wahrmann aus Jerusalem, der mich später in Paris besuchte und dem ich dies erzählte, wollte sich seine spärlichen Haare ausraufen:

»Warum hast du es nicht mir angeboten? Ich hätte dir 200 Pfund dafür bezahlt!«

Nun ja, hinterher ist man immer klüger. Ich war aber keineswegs traurig.

Dieser Gelegenheitskauf bei dem Bouquinisten ermöglichte es mir, für lange Zeit meine Selbständigkeit zu bewahren. In der Folgezeit spezialisierte ich mich darauf, die privaten Bücherbestände von Emigranten aufzukaufen, die klug genug waren, von Paris weiter nach Übersee zu fliehen. Fast in jeder wöchentlichen Ausgabe des

*Bouquinisten an der Seine*

*Neuen Tagebuchs* gab ich ganzseitige Anzeigen mit Angeboten antiquarischer Bücher auf.

Meine Geduld machte sich bezahlt. Lipa Bronstein, damals Geschäftsführer der Eden-Buchhandlung in Berlin, hatte mir zwei Exemplare der Werke Chaim Nachman Bialiks in luxuriöser Ausstattung geschenkt, die 1927 in Frankfurt am Main erschienen waren. Inzwischen hatte ich mir in Paris einen ordentlichen Kundenkreis aufgebaut, darunter Dr. Henry Kaganoff, einen wohlsituierten Frauenarzt und Freund hebräischer Literatur. Ihm bot ich diese vierbändige Luxusausgabe in grünem Leineneinband an. Er war überglücklich, da er eine solche seit Jahren vergeblich zu erwerben versucht hatte. Er bezahlte mir einen guten Preis und zählte seitdem zu meinen besten Kunden.

Eines Tages klingelte es an meiner Tür. Ich öffnete, und eine Dame und ein Herr traten ein. Die Dame stellte sich als die Sekretärin von Lion Feuchtwanger vor – dem Autor von *Jud Süß* –, der damals in Sanary-sur-Mer wohnte. Sie eröffnete mir, dass Feuchtwanger der Urheber einer handschriftlichen Widmung in einem der Bücher in meinem Angebot sei und dass er es daher gerne erwerben wollte. Auf diese Weise kam das Buch zu Feuchtwanger zurück.

Zu meinen engsten Freunden, die ich im Café du Dôme kennengelernt hatte, gehörten Dr. Edgar Alexander und Dr. Otto Buek, Herausgeber der Schriften Immanuel Kants und ein bekannter Übersetzer russischer Literatur ins Deutsche. Zu meinen Bekannten gehörte auch der ehemalige Sekretär von Gerhart Hauptmann, Joss Chapire, dessen Vater ein Rabbi in Russland gewesen war. Schnell konnte man aber auch in meinem Laden die Namen bekannter Persönlichkeiten wie Georg Bernhard und Nachum Goldmann hören. Wobei letzterer wohl eher als indirekter Kunde gelten durfte, denn für ihn trat ein Dr. Knöpfelmacher vom Büro des Jüdischen Weltkongresses als von ihm beauftragter Käufer in meiner Buchhandlung auf.

Und das kam so: Eines Tages fand ich unter Büchern, die ich gekauft hatte, eine Broschüre von Nachum Goldmann mit dem Titel »Preußentum und Judentum«, die etwa um 1910 in Berlin erschienen war. Als ich einige Tage später in die Avenue de la Grande-Armée ging, wo sich das Büro des Jüdischen Weltkongresses befand, erzählte ich ganz nebenbei von meiner Neuerwerbung. Wie überrascht war ich, als Dr. Knöpfelmacher wie von einer Tarantel gestochen von seinem Stuhl aufsprang und mich fragte: »Wie viele Exemplare haben Sie von dieser Broschüre?« Ganz perplex stotterte ich: »Nur eins.« »Bringen Sie mir dieses Exemplar, und alle Exemplare, die Ihnen in die Hände kommen! Der Preis spielt keine Rolle!«

Erst viel später erfuhr ich, dass Goldmann sich dieses seines Werks wegen dessen Anbiederung an das Preußentum genierte und infolgedessen alle Exemplare aufkaufen ließ. Ich ließ mir die Broschüre gut bezahlen, obwohl ich auch noch mehr hätte verlangen können. Goldmann hätte jede Summe bezahlt.

Zu meinen bedeutendsten väterlichen Freunden gehörte Goldmanns Mentor, Dr. Jakob Klatzkin. Unsere Wege kreuzten sich im Café du Dôme, wo ich allabendlich mit den Herren Buek und Alexander saß. Dr. Buek war ein Studienkolleg von Klatzkin, sie hatten beide in Marburg bei Professor Hermann Cohen studiert und wa-

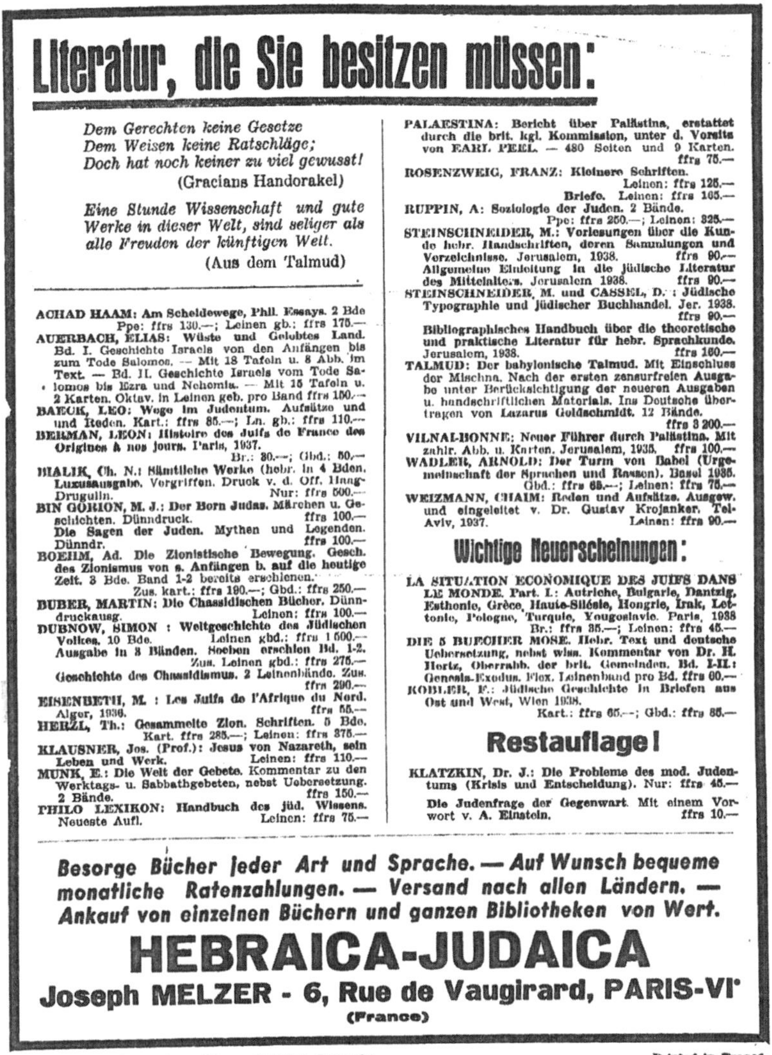

# Literatur, die Sie besitzen müssen:

*Dem Gerechten keine Gesetze*
*Dem Weisen keine Ratschläge;*
*Doch hat noch keiner zu viel gewusst!*
(Gracians Handorakel)

*Eine Stunde Wissenschaft und gute Werke in dieser Welt, sind seliger als alle Freuden der künftigen Welt.*
(Aus dem Talmud)

**ACHAD HAAM: Am Scheidewege, Phil. Essays.** 2 Bde Ppe: ffrs 130.—; Leinen gb.: ffrs 175.—
**AUERBACH, ELIAS: Wüste und Gelobtes Land.** Bd. I. Geschichte Israels von den Anfängen bis zum Tode Salomos. — Mit 18 Tafeln u. 8 Abb. im Text. — Bd. II. Geschichte Israels vom Tode Salomos bis Ezra und Nehemia. — Mit 15 Tafeln u. 2 Karten. Oktav. in Leinen geb. pro Band ffrs 150.—
**BAECK, LEO: Wege im Judentum.** Aufsätze und und Reden. Kart.: ffrs 85.—; Ln. gb.: ffrs 110.—
**BERMAN, LEON: Histoire des Juifs de France des Origines à nos jours.** Paris, 1937. Br.: 30.—; Gbd.: 50.—
**BIALIK, Ch. N.: Sämtliche Werke** (hebr. in 4 Bden. **Luxusausgabe.** Vergriffen. Druck v. d. Off. Haag-Drugulin. Nur: ffrs 500.—
**BIN GORION, M. J.: Der Born Judas.** Märchen u. Geschichten. Dünndruck. ffrs 100.—
**Die Sagen der Juden.** Mythen und Legenden. Dünndr. ffrs 100.—
**BOEHM, Ad.** Die Zionistische Bewegung. Gesch. des Zionismus von s. Anfängen b. auf die heutige Zeit. 3 Bde. Band 1-2 bereits erschienen. Zus. kart.: ffrs 190.—; Gbd.: ffrs 250.—
**BUBER, MARTIN: Die Chassidischen Bücher.** Dünndruckausg. Leinen: ffrs 100.—
**DUBNOW, SIMON : Weltgeschichte des Jüdischen Volkes.** 10 Bde. Leinen gbd.: ffrs 1 500.—
**Ausgabe in 8 Bänden.** Soeben erschien Bd. 1-2. Zus. Leinen gbd.: ffrs 275.—
**Geschichte des Chassidismus.** 2 Leinenbände. Zus. ffrs 290.—
**EISENBETH, M. : Les Juifs de l'Afrique du Nord.** Alger, 1936. ffrs 55.—
**HERZL, Th.: Gesammelte Zion. Schriften.** 5 Bde. Kart. ffrs 285.—; Leinen: ffrs 375.—
**KLAUSNER, Jos. (Prof.): Jesus von Nazareth, sein Leben und Werk.** Leinen: ffrs 110.—
**MUNK, E.: Die Welt der Gebete.** Kommentar zu den Werktags- u. Sabbathgebeten, nebst Uebersetzung. 2 Bände. ffrs 150.—
**PHILO LEXIKON: Handbuch des jüd. Wissens.** Neueste Aufl. Leinen: ffrs 75.—

**PALAESTINA: Bericht über Palästina, erstattet durch die brit. kgl. Kommission, unter d. Vorsitz von EARL PEEL.** — 480 Seiten und 9 Karten. ffrs 75.—
**ROSENZWEIG, FRANZ: Kleinere Schriften.** Leinen: ffrs 125.—
**Briefe.** Leinen: ffrs 165.—
**RUPPIN, A: Soziologie der Juden.** 2 Bände. Ppe: ffrs 250.—; Leinen: 325.—
**STEINSCHNEIDER, M.: Vorlesungen über die Kunde hebr. Handschriften, deren Sammlungen und Verzeichnisse.** Jerusalem, 1938. ffrs 90.—
**Allgemeine Einleitung in die jüdische Literatur des Mittelalters.** Jerusalem 1938. ffrs 90.—
**STEINSCHNEIDER, M. und CASSEL, D. : Jüdische Typographie und jüdischer Buchhandel.** Jer. 1938. ffrs 90.—
**Bibliographisches Handbuch über die theoretische und praktische Literatur für hebr. Sprachkunde.** Jerusalem, 1938. ffrs 160.—
**TALMUD: Der babylonische Talmud.** Mit Einschluss der Mischna. Nach der ersten zensurfreien Ausgabe unter Berücksichtigung der neueren Ausgaben u. handschriftlichen Materials. Ins Deutsche übertragen von **Lazarus Goldschmidt.** 12 Bände. ffrs 3 200.—
**VILNAI-BONNE: Neuer Führer durch Palästina.** Mit zahlr. Abb. u. Karten. Jerusalem, 1935. ffrs 100.—
**WADLER, ARNOLD: Der Turm von Babel (Urgemeinschaft der Sprachen und Rassen).** Basel 1935. Gbd.: ffrs 65.—; Leinen: ffrs 75.—
**WEIZMANN, CHAIM: Reden und Aufsätze.** Ausgew. und eingeleitet v. Dr. Gustav Krojanker. Tel-Aviv, 1937. Leinen: ffrs 90.—

## Wichtige Neuerscheinungen:

**LA SITUATION ECONOMIQUE DES JUIFS DANS LE MONDE.** Part. I.: Autriche, Bulgarie, Dantzig, Esthonie, Grèce, Haute-Silésie, Hongrie, Irak, Lettonie, Pologne, Turquie, Yougoslavie. Paris, 1938 Br.: ffrs 35.—; Leinen: ffrs 45.—
**DIE 5 BUECHER MOSE.** Hebr. Text und deutsche Uebersetzung, nebst wiss. Kommentar von Dr. H. Hertz, Oberrabb. der brit. Gemeinden. Bd. I-II.: Genesis-Exodus. Flex. Leinenband pro Bd. ffrs 60.—
**KOBLER, F.: Jüdische Geschichte in Briefen aus Ost und West,** Wien 1938. Kart.: ffrs 65.—; Gbd.: ffrs 85.—

## Restauflage!

**KLATZKIN, Dr. J.: Die Probleme des mod. Judentums (Krisis und Entscheidung).** Nur: ffrs 45.—
**Die Judenfrage der Gegenwart.** Mit einem Vorwort v. A. Einstein. ffrs 10.—

*Besorge Bücher jeder Art und Sprache. — Auf Wunsch bequeme monatliche Ratenzahlungen. — Versand nach allen Ländern. — Ankauf von einzelnen Büchern und ganzen Bibliotheken von Wert.*

## HEBRAICA-JUDAICA

**Joseph MELZER - 6, Rue de Vaugirard, PARIS-VI°**
**(France)**

Sté Parisienne d'Impressions, 4-5, rue Saulnier Paris (9°). Printed in France.

*Meine monatliche Anzeige im Neuen Tagebuch*

ren gute Freunde. Klatzkin hatte, wie schon sein Vater Rabbi Elija, die Angewohnheit, sich Adlaten anzuwerben. So wurde ich sein Gehilfe und musste mich täglich in seiner Pension melden, um über alle Gerüchte, die unter den Emigranten umliefen, zu berichten und ihn bei seinen Besuchen in die Pariser Kaffeehäuser zu begleiten. Er war ein ungemein gebildeter Mann, und unsere Bekanntschaft war mir eine Ehre und eine persönliche Bereicherung. Er konnte dann Paris noch rechtzeitig verlassen und nach Amerika auswandern.

Mit Alexander habe ich mich besonders gut verstanden, obwohl er viel älter war als ich und vor allem erheblich gebildeter. Bei meinen Freunden lernte ich, was mir auf der für mich versperrten Universität zu lernen nicht vergönnt war. Mit Alexander spazierte ich oft ganze Nächte bis zum Morgen durch die leeren Straßen von Paris. Als wir das Café du Dôme spät abends verließen, begleitete ich ihn zu seinem möblierten Zimmer, und wenn unser Gespräch noch nicht beendet war, begleitete er mich zu meiner Wohnung, und falls auch da das Gespräch oder besser gesagt unsere Diskussion immer noch nicht beendet war, begleitete ich ihn wieder zurück zu seinem Zimmer. Und so ging es hin und her, bis die ersten Bistros geöffnet hatten und wir uns in irgendeinem Café niederließen und Café au Lait mit einem belegten Baguette zum Frühstück bestellten. Als ich Mitte August nach Warschau fahren wollte, warnte er mich eindringlich, lieber nicht zu fahren. Ich hatte aber keine Wahl, weil mich sonst die französische Polizei zwangsweise in den Zug gesetzt hätte. Ich verabschiedete mich herzlich für, wie ich meinte, zwei Wochen, was sich allerdings – wie sich bald herausstellen sollte – als Irrtum erwies. Von Alexander habe ich zu meinem großen Bedauern nie wieder etwas gehört, und ich weiß nicht, ob die Franzosen ihn vielleicht verhaftet und den Deutschen übergeben haben. Es ist nicht unwahrscheinlich, dass er wie viele andere französische Juden in Auschwitz ermordet wurde.

Das Café du Dôme war damals Tag- und Nachtasyl für eine große Zahl deutscher Emigranten. Auch Joseph Roth ließ sich dort gelegentlich blicken, oft angetrunken und in elender Verfassung. Wir alle hatten Mitleid mit ihm und sammelten Geld, das wir ihm heimlich in die Tasche seines schäbigen Mantels steckten. Ich sah in ihm einen Leidensgenossen aus meiner alten Heimat, denn er war aus

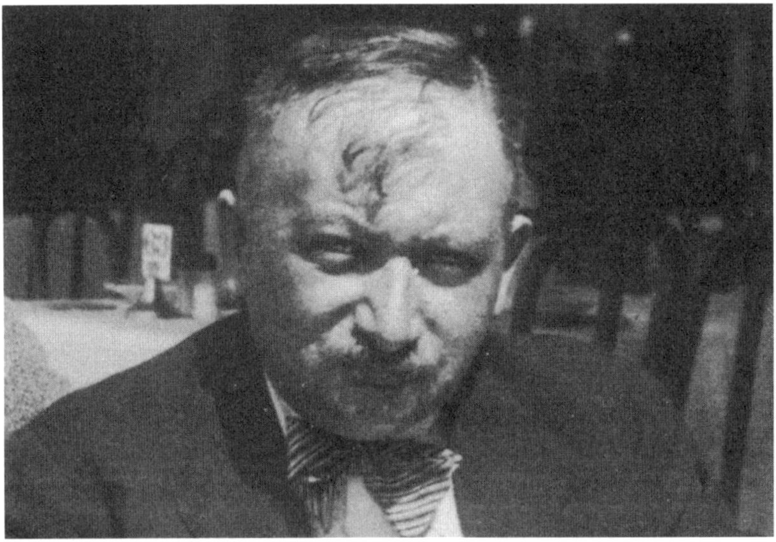

*Joseph Roth 1936 in Paris*

dem galizischen Dorf Brody, unweit meiner Heimatstadt Kuty. Aufgrund meiner relativ guten finanziellen Lage zu dieser Zeit konnte ich ihn immer wieder zu einem Café au Lait und einem belegten Baguette einladen. Oft sogar zu einer warmen Suppe. Als er erfuhr, dass ich auch aus Galizien und fast in seiner Nachbarschaft aufgewachsen bin, schloss er mich in sein Herz und setzte sich, wenn er mich sah, immer zu mir an den Tisch. Das hob mein Ansehen unter den Emigranten. Er bedankte sich vertraulich auf Jiddisch. Wir tauschten Erinnerungen aus und suchten nach gemeinsamen Bekannten oder Verwandten, denn alle Juden sind ja »bekanntlich« mehr oder weniger miteinander verwandt, sagt man. Unter Juden aus Galizien bestand eine tiefe und verlässliche Solidarität wie in einer großen Familie. Hin und wieder hatte ich von jüdischen und nichtjüdischen Flüchtlingen auch Werke von Joseph Roth gekauft, die ich mir von ihm bei einer Tasse Kaffee und einem belegten Baguette signieren ließ, was er auch immer bereitwillig tat. Insbesondere die von ihm signierten Bücher stellten für mich ein Vermögen dar. Als ich Paris 1939 in Richtung Warschau den Rücken kehren und mein wertvolles Lager zurücklassen musste, ahnte ich nicht, dass ich nicht zurückkehren und meine Bücher niemals mehr wiedersehen würde.

Roth interessierte sich besonders für meine Zeit und Erfahrungen in Palästina. Wir sprachen dann über sein Buch *Juden auf Wanderschaft*, das ich sehr gut kannte und das mir aus der Seele sprach. Mein Leben lang hat mich die »jüdische Frage« beschäftigt. Ich war immerhin persönlich von ihr betroffen. Wir sprachen natürlich auch über den Zionismus. Roth glaubte nicht, dass damit das Juden-Problem zu lösen sei. »Der Zionismus ist nur eine Teillösung der Judenfrage«, sagte er mehrmals. In seinem Büchlein schrieb er etwa: »Zu vollkommener Gleichberechtigung und jener Würde, die äußere Freiheit verleiht, können die Juden erst dann gelangen, wenn ihre ›Wirtsvölker‹ zu innerer Freiheit gelangt sind und zu jener Würde, die das Verständnis für das Leid gewährt.« Er fürchtete auch, dass die Lösung des Antisemitismusproblems in einem jüdischen Staat in Palästina weit gefährlichere Probleme hervorbringen werde.

Im Mai 1939 starb Joseph Roth und wurde auf dem zu Paris gehörenden Cimetière parisien de Thiais beerdigt. Für mich, der ich auch an der Beerdigung teilnahm, war Roth ein Landsmann, ein »Galizianer«, ein galizischer Jude wie ich, den ich kennengelernt hatte, als seine guten Zeiten längst vorbei waren und er seine desolate demütigende Lage kaum ertragen konnte. Ich habe ihn während dreier Jahre oft gesehen und bin dafür dankbar. Als er starb, musste ich weinen, und auf dem Friedhof habe ich still Kaddisch gesagt, obwohl weder ich noch er religiös waren. Roth hätte darauf sicherlich keinen Wert gelegt, aber ich war es mir selbst schuldig. Das Grab liegt in der katholischen Sektion des Friedhofs. Die Inschrift auf dem Grabstein lautet: »écrivain autrichien – mort à Paris en exil« (»österreichischer Schriftsteller – gestorben in Paris im Exil«).

Jetzt, da ich diese Zeilen schreibe, muss ich oft vor allem dann an ihn denken, wenn ich sehe, was in Israel geschieht, wie man dort mit den Palästinensern umgeht, wie die Israelis, die heute das »Wirtsvolk« sind, ihnen ihre Freiheit vorenthalten und damit ihre eigene innere Freiheit verhindern. Es ist leider kaum anzunehmen, dass die Israelis von sich aus zu dieser Freiheit und notwendigen Würde finden werden. Die national-religiösen Juden sind jedenfalls sehr weit davon entfernt, im Gegensatz zu den orthodoxen, chassidischen Juden, die immer unter sich geblieben sind, den Zionismus ablehnen und zu den arabischen Nachbarn gute Beziehungen pflegen.

Tage und Wochen vergingen. Wir, die Flüchtlinge, trafen uns immer wieder im Café du Dôme, diskutierten die aktuelle Politik, tauschten Gerüchte aus und hofften auf bessere Zeiten. Ab und zu gab es eine Razzia, die Straßen wurden abgesperrt, und wer ohne gültige Ausweispapiere unterwegs war, ging der Polizei in die Netze. Aber es sollte noch schlimmer kommen.

Mein Freund Bruno Kreitner, der sich im Spanischen Bürgerkrieg engagiert hatte, besuchte mich und fand für einige Zeit bei mir eine Bleibe. Er wollte unbedingt auswandern, aber wie und wohin? Im Gegensatz zu ihm war ich zu dieser Zeit davon überzeugt, dass es nicht zum Krieg kommen würde. Außerdem florierte mein Unternehmen derartig, dass ich keinen Grund sah, mein Leben in Paris aufzugeben, obwohl Bruno mir immer wieder zuredete, ich solle Frankreich unbedingt verlassen. Während ich selbst bleiben wollte, gelang es mir immerhin, ihm zur Auswanderung zu verhelfen. Ich hatte einen guten Bekannten aus Berlin, der in der jüdischen Hilfsorganisation HIAS (Hebrew Immigrant Aid Society) arbeitete. Dort stellte ich Bruno als einen jüdischen Emigranten vor, der nach Südamerika auswandern wollte und für den ich bürgen konnte. Da er eine Einreiseerlaubnis nach Kolumbien besaß, wurde aufgrund meiner Bürgschaft seine jüdische Identität nicht in Frage gestellt. Er hätte nur die Hosen herunterlassen müssen, und die Täuschung wäre aufgeflogen. Aber in der hektischen Atmosphäre, die damals in Paris herrschte, hatte keiner Zeit, sich um solche Nebensächlichkeiten zu kümmern, und man war darüber hinaus froh, dass man einen »Juden« retten konnte. Der HIAS konnte ihm schließlich behilflich sein. Es waren nur ein paar Formulare auszufüllen, und schon nach einer Woche hatte man ihm bereits die Schiffskarten inklusive einer kleinen Summe als Wegzehrung besorgt.

Wie glücklich war ich, dass ich einem Freund helfen konnte! Wir sollten uns erst 1965 wiedersehen, zuerst in Barcelona und ein Jahr später in Rio de Janeiro, wo er als alleinerziehender Vater mit seinem Sohn lebte. Damit hatte es eine ungewöhnliche Bewandtnis: Bruno wollte unbedingt einen Sohn haben, aber er dachte nicht daran, deswegen zu heiraten. Also fragte er seine Haushälterin, eine arme Brasilianerin aus den Favelas, ob sie bereit wäre, mit ihm, gegen Bezahlung, ein Kind zu zeugen. Sollte es ein Junge werden, dann würde er ihn zu sich nehmen. Im Falle eines Mädchens könne sie das Kind bei sich behalten. Er bot ihr eine großzügige Summe an, und sie unterschrieben einen entsprechenden Vertrag bei einem angesehenen Notar. Sie gebar ihm tatsächlich einen Sohn – und verschwand auf Nimmerwiedersehen. Der Junge wuchs dann beim Vater auf.

Auch wenn ich hier gerade meine Erlebnisse in Paris schildere, komme ich doch nicht umhin zu erwähnen, dass das Treffen in Rio de Janeiro mit meinem alten Freund aus alten, längst verdrängten Zeiten für mich äußerst enttäuschend verlief. Ich wurde nämlich zum ersten Mal mit seiner Einstellung zu Juden konfrontiert. In unseren Gesprächsrunden in Berlin war dieses Thema meistens außen vor geblieben – wir waren uns in erster Linie einig in unserer Abneigung gegenüber dem Faschismus und in unserer Feindschaft zu Hitler. In Brasilien warf mir Bruno aber vor, dass meine Abneigung auf »persönlichen« Gründen basiere, während er »ein ehrlicherer Antifaschist« sei, weil er keine unmittelbare, auf der Herkunft beruhende Veranlassung dazu hätte. Ich war sehr verletzt und glaubte zwischen den Zeilen antisemitische Töne und Ressentiments zu vernehmen. Ich war sein Gast und wollte es nicht auf eine schonungslose Auseinandersetzung ankommen lassen. Ich hielt eine Diskussion auch für sinnlos und dachte dabei an Jakob Wassermanns Text (Siehe S. 83 f.). Der elende Antisemitismus hatte einen Schatten auf unsere Freundschaft gelegt. Natürlich war Bruno nicht wirklich Antisemit. Aber die Art und Weise, wie er über Antisemitismus und Juden sprach, empfand ich, der ich in Bezug auf diese Thematik möglicherweise hypersensibel bin, dennoch als verletzend.

Heute, mit einem Abstand von beinahe 20 Jahren, denke ich, dass ich ihm Unrecht getan habe. Da hat mir wohl die »jüdische Sensibilität« einen Strich durch meine Gefühle gemacht, wobei es natürlich allen klar sein sollte, dass diese »jüdische« Sensibilität gar nicht jüdisch ist, sondern allgemein menschlich. Auch Schwarze sind besonders sensibel, wenn weiße Menschen von »Neger« reden, so wie wir Juden, wenn wir irgendwo das Wort »Jude« aufschnappen. Die einen denken sofort an Rassismus und die anderen an Antisemitismus.

Dabei hat Bruno nur gesagt, wie er es sieht, von seinem Standpunkt, und er hatte nicht einmal Unrecht. Ich selbst habe doch auch die Erfahrung gemacht, dass Juden gern Nazis geworden wären, wenn man sie nur gelassen hätte. Sie waren nicht so sehr gegen den Faschismus der Nazis, wie die Nazis gegen sie. Bruno hat nur seine Meinung gesagt, die, auch wenn sie falsch wäre, nicht im Geringsten antisemitisch war.

»Du musst doch zugeben, dass das meiste Geld bei den Juden ist«, sagte er eines Abends. »Und bei den rheinischen Großindustriellen«, sagte ich, »bei den schlesischen Grafen und bei den englischen Lords.«

»Da hast du recht«, erwiderte er, ging aber auf meine Ironie nicht ein.

Ich kann es aber nicht ertragen, wenn Nichtjuden mich wegen meiner Überempfindlichkeit hinsichtlich des Antisemitismus kritisieren. Aber auch das ist ein Phänomen, das man nicht nur bei Juden findet, sondern auch bei anderen Minderheiten. Auch Schwarze lassen sich ungern von Weißen kritisieren, selbst wenn sie derselben Meinung sind.

Eine Zeitlang zuckte ich regelmäßig zusammen, wenn ich nur das Wort »Jude« hörte. Ich habe mich geschämt, auch wenn ich andererseits durchaus stolz war. Niemand verstand das – ich am allerwenigsten. Ich war froh, als ich die Heimreise antrat. Danach brach unser Kontakt ab.

Er hatte von Rothschild gelesen und dachte offensichtlich, dass alle Juden so reich wie diese Familie seien. Ich hätte ihm gern von den vielen armen polnischen und russischen Juden erzählt, die ich gesehen und zum Teil auch persönlich kennengelernt hatte. Ich verkniff es mir aber, denn er hätte es ohnehin nicht glauben wollen. Der Mensch neigt dazu, nur das zu glauben, was er möchte. Dass es auch arme Juden geben könnte, wollte er einfach nicht wahrhaben.

Aber zurück nach Paris und zum Jahr 1938.

In Spanien herrschte zwischen Juli 1936 und April 1939 Bürgerkrieg zwischen der demokratisch gewählten Regierung und den Putschisten unter General Francisco Franco. Hitler und Mussolini beteiligten sich an der Zertrümmerung der Spanischen Republik. Der Krieg endete mit dem Sieg der faschistischen Nationalisten.

Im Maison Matignon saß damals der sozialistische Präsident Léon Blum, Jurist, Schriftsteller und sozialistischer Politiker aus einem jüdisch-bürgerlichen Pariser Elternhaus. Er selbst war sogenannter Agnostiker. Sein Sekretär hieß Blümmel, und der Statthalter der Jüdischen Sozialisten in Paris war Marc Jarblum. Dieses Blumen-Trio glaubte allen Ernstes, dass man den Versprechungen, Zusagen und Ehrenworten der beiden verbrecherischen Hasardeure aus Rom und Berlin vertrauen könne. Ihre Fehleinschätzung kam dem Land teuer zu stehen. Wir saßen in Paris auf einem brodelnden Vulkan, der uns Ahnungslose bald verschlingen sollte.

Ich hatte es gut in Paris. Es gelang mir, etwas Geld beiseitezulegen. Ich war frei, unverheiratet und niemandem verpflichtet. Eigentlich war Paris die schönste Zeit meines Lebens. Ich lebte tagsüber in meiner Buchhandlung und an den Abenden im Café du Dôme, wo sich die intellektuelle Elite der deutschen Emigranten versammelte. Die Gespräche bewegten sich auf höchstem Niveau und konnten auch im Streit enden, wenn jemand Stalin oder gar Hitler verteidigte. Ab und an schauten auch die Geschwister Mann vorbei, Klaus und Erika, und einmal saß sogar Ernst Jünger dort an einem Tisch, allerdings allein, weil keiner der Emigranten mit dem Autor des vermeintlich kriegsverherrlichenden Buches *In Stahlgewittern* zu tun haben wollte.

Der Herbst rückte näher. Der Morgen des 7. November kündigte einen hellen und warmen Tag an, als kehre der Sommer zurück. Da erschoss der 17-jährige Jude Herschel Grynszpan in Paris den deutschen Botschaftssekretär Ernst vom Rath als Antwort auf die Vertreibung von 12000 polnischen Juden aus Deutschland, unter denen auch seine Eltern und Geschwister waren. Am nächsten Tag waren alle Zeitungen voll von dieser Tat. Sie berichteten auch, dass Grynszpan bei seiner Festnahme eine Postkarte seiner Schwester noch in der Manteltasche hatte, die ihm von ihrer Angst vor einer Zwangsdeportation berichtete.

Dann kam die Nacht des 9. November 1938, die als »Kristallnacht« in die Geschichte eingegangen ist. Die Zeitungen in Paris berichteten immer noch von Herschel Grynszpan, aber jetzt tauchte auch der Name Joseph Goebbels auf, als Verantwortlicher für die Novemberpogrome.

Der 10. November war ein regnerischer Tag. Ich wachte früh auf und schaltete, wie immer, begierig das Radio an. Es dauerte eine Weile, bis ich verstand, was vor sich ging. Es wurde ununterbrochen von Pogromen im Deutschen Reich berichtet, von brennenden Synagogen und zerstörten jüdischen Geschäften, von Hakenkreuzschmierereien, begleitet von Hetze gegen die Juden in allen Medien des Reiches. Ich dachte sofort an meine Familie, an meine alte Mutter, meine Geschwister und an meinen Schwager. Ohne zu frühstücken, lief ich ins nahegelegene Bistro und versuchte von dort, meinen Bruder Nathan in Berlin anzurufen. Ich hatte die Telefonnummer seines Arbeitgebers Schramm. Ich kam einfach nicht durch. Die Leitungen waren drei Tage lang wegen Überlastung unterbrochen.

Ich ahnte, dass es für meine Familie jetzt um Leben und Tod ging. Ich bedauerte es zutiefst, dass es mir 1933 und nicht einmal 1936 gelungen war, meine Mutter und meine Geschwister davon zu überzeugen, Deutschland zu verlassen. Ohne Zeit zu verlieren, setzte ich mich mit Berl Locker, meinem entfernten Verwandten aus Galizien, in Verbindung, der damals in der Zentrale der Jewish Agency in London residierte, um ihn zu bitten, für meine Familie Affidavits für Palästina zu besorgen. Kein anderes Land war damals bereit, Juden aufzunehmen. Da sämtliche Einwanderungen über die britische Regierung liefen, musste man gute Beziehungen entweder zu ihr oder zur Jewish Agency haben.

Während der Zeit des Nationalsozialismus spielten Affidavits eine bedeutende Rolle. Freunde und Bekannte in Staaten außerhalb Deutschlands – nach dem Anschluss auch Österreichs – konnten mit einer beglaubigten Bürgschaftserklärung Verfolgten die Einreise in Überseeländer ermöglichen. Selbst für Palästina stellte die britische Regierung der Jewish Agency nur eine begrenzte Anzahl von Affidavits zur Verfügung, mit deren Hilfe Chaluzim und wichtige Personen ins Land gelassen wurden.

Berl Locker war Mitglied des Exekutivkomitees der Jewish Agency, deren britische Geschäftsstelle sich in London befand. Ich informierte ihn telefonisch, dass meine Mutter, drei Geschwister und ein Schwager immer noch in Berlin lebten und unbedingt nach Palästina in Sicherheit gebracht werden müssten. Für alle Kosten wollte ich persönlich aufkommen. Berl meinte, es sei keine Frage von Kosten, und versprach, sich darum zu kümmern. Er konnte mir aber keine große Hoffnung machen, da die Nachfrage nach Affidavits für Palästina riesengroß war.

Nach zwei Tagen endlich erreichte ich meinen Bruder Nathan in seiner Firma. Er teilte mir mit, dass sein Chef für ihn einen teuren gefälschten belgischen Pass besorgt hätte und beide nach England fliehen wollten. Schramm kam tatsächlich nach London durch, aber mein Bruder wurde an der belgischen Grenze verhaftet, weil dem diensthabenden Beamten aufgefallen war, dass er weder Französisch noch Flämisch, die Landessprachen, beherrschte. Er landete in einem Gefängnis in Antwerpen.

Inzwischen hatte ich ein Telegramm von Berl Locker erhalten, dass fünf Affidavits für meine Familienmitglieder in Berlin ausgestellt worden seien. Zu diesem Zeitpunkt glaubte ich noch, nur vier Dokumente zu benötigen, da ich Nathan bereits in London wähnte. Sicherheitshalber nahm ich aber alle fünf Affidavits und schickte vier sofort nach Berlin. Mit ihrer Hilfe gelang es meiner Mutter, meinem kleinen Bruder Schalom, meiner Schwester Lea und ihrem Mann Jakob, Deutschland zu verlassen und nach Palästina auszuwandern.

Noch bevor ich mir Gedanken gemacht hatte, was ich mit dem fünften Affidavit anfangen sollte, erfuhr ich, dass mein Bruder

Nathan England nicht erreicht hatte und in Antwerpen eingekerkert war. Ein entlassener Leidensgenosse brachte einen Kassiber aus dem Gefängnis mit, worin mir mein Bruder sein Missgeschick schilderte.

Einer meiner Kunden war Oberrabbiner Moise Liber, der Direktor der École Rabbinique. Ich lief sofort zu ihm, erzählte ihm von der misslichen Lage meines Bruders, und bat ihn, die jüdische Gemeinde in Antwerpen zu veranlassen, sich um die Freilassung meines Bruders zu bemühen. Zuerst wehrte er ab:

»Nein, nein, nein! Das kann ich nicht, in solch delikaten Angelegenheiten darf ich nicht intervenieren, das gehört nicht zu meinen üblichen Aufgaben!«

Ich sagte: »Herr Oberrabbiner, es ist dies auch keine übliche Zeit! Bitte, mein Bruder ist in Not, er ist Jude wie Sie und ich, er ist also auch Ihr Bruder. Sie sind Seelsorger und Vorsteher einer Schule, die Seelsorger ausbildet. Sie müssen in dieser besonderen Zeit helfen, meinen Bruder zu retten.«

Weil ich derart hartnäckig war und den Raum nicht verlassen wollte, bis er mit dem Rabbinat in Antwerpen gesprochen hatte, kam er schließlich – widerstrebend – meinem Wunsch nach. Er telefonierte in meiner Gegenwart mit dem zuständigen Rabbiner in Antwerpen, der gute Beziehungen zu den dortigen Behörden unterhielt. Innerhalb von 24 Stunden war mein Bruder frei und auf dem Weg über die grüne Grenze nach Paris. Dort händigte ich ihm das verbliebene Affidavit aus und schickte ihn, mit etwas Geld ausgestattet, nach Triest, von wo er die Schiffsreise nach Palästina antreten konnte.

## Warschau

In dieser überaus ereignisreichen Zeit geschahen etliche von der Öffentlichkeit kaum wahrgenommene Ereignisse. So hatte beispielsweise kurz vor Kriegsbeginn die polnische Regierung ein Gesetz erlassen, demzufolge ein polnischer Staatsbürger, der länger als fünf Jahre außerhalb Polens lebt, automatisch seine Staatsbürgerschaft verliert. Dieses Gesetz war im Kern gegen die polnischen Juden gerichtet, von denen Hunderttausende in westlichen Ländern lebten. Auch ich fiel darunter, zumal mein polnischer Pass gerade auch noch abgelaufen war.

Ohne große Hoffnung, aber mit einer gehörigen Portion Chuzpe ging ich zum polnischen Konsulat, um ihn verlängern zu lassen. Dort wurde ich an einen unsympathischen Beamten verwiesen, der mich barsch auf Polnisch ansprach. Als er bemerkte, dass ich seine Sprache nicht verstand, lief er rot an, fluchte und fragte, diesmal auf Französisch, was für ein Pole ich denn sei, der nicht einmal die Landessprache beherrsche. Ich fing an zu stottern und wollte ihm meine Lage erklären, aber er ließ mich gar nicht zu Wort kommen, sondern fuhr mich an: »Für mich bist du kein Pole, sondern ein dreckiger Jude, und von euch Juden haben wir die Nase voll! Deinen Pass werde ich nicht verlängern! Meinetwegen kannst du krepieren!« Er rief einen Wachmann herein und ließ mich nach draußen »begleiten«.

An eine Verlängerung war also nicht zu denken, dagegen sprach auch das Gesetz, und kein polnischer Konsul würde es wagen, wegen eines polnischen Juden dagegen zu verstoßen. Die Aufenthaltserlaubnis in Frankreich war aber an einen gültigen Pass gekoppelt. Sie wurde automatisch ungültig mit dessen Ablauf. Was sollte ich tun? Mit einem polnischen Pass war schon schlecht leben, aber ganz ohne Pass war es noch schlechter. Bei allen möglichen Personen suchte ich Rat und lernte dabei einen Mann namens Jakubowitz kennen, der früher in Stuttgart als polnischer Bürger ein Bankhaus besaß. Ich schilderte ihm meine Sorgen und Ängste und fragte ihn, was ich jetzt tun könnte, um aus dieser Bredouille herauszukommen. Eine Woche bevor das Gesetz in Kraft trat, hatte er selbst seinen Pass um fünf Jahre verlängern lassen, da er vom Konsul, einem guten Freund, vorab von den neuen Passgesetzbestimmungen informiert worden war.

Er riet mir, für ein oder zwei Wochen nach Polen zurückzukehren, womit ich automatisch weitere fünf Jahre polnischer Bürger wäre. Das leuchtete mir ein. Da ich in meinem naiven Optimismus nicht an einen baldigen Krieg glaubte, machte ich mich also Mitte August 1939 auf den Weg nach Warschau, obwohl mich alle Freunde und Bekannte davor warnten.

Ich fuhr wieder mit einem Durchreisevisum durch das Reich, aber diesmal hatte ich nicht den Wunsch, Berlin wiederzusehen. Aus dem Zugfenster bemerkte ich unterwegs auf den vielen Bahnhöfen bereits nervöses und geschäftiges Treiben. Nach 24 Stunden Fahrt in Warschau angekommen, fand ich eine billige Übernachtungsmöglichkeit bei Privatleuten. Es herrschte bereits Kriegsstimmung im Land.

Mein Pass wurde zwar ohne größere Probleme verlängert, aber ich musste in Polen bleiben, da mit einem Krieg gerechnet wurde und per Gesetz seit einigen Tagen Männer im Alter bis 35 Jahren das Land nicht verlassen durften. Ich saß in der Falle. Ich hatte ein Visum für die Schweiz, wo um diese Zeit ein Zionistenkongress anberaumt war, an dem ich hätte teilnehmen wollen. Ich plante, von Warschau direkt nach Basel zu fahren, und hatte in Paris bereits entsprechend gebucht. Die Frage war nur: Wie komme ich aus Polen wieder raus?

Ein guter Kunde meiner Pariser Versandbuchhandlung war der Oberrabbiner von Warschau, Professor Moses Schorr, der – durch meine Anzeigen in der Presse auf mich aufmerksam geworden – regelmäßig bei mir Judaica bestellt hatte. Er war Mitglied des polnischen Senats, und ich hoffte, dass er mir bei der Beschaffung einer Ausreisegenehmigung würde helfen können. So machte ich mich auf den Weg zur großen Synagoge, wo er in einem Seitenflügel wohnte. Nachdem eine Bedienstete mich vorgelassen hatte, fragte mich der Oberrabbiner – überrascht, mich in Warschau zu sehen – nach dem Anlass meines Besuches. Als ich ihm meine Bitte um Intervention bei den polnischen Behörden vortrug, war er sichtlich entrüstet: »Was? Sie wollen als polnischer Bürger in dieser für uns Juden so gefährlichen Zeit ihrer Pflicht, dem Vaterland zu dienen, nicht nachkommen, und erwarten von mir, dies zu unterstützen? Nein, das kann ich unmöglich billigen und schon gar nicht bei den Behörden vorstellig werden, zumal ich als Senator sogar verpflichtet wäre, das Gegenteil zu veranlassen.«

Es war nichts zu machen. Mit Zuversicht war ich nach Polen gereist, um mit einem gültigen Reisepass bald wieder über Basel nach Paris zurückzukehren, wo ich ein großes Buchlager mit mehreren Tausend Bänden und bei der Bank eine ansehnliche Summe Geldes zurückgelassen hatte. Dieses Vorhaben konnte ich nun begraben. Ich musste an Alexander und seine Warnung denken. Guter Rat war in dieser Lage besonders teuer.

Die Hitze der politischen Lage schien sich in den Temperaturen niederzuschlagen. So ging ich an einem außerordentlich warmen Tag im schönen Belvedere-Park spazieren, einer prächtigen Anlage mit einem künstlichen See und einem barocken Schlösschen. Es flanierte dort die Crème de la Crème der Warschauer Gesellschaft – Juden waren da nicht zu sehen. Ich setzte mich auf eine Bank, um meine prekäre Situation zu überdenken, als mich ein polnischer Soldat nach der Uhrzeit fragte, was ich aufgrund seiner Gestik vermutete. Da ich kein Polnisch sprach, antwortete ich gebärdenreich mit dem deutschen Satz: »Nicht verstehen!« In der angespannten Stimmung zu dieser Zeit war jedoch jeder, der Deutsch sprach, von vornherein verdächtig. Der Soldat lief daher sofort zur nächstgelegenen Polizeistelle und meldete, dass im Belvedere-Park ein Spion sitzt und Beobachtungen mache. Zwei Polizisten kamen angerannt und führten mich ahnungslosen Unglückspilz zum Polizeirevier ab. Nach meinen Ausweispapieren gefragt, musste ich meinen polnischen Pass aushändigen, der mit Visen verschiedener Länder vollgestempelt war. Dass ich diesen Pass besaß, machte mich in ihren Augen mitnichten weniger verdächtig. Ich wurde in Ketten gelegt und zu Fuß durch die Stadt zu einem der deutschen Sprache mächtigen Militärkommandanten geführt. Ich erzählte ihm meine Geschichte, und er schien von meiner Harmlosigkeit überzeugt. Er fragte nach einer Referenz in Warschau, die ihm meine Unschuld bestätigen könnte. Ich nannte ihm den Namen des Oberrabbiners Schorr, der ihm bekannt war. Er ließ sich mit ihm verbinden und fragte ihn, ob er einen gewissen Joseph Melzer kenne, der gerade aus Paris angereist war. Die Antwort stellte ihn wohl zufrieden, denn er entließ mich umstandslos, nicht ohne mich zu warnen, in der Öffentlichkeit Deutsch zu sprechen.

Der Monat August neigte sich dem Ende zu. Das Café Central in der Ulica Nalewki war der Treffpunkt der jiddischen Schreibergilde. Nur acht Tage vor Ausbruch des Krieges war ich immer noch nicht der Überzeugung, dass das Säbelrasseln in einen tatsächlichen Krieg münden würde. An einem solchen Tag im August saß ich also im Café Central, als mir ein alter Bekannter aus Berlin auffiel. Es war der Journalist Anton Rikles von der Zeitung *Hajnt* (»Heute«). Er machte große Augen: »Was machen Sie denn noch hier? Es ist höchste Zeit, sich davonzumachen. Ich habe bereits mein amerikanisches Visum und reise morgen ab.«

Er teilte meine Ansicht nicht, dass die Großmächte England und Frankreich keinen Krieg wünschten und es deswegen auch nicht dazu kommen würde.

»Leider irren Sie sich«, antwortete er. »Es wird sehr wohl zu einem Krieg kommen. Es kommt nicht darauf an, was die Großmächte wollen, sondern nur darauf, was Hitler will. Und Hitler will Krieg. Sie werden sehen, dass ich recht behalte.«

Das sollte er in der Tat.

Am Freitag, dem 1. September, brach mit Hitlers Überfall auf Polen der Zweite Weltkrieg aus. Es war der schwärzeste Freitag meines Lebens. Kurz darauf wurde Warschau drei Tage lang aus der Luft bombardiert. Die Stadt stand in Flammen, besonders das jüdische Viertel war stark betroffen. Auch das Haus, in dem ich mich aufhielt, wurde von einer Bombe getroffen. Verzweifelte, rat- und hilflose Juden liefen auf die Straße. Ein alter Rabbi, von einer Schar Chassidim umringt, stand inmitten eines Flammenmeers, und die Chassidim warteten wohl – allerdings vergeblich – auf ein Wunder Gottes. Am dritten Tag endete das Bombardement. Warschau hatte sich ergeben. Die Straßen waren voller Leichen und Pferdekadaver. Die Leichen wurden in Massengräbern beigesetzt, die Pferde wurden von der ausgehungerten Bevölkerung »ausgeschlachtet«. Es kamen Frauen, Männer und sogar Kinder mit Küchenmessern und schnitten aus den toten Tieren Fleischteile heraus. Ich war allein, ohne

Familie, ohne Freunde oder Bekannte und musste wohl oder übel auch ein solches Stück Pferdefleisch erbeuten und am offenen Feuer braten, um meinen Hunger zu stillen.

Die deutsche Wehrmacht rückte in Warschau ein. Ich erinnere mich, wie ein Soldat auf einer Gulaschkanone Brot an die Bevölkerung verteilte, ohne Unterschied der Rasse oder Religion. Juden mit Bart und Schläfenlocken standen in der Schlange neben Nichtjuden. Diese Großzügigkeit des deutschen Soldaten überraschte mich, aber solche Paradoxien gab es immer wieder in der deutschen Armee. Auf der einen Seite verteilte man Brot unterschiedslos an jedermann, auf der anderen Seite wurden schon am ersten Tag der Besatzung Juden gejagt, geschlagen und sogar zu Tode geprügelt. Viele Polen sahen solchem Tun mit Schadenfreude zu; aber es gab unter ihnen auch Ausnahmen, die vermutlich ahnten, dass es ihnen bald nicht viel anders ergehen würde.

Die Falle war zugeschnappt, und ich saß drin. Die Zeit brachte es mit sich, dass die Erniedrigten, Beleidigten und Verzweifelten mehr und mehr zusammenrückten, um gemeinsam zu beratschlagen, wie man möglichst schnell aus Warschau herauskommen könnte. In einer solchen Gruppe von gleichaltrigen Unglücklichen lernte ich einen jungen Mann kennen, der aus der Stadt Lodz stammte, wo seine Eltern noch wohnten. Er überredete mich, mit ihm aus Warschau auszubrechen und uns nach Lodz durchzuschlagen. Dort könnte ich für eine Weile bei seinen Eltern unterschlüpfen. Da ich keinen anderen Ausweg sah, war ich einverstanden. Es gelang uns, als blinde Passagiere auf einen Lastwagen zu klettern. Nach mehreren Stunden Fahrt erreichten wir tatsächlich Lodz.

Seine Eltern waren arme Schneider, die im Ballad, dem jiddischen Viertel der Stadt, wohnten. Trotz ihrer Armut nahmen sie mich ohne Umschweife herzlich auf. Lodz war eine hässliche Industriestadt, aber glücklicherweise von der Zerstörung verschont geblieben. Es konnte weder sehenswürdige Gebäude noch eine landschaftlich schöne Umgebung vorweisen, und vor allem gab es trotz relativ großer Einwohnerzahl keine Kanalisation. Abwässer und Fäkalien wurden offen durch die Rinnsteine der Stadt geleitet, so dass ihr

*Pferdekadaver auf den Straßen von Warschau*

Gestank die Luft verpestete. Die großen Industrieunternehmen befanden sich zumeist in den Händen einiger weniger Familien deutscher und jüdischer Herkunft, aber das Gros der jüdischen Bevölkerung lebte bettelarm von der Hand in den Mund.

Ich suchte nach einer Möglichkeit, mich nach Rumänien durchzuschlagen, denn vom Hafen Constanta aus hoffte ich, mich mit meinem Dauervisum nach Palästina einschiffen zu können. Einen direkteren Weg gab es nicht mehr; Polen war besetzt und zwischen Deutschland und der Sowjetunion aufgeteilt. Nun galt es, als erste Etappe bis nach Krakau zu gelangen. Der junge Mann, der mich nach Lodz mitgenommen hatte, half mir, eine Fahrgelegenheit nach Krakau zu finden. Seine Eltern gaben mir die Adresse eines dortigen Damenschneiders, an den ich mich vertrauensvoll wenden könne.

Im Gegensatz zu Lodz war Krakau eine auffallend schöne Stadt, mit ansehnlichen Barockbauten, Gildenhäusern am Markt und prächtigen Kirchen. Bei Damenschneider Kirstein angekommen, öffnete mir seine Frau die Tür und erklärte mir, dass ihr Mann von der deutschen auf die russische Seite geflüchtet sei, was sie selbst allerdings töricht fand, denn es ließe sich bestimmt auch, so meinte sie, mit den Deutschen leben. Später sollte sie diese Worte bedauern. Ich blieb einige Tage bei ihr und machte mich dann auf den Weg nach Sanok, welches nun mit seinem Fluss die neue Grenzstadt zwischen dem Großdeutschen Reich und der Sowjetunion geworden war.

Die Stadt Sanok platzte vor Flüchtlingen: Mehr als doppelt so viele Leute, wie die Stadt Einwohner hatte, suchten dort Zuflucht. Die Bethäuser, die Schulen, die Vereinshäuser, jeder nur verfügbare Platz war von jüdischen Flüchtlingen in Beschlag genommen, die alle ins gelobte Land der Arbeiter und Bauern reisen wollten. Als ich kurz nach meiner Ankunft eine überfüllte jüdische Suppenküche betreten wollte, sah ich einen jungen Leutnant, etwa 25 Jahre alt, der die elenden Menschenmassen beobachtete. Er murmelte: »Warum, warum muss das sein? Was treibt euch nur zum Ivan?« Auf meine Bemerkung, dass die Nazis gegen die Juden seien, antwortete der Soldat »Aber, aber! Wo wird denn so heiß gegessen wie gekocht? Ich glaube nicht, dass euch etwas geschehen wird, wenn ihr einer ehrlichen Arbeit nachgeht.«

Auch dies sollte sich leider als Irrtum herausstellen.

Nach tagelangem Herumlungern entschloss sich schließlich eine Gruppe von Juden, der ich mich angeschlossen hatte, den Grenzübertritt zu wagen. Es geschah zur Nachtzeit, denn wir wollten die Grenzposten vermeiden. Aber diese hatten uns anscheinend bereits erwartet. Als wir etwa in der Mitte des Flusses waren, ertönte plötzlich der Ruf: »Stoj!« Wir blieben stehen. Soldaten mit aufgepflanzten Bajonetten näherten sich. Das waren die ersten Repräsentanten des Gelobten Landes, die uns begegneten; wir glaubten, in guten Händen zu sein, und ließen uns willig in die »Freiheit« abführen.

## Endlose Verhöre

Der Fluss teilte Sanok in eine deutsche und eine russische Hälfte. Im Gänsemarsch erreichten wir ein Gebäude, dessen ursprünglicher

Zweck nur noch schwer zu erkennen war. Ob es einmal als Schule, Gaststätte oder was auch immer gedient hatte – nun war es ein Gefängnis. In einer großen Halle standen mehrere hundert Menschen so eng zusammengepfercht, dass sich zwischen ihnen kaum Platz zum Stehen, geschweige denn zum Schlafen fand. Dies ließ uns vermuten, dass wir nach nur kurzer Verweildauer von hier in das »Land der Freiheit« entlassen würden.

Zuerst nahm man unsere Personalien auf. Ich hatte meinen polnischen Pass mit dem palästinensischen Visum vorsorglich in meinem Mantelfutter versteckt und war überzeugt, dass man ihn dort nicht finden würde. Aber die gewitzten Genossen brauchten nicht lange, um fündig zu werden, und trennten den Pass aus dem Mantel heraus. Dies machte meine Lage noch schwieriger, denn es brachte mich bei den KGB-Leuten erst recht in Verdacht.

Eine Woche lang verbrachten wir stehend oder sitzend in diesem engen Raum zusammen mit einer Armee aus Ungeziefer, die sich bei uns eingenistet hatte. An Liegen war überhaupt nicht zu denken, und ich machte nach kürzester Zeit mit dem populärsten Haustier der Sowjetunion Bekanntschaft: der Laus. Sie soll auch im Kreml ihren Wohnsitz haben.

Man brachte uns weiter nach Rostow am Don, wo man uns den Luxus gewährte, in Gefängniszellen zu nächtigen. In jeder Zelle waren ungefähr zehn Personen untergebracht, die auf doppelstöckigen Holzpritschen schlafen mussten. Von Zeit zu Zeit wurde ein Spitzel eingeschleust, der uns aushorchen sollte.

Was die Beamten tagsüber taten, blieb mir schleierhaft, wahrscheinlich schliefen sie. Ihre Arbeit begann gewöhnlich erst um Mitternacht. Schlag null Uhr trat der diensttuende Beamte auf den Plan und rief: »Na bulke Melzer Josef Isaakowitsch!«

Ich wurde in einen langen dunklen Gang geführt, wo schon eine Anzahl »Verbrecher«, unter einem Paravent verdeckt, auf ihr Verhör beim Untersuchungsrichter warteten. Es durfte nicht gesprochen werden. Nach langem Warten kam ich schließlich an die Reihe. In einem kleinen Zimmer saß ein mit einer schäbigen Militäruniform bekleideter Mann, auf dessen Tisch Aktendeckel lagen. Ein Dolmetscher, der Jiddisch sprach, war ebenfalls anwesend. Der zum Richter mutierte Soldat forderte mich auf Russisch auf, meinen Lebenslauf zu schildern, von der Geburt bis zu dieser Stunde, wobei er mehrfach betonte, dass er ohnehin alles wisse und ich ihn nicht belügen könne.

»Wenn er alles weiß, wozu will er mich noch befragen?«, fragte ich den Dolmetscher.

»Tun Sie, was er verlangt. Ihre Bemerkung werde ich nicht übersetzen, weil dies für Sie schlimme Folgen haben könnte.«

Schon in der Zelle hörte man von diesen Verhören, und die Neunmalklugen unter uns meinten, protestieren und von sich behaupten zu müssen, dass sie Proletarier, ja Kommunisten seien. Aber es half ihnen nicht. Im Gegenteil, sie wurden für ihre Lügen brutal verprügelt.

Ich ließ von derlei Versuchen ab. Meine Eltern waren weit davon entfernt, Kapitalisten zu sein, aber sie waren auch keine Proletarier. Mein Vater war Buchhalter, hatte mitunter auch sozialistische Ansichten, aber das brauchte ich dem sowjetischen Richter nicht zu verraten. Er hätte es ohnehin nicht verstanden. Über meine Teilnahme an der Antifa schwieg ich, betonte aber, dass ich immer Zionist gewesen sei. Auf die Frage, welche Literatur ich gelesen hätte, verwies ich auf Herzl und Nordau; und die Frage nach Zeitungen und Zeitschriften beantwortete ich mit der *Jüdischen Rundschau*. Ich sagte dies alles aus Trotz, weil mich diese absurde Komödie ärgerte. Als ich meinen Mitgefangenen davon berichtete, schlugen sie die Hände über dem Kopf zusammen und sagten mir ein schlimmes Ende voraus. Diese Verhöre dauerten etwa ein halbes Jahr, und ich weiß nicht mehr, wie oft ich zu mitternächtlicher Stunde befragt wurde und meine Lebensgeschichte wiederholen musste.

»Wo bist du geboren, wie hieß dein Vater, deine Mutter, wie hieß dein Großvater, deine Großmutter, welche Schule hast du besucht, welche Bücher und welche Zeitungen hast du gelesen? Wie hießen die Väter von Herzl und Nordau?« Wehe, wenn ich eine Antwort anders formulierte als beim vorherigen Verhör. Dann hieß es: »Du lügst, gestern hast du was anderes gesagt. Du kommst niemals heraus, du wirst hier krepieren.«

Ich hörte mir solche Drohungen und Pöbeleien ruhig an, und mein Dolmetscher musste sie auch nicht mehr übersetzen. Ich verstand sie schnell, zumal sie immer mit dem inzwischen weithin bekannten russischen Fluch endeten:

»Idi na chuji, jap twoij matj!« – »Verschwinde, ich ficke deine Mutter!«

Nach sechs Monaten waren die Befragungen abgeschlossen, und meine immergleichen Aussagen füllten mittlerweile einen dicken Aktenordner. In der Zelle beglückwünschte man mich, das Verhörmartyrium überstanden zu haben, während andere es noch vor sich hatten. Es vergingen nur zwei Tage, bis ich um Mitternacht wieder aufgerufen wurde. Das war nach Abschluss der Untersuchung höchst ungewöhnlich, und meine Zellengenossen sagten mir bereits Lebewohl, denn es bedeutete in der Regel die Liquidierung. Wieder wurde ich vor den Untersuchungsrichter geführt, der in meiner Akte blätterte. Er habe mich rufen lassen, sagte er, weil er die Akte noch nicht abschließen könne, da ich die Namen von Herzls und Nordaus Vater nicht richtig genannt hätte. Zum Glück wusste ich, dass Herzls Vater Jakob hieß, also lautete sein Name Herzl Theodor Jakubowitsch. Der Name von Nordaus Vater war mir hingegen nicht bekannt. Er runzelte seine Stirn und wandte sich an den Dolmetscher mit den Worten: »So eine Schweinerei, er weiß nicht einmal den Namen des Vaters des Schriftstellers, den er gelesen haben will.« Damit erst war das Dauerverhör endgültig beendet.

In meiner Gefängniszelle saß auch ein junger Mann aus Kattowitz. Er konnte ein von der polnischen Armee bestätigtes Schreiben vorweisen, dass er wegen Schwachsinns vom Dienst fürs polnische Vaterland befreit sei. Dessen ungeachtet wurde er Nacht für Nacht zum Verhör gerufen. So trostlos unsere Lage auch war, genossen wir es doch jedes Mal, ihn nach seinen Verhören zu löchern, was man ihn denn diesmal gefragt habe. Da er keine vollständigen Sätze bilden konnte, nicht einmal in seiner Muttersprache, bekamen wir von ihm immer die gleiche Antwort:

»Er mir gesagt, ich Spion, ich ihm gesagt, du Spion.«

»Und dann?«

»Er mir gesagt, wir dich aufhängen. Ich ihm gesagt, wir dich aufhängen!«

»Und dann?«

»Er mir gesagt, du Idiot. Ich ihm gesagt, du Idiot.«

Dieser Satz wurde bei uns zum geflügelten Wort der allgemeinen Erheiterung.

Die hygienischen Bedingungen in der Zelle spotteten jeder Beschreibung. Auf engstem Raum zu zehnt zusammengepfercht, mussten wir da sowohl unsere kärglichen Mahlzeiten verzehren als auch unsere Notdurft verrichten. Unsere Körpergerüche taten ein Übriges. Kein Wunder, dass in unserem behelfsmäßigen Kerker eine zum Ersticken schwüle Luft herrschte. Jeden Tag kam der Gefängnisarzt, ließ die Tür aufschließen, fragte und gab sich gleich selbst die Antwort:

»Plochy jest? Plochy njet!« – »Gibt es hier Wanzen? Es gibt hier keine Wanzen!«

Und schon war er wieder weg.

Wir überlegten, wie wir ihn zu einer etwas intensiveren Gesundheitskontrolle veranlassen könnten. Wenn Wanzen so gefährlich waren, dass er sich täglich nach ihnen erkundigte, wie gefährlich müssten dann erst Mäuse sein? Wir beschlossen, am darauffolgenden Tag, sobald er in der Tür erscheinen würde, alle zusammen laut zu schreien:

»Grashdanin Wracz, woszy jest.« – »Wir haben Mäuse hier.«

Als er am nächsten Morgen auf seinem Kontrollgang in unsere Zellentür trat und die übliche Frage an uns richtete, schrien wir wie aus einem Munde:

»Grashdanin Wracz, woszy jest!«

Er blieb wie angewurzelt stehen; das hatte er nicht erwartet. Seine Verwirrung war aber nur von kurzer Dauer, dann antwortete er: »Nada bjit« — »Erschlagt sie«, und schon war er wieder weg.

Eines Tages lag ein Zellengenosse mit hohem Fieber darnieder. Wir donnerten mit aller Gewalt gegen die Zellentür, bis endlich ein Wärter erschien. Wir verlangten für den Erkrankten nach dem Arzt.

Der »Lekarz« kam, sah sich den Kranken an und sagte lakonisch: »Bei uns geht man mit 40 Grad Fieber zur Arbeit.« Damit waren Diagnose und Therapie beendet.

In meiner Zelle befand sich auch ein mit mir etwa gleichaltriger Wiener Jude namens Dr. Sigmund Kartmann. Er war ein Akademiker, sehr belesen und von feinem Charakter. Wir beide hielten in der Zelle und auch später eng zusammen. Ich konnte von ihm viel lernen, insbesondere über säkulare Literatur, und im Gegenzug mein Wissen über die jüdischen Schriften mit ihm teilen. Besonders interessiert war er aber an meinen Berichten und Erzählungen über meine Zeit in Palästina. Einmal äußerte ich ihm gegenüber, dass ich das Gefängnisleben nicht mehr lange aushalten würde, worauf er mit prophetischem Tonfall antwortete, »Ich wünsche dir, dass du in Zukunft nicht alles aushalten musst, was du aushalten kannst.«

Sigmund erlag später den Strapazen im fernen Usbekistan. Bis dahin war es aber noch ein weiter Weg. Momentan saßen wir immer noch in einer engen Zelle hinter vergitterten Fenstern, die zusätzlich gegen das Tageslicht abgeschirmt waren, um den Gefangenen jeden Sichtkontakt mit der Außenwelt zu verwehren.

Als der Erste Weltkrieg zu Ende ging, war ich gerade elf Jahre alt geworden. Ich konnte mir unter dem Begriff Revolution kaum etwas Konkretes vorstellen, lediglich die Tatsache, dass es nun keinen Kaiser Wilhelm in Deutschland und keinen Kaiser Franz Joseph in Österreich mehr gab, drang in mein Bewusstsein. Ich hörte Gesprächen innerhalb und außerhalb meiner Familie zu und erfuhr dadurch, dass eine neue Zeit angebrochen sei, eine Zeit, die für alle Entrechteten und Erniedrigten in der ganzen Welt Freiheit und Gerechtigkeit bringen würde. Mit 16 oder 17 Jahren begriff ich schon etwas mehr von den politischen Zusammenhängen und den Hoffnungen, die Menschen an die »Revolution« knüpften. Das geflügelte Wort »Ex Oriente Lux« ging in den frühen zwanziger Jahren von Mund zu Mund, und die Jugend der Welt, auch die jüdische, folgte gläubig den trügerischen ideologischen Verheißungen des Ostens. Ich glaube noch heute, dass soziale Gerechtigkeit erkämpft werden muss, um den empörenden Unterschied zwischen Armen und Reichen zu beseitigen.

Mittlerweile ist mir aber klar, dass der »Realsozialismus« jedenfalls nicht der Weg ist, der zu einer humanen Gesellschaft führt, mit Ausnahme der Antifa in den späten zwanziger Jahren und der Mapai im Israel der Jahre 1948 bis 1958. Ich lernte etliche Parteiführer der Mapai kennen und kann aus persönlicher Erfahrung berichten, dass Männer wie Berl Katznelson, Jizchak Ben Zwi, David Ben Gurion und viele andere nicht nur Sozialisten in der Theorie waren, sondern ihre Überzeugung auch in ihrem Privatleben praktizierten. Ihre Einstellung zu den Arabern allerdings stimmte kaum mit ihren sozialistischen Grundüberzeugungen überein. Ebenso erwies sich bald, dass das bei den Juden beliebte Dogma, dass »Zion ein Licht für die Völker« sei, als wenig überzeugend. Zion konnte nicht einmal ein Licht für die Juden sein. Es war eher ein Irrlicht.

Analog wäre vielleicht auch aus dem Zionismus in Palästina mehr geworden als ein kolonialistisches Unternehmen auf Kosten der einheimischen arabischen Bewohner, wenn Herzl länger gelebt hätte, Achad Ha'am durchsetzungsfähiger gewesen und Denker wie Martin Buber und Jeschajahu Leibowitz ernster genommen worden wären. Herzl schwebte wohl ein demokratischer und liberaler Staat vor, wie er ihn in seinem Roman *Altneuland* beschrieb, in dem alle Bürger, Moslems, Christen und Juden, die gleichen Rechte hätten. In seinem Tagebuch versicherte er auch, dass man die Araber, »nicht … entfernen«, sondern »ihr Wohlbefinden und ihren privaten Besitz« schützen werde. In krassem Widerspruch dazu heißt es an anderer Stelle, dass der Zionismus die arme palästinensische Bevölkerung »über die Grenze« schaffen wolle, wenn auch mit »Zartheit und Behutsamkeit«.

Während ich in der Zelle saß und betrübt meine Brotration aß, dachte ich an die vielen Menschen in der weiten Welt, die noch immer an das »Vaterland der Arbeiter und Bauern« glaubten. Auch wenn Millionen in Russland und der Sowjetunion Lesen und Schreiben gelernt hatten, was nützt es ihnen, wenn man nur lesen und schreiben darf, was »Väterchen Stalin« zulässt? Insofern hatte sich in Russland nicht viel geändert. An die Stelle der zaristischen »Ochrana« trat der stalinistische NKWD (später KGB); statt Fürsten und Barone saßen jetzt sowjetische Bonzen und Parteisekretäre den Russen im Nacken. Im Wesentlichen blieb alles gleich.

In unserer Gefängniszelle saß auch ein einfacher russischer Bauer, der weder schreiben noch lesen konnte. Als ich ihn fragte, warum er verhaftet worden sei, antwortete er:

»Ich weiß es nicht, aber vielleicht weil ich zwei Hemden hatte – eins zu viel.«

Er mag zwar ein Analphabet gewesen sein, aber Humor und gesunden Menschenverstand hatte er. Als er mich so traurig mein Brot essen sah, fragte er, was mich bedrücke, und ich gab zurück, dass es die Aussicht auf zehn Jahre Haft in Sibirien sei. Dazu meinte er nur:

»Freu dich doch, Genosse Joseph, zehn Jahre sind kein Problem. Sommer, Winter, Sommer, Winter und die zehn Jahre sind schnell um. Ein Jahr ist ein Problem. Ein Jahr ist lang: 365 Tage und 365 Nächte.«

Ich musste schmunzeln. »Mach dir aber keine Sorgen, Genosse Joseph, du wirst keine zehn Jahre im Gulag bleiben.« Ich lachte und dankte ihm für seine trostspendenden Worte. Er sollte aber recht behalten.

Am schlimmsten quälten uns die Russen mit Lärm. Wir hatten nie eine ruhige Stunde oder gar Minute. Das Radio schmetterte ununterbrochen kommunistische Parolen, russische Musik, Geräusche vom Krieg, von nahenden Panzermotoren und zwischendurch Gewehrsalven von Erschießungen oder angeblichen Erschießungen. Heute frage ich mich, wie die russischen Beamten, die das alles zwangsläufig auch hören mussten, das ertragen konnten. Sie hatten aber offensichtlich keine Wahl, so wie wir. Deshalb konnten sie sich bei den Verhören auch nicht konzentrieren und gerieten schnell in Rage, wenn ein Verhör nicht nach Plan lief. Heute weiß ich, dass Lärm eine der schlimmsten Folter ist, die Menschen kaum ertragen können. Der Lärm legt sich Schicht um Schicht im Gehirn ab und belastet das Herz und die Seele. Wenn man ihn nicht abbauen kann, geht man daran zugrunde.

Nach mehreren Monaten Gefängnis wurden wir auf Lastwagen verladen und zu einem Güterbahnhof gefahren, wo wir in Viehwaggons eine Reise ins Unbekannte antraten. Ich weiß nicht mehr, wie lange wir unterwegs waren, ich weiß nur, dass wir an einem Ort anlangten, der »Stalino« hieß. Dort gab es ein abgeschiedenes griechisch-orthodoxes Kloster, in dessen Kapelle man tausende Verschleppte aus Polen und anderen Ländern gepfercht hatte. Unsere Verpflegungssituation änderte sich kaum: Morgens brachte man uns eine klägliche Brotration von etwa 600 Gramm, die mit viel Stroh und Sand verunreinigt war.

Viele Angehörige der polnischen Intelligenz des gehobenen Bürgertums und des Adels waren in dieser Kirche versammelt. Jeden Tag wurde einer von ihnen aufgerufen, er ging hinaus und ward nicht mehr gesehen. Man hörte die Schüsse der Gewehrsalven und fragte sich, wer wohl der nächste sein würde.

Die meisten Opfer waren polnische »Kapitalisten« oder »Zionisten«, sowohl aus den von deutschen als auch von russischen Soldaten besetzten Gebieten Polens. Unter ihnen begegnete ich meinem Vetter, der in Lodz gewohnt hatte und vor den Deutschen auf die russische Seite geflohen war. Er erzählte mir, dass von der Stadt Wilna aus noch immer Transporte nach Palästina organisiert wurden. Sobald wir hier herauskämen – diese naive Hoffnung hatten wir damals –, müssten wir uns nur nach Wilna durchschlagen.

Zusätzlich zu unseren 600 Gramm »Brot« bekamen wir jeden Morgen einen Krug mit heißem, schmutzigem Wasser und zu Mittag eine bräunliche Suppe, in der Kartoffelschalen herumschwammen. Unter den Insassen gab es gewohnheitsmäßige Raucher, die ihre täglichen Brotrationen gegen ein paar »Machorken«, die berühmt-berüchtigten russischen Zigaretten, tauschten; sie waren die ersten, die an Entkräftung starben.

Eines Tages wurde mein Name aufgerufen: »Joseph Isaakowitsch!« Der Wachposten brachte mich zum Direktor des Lagers. Sein Büro befand sich in einem Nebengebäude des Klosters und wirkte wenig einladend. Der Direktor saß am Ende des langen, schmalen Raums an einem altfränkischen Schreibtisch. Er hieß mich Platz nehmen und begann das Verhör mit einer dramatischen Pause, bevor er mich abrupt anherrschte:

»Melzer, Josef Isaakowitsch!«

»Da!«

»Aus meinen Akten geht hervor, dass du ein intelligenter Mann bist.«

Soweit ich mich verständlich machen konnte, antwortete ich ihm, dass Intelligenz etwas sehr Relatives sei und ich mich selbst nicht für besonders intelligent hielt.

»Zu bescheiden, ›Graschdanin‹ Melzer!«

Er sprach mich mit dem russischen Wort für »Bürger« an, denn die Anrede mit »Towarisch« war nur Parteigenossen vorbehalten.

»Willst du weißes Brot mit Butter essen?«

Ich machte große Augen und einen noch größeren Mund, denn mir war zunächst nicht klar, worauf er hinauswollte, »Ja, natürlich!«

»Dann wirst du weißes Brot mit Butter essen! Willst du auch Wurst essen«?

»Gerne«, sagte ich.

»Dann wirst du auch Wurst essen. Das alles kannst du haben, du musst nur eine kleine Gegenleistung erbringen, nämlich uns täglich darüber informieren, was die Leute miteinander reden und welche Meinung sie über die Sowjetunion haben.«

Im ersten Moment war ich sprachlos und wie gelähmt; ich fasste mich aber schnell und erwiderte: »Für diese Aufgabe bin ich nicht intelligent genug, leider muss ich dieses ehrenvolle Angebot ablehnen.«

»Stolz muss man sich aber leisten können«, sagte er. »Du kannst es dir aber nicht leisten.«

»Da haben Sie recht«, erwiderte ich, »es ist aber kein Stolz, sondern Angst. Wenn die Kameraden herausfinden, was ich mache, dann töten sie mich.«

»Wir werden dich beschützen!« Er wurde langsam ungeduldig.

»Ihr könnt mich aber nicht beschützen, wenn ich in der Zelle bin, und draußen bin ich euch nicht von Nutzen.«

»Idi na chuji, jap twoij mati!«, rief er verärgert. Er stand mit einem Ruck von seinem Stuhl auf, klingelte, der Aufseher kam, und er schrie: »Führ ihn ab!« So landete ich wieder bei den anderen.

Unter den Verschleppten befand sich auch ein Herr, der durch seine elegante Kleidung auffiel. Er trug einen äußerst modischen, maßgeschneiderten Anzug mit einem Plaid über den Schultern und auf dem Kopf einen Hut der Nobelmarke Habig. Sein Name war Dr. Adolf Finkelstein, den man, wie ich von Landsleuten erfuhr, den »Eisenkönig von Lemberg« nannte – ein Industrieller, Politiker und Ehrenbürger der Stadt.

Eines Tages orderte man die Gefangenen des unteren Teils der Kirche in den Hof, wo auf einem kleinen Tisch ein ganzer Stapel Akten lag; daneben stand ein Soldat. Jeder musste seinen Namen und den Namen seines Vaters nennen. Der Soldat suchte die Akte heraus und las aus dieser einen immer gleichlautenden Text vor: »Laut Paragraf so und so … wirst du bestraft mit zehn Jahren Zwangsarbeit in Sibirien. Unterschreiben!«

Ich kam an die Reihe und unterschrieb, denn was sollte ich auch mit dem ahnungslosen Ivan debattieren? Er war ein ebenso armer Teufel wie wir Gefangenen. Nach mir kam Dr. Adolf Finkelstein an die Reihe, und auch für ihn lautete das Urteil zehn Jahre Zwangsarbeit in Sibirien. Aber Dr. Finkelstein wollte sich damit nicht abfinden und begann, mit dem Soldaten zu diskutieren. Der Soldat hörte sich seine Einlassungen eine Minute lang an, verzichtete auf die Unterschrift und befahl ihm mit einem saftigen Fluch, zu verschwinden.

Dr. Finkelstein wandte sich an mich, denn wir waren mittlerweile sehr vertraut miteinander, und versicherte mir, dass er unschuldig und zu Unrecht verurteilt worden sei. Ich beschwichtigte ihn: »Herr Dr. Finkelstein, wir sind alle unschuldig«.

Ich dachte an den russischen Bauern aus meiner Zelle.

»Niemand hier wird zehn Jahre in dieser Hölle bleiben. Nur überleben, darauf allein kommt es an.«

»Woher wollen Sie das wissen?«, fragte Finkelstein.

»Ich habe das Gefühl, dass sich etwas zu unseren Gunsten ändern wird.«

»Ihr Wort in Gottes Ohr«, sagte er. Tatsächlich sollte Finkelstein im Fortlauf meiner Geschichte noch einmal eine Rolle spielen.

# V 1939–1941

## Sibirien

Der Gulag in Sibirien war sicherlich nicht das Paradies auf Erden. Aber zumindest wurden wir nicht systematisch umgebracht. Viele starben, wenn sie ihre Essrationen gegen Zigaretten tauschten. Keiner von uns kam freiwillig hierher. Wir wurden mit Gewalt gezwungen, da Russland Menschen für die Arbeitslager benötigte.

Der Turnus der Tage und Wochen nahm seinen gewohnten Lauf. Aufstehen, Brotration fassen, Mittagssuppe verschlingen, eine halbe Stunde im Hof spazieren gehen, schlafen. So verging die Zeit, bis uns eines Tages befohlen wurde, unsere Habseligkeiten zusammenzupacken. Es gehe weiter. Wohin wussten wir nicht. Erneut wurden wir in Viehwaggons verladen, damit wir die Namen der Bahnhöfe, die wir passierten, nicht lesen konnten. Es herrschte eine erbärmliche Enge, und für die Notdurft musste ein Kübel herhalten. Jeden Morgen wurden auf offener Strecke die Türen geöffnet, die Kübel entleert, die Brotration verteilt und die Türen wieder geschlossen. Abgeschottet von der Außenwelt und von wortkargem Personal bewacht, fuhren wir in eine unbekannte Ferne.

So wurden aus Tagen und Nächten schließlich Wochen, bis der Zug endlich an einer Bahnstation anlangte, wo unsere Reise ein Ende fand. Auch wenn der Name der Station verdeckt war und ich das kyrillische Alphabet ohnehin noch nicht beherrschte, wusste ich dennoch sofort, dass sie genauso gut »Nirgendwo« hätte heißen können. Man ließ uns aussteigen und trieb uns sofort in eine nahegelegene Baracke: »Dawai, dawai! Schnell, schnell!«

Wir waren anscheinend im äußersten Norden Russlands gelandet, wo bereits Anfang September meterhoher Schnee lag. Von dieser Bahnstation aus hatten wir noch eine Fußwanderung von etwa 50 Kilometern zu bewältigen. Wir übernachteten mit dem Begleitpersonal im Wald. Eine Gulaschkanone mit Brot und heißem Wasser war immer dabei. Nach gut drei Tagen Fußmarsch erreichten wir ein Lager namens »Uchta«, wo uns die Insassen – größtenteils Diebe und Mörder, kurz der ganze Abschaum der sowjetischen Gesellschaft – bereits erwarteten. Einige wenige stammten aus der »besseren« Gesellschaft. Einige waren Adelige aus der Zarenzeit, andere galten als Abweichler von der Nomenklatura der stalinistischen Partei. Aus dieser kleinen Minderheit rekrutierte sich die Lagerleitung, weil die anderen, die Diebe und Mörder, für eine leitende Tätigkeit entweder unfähig oder nicht zuverlässig genug waren.

Es begann eine unbarmherzig erniedrigende Aufnahmeprozedur: Personalien, Dokumente und andere Papiere mussten abgegeben werden, und alles, was wir besaßen, wie Uhren, Ringe, Geld, und sämtliche Kleidungsstücke, auch die, die wir am Körper trugen, nahm man uns ab. Wir wurden neu eingekleidet. Jeder bekam eine wattierte Jacke, ebensolche Hosen und ein Paar Schuhe aus Gummireifen, die mit einem Stückchen Draht festzubinden waren. Dass die kläglichen Fetzen nicht auseinanderfielen, grenzte an ein Wunder. Ehe ich Paris verließ, hatte ich mir zwei Anzüge gekauft, einen Mantel, elegante Schuhe und warme Unterwäsche. Nachdem ich aber dieser Habseligkeiten entledigt war, steckte man mich in ein Hemd und eine Unterhose aus grobem Leinenstoff und wickelte mir gegen die Kälte Lappen um die Füße. Socken gab es keine. Meine eigenen Sachen sah ich nie wieder.

Jetzt begriff ich endgültig, dass ich in einer fremden Welt gelandet bin. Wenn ich an Paris dachte, dann kam es mir vor, als ob man mich aus dem Paradies vertrieben hätte. Das Lager war für uns alle die Hölle, auch wenn ich heute weiß, dass selbst die Hölle relativ ist. Im Vergleich zu Auschwitz war unsere Hölle ein Paradies. Aber im Vergleich zu Paris war es eben eine Hölle und damals konnte ich es nur mit Paris vergleichen, denn von Auschwitz habe ich nichts gewusst.

Ich begegnete im Lager einem schweigsamen, früheren zaristischen General, der seinen Namen nicht nennen wollte, ich weiß bis heute nicht warum, einem Deutsch-Russen namens Wolf, der nicht müde wurde, vor den Deutschen zu warnen, einem sowjetischen Ministerialbeamten namens Gurewitsch, der das korrupte sowjetische System immer wieder anklagte, einem Trotzkisten namens Sonnenschein, von dem später noch die Rede sein soll, der Stalin verfluchte und als Mörder bezeichnete, und sogar einem vorgeblichen Mitglied der Zarenfamilie Romanow. Das Lager wurde rund um die Uhr von bewaffneten Posten bewacht. Man befahl uns, einen Schlafplatz in den Baracken zu belegen. So teilten wir gewöhnliche Bürger uns den Raum mit notorischen Schwerverbrechern. Wenn es einem von uns gelungen war, bei der Aufnahme einen Wertgegenstand zu verstecken, ging er dessen spätestens hier verlustig. Die Kriminellen wurden stets fündig, es half kein Bitten und Betteln, und wenn man schrie, gab es brutale Schläge. Sie waren in der Überzahl, und wenn man sich beim Aufseher beschwerte, antwortete er nur: »Wehr dich selbst, ich kann das nicht auch noch für dich tun!«

Um sechs Uhr früh wurde geweckt. Die Brotrationen und das heiße Wasser wurden ausgeteilt, aber Gefäße musste man sich selbst organisieren, das heißt, sie entweder stehlen oder sich aus leeren Konservenbüchsen einen Teller oder eine Schüssel formen. Als ich an die Reihe kam und kein Geschirr hatte, sagte der Koch: »Gib deine Mütze!« Er riss mir die Kappe vom Kopf und goss den Tee hinein.

Danach ging es bei bis zu minus 30 Grad Celsius an die Arbeit mit Säge und Axt und ohne Handschuhe. Ich kam in ein Waldkommando. Wir waren zehn Mann, die Bäume fällen und daraus Holz in genormten Größen sägen sollten. Es war ein wunderbarer Wald mit dichtem Unterholz. Der Anführer meiner Gruppe hieß Rebinon und war zuvor Ingenieur in Leningrad gewesen. Der Wald war eine Taiga von Birken und Kiefern mit einem Umfang von mehr als einem Meter. Ihre Gipfel reichten bis in den Himmel. Man musste mindestens sieben Festmeter Holz erwirtschaften, um den obligatorischen Verpflegungsschein zu erhalten. Bis Sonnenuntergang musste also ein ganzer Baum gefällt, von Ästen befreit, in Meterlängen zersägt und aufgeschichtet werden. Für jeden Baum waren zwei Mann zuständig. Schafften sie dies nicht, gab es bei der Rückkehr ins Lager keine 600 Gramm Brot, sondern nur die Hälfte. Die Axt war mir zu schwer. Ich hatte in Berlin und Paris keine Gelegenheit gehabt, mich als Holzfäller zu üben, und mein Partner genauso wenig, so dass wir unser Soll nie erfüllen konnten und nie die volle Ration Brot bekamen. Mein Partner war ein Jude aus Warschau, von Beruf Schneider. Ich war folglich von permanentem Hunger geplagt. An Flucht war nicht zu denken, zumal, wie man uns warnte, im Wald Braunbären streunten. Falls wir einen begegnen sollten, empfahl man uns stehen zu bleiben und auf keinen Fall wegrennen. Braunbären interessieren sich nicht für Menschen und laufen in der Regel von selbst davon.

Die Lagerleitung bestand mit Ausnahme des Lagerleiters aus Verurteilten, die fast ausnahmslos Juden waren. Der Buchhalter hieß Sonnenschein und stammte aus Polen, lebte aber seit der Revolution als dogmatischer Kommunist in Gomel. Er nahm die marxistischen Ideen von Gleichheit und Brüderlichkeit zu ernst und wurde aus diesem Grund ins Lager eingewiesen. Die Protokolle unserer Verhöre lagen den Leitern vor, und daraus konnte Sonnenschein ersehen, dass ich weit in der Welt herumgereist war und Jude war.

Es verging eine Woche, und noch immer hatten wir die Norm nicht erfüllt. Rebinen sagte zu uns: »Ihr müsst einen großen Baum fällen, dann habt ihr euer Soll sofort in der Tasche.« Aber wenn ich den Baum nur ansah, bekam ich schon Angst. Ich wusste nicht, wie man einen solchen Riesen zu Fall bringen sollte.

Nun erst begann für mich so etwas wie Alltag in der sibirischen Taiga. Der Winter, der dort neun Monate anhielt, war von unerbittlicher Strenge, aber der Sommer, der die restlichen drei Monate des Jahres dauerte, war weitaus schlimmer. Während im Winter die Höhensonne und der Schnee die Arbeit erschwerten, den Appetit anregten und dadurch Skorbut verursachten, überfielen uns im Sommer Myriaden von Mücken und drangen in alle Poren der Haut und in alle Öffnungen unserer Gesichter ein. Es war unmöglich, sich ihrer zu erwehren, und nach kürzester Zeit war jedes unbedeckte

Stück Haut mit Stichen übersät. Die Einheimischen trugen im Sommer ein engmaschiges Schutznetz gegen die Plagegeister. Aber solche Ausrüstung gab man uns nicht, so dass wir dieser blutgierigen Höllenbrut schutzlos ausgeliefert waren.

Eines Tages wurde mir befohlen, in der Baracke zu bleiben. Man ließ mich auf der Pritsche liegen, während die anderen zur Arbeit gingen. Nach etwa zwei Stunden kam Gurewitsch an mein Bett und forderte mich auf, in die Baracke der Lagerleitung zu kommen. Dort war die gesamte Exekutive des Lagers, die aus Häftlingen bestand, untergebracht, mit Ausnahme des Direktors, der in einem separaten Holzbau residierte. Man sprach russisch untereinander, aber Sonnenschein übersetzte für mich ins Jiddische: »Ab heute bis du Kontrolleur. Hier hast du einen Zollstock. Damit musst du das Holz, das die Holzfäller in Fuhren bei der Sammelstelle abladen, vermessen und jedem einzelnen seine Norm eintragen. Außerdem musst du täglich nach der Arbeit einen Rechenschaftsbericht schreiben. Du wohnst ab heute in der Lagerleitungsbaracke. Wenn du irgendwelche Gegenstände hast, bring sie her.«

Ich stand wie versteinert da.

»Sonnenschein« sagte ich, »wie macht man dieses Vermessen, und wie soll ich Berichte schreiben, wo ich doch nicht einmal das russische Alphabet kenne.«

»Mach dir keine Sorgen.«, sagte Sonnenschein, »Ist alles halb so schlimm, wie es aussieht. Du musst nur Länge, Breite und Höhe messen und jeweils eintragen. Das Alphabet werde ich dir jetzt aufschreiben, und du musst dir nur die einzelnen Buchstaben merken. Wenn du das geschafft hast, bist du bald reif für die sowjetische Akademie.« Ich schaute unglücklich zu ihm auf. Wie soll man in wenigen Minuten Russisch lesen und schreiben lernen? Tatsächlich gelang es mir aber in kurzer Zeit, das kyrillische Alphabet zu beherrschen und russisch so weit zu lernen, dass ich einen Bericht schreiben konnte.

Mit einem Zollstock ausgerüstet, stand ich von sechs Uhr früh bis zum Anbruch der Dunkelheit im Wald und normierte die Brotrationen für meine Mitgefangenen. Die furchtbaren drei Sommermonate, die uns fast ins Martyrium trieben, bewirkten in der Natur ein wahres Wunder. Der Sommer begann schlagartig am 1. Mai und der Winter am 1. September. Schon am zweiten oder dritten Tag im Mai stand der Wald in voller Blüte, und einen Monat später, im Juni, konnten wir wildwachsende Erd- und Heidelbeeren in Hülle und Fülle ernten, und im August gab es jede Menge Pilze. Dicke, fette Steinpilze und verschiedene Arten von Maronen, die immer eine willkommene Bereicherung unseres ansonsten kargen Menüs waren. Auch das Getreide und alle Gemüsearten gediehen in dieser kurzen Zeit. Aber exakt am 1. September war alles zu Ende, der Winter setzte schlagartig ein mit Schneetreiben und eisiger Kälte.

Für uns in der Baracke der Lagerleitung gab es kein Soll zu erfüllen und keine kargen Brotrationen zu erkämpfen. Die Herren, es waren ihrer zehn oder zwölf, saßen abends in der warmen Stube um den Tisch und buken »Blintschiki«, eine Art russischer Pfannkuchen aus Mehl, Öl und Zucker. Von solchen Leckerbissen konnten die armen Häftlinge im Lager nicht einmal träumen. Nun nahm ich an diesen »Gelagen« teil. Ich genoss es sehr, auch wenn ich dabei permanent ein schlechtes Gewissen hatte.

Die Tage gingen dahin, ohne dass wir wussten, was in der großen, weiten Welt um uns herum geschah. Es gab weder Zeitung noch Radio oder eine Verbindung zu irgendeiner Stelle, die uns über die Ereignisse »draußen« hätte informieren können. Ich ging meiner Tätigkeit nach und maß bei den Fuhrleuten die tägliche Ausbeute ihrer Arbeit. Wie ich schon erwähnte, war das Lager hauptsächlich von kriminellen Elementen belegt. Die Flüchtlinge aus den westlichen Provinzen bildeten nur eine kleine Minderheit. Diese armen Menschen konnten unmöglich ihr Soll erfüllen, so wenig wie ich es hatte erfüllen können. Sie kamen wie die Lemuren mit ihrer geringen »Habe« angekrochen, die nie für die geforderte Norm ausreichte. Jedes Mal, wenn einer dieser Leidensgenossen an die Annahmestelle kam, sah ich in seinen traurigen, resignierten Augen, dass er an meine Kameradschaft appellierte, ihm die Norm zu bestätigen. Ich kam ihrer stummen Aufforderung stets nach – den Kontrolleur kontrollierte ohnehin niemand. Dachte ich.

*Zwangsarbeit in Sibirien im tiefsten Winter*

Den Kriminellen gegenüber war ich nicht so nachsichtig, weil sie allesamt kräftige Kerle und durchaus im Stande waren, der schweren Arbeit nachzukommen. Eines Tages bedrohte mich ein zwei Meter großer Bursche mit Namen Romanow, von dem man im Lager munkelte, dass er aus der Zarenfamilie stamme, mit den Worten: »Ich habe schon zwei Menschen umgebracht, es wird mir nichts ausmachen, auch dich umzulegen, wenn du mir nicht sofort die Norm bestätigst.« Ich nahm seine Drohung ernst und bestätigte ihm die Norm, die er allerdings nicht erfüllt hatte. Nicht weil er nicht konnte, sondern weil er keine Lust dazu hatte.

Ins Lager zurückgekehrt, meldete ich den Fall meinem Freund Sonnenschein und fragte ihn um Rat. Er sagte: »Lass das meine Sorge sein.« Er ging zum Direktor, erzählte ihm die Geschichte, und Romanow wurde für drei Tage in den Karzer geworfen. Danach habe ich keine Drohungen mehr von ihm zu hören bekommen. So verrichtete ich weiterhin meinen Dienst, verhalf den armen Leidensgenossen zu ihrem Stück Brot und schrieb Abend für Abend einen Bericht. Darin musste ich täglich angeben, wie viel Festmeter Holz ich angenommen hatte, wie viel davon Brennholz war, das an die Petrol-Pumpenstation weitergegeben wurde, und wie viel davon Bauholz war, das an Ort und Stelle liegen bleiben sollte. Natürlich stimmten die Angaben, die ich gemacht habe, nicht. Aber ich machte weiter in der Hoffnung, dass man mich nie kontrollieren würde.

Es kam aber anders als gedacht. Eines Tages erschien der Direktor mit einer Gruppe fremder Bonzen, die eine Kontrolle durchführten, und kaum sah er mich, begann er zu fluchen:

»Du verdammter Konterrevolutionär, du hast Tausende Kubikmeter Holz verschoben. Du wirst niemals rauskommen und hier krepieren!«

Ich war ganz verdattert und wusste nicht, was ich antworten sollte. In der Taiga konnte ich schwerlich jemandem etwas verkaufen oder es verschieben. Dass aber Differenzen zwischen Soll und Haben bestanden, war mir natürlich klar, denn ich hatte ja falsche Angaben gemacht.

Als ich abends in das Lager zurückkam, war ich niedergeschlagen und bar jeder Hoffnung, denn ich glaubte, nun sei es gewiss, dass ich das Lager niemals verlassen würde, jedenfalls nicht lebend. Schon am Eingangstor erwartete mich Sonnenschein, der Buchhalter, und empfing mich mit der freudigen Nachricht, dass er schon einen Bericht über das fehlende Holz geschrieben habe.

»Sei frohen Mutes, es wird dir nichts geschehen, denn wir leben in einem Staat, wo die Rechte nicht weiß, was die Linke macht. In meinem Bericht, den der Direktor auch schon unterschrieben hat, steht, dass das fehlende Holz Bauholz sei und dass es unter dem drei bis vier Meter hohen Schnee liege. Wenn er das nicht glaubt, dann kann er ja auf die Suche gehen oder im Sommer wiederkommen. Und bis dahin kann noch viel passieren. Ich kann sterben. Du kannst sterben. Auch der Direktor oder die Kontrolleure können sterben. Und wer weiß, ob wir im Sommer überhaupt noch hier sind.« So endete diese Harlekinade in den Weiten der Taiga Sibiriens.

Wenige Wochen später wurden wir tatsächlich von der Mitteilung überrascht, dass wir in ein anderes Lager überführt werden sollten. Eine Vielzahl von Gerüchten schwirrte durch die klare Waldluft. Die einen meinten, dies sei ein Zeichen für die baldige Befreiung, die anderen meinten, wir müssten lediglich Platz für neue Opfer machen. Es ging das geflügelte Wort im Lager um, dass jeweils ein Drittel der Bevölkerung der Sowjetunion in die sibirischen Lager verschickt würde, womit die Gesamtbevölkerung aus denen bestünde, die schon im Lager gewesen waren, die gegenwärtig im Lager sind und die in Zukunft noch im Lager sein werden.

Da keine klaren Informationen zu uns durchdrangen, mussten wir uns aufmachen, ohne zu wissen, wohin oder warum. Man brachte uns in ein 100, 200 oder 400 Kilometer entferntes Lager – Entfernung spielte in der Sowjetunion keine Rolle. Im neuen Lager angekommen, wurden wir wieder in Baracken eingewiesen, die voller Ungeziefer waren. Die Meute drängte und zwängte sich mit Gewalt in die Räume, jeder wollte den besten Platz für sich mit Beschlag belegen. Als wir in die neue Behausung einzogen, war es noch Tag, und als die Nacht kam, erlebten wir eine höllische Überraschung. Von dem mehrtätigen Marsch stark ermüdet, waren wir sofort in einen todähnlichen Schlaf gefallen. Mitten in der Nacht spürten wir plötzlich heftige Stiche am ganzen Körper und fuhren hoch. Wir trauten unseren Augen nicht. Aus allen Nischen und Sparren der Baracke rückten ganze Regimenter von gierigen Wanzen gegen uns vor und zwangen uns zur Flucht ins Freie. Draußen war es zwar eiskalt, aber es gab wenigstens keine Wanzen. Beschwerden konnten wir an niemanden richten, man hätte uns nur mit hämischem Gelächter geantwortet. Also mussten wir mit den Wanzen Frieden schließen und ihnen die ersten Nächte opfern, denn wenn sie einmal gesättigt sind, hat man weniger unter ihnen zu leiden. Eine andere Wahl gab es nicht.

Eines Tages kam nach langem Marsch ein neuer Transport von fast verhungerten Gefangenen, die den ganzen Tag nichts zu essen bekommen hatten. Um ihnen etwas zu verschaffen, ging ich zum Aufseher und bat um eine Extraration für die Angekommenen.

Der Aufseher sagte: »Nix Arbeit, nix essen.«

Ich erwiderte: »Nix essen, nix Arbeit.«

Da nahm er seine Peitsche und schlug mir ins Gesicht.

Unter den neuen Angekommenen waren wieder viele Juden, die froh waren, dass sie den brutalen Nazis entkommen waren. Sie erzählten, was den Juden geschah, und ich konnte es nicht glauben. Sie sprachen von Vergasungen und Massenverbrennungen. Ich sagte: »Ich kenne die Deutschen, und ich kenne auch die Nazis. Sie mögen unsympathisch sein, aber brutal sind sie nicht. Ich glaube nicht, dass Deutsche – das Volk der Dichter und Denker! – dazu fähig sind.«

Ich konnte und vielleicht wollte ich auch nicht glauben, was diese polnischen Juden erzählten. Ich war mir sicher, dass sie übertrieben. Obwohl ich selbst polnischer Jude war, zumindest nach dem Pass, identifizierte ich mich so sehr mit Deutschland, dass ich solche Horrorgeschichten nicht glauben wollte. Ich sollte mich gewaltig täuschen. Auf der Flucht aus Russland habe ich die noch rauchenden Konzentrationslager gesehen, die Berge von Kinderschuhen und die Lager voller gebrauchter Kleidung. Aus dem Volk der Dichter war ein Volk der Richter, und die Denker waren Henker geworden.

# VI 1942–1945

## Samarkand

Das Jahr 1941 brach an, und wir dachten alle, dass es so ewig weitergehen wird. Aber es kam anders. Am 22. Juni überfiel Deutschland schlagartig und überraschend die Sowjetunion, die darauf völlig unvorbereitet und insofern auf die Hilfe der Alliierten angewiesen war. So beschloss die britische Regierung unter Winston Churchill, die von der polnischen Exilregierung aufgestellte Armee unter der Führung von General Anders mit Waffen und Material auszurüsten, bis hin zu Uniformen und Schuhen. Väterchen Stalin amnestierte die Polen, die in den Lagern Hunger, Schwerstarbeit und Folter überlebt hatten. Wie ein Lauffeuer verbreitete sich diese Information im Lager. Jeder von uns sehnte den Tag der Befreiung herbei. Zum ersten Mal in meinem Leben war ich froh, Pole zu sein.

Endlich kam eine Delegation von Russen und Polen angereist und rief die Häftlinge einzeln auf. Feierlich wurden die Befreiungsscheine ausgehändigt. Der letzte Mithäftling hatte schon das ersehnte Papier erhalten. Aber ich blieb auf dem Platz stehen und wartete vergeblich auf den Aufruf meines Namens. Es dauerte acht quälend lange Tage, bis ich auch diesen Schein bekam. Die Verzögerung könnte vielleicht daran gelegen haben, dass mein polnischer Pass, der den Akten beilag, sowohl den Polen als auch den Russen wegen der vielen Stempel aus westlichen Ländern suspekt war.

Ich war »befreit«, aber noch immer weit davon entfernt, wirklich frei zu sein. Wir wurden wieder in Viehwaggons verladen und nach Kuibyschew verfrachtet. Dort hatte das polnische Heer sein Hauptquartier eingerichtet. Dort angekommen, fanden wir ein riesiges

Zeltlager von »befreiten« Polen vor, die zum Teil bereits mit den neuen »polnischen« Uniformen eingekleidet waren. Dort sah ich Dr. Adolf Finkelstein wieder, jetzt nicht mehr im Maßanzug, sondern in der Kluft eines polnischen Offiziers. Er umarmte mich wie einen Blutsbruder und sagte: »Sie hatten recht, Melzer. Woher wussten Sie, dass wir die zehn Jahre nicht absitzen würden?«

»Nein, nein«, sagte ich, »von Wissen kann keine Rede sein. Ein Prophet bin ich nicht, ich hatte nur so eine Ahnung.«

Finkelstein genoss als Akademiker und polnischer Offizier gewisse Privilegien. Wie groß war meine Freude, als ich in der sich drängenden Masse auch meinen alten Freund Sigmund Kartmann erkannte. Auch er hatte das Lager überlebt, allerdings ersichtlich abgemagert, wie wir alle. Wir fielen uns in die Arme und sahen einander an. Uns wurde bewusst, wie sehr wir uns verändert hatten. Früher konnte man trotz der schäbigen Bedingungen im ersten Lager noch erkennen, dass wir bürgerliche Männer aus dem Westen waren, wogegen wir jetzt in wattierten Jacken und Hosen, die mehr Löcher hatten als ich Haare auf dem Kopf, und in Schuhen, wie man sie wohl im Westen nicht einmal als Schuhe erkennen würde, wie heruntergekommene Landstreicher aussahen. Wir erzählten einander von unseren Erlebnissen in den Lagern. Kartmann hatte es schwerer gehabt als ich, denn er musste in den Naphtagruben arbeiten. »Aber ich lebe noch«, sagte er stolz und erleichtert. Er wurde als stark kurzsichtig ausgemustert und vom Dienst in der polnischen Armee befreit. Ich dagegen wurde als tauglich befunden. Wir überlegten, wie wir es bewerkstelligen konnten zusammenzubleiben. Vorläufig waren wir beide als polnische Bürger in Kuibyschew untergebracht. Ich im Soldatenlager, Kartmann außerhalb.

Die Kompanie, der man mich zuteilte, wurde von einem jungen Leutnant namens Ostrowski kommandiert. Ich beherrschte kaum ein Wort Polnisch und hatte erhebliche Schwierigkeiten beim Drill, da ich die Befehle nicht verstand. Ostrowski sprach ein wenig deutsch und war trotz der Kriegshysterie geduldig genug, einige Befehle speziell für mich auf Deutsch zu erteilen. Er wollte mich aber aus seiner Kompanie entfernen, und das entsprach auch meinem innigsten Wunsch. Dies lag aber nicht in seiner Macht, sondern musste vom militärischen Ärztekonsilium entschieden werden. Ich sollte mich krankschreiben lassen, dann würde ich vielleicht vor die Kommission beordert und freigestellt werden. Beim ersten Mal lautete der Befund »diensttauglich«. Bei meiner Rückkehr sah Ostrowski mich fragend an. Ich sagte: »Tauglich.« Er antwortete: »Uns wird nichts anderes übrigbleiben, als die vier Wochen, die wir hier noch kampieren, immer wieder zu versuchen, bei der Kommission eine Freistellung zu erwirken. Du musst dich in einer Woche noch mal melden.«

Gesagt, getan – indes wieder vergeblich. Die Kommission war der Meinung, mir fehle nichts. Ich ging ein drittes Mal, und endlich bekam ich unter saftigen polnischen Flüchen den Bescheid »untauglich«. Als ich mich mit diesem Schein bei Leutnant Ostrowski meldete, war er ebenso glücklich wie ich. Ich beeilte mich, Kartmann von meiner »Befreiung« zu benachrichtigen, um gemeinsam Pläne zu schmieden. Vom Dienst ausgemustert, war es uns erlaubt, uns überall niederzulassen, wo wir wollten, mit Ausnahme der Großstädte wie Moskau, Leningrad oder Kiew. Unter den jüdischen Flüchtlingen ging das Gerücht, dass wer der Kälte entfliehen wollte, sich nach Mittelasien durchschlagen musste. Außerdem bestand die Aussicht, von dort eher nach Palästina zu gelangen, wohin ich auch wollte, da dort meine Familie lebte.

Ich wusste freilich nicht, dass die polnischen Streitkräfte, die nach ihrem Befehlshaber, dem 1939 in sowjetische Kriegsgefangenschaft geratenen General Ander, die »Ander-Armee« bezeichnet wurden, ebenfalls in den Süden abkommandiert wurden. Bis Ende 1941 wurden vier Divisionen nach Taschkent verlegt und später in den Nahen Osten, wo sie dem britischen Nahostkommando unterstellt wurden.

Das alles habe ich damals nicht gewusst. Ich war überzeugt, dass diese polnische Armee nur an der Ostfront eingesetzt werden würde. Ich verspürte keine Lust, für Polen im Krieg gegen Deutschland verheizt zu werden. Vor allem konnte ich nicht ahnen, dass diese Armee nach Nordafrika verlegt werden könnte. Hätte ich das gewusst, dann wäre ich in der Armee geblieben und mit einer der Divisionen bis nach Palästina gereist, wo ich noch früh genug hätte türmen können. Die Streitkräfte zogen von dort weiter bis nach Lybien in Nordafrika, von wo aus sie über das Mittelmeer nach Monte Casino eingeschifft wurden, wo sie eingesetzt und fast vollständig aufgerieben wurden.

Aufgerieben ist natürlich ein seltsames Wort für das, was mit ihnen geschah. Sie wurden regelrecht auf dem Schlachtfeld vor dem damals schon weltberühmten Benediktinerkloster massakriert. Insgesamt kostete die Schlacht von Monte Casino, die am 18. Mai 1944 mit der Einnahme der Klosterruine durch die polnischen Einheiten endete, zu denen ich auch kurze Zeit gehörte, mehr als 55 000 Soldaten der Alliierten das Leben. Später erzählte man mir, dass auch Menachem Begin, der legendäre Führer der jüdischen Revisionisten, die unter dem Namen »Irgun« gegen die britische Armee und zuweilen auch gegen die gemäßigten Zionisten unter David Ben Gurion kämpften, für die Anders-Armee rekrutiert worden war. Er habe bis Palästina durchgehalten, wo er dann desertierte. Hätte ich es ihm bloß gleichgemacht, dann wären mir einige Mühen erspart geblieben. So war aber mein Schicksal anders: Ich hätte sonst nicht meine Frau kennengelernt und vielleicht auch keine Familie gegründet. Und so ließ ich die Armee ziehen und setzte mich ab nach Samarkand.

Tausende, Abertausende kampierten vor dem Bahnhof von Kuibyschew, um einen Platz auf einem Lastwagenzug oder einem Güterzug in Richtung Mittelasien zu ergattern. Kartmann und ich hatten das Glück, einen solchen Zug ausfindig zu machen. Wir kletterten mühsam auf die Rampe des Zuges, der sich bald darauf in Bewegung setzte. Wir fuhren und fuhren durch die endlosen Steppen Mittelasiens. Nach tagelanger Fahrt erreichte der Zug die Endstation Samarkand. Als wir den Bahnhof verlassen hatten und die Stadt betraten, bot sich uns ein Bild des Grauens. Es war schon Ende November, matschiger Schnee lag auf den Straßen und in den Gassen, und Menschen jeglichen Alters und Geschlechts lagen im nassen, und kalten Morast – manche von ihnen bereits tot.

Von Samarkand habe ich zum ersten Mal in *Tausendundeine Nacht* gelesen. Ich hatte schon immer den Wunsch gehabt, diese Stadt einmal zu besuchen. Ich erinnerte mich, dass Alexander der Große gesagt haben soll: »Alles, was man mir über Samarkand erzählt hat, ist wahr, aber es ist noch viel schöner.« Das mag eine der vielen Anekdoten sein, die man sich an der Seidenstraße erzählt. Samarkand liegt in deren Mitte. Es war die Hauptstadt von Timurs Reich und darüber hinaus eine der weltweit ältesten Städte. Ich hatte tatsächlich den Eindruck, mich in einem Märchen aus *Tausendundeiner Nacht* wiederzufinden.

Als wir im November 1941 dort ankamen, ließ sich allerdings nichts Märchenhaftes entdecken. Die Stadt war voller Flüchtlinge; Deutsche, Polen, Russen, Usbeken und vor allem deutsche, polnische und russische Juden, alle wie wir in Lumpen gehüllt.

Müde und hungrig schleppten wir uns inmitten der Menschenmasse vor dem Bahnhof herum, bis wir schließlich von jedem Lebenswillen verlassen niedersanken und selbst im Matsch liegen blieben. Ein berittener Milizionär wurde auf die ausgemergelten Gestalten aufmerksam und befahl uns, in einer Reihe Aufstellung zu nehmen und uns registrieren zu lassen. Die ganze Masse von Tausenden von Menschen wurde in Gruppen aufgeteilt, auf Lastwagen verladen, und als Arbeiter der nächsten Kolchose, die mehr als 200 Kilometer entfernt sein mochte, zugeteilt. Kartmann und ich landeten in einem Lager namens »Achun Babajew«, unweit der Ortschaft Laisch, im Bezirk Samarkand. Mit uns waren etliche andere Polen – Juden wie Nichtjuden. Später kamen noch einige ausgesiedelte Wolgadeutsche hinzu. Unter den polnischen Juden gab es zwei jiddische Schriftsteller. Einer von ihnen, namens Mosche Grossmann, schrieb später ein in mehrere europäische Sprachen übersetztes Buch über seine Erlebnisse in der Sowjetunion unter dem Titel *Im Lande von Dschugaschwili*.

Wir arbeiteten in der Landwirtschaft und wurden in Naturalien entlohnt. Es gab täglich eine Ration Mehl, das mehr aus Stroh als aus gemahlenem Korn bestand, ein wenig Salz und von Fall zu Fall auch etwas Öl. Der Hunger war mit diesen Rationen nur schwer zu stillen. Von dem »Mehl« backten wir auf der Herdplatte Brotfladen, und aus Grashalmen, die wir auf dem Feld pflückten, kochten wir eine Suppe. Eine Polin mit zwei Buben im Alter von etwa zehn, zwölf Jahren ließ diese nach Kräutern Ausschau halten, um daraus eine bessere Suppe zu brühen. Die Jungs kehrten tatsächlich mit Kräutern zurück, die ihnen die dortigen Usbeken gegeben hatten. Nach dem Genuss der Suppe waren beide allerdings tot. Die einheimische, überwiegend muslimische Bevölkerung hielt die ihnen aufgezwungenen Fremden für »ungläubige Hunde« und sah offensichtlich ein gottgefälliges Werk darin, sie ins Jenseits zu befördern. Der Tod der beiden Kinder war ein bedrückendes Erlebnis für uns alle und eine Tragödie für die unglückliche Mutter. Ein Mitglied unserer Gruppe, ein Jude aus Vilnius, veranstaltete mangels eines Priesters eine katholische Messe für die Kinder.

Die Kolchose umfasste ein großes Gebiet und war in einzelne Zonen aufgeteilt, die jeweils von einem Ortsältesten geleitet wurden, über dem der Präsident als oberster Herrscher thronte. Eine zweite Gruppe von polnischen Flüchtlingen war ungefähr einen Kilometer entfernt untergebracht. Bei uns befand sich auch ein polnischer Jude, Leon Krawiec, mit seiner Frau und ihrer Schwester Saba. Ich habe mich sehr bald mit ihm angefreundet, und wir waren für lange Zeit fast unzertrennlich. Er sprach kein Deutsch, und wir unterhielten uns in Jiddisch.

Leon stammte aus Pinsk, hatte aber in Warschau gelebt, woher auch seine Frau stammte. Er war von jenem seltsamen Schlag Mensch, der in keiner Lebenslage seinen Humor verlor und jeder Situation eine gute Seite abzugewinnen wusste. Von Beruf war er Fotograf. Als wir bei der Ankunft im Kolchos gefragt wurden, ob sich unter uns ein »Lekarz«, ein Arzt, befinde, meldete er sich. Er bemerkte natürlich meine Verblüffung und meinte:

»In diesem Land muss man alles können. Was kann schon passieren? Medikamente gibt es sowieso nicht, lediglich Aspirin und Rizinusöl. Ich kann also kaum Fehler machen. Hat einer Kopfschmerzen, verschreibe ich Aspirin, hat er Bauchschmerzen, bekommt er Rizinusöl.«

In der Kolchose verbreitete sich unter den einheimischen Bauern die Nachricht, dass »ein polnischer Lekarz« angekommen sei. Scharenweise rückten Bauern mit Frauen und Kindern an, um ihm ihr Leid zu klagen. Sie kamen nicht mit leeren Händen. Körbe voller Gemüse, Eier und Brot, lebende Hühner und andere Leckereien waren das Honorar für seine »ärztliche« Behandlung. Auch für uns, seine Freunde, fiel einiges davon ab.

In derselben Kolchose war auch eine deutsch-russische Familie aus dem Wolgagebiet. Sie hatte gleich nach ihrer Verbannung im Umkreis ihrer Hütte Ordnung geschaffen, soweit das unter den kärglichen Bedingungen möglich war. Sie legten einen kleinen Gemüsegarten an und besorgten sich Legehühner, so dass sie nicht zu hungern brauchten. Als ich sie einmal bei der Gartenarbeit antraf, sprach ich die Frau an. Sie war überrascht, in einer entlegenen Kolchose im fernen Usbekistan die deutsche Sprache zu hören. Sie fragte mich, woher ich käme und wo ich Deutsch gelernt hätte. Als ich ihr eröffnete, dass ich in Berlin aufgewachsen war und Deutsch meine Muttersprache sei, stiegen ihr die Tränen in die Augen: »Bitte, kommen Sie doch in die Stube, Sie haben sicher Hunger, ich mache Ihnen Brote mit Fleisch.«

Ihre Freude, einem deutschsprechenden Fremden zu begegnen, war so groß, dass sie ihren Mann holen ließ, der auf dem Felde arbeitete, um ihm ihren »Fund« vorzuführen. Ich hätte auch jiddisch sprechen können, sie hätte es gleichwohl als Deutsch empfunden, denn ihre Sprache ähnelte wohl dem Idiom, das man vermutlich vor etwa 400 Jahren in Deutschland hören konnte. Das erinnerte mich an den Witz von einem Juden, der nach New York kommt und in einem jiddischen Restaurant einkehrt. Dort bedient ihn ein Chinese, der perfekt Jiddisch spricht. Als er verwundert den Wirt fragt, wie er dem chinesischen Kellner Jiddisch beigebracht habe, erschrickt dieser und flüstert: »Nicht so laut. Er glaubt, es sei Englisch.«

Ich wusste nun von einer Stube, wo ich mich von Zeit zu Zeit satt essen und die Geschichte meiner Gastgeber anhören konnte, von ihrer Heimat im Wolgagebiet, wo sie seit Generationen gelebt hatten und Haus und Hof über Nacht verlassen mussten und man sie mit Kind und Kegel hier in die Kolchose Achum Babajew verbannte.

Leon wurde kurze Zeit später seines Postens als »Lekarz« enthoben. Anscheinend hatten seine therapeutischen Mittel nicht die gewünschte Wirkung erzielt. Die guten Tage waren vorüber, zumal im Kolchos eine Typhusepidemie ausbrach, von der wir, die Flüchtlinge, zuerst betroffen waren. Zunächst erkrankte ich und wurde ins Krankenhaus in der nahe gelegenen Stadt Laisch eingeliefert. Das kleine Spital war bis auf das letzte Bett belegt. Es lagen Kranke auf den Korridoren und manche zu zweit in einem Bett. Die Bettwäsche wurde selten gewechselt. Medikamente gab es keine und Nahrungsmittel nur sehr wenige. Ich lag neben einem Juden, der Bernstein hieß, und wir ahnten beide nicht, dass er in Kürze sterben und ich seine Witwe heiraten würde.

Ich wurde wieder »gesund« und musste als Rekonvaleszent das Krankenhaus verlassen, weil man dringend freie Betten benötigte. Von Krankheit und Hunger geschwächt, schleppte ich mich zu Fuß in die Kolchose zurück, die immerhin etwa 100 Kilometer entfernt war. Auf einen Ast gestützt, quälte ich mich Schritt für Schritt »heimwärts«. Unterwegs stieß ich zuweilen auf mildtätige Menschen, die mir ein Stück Brot und einen Schluck Wasser gaben. Ungefähr auf halbem Weg kam mir eine abgehärmte alte Frau entgegen. Sie rief mir zu:

»Wohin des Weges? Sie sind doch krank, das sieht man ihnen an.«

Ich stotterte etwas auf Russisch.

Sie fragte weiter, »Woher kommen Sie, da Sie kein Russisch sprechen?«

Ich sagte, »Aus Deutschland!«

»Was?«, sagte sie erstaunt in deutscher Sprache, »Sie kommen aus Deutschland?«

»Ja«, sagte ich, nicht weniger erstaunt, »ich bin von dort geflohen.«

»Dann sind Sie vom Regen in die Traufe gekommen. Kommen Sie mit, ich wohne hier nicht weit in einer Hütte. Ich bin Wolgadeutsche, wir wurden hierher verbannt, mein Sohn und ich. Sie können bei uns übernachten und dann morgen weiterziehen.« Schon wieder eine Wolgadeutsche, dachte ich bei mir und dankte Gott, dass er mir diese gute Frau geschickt hatte.

Ich war froh über ihre Einladung, denn es war schon abends, und des Nachts durch diese Steppe zu gehen, wo sich streuende Hunde herumtrieben, war wirklich nicht geheuer. Ich ging also mit der alten Frau in ihre ärmliche Behausung, wo sie mit ihrem Sohn lebte, der 18 Jahre alt war. Die Wohnung bestand aus einem Zimmer mit Küche, die durch einen Paravent vom Schlaf- und Wohnbereich abgetrennt war. Als ich den Sohn sah, wurde mir klar, dass die Frau gar nicht so alt sein konnte, aber das harte Leben in der Steppe hatte ihr Gesicht wohl vorzeitig altern lassen.

In der Wohnung angekommen, fiel ich entkräftet auf den Fußboden. Das erste, womit sie mich wiederbelebte, war ein starker Wodka, der meinen Kreislauf in Bewegung brachte. Ich war ungewaschen und in Lumpen gehüllt. Sie kochte einen großen Topf Wasser auf, half mir, in einen hölzernen Bottich zu klettern und schrubbte meinen Rücken ab. Ich fühlte, wie meine Lebensgeister langsam wieder zurückkehrten. Sie war eine gläubige Christin und brachte mir wahre Nächstenliebe entgegen. Nach dem Bad verhalf sie mir ins Bett, und ich schlief völlig entkräftet sofort ein. Als ich am folgenden Morgen erwachte, standen auf dem Tisch Brot und Schmalz sowie ein Topf mit einem heißen schwarzen Getränk – es war schmackhafter als das beste Essen, das ich jemals gegessen hatte. Als ich mich unter Danksagungen verabschieden wollte, drückte sie mir ein kleines Säckchen mit Mehl als Wegzehrung in die Hand. Ein Sack mit Goldstücken wäre weniger wertvoll gewesen als dieses kleine Säckchen Mehl. Möge ihr Gott vergelten, was sie mir Gutes getan hat. Es gab im großen russischen Reich nicht nur Bolschewiken, sondern auch Menschen, die sich noch an der Bergpredigt orientierten.

In den Kolchos zurückgekehrt, fand ich meinen Freund Sigmund Kartmann krank vor – auch er litt an Typhus. Durch meine unfreiwillige Abwesenheit allein gelassen, von Hunger und Krankheit völlig entkräftet, fand ich ihn gänzlich mutlos vor. Das erste, was ich tat, war vom Mehl der Wolgadeutschen eine Suppe zuzubereiten, die ihm den Magen aufwärmte. Dann lief ich zum »Präsidenten«, forderte einen richtigen Arzt und legte ihm mit harten Worten dar, dass er, wenn er den nicht besorge, den Tod dieses Menschen zu verantworten habe. Überraschenderweise zeigten meine Worte, trotz der unbarmherzigen Kriegszeit, Wirkung. Der Arzt ordinierte einen sofortigen Transport ins Krankenhaus, aber es war zu spät: Sigmund starb auf dem Transport. Friede deiner Asche, lieber Freund, wir werden uns wiedersehen, sofern es ein Wiedersehen gibt.

Leon Krawiec zog mit Familienanhang in die nahe gelegene Stadt Laisch. Ich blieb allein zurück. Einige Tage später machte ich mich zu Fuß auf den Weg in die Stadt. Andere Transportverbindungen gab es nicht. Ich kam mit geschwollenen Beinen an, denn die erst kürzlich überwundene Krankheit, der Hunger und der lange Marsch von annähernd 100 Kilometern hatten meinen Körper überfordert. Ich ging geradewegs ins Krankenhaus zum leitenden Arzt, einem Dr. Bielinsky aus Bobruisk, einem alten Herrn, der in seiner Laufbahn schon viel Leid und Not gesehen hatte und dadurch zum Zyniker geworden war. Er hatte zwar Mitleid mit mir, aber andererseits hielt er auch mich für einen hoffnungslosen Fall. Er sagte: »Melzer, in Kriegszeiten ist ein Krankenbett mehr wert als ein Menschenleben. Ob du nun in einem Bett verreckst oder auf der Straße, bleibt sich ziemlich gleich. Helfen kann ich dir jedenfalls nicht.«

Ein Menschenleben war in der Tat nichts mehr wert. Die Menschen starben wie die Fliegen. Viele waren freilich selbst schuld daran, da sie ihr Laster, das Rauchen, nicht aufgeben wollten oder konnten. Die russischen Zigaretten, die Machorkas, waren mehr aus Stroh als aus Tabak. Mir jedenfalls schmeckten sie nicht, obwohl ich in Berlin und später in Paris ein starker Raucher gewesen bin. Ich verzichtete darauf, meine Brotration gegen Machorkas zu tauschen. Im Gegenteil, wenn ich mal eine Machorka als Lohn bei irgendeiner Hilfsarbeit bekam, habe ich sie sofort in Brot umgetauscht und war immer wieder erstaunt, wie viele Menschen sich auf einen derartig unsinnigen Handel einließen.

Ich ließ mich aber nicht entmutigen: »Lieber Dr. Bielinsky, mein Vater starb in einem Bett, ebenso mein Großvater. Auch ich möchte in einem Bett sterben, bitte erfüllen Sie mir diesen letzten Wunsch.«

Er ließ sich erweichen und gab der diensthabenden Schwester Order, mir ein Bett herzurichten. Zunächst durfte ich ein Bad nehmen, dann wurde ich gewogen und meine Temperatur gemessen. Ich bekam also ein Bett, drei Mal täglich eine Mahlzeit, die zwar nicht opulent, aber dafür regelmäßig und warm war. Nach einigen Tagen ging das Geschwür an meinen Beinen zurück. Nach seinem üblichen Rundgang kam Dr. Bielinsky eines Tages an mein Bett und sagte: »Melzer, heute müssen Sie das Bett frei machen. Sie sind gesund, und wir brauchen das Bett für verwundete Frontsoldaten. Morgen kommt ein Transport.«

»Das mag so sein«, erwiderte ich, »aber ich fühle mich hier wohl, und freiwillig werde ich das Bett nicht verlassen«.

Ich wusste, dass er die Polizei nicht rufen würde, da er damit auch sich selbst gefährdet hätte. Ihm wäre vorgeworfen worden, Sabotage verübt zu haben.

»Aber Melzer«, rief Bielinsky entsetzt, »es ist Krieg. Wir brauchen das Bett dringend.«

»Es ist nicht mein Krieg«, wiederholte ich meine Weigerung.

Dr. Bielinsky rief die gesamte Leitung des Hauses zusammen. Ein Konsilium von drei Ärzten, einer Schwester und der Direktor des Hauses umringten mich und beschworen mich, das Bett frei zu machen. Ich bestand darauf zu bleiben. »Draußen«, sagte ich, »habe ich kein Essen und kein Bett. Wohin soll ich gehen in meinem Zustand?«

Die Herren und die Dame beratschlagten sich und machten mir einen Vorschlag. Sie seien bereit, mir meine tägliche Essensration zu gewähren, wenn ich zustimmen würde, das Bett zu räumen. Zum Verständnis des Ganzen muss ich hinzufügen, dass das gesamte Personal aus russischen und polnischen Juden bestand. Sie hatten also einerseits Mitleid und Verständnis für meine Lage, anderseits lebten sie in einer eigenen Zwangslage. Der Zahnarzt des Krankenhauses hieß Dr. Kalischmann. Er war der Schwager von David Oistrach. Seine Frau, bei der ich Brennholz für Küche und Wohnung zerkleinerte, erzählte mir von ihrem Bruder, aber ich hatte zur damaligen Zeit überhaupt noch nichts von diesem berühmten Geiger gehört. Erst nach 1945 wurde der Name Oistrach in aller Welt populär.

Sie redeten also alle auf mich ein, weil sie natürlich Angst hatten, den Vorfall der Polizei zu melden. Das hätte auch für sie böse Folgen haben können. Schließlich stimmte ich wohl oder übel ihrem Vorschlag zu und bekam tatsächlich täglich eine warme Suppe, eine Ration Brot und warmen Tee. Das rettete mir vermutlich das Leben. Ich kehrte auch nicht in die Kolchose zurück, sondern beschloss, in Laisch zu bleiben, zumal Leon dort schon ansässig war. Ich musste eine Arbeit annehmen, die mir von der Stadt zugewiesen wurde. Ich fegte die Straßen und hatte außerdem zwei öffentliche Bedürfnisanstalten – karge, militärisch wirkende Holzbuden – zu betreuen. Der Unrat, der täglich dort hinterlassen wurde, ist kaum zu beschreiben. Diese Arbeit wurde monatlich mit 80 Rubel honoriert, wofür man insgesamt – sage und schreibe – etwa ein Kilo Brot kaufen konnte.

Die polnische Exilregierung in Moskau hatte überall dort, wo sich größere Mengen polnischer Bürger zusammengefunden hatten, Komitees eingerichtet. Ein solches wurde auch in Laisch eingerichtet. Sein Leiter war ein polnischer Jude aus Tarnow, der zuvor in Berlin gewohnt hatte. Er hieß Sigmund Salz und sprach ein einwandfreies Polnisch. Unsere gemeinsame Herkunft aus Berlin brachte es mit sich, dass wir uns schnell anfreundeten. Er war um etwa zehn Jahre älter als ich, also Ende vierzig. Meine ganze Habe bestand zu diesem Zeitpunkt aus dem, was ich am Leib trug. Die Stadt hatte mir als einem »Magistratsarbeiter« einen Schuppen als Wohnung zugewiesen.

Unter den polnischen Juden, die Salz tagtäglich betreute, befand sich auch die Witwe des an meiner Seite verstorbenen Bernstein. Ich kannte sie persönlich nicht. Salz meinte einmal, es wäre doch ein Akt der Vernunft, wenn wir beide uns zusammentäten, was für uns die beste Lösung wäre. In meiner damaligen Lage war eine Eheschließung nicht gerade mein Herzenswunsch, aber weil ich von allen Seiten bedrängt wurde, willigte ich in eine Eheschließung ein.

Bald darauf heirateten wir. Salz überreichte als Geschenk eine Scheibe Brot und ein Stückchen Käse, ähnlich waren auch die wenigen anderen Geschenke, die von den Gästen der Hochzeit mitgebracht wurden. Ein frommer Jude aus Russland schrieb die »Ketubba«, den nach jüdischem Brauch obligatorischen Heiratskontrakt. Ringe hatten wir keine. Meine Frau hieß Mirjam. Sie war eine polnische Jüdin aus Kalisch in Oberschlesien, die, mit Mann und Tochter, in Richtung Osten geflohen war, nachdem die deutsche Wehrmacht Polen überfallen hatte. Ihre Eltern und sechs Geschwister blieben zurück und wurden in Auschwitz vergast und verbrannt. Nur die jüngste Schwester konnte sich noch rechtzeitig retten. Sie landete nach dem Krieg in den USA. Davon erfuhren wir allerdings erst, als wir schon in Israel waren.

Bruno Bettelheim schreibt in *Aufstand gegen die Masse* und auch in *Themen meines Lebens*, dass »die Juden« 1939 nur aus Polen nach Russland hätten fliehen müssen, um gerettet zu sein. Er mag das geschrieben haben, aber »nur« aus Polen nach Russland fliehen sagt sich so leicht. Die polnischen Juden haben mehr Angst vor den Russen gehabt als vor den Deutschen. Sie haben den Russen mehr Grausamkeit zugemutet als dem Volk der »Dichter und Denker«. Bei den polnischen Juden war die Erinnerung an die Pogrome des Kosaken Chmielnicki und an den antijüdischen Aufstand, der vom 19. bis 21. April in Kischinau, der damaligen Hauptstadt des Gouvernements Bessarabien im Russischen Reich, noch wach, und von den Deutschen hatten sie eine hohe Meinung, besonders nach den Erfahrungen des Ersten Weltkrieges, als sich die deutschen Soldaten »anständig« benahmen und weniger barbarisch als die Russen. Auch die deutsche Sprache war den Juden nicht fremd, und sie liebten gar die deutsche Kultur. Deshalb sind nur wenige nach Russland geflohen. Darunter übrigens auch meine Frau, ihre kleine Tochter und ihr Ehemann. Leider ist die Tochter auf der Flucht gestorben und der Ehemann in Samarkand an Typhus krepiert. Natürlich hätten sich viel mehr Juden retten können, wenn sie in die Sowjetunion geflohen wären, aber die gesamte Familie meiner Frau, und auch der Rest meiner Familie, der in Kuty geblieben war, hat es nicht getan und ist in Auschwitz umgekommen. Die Russen haben viele Polen und polnische Juden verhaftet und in die Arbeitslager nach Sibirien verschickt, und einige von ihnen haben sie auch liquidiert. Und dass auch Stalin Juden und Polen erschießen ließ, das ist heute weder ein Tabu noch ein Geheimnis mehr.

Meine Stellung bei der Stadt gab ich auf, um mit Leon Gelegenheitsarbeiten zu verrichten, für die wir mit Lebensmitteln entlohnt wurden, weil Geld so wertlos war wie Zeitungspapier. Wir zerkleinerten Holz, reparierten Lehmdächer und verrichteten andere Schwarzarbeiten. Die Usbeken waren großzügig. Uns ging der Ruf voraus, dass wir weltberühmte Baumeister seien.

Neben dem allmächtigen Parteisekretär, einem kleinen Stalin, gab es noch eine Wirtschaftssekretärin namens Rosa Psavkin, eine Jüdin aus dem europäischen Russland. Sie unterhielt sich einmal mit mir über Rosa Luxemburg und Karl Liebknecht: Meine Kenntnisse der tragischen Umstände ihres Todes machten mich gewissermaßen zu einem »Tatzeugen« des Ereignisses. Das beeindruckte sie stark, denn sie hielt große Stücke auf Rosa Luxemburg, die in der UdSSR verehrt wurde wie eine Ikone. Jemanden zu treffen, der sie gar lebend gesehen hatte, war ein außerordentlich emotionales Erlebnis, das mich in ihren Augen zu einem Helden machte.

Eines Tages fragte sie mich, ob ich eine Halle für die Partei bauen könne, in der man die Feier der Oktoberrevolution abhalten wollte. Ich antwortete, dies sei für mich kein Problem, zumal ich langjährige Erfahrung im Hausbau in Berlin hätte.

»Wie groß soll denn die Halle sein?«, fragte ich.

»Nun, es sollen darin schon 300 Genossen Platz haben und auch eine Bühne für kulturelle Veranstaltungen.«

»Versteht sich«, erwiderte ich.

»Was brauchen Sie dafür, Genosse Melzer?«, fragte sie mich.

»Erstens muss ich eine Brigade von mindestens zehn Mann zusammenstellen.« Das leuchtete ihr ein.

»Zweitens verlange ich als Lohn für mich und meine Mitarbeiter je ein Kilo Brot täglich, zusätzlich zur normalen Portion Fett und Zucker.« Sie schlug die Hände über dem Kopf zusammen.

»Ein Kilo Brot täglich, für jeden!«, schrie sie, »Woher soll ich das nehmen, wo doch kaum 500 Gramm zu schaffen sind?«

Ich antwortete: »Entweder ein Kilo Brot, oder es wird eben nicht gebaut. Schließlich müssen die Bauarbeiter genug zu essen haben, um eine solch schwere Arbeit zu verrichten.«

Diese Erklärung akzeptierte sie, aber sie konnte allein nicht darüber entscheiden und rief daher eine Sitzung des Parteivorstands ein.

»Gut«, sagte ich, »wenn Sie einen Beschluss gefasst haben, lassen Sie es mich wissen«.

Der Erste, den ich fragte, war Leon, der mir bei der Organisation des Unternehmens mit seiner legeren Art sehr nützlich war. Er nahm alles mit Humor und Zynismus. »Wir haben doch nichts zu verlieren. Zumindest bekommen wir bis Oktober regelmäßig Brot und Öl. Was danach wird, wer weiß das schon. Entweder ist der Krieg zu Ende, und wir sind nicht mehr hier, oder wir vertrösten sie auf den nächsten Oktober.«

Als Fotograf war Leon der Künstler von uns beiden. Er machte sich sofort daran, einen Plan für die Halle zu entwerfen. Wir dachten an 20 Sitzplätze in jeder der fünfzehn Reihen. Wir planten auch eine große Bühne, da ich wusste, dass die Wirtschaftssekretärin darauf besonderen Wert legte. Alles in allem sollte die Halle 30 Meter breit sein, 60 Meter lang und 4 Meter hoch. Die Zeichnung, die Leo angefertigt hatte, war präsentabel, und ich legte sie am nächsten Tag Frau Psavkin vor. Sie war sehr beeindruckt und versprach mir, sich für das Projekt einzusetzen.

Es dauerte länger als eine Woche, bis sie mich rufen ließ und freudestrahlend erklärte, dass meine Forderungen vom Vorstand bewilligt worden seien, allerdings nicht das tägliche Kilo Brot für jeden, sondern allenfalls 500 Gramm und dies nur unter der Bedingung, dass das Parteihaus bis zum Tag der Oktoberrevolution fertig sein müsse. Dann sollte es feierlich eingeweiht werden. Ob ich mich dazu verpflichten könne?

»Selbstverständlich« sagte ich. Mit den 500 Gramm war ich mehr als zufrieden.

Ich ging zurück zu Leon, der gespannt auf die Entscheidung war, und zusammen liefen wir auf den Basar, wo unsere Leidensgenossen herumlungerten und Abfälle auflasen, um ihren Hunger zu stillen. Sie bildeten einen Kreis um uns, und ich eröffnete ihnen die glänzenden Aussichten: 500 Gramm Brot täglich für den Bau einer Parteihalle. Sie schauten sich gegenseitig und mich mit großen Augen ungläubig an: »Wie willst du ein Haus bauen, wo doch keiner von uns davon eine Ahnung hat, wie man einen Stein auf den anderen setzt?« Sie waren Schneider, Buchhalter, Fabrikarbeiter, Thoragelehrte oder Schnorrer, aber keiner war Bauarbeiter.

»Liebe Freunde«, sagte ich auf Jiddisch, »wir haben die Wahl, entweder zu verhungern oder zu versuchen, mit unseren bescheidenen Kenntnissen vom Bauen unserer Lieben Frau vom Parteivorstand eine Halle zu bauen. Da müssen wir halt zaubern.« Und Leon fügte hinzu: »Unsere Vorfahren haben für Pharao die Pyramiden gebaut, da werden wir doch wohl für die Partei eine bescheidene Halle schaffen.«

Das Baumaterial bestand aus Lehm, den wir mit Stroh vermengten und dann mit den Füssen zurecht stampften. Den Boden befestigten wir mit starken Ästen kreuzweise in Abständen von je 25 Zentimetern und klatschten den Lehm in die offenen Löcher. Dieser anschließend von der Sonne getrocknete Fußboden trug dann das Holzgerüst. Unsere Liebe Frau Psavkin kam fast täglich, um den Baufortschritt zu begutachten, und jedes Mal äußerte sie ihre Sorge, ob der Bau auch zur Feier der Oktoberrevolution fertig sein würde. Wir beruhigten sie immer wieder und versprachen, unser Bestes zu geben. In der Zwischenzeit bekamen wir täglich unsere Essensrationen, mit denen wir unsere Familien ernähren konnten.

Der Tag der Feier rückte näher, aber das Haus war noch nicht fertig, und der Bau sah auch nicht danach aus, als ob wir es noch termingerecht schaffen würden. Frau Psavkin machte uns Vorwürfe, erinnerte an unser Versprechen und flehte mich an, doch bitte noch fertig zu werden. Ich antwortete ihr, wir wären in Westeuropa anderes Material gewohnt, diese Art zu bauen sei für uns neu und mache das Arbeiten schwierig. Leon meinte, schließlich wiederhole sich die

Feier zur Oktoberrevolution jedes Jahr und zur nächsten Jahresfeier würde das Haus mit absoluter Sicherheit fertiggestellt sein.

Da sie keine andere Wahl hatte, musste sie sich notgedrungen mit unserer Antwort zufriedengeben. Die vier Wände standen schon, nur das Dach fehlte noch. Wir hatten keine Ahnung, wie wir es nach den Regeln der Statik und der Baukunst auf die Wände setzen sollten. Wir probierten es halt auf gut Glück. Auf die bereits errichteten Wände legten wir starke Äste, die wir an einem dicken Stamm festnagelten, den wir als Stützpfeiler in der Mitte der zukünftigen Halle aufstellten. Alles schien gutzugehen, und wir sahen schon das fertige Haus und die fröhliche Einweihungsfeier vor uns. Als wir aber anfingen, die schweren Lehmbrocken auf das Dachgerippe zu legen, fiel der ganze Bau mit einem fürchterlichen Krach in sich zusammen. Das war auch das Ende des Parteihauses. Unsere liebe Frau Psavkin war entsetzt. Ich erklärte ihr, dass es nicht unsere Schuld sei, sondern die des schlechten Materials und der widrigen Bedingungen auf der Baustelle. Sie selbst schien es irgendwie zu verschmerzen, aber wie sie es dem Vorstand erklären wollte, war ihr nicht klar.

Trotz unseres Misserfolges beim Bau des Parteihauses nahm unser Renommee als Bautrupp keineswegs ab, sondern wuchs sogar noch. Wir wurden mit Aufträgen überhäuft, nicht gerade Häuser zu bauen, aber die Hausdächer der wohlhabenden Usbeken zu reparieren. Diese waren nämlich ebenfalls aus Lehm gegossen und mussten Jahr für Jahr vor der Regenzeit ausgebessert werden.

Der Direktor der Staatsbank war ein ukrainischer Jude und hieß Remer. Eines Tages erschien er an unserem Arbeitsplatz und fragte, ob wir bereit wären, das Dach der Bank zu reparieren.

»Gewiss«, sagten wir, »warum nicht?«

»Was würde es kosten?«, fragte er.

Ich antwortete ihm: »Der Arbeitslohn beträgt entweder in Naturalien täglich ein Kilo Brot für jeden der zwei Arbeiter« – mehr brauchte es für diesen Auftrag nämlich nicht – »oder 100 Rubel bar auf die Hand.«

Er bekam einen Wutanfall, und sein Gesicht verzerrte sich zu einer zornigen Grimasse. Was uns einfiele, eine Summe für nur einen

Tag zu fordern, für die er als Bankdirektor zwei Wochen arbeiten müsse.

»Dann tut es mir leid. Wenn wir schwer arbeiten sollen, müssen wir auch essen.«

»Bekommt ihr keine Brotrationen?« fragte er.

»Ja«, sagte ich, »einmal in der Woche 300 Gramm. Das ist Ihnen doch sicher bekannt. Das reicht nicht mal, um nach zehn Tagen nicht zu verhungern.« Er machte ein nachdenkliches Gesicht und erbat etwas Bedenkzeit, denn so viel Brot könne er uns beim besten Willen nicht geben und die 100 Rubel täglich pro Person, bei zwei Arbeitern, seien eine Summe, die er allein nicht verantworten könne.

»Gut«, sagte ich, »Wenn Sie zu einem Entschluss gekommen sind, sagen sie uns schnellstmöglich Bescheid, denn wir haben noch andere Anfragen.« Wir erwähnten bei dieser Gelegenheit, dass wir wie er Juden seien.

»Ich bin kein Jude«, schrie er zornig, »ich bin Ukrainer!«

»Macht nichts«, antwortete Leon, »für Ukrainer arbeiten wir auch lieber.« Auch bei dieser Antwort verzog er sein Gesicht nicht, und ich war mir nicht sicher, ob er die Ironie dieses Mal nicht doch wahrgenommen hatte.

Nach einer Woche endlich kam unser Direktor, gab uns den Auftrag, das Dach der Bank zu reparieren, nachdem er uns auf 50 Rubel täglich heruntergehandelt hatte. Er fragte, ob wir ihm garantieren könnten, dass der Regen nicht durchsickert.

»Ich kann Ihnen garantieren«, antwortete Leon mit einem ernsten Gesicht, »dass wenn es nicht regnet, auch nichts durchsickert, aber bei Regen kann das nur der liebe Gott garantieren.« An den glaube er aber nicht, beeilte sich der Direktor zu antworten, und da er den Rest meiner Aussage ignorierte, schloss ich, dass er sie nicht verstanden hatte. Den Auftrag bekamen wir und auch den vereinbarten Lohn.

So verging Woche um Woche, aber ein Ende unserer Leiden war nicht in Sicht. Eines Tages wurde eine Rekrutierungsstelle für polnische Bürger eröffnet und diese aufgefordert, sich freiwillig zu melden, um gegen den faschistischen deutschen Aggressor zu kämpfen. Ohne Wissen meiner erst jüngst mit mir verehelichten Gattin ging ich in das Aufnahmelager und meldete mich. Die Aussicht, regelmäßig warme Mahlzeiten zu bekommen, war zu verlockend.

Ich wurde gemustert, angenommen, registriert und in einen Hof gewiesen, wo schon mehrere Freiwillige auf den Abtransport warteten. Als meine Frau von meiner Dummheit erfuhr, kam sie lamentierend und weinend angelaufen und zerrte mich mit Gewalt aus dem Militärlager, obwohl ich bereits als Soldat registriert war. Sie meinte, und ich konnte mich dieser Logik nicht entziehen, dass es nicht unser Krieg sei und dass die Polen nicht so gut zu uns Juden gewesen wären, dass wir jetzt unser Leben für sie opfern müssten. Ich ging mit ihr, weil dies schließlich meine eigenen Worte gewesen waren und ich wegen dieser Logik die Armee erst einige Monate zuvor schon einmal verlassen hatte. Damals wurde ich als »untauglich« abgemustert. Diesmal allerdings war es Desertion, und darauf stand die Todesstrafe.

Es blieb uns daraufhin nichts anderes übrig, als Laisch zu verlassen und in die etwa 100 Kilometer entfernte Stadt Samarkand zu fliehen. Dort lebte ich eine Zeitlang unter dem Namen ihres verstorbenen Mannes – Bernstein –, bis Gras über die Sache gewachsen war.

Im Nachhinein frage ich mich, ob meine Frau mir das Leben gerettet hat oder ob es ein Fehler war, auf sie zu hören. Es war die gleiche polnische Armee von General Anders, die auch in Laisch zusammengestellt wurde und in der ich diesmal nicht diente, weil meine Frau nicht wollte, dass ich an der Ostfront im Krieg zwischen Deutschland und Russland sterben könnte. Die Armee zog aber in den Süden und passierte Palästina auf dem Umweg an die Westfront in Italien, wo fast alle den Tod in Monte Casino fanden.

Ich blieb in Samarkand, rannte weiter jedem Hund hinterher, der etwas Nahrung in der Schnauze hielt, nahm jede noch so entwürdigende Arbeit an und kämpfte fast verzweifelt, aber doch hoffnungsvoll ums Überleben. Meine Frau fand eine Arbeit als Näherin bei einem polnischen Schneider, während ich als Färber von Garn für die vielen von polnischen Juden betriebenen Handwebereien arbeitete. Wir fanden eine Unterkunft bei einer verwitweten Usbekin in der Altstadt von Samarkand. Es war nichts als ein Stall, eine Art Koben für Ziegen. Wir hausten dort wie Joseph und Maria im Stall von Bethlehem. Weil die Miete für uns allein nicht erschwinglich war, nahmen wir einen jungen Mann als Untermieter auf, der nachts neben unserem Bettgestell auf dem Boden kampierte.

Am 5. Februar 1945 brachte meine Frau unser erstes Kind, einen Knaben zur Welt, den wir nach meinem Großvater Abraham nannten. Wir litten Hunger, aber meine Frau hatte genug Milch, um das Kind zu stillen. Ich ließ mir eine Goldkrone, die ich mir in Paris hatte einsetzen lassen, herausnehmen, um sie gegen Lebensmittel einzutauschen. Meine Frau arbeitete für einen Hungerlohn, aber so wenig es auch war, es half uns, den Hunger zu ertragen. Zumeist war ich es, der auf unseren Sohn aufpassen musste. Ich trug ihn täglich auf dem Arm und ging mit ihm in den nahe gelegenen kleinen Park spazieren. Er war ein ausgesprochen hübsches Kind. Die Usbeken nannten ihn Ibrahim und hätschelten ihn, manche gaben ihm Rosinen zu lutschen, andere schenkten ihm süße Datteln.

Samarkand war eine große Stadt mit schönen, alten Moscheen und Prachtbauten, die wir nach dem eisigen Winter jetzt im Frühling erst besichtigen konnten. Ich fing an, die Stadt zu mögen, auch wenn ich immer hungrig herumlief und mein Sohn immer schwerer wurde. Die usbekischen Nachbarn schenkten uns glücklicherweise einen Kinderwagen.

Samarkand war früher die Residenzstadt von Dschingis Khan. Auf dem Basar gab es alles zu kaufen, sofern man das Geld dafür hatte. Es galten die horrenden Schwarzmarktpreise für Brot, Fleisch, Fett und Gemüse. Kleider und Wäsche konnte man gebraucht billiger erwerben. Bei den Letzteren musste man darauf gefasst sein, dass Ungeziefer im Preis inbegriffen war. Wir hatten kein Geld, um Schlemmereien wie Fleisch oder Butter zu erstehen. Das Einzige, was wir uns leisten konnten, war ein Brot für uns und für den Säugling ein wenig Zucker, den wir ihm in ein Tuch gewickelt zu lutschen gaben.

Einmal sah ich auf der Straße einen Hund mit einem großen Stück Brot in der Schnauze. Er war eine undefinierbare Promenadenmischung, nicht ganz so groß wie ein Schäferhund und anscheinend auf der Suche nach einem Platze, wo er das Brot in Ruhe verzehren konnte. Ich lief ihm nach, und es gelang mir tatsächlich, ihn zu fassen und ihm den Laib zu entreißen. Ein Stück blieb allerdings in seiner Schnauze. Er gab sich damit zufrieden, so wie auch ich glücklich war mit dem Laib Brot, das ich ergattert hatte. Ich lief, so schnell ich konnte, nach Hause und reichte es meiner Frau, die es säuberte und ein Stück davon unserem Säugling gab. Den Rest genossen wir.

Zu Beginn des Jahres 1945 kamen viele russische und polnische Juden von der Front nach Samarkand, die über Massenerschießungen von Männern und Frauen, Alten und Jungen berichteten. Sie erzählten auch von Gaskammern und Öfen, in denen Juden vergast und verbrannt worden seien. Ich konnte und wollte es nicht glauben, stritt mit den Leuten und behauptete, die Deutschen wären zu solchen Gräueltaten gar nicht in der Lage. Was die Konzentrationslager betreffe, so wusste ich, dass solche bereits vor dem Krieg existierten, aber dass man darin Juden vergast oder verbrannt haben sollte, das konnte ich nicht glauben. Es kam so weit, dass man mich für meine Verteidigung der Deutschen sogar lynchen wollte. Aber meine Ansicht resultierte auf meiner langjährigen Kenntnis des Landes und der Menschen und auf meinem naiven Glauben, dass die Deutschen zu solchen Taten nicht fähig wären. Ich sollte mich sträflich geirrt haben. Am 8. Mai kapitulierte das Deutsche Reich. Hitler und seine nächsten Mittäter begingen Selbstmord. Soweit andere noch am Leben waren, nahm man sie in Haft und machte ihnen den Prozess.

Die Polen wurden schon Ende Mai wieder in die polnische Heimat abgeschoben. Bis wir an die Reihe kamen, war bereits der Mai des Jahres 1946 angebrochen. Der Riss zwischen Ost und West vertiefte sich nach dem Ende des Krieges. Am 5. März 1946 formulierte es Winston Churchill gelegentlich seiner Rede in Missouri im Beisein von Truman unmissverständlich: »Von Stettin an der Ostsee bis Triest an der Adria hat sich ein Eiserner Vorhang auf Europa herabgesenkt.« Diese Rede gilt als Beginn des Kalten Krieges. Niemand kam in die Sowjetunion rein, und vor allem kam niemand mehr raus. Wieder saß ich in der Falle. Diesmal aber mit Frau und Kind. Trotzdem begannen wir, uns auf den Abtransport vorzubereiten. In Russland herrschte zu der Zeit Chaos und Anarchie, und die Behörden in Moskau wussten mitnichten, was jenseits des Urals vor sich ging.

Man sagte uns, dass diejenigen, die vor uns mit der Bahn nach Polen abtransportiert worden waren, von nationalistischen Horden überfallen und ausgeraubt worden seien. Wieder lud man uns in einen Viehwaggon und schickte uns auf die Reise. Unterwegs passierten wir einen Ort, wo sich ganze Berge von Salz auftürmten. Der Zug hielt, und ich sah, wie Leute ausstiegen und das Salz in Säcken in die Waggons schleppten. Ich schaute dem Spiel neugierig zu und fragte einen der Raffer, wozu er das Salz denn benötige, das könne man doch nicht alles essen.

Er antwortete: »Einige Kilometer weiter gibt es kein Salz, dort kannst du es gegen Lebensmittel eintauschen.«

Das leuchtete mir ein, denn inzwischen waren mir die sowjetischen Verhältnisse vertraut. Ich besorgte mir also auch einen kleinen Sack und füllte ihn bis zum Anschlag. Als wir etwa 100 Kilometer weitergefahren waren und wieder anhielten, standen schon die Leute mit allerlei Tauschwaren am Gleis und fragten nach Salz. Anscheinend beteiligte sich der Zugführer an diesem Geschäft, denn wo immer es etwas zu tauschen oder zu verkaufen gab, machte der Zug lange genug halt, so dass jeder seine Geschäfte abwickeln konnte.

Endlich erreichten wir die polnische Grenze bei Lublin. Unter den »heimgekehrten« polnischen Juden ging die Rede, dass in der Nähe das berüchtigte Lager Majdanek läge und man es besichtigen dürfe. Ich meldete mich dazu an. Der Augenschein würde mich schon von der Falschheit der üblen Gerüchte überzeugen. Ich kam ins Lager und wurde erschüttert von dem, was ich dort zu sehen bekam: ganze Berge von Kinderschuhen, Brillen, Gebissprothesen, Frauenhaaren. Der sengende Geruch von verbranntem Fleisch lag im Jahr 1946 noch immer in der Luft. Was sich mir darbot, konnte keine Lüge sein, keine Phantasie, sondern war grauenhafte Realität. Die Deutschen waren zu Barbaren geworden. Aus dem Volk der Dichter und Denker war ein Volk von Richtern und Henkern geworden.

Als ich das alles sah, wurde mir klar, was für ein Glück ich gehabt hatte, dass ich in einem Arbeitslager in der Sowjetunion gelandet war. Im Vergleich zu Majdanek – sowie Auschwitz und Bergen-Belsen, von denen ich damals allerdings noch nichts wusste – erschien mir das Lager in der russischen Taiga noch erträglich. Auch dort starben die Menschen wie die Fliegen, aber zumindest wurden sie nicht industriell vergast und danach verbrannt. In Auschwitz war das Leben eines Häftlings nicht den Preis einer Gewehrkugel wert, also wurden sie mit Zyankali getötet. In Russland hatten wir immerhin noch eine Chance, und ich habe diese Chance genutzt. Ein sonderlicher Trost war dies allerdings auch nicht.

Wir verließen den grauenerregenden Ort. Der Zug schleppte sich der Endstation entgegen. Unseren Seelen war eine Wunde zugefügt worden, die nicht so schnell verheilen sollte. Die Zeit kann die Pein der Erinnerung langsam lindern, aber vergessen werden können diese Untaten nie. Wenn ich bis zu dem Zeitpunkt noch mit dem Gedanken gespielt hatte, nach Deutschland zurückzukehren, so gab ich diese Gedanken jetzt restlos auf. Wenn ich noch im Innersten gedacht hatte, dass ich sowohl Deutscher als auch Jude sei, so war mir jetzt klar, dass ich kein Deutscher mehr sein konnte und es auch nicht sein wollte. Wie sollte ich loyal gegenüber einem Volk sein, das mich nicht haben, das mich töten wollte? Ich wusste nicht, wohin, aber nach Deutschland zurückkehren kam nicht mehr in Frage. Es blieb nur Palästina, wo ich den kläglichen Rest meine Familie wusste. So machte Hitler aus mir einen Zionisten mehr nolens als volens.

Der Zug kam in Waldenburg zum Stehen. Es hatte bis 1945 zum Deutschen Reich gehört, jetzt aber hieß es Wałbrzych und war polnisch. Man brachte einen Teil von uns, zu dem auch wir gehörten, nach Breslau, jetzt Wrocław. Dort bekamen wir eine Wohnung zugewiesen, die zuvor von Deutschen bewohnt worden war. Die Stadt war fast nur noch Schutt und Asche, und von der ehemals deutschen Bevölkerung war kaum noch jemand geblieben. Sie waren vor den Russen geflohen. Deutsch sprechen war gefährlich, denn es wohnten jetzt Polen dort, die ihrerseits im Osten Polens von den Russen vertrieben worden waren.

Wir hatten nicht die Absicht, lange in Polen zu bleiben, denn wir wollten so schnell wie möglich nach Palästina, wo ja schon Mutter und Geschwister lebten. Die Mandatsmacht England und ihr Außenminister Bevin hatten allerdings die Grenzen Palästinas vor den noch in Europa verbliebenen Juden geschlossen. Die Zionistische Weltorganisation und die Kibbuz-Bewegung organisierten illegale Transporte, die auf zum Teil abenteuerlichen Wegen nach Palästina gelangten. Die erste Hürde bei diesem illegalen Transport war die Grenze zwischen Polen und dem Westen, denn inzwischen hatte sich die geopolitische Lage zu unserem Nachteil verändert.

In Breslau gab es ein Büro der Zionistischen Organisation für diejenigen, die dennoch bereit waren, nach Palästina auszuwandern. Ich ging mit Leon, der kurze Zeit nach mir in Breslau eintraf, in das Büro, um mich registrieren zu lassen. Der Mann im Büro war kein Beamter, so schien es mir, sondern ein freiwilliger Helfer. Er fragte nach meinem Namen. Als ich ihn nannte, horchte er auf: »Melzer? Sind Sie nicht ein Verwandter von Berl Locker?«

»Ja«, antwortete ich, »aber was hat das mit meiner Registrierung zu tun?«

»Was, Sie wissen es nicht? Berl Locker ist jetzt der Präsident der Zionistischen Organisation.«

»Masel tov«, sagte ich, »und was hilft mir das?«

»Es wird Ihnen sehr viel helfen. Sie werden ein offizielles Zertifikat bekommen, während die anderen illegal einwandern müssen.«

Es funktionierte aber leider nicht. England hatte bereits beschlossen, das Mandat für Palästina zurückzugeben, und erteilte keine offiziellen Zertifikate mehr. Man konnte Palästina also nur noch illegal erreichen, und das war nur wenigen möglich. Deshalb wurden die jüdischen Überlebenden und Flüchtlinge vorerst in Lagern für »Displaced Persons«, für Vertriebene, untergebracht, wo sie bis zum Abzug der britischen Soldaten aus Palästina warten mussten.

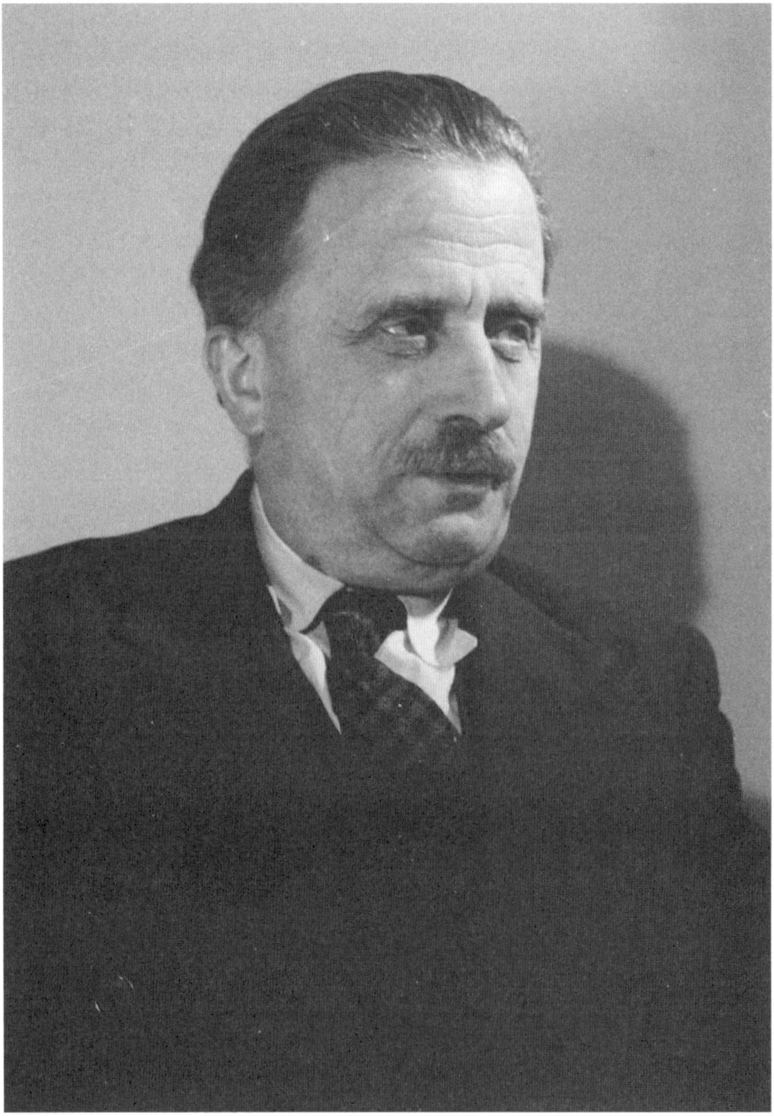

*Berl Locker*

# VII 1946–1948

## DP-Lager Admont

Von Breslau aus wurden wir nach Österreich geschleust und dort im Vertriebenenlager Admont in der Nähe von Graz in der Steiermark untergebracht. Die Stadt Admont liegt eingebettet in eine wunderschöne Alpenlandschaft, deren Berge sich über die Grenze bis nach Italien hinziehen. Den illegalen Transport organisierte die jüdische Organisation »ha-Babricha«, die geschulte und mutige Leute nach Osteuropa schickte, um Juden, die in den Wirren des Krieges dort stecken geblieben waren und später – nach der Errichtung des »Eisernen Vorhangs« durch die Sowjetunion – nicht mehr nach Westeuropa zurückkehren konnten, über die Grenze zu schmuggeln. Mit dieser Hilfsaktion rettete ha-Babricha viele Leben. Insgesamt waren es mehr als 300 000 Juden, denen sie die Flucht aus der Sowjetunion ermöglichte. Der Chef der Organisation war ein gewisser Asher Ben Nathan. Er wurde der erste israelische Botschafter in Deutschland, nachdem die beiden Staaten 1965 diplomatische Beziehungen miteinander aufgenommen hatten.

Die DP-Lager waren auch kein Paradies, aber im Vergleich zu den Orten, aus denen wir alle kamen, schien es uns fast eines zu sein. Vor allem waren wir frei, hatten genug zu essen und mussten keine Fronarbeit verrichten in Naphtafeldern, beim Holzfällen oder im Steinbruch. Wir wurden umsorgt, nicht mehr geschlagen und nicht mehr ausgebeutet.

Ich erlaube mir hier, da ich davon ausgehe, dass die meisten Leser dieses Buches nicht wissen werden, was ein DP-Lager ist beziehungsweise war, aus einem Buch von Yad Vashem Folgendes zu zitieren:

»Der Lebenswille der dem Holocaust entronnenen Juden war unglaublich. In der zweiten Hälfte der vierziger Jahre bildeten die Überlebenden der Konzentrationslager, die von den Alliierten auf deutschem Boden befreit worden waren, den Kern der unter der Besatzungsherrschaft der Westmächte errichteten »Displaced-Persons-Lager«. Hinzu stießen innerhalb weniger Monate Zehntausende, die bei Ende des Krieges in Polen verblieben waren, sowie diejenigen, die aufgrund der Repatriierungsabkommen aus der Sowjetunion nach Polen zurückgekehrt waren und sich entschlossen hatten, ihren Weg Richtung Westen fortzusetzen, nachdem ihnen das Ausmaß der Vernichtung des polnischen Judentums bewusst geworden war und sie mit antisemitischen Übergriffen konfrontiert wurden, die mit dem Pogrom von Kielce im Juli 1946 ihren Höhepunkt erreichten. Zu letzteren gehörte auch ich mit meiner kleinen Familie.

1947 fanden weitere Flüchtlinge aus der Tschechoslowakei, Ungarn und Rumänien Unterschlupf in den DP-Lagern. Die Zahl der Displaced Persons in den westlichen Besatzungszonen Deutschlands betrug Anfang 1946 etwa 70 000 und stieg gegen Ende des Jahres, nach der großen Flucht aus Polen, auf etwa 180 000 Personen an. In weiteren DP-Lagern in Österreich und Italien lebten etwa 50 000 Vertriebene. Die Gesamtzahl aller jüdischen Displaced Persons erreichte ihren Höchststand von etwa einer Viertelmillion – davon etwa 190 000 allein in Westdeutschland – im Laufe des Jahres 1947. Wegen der Gründung des Staates Israel und einer Änderung der Einwanderungsgesetze der USA fiel sie dann im Jahr 1948 erheblich. Alle DP-Lager wurden bis 1950 geschlossen, bis auf ein letztes – Föhrenwald –, das noch bis 1956 in Betrieb blieb. Der Großteil der Displaced Persons wanderte nach Erez Israel beziehungsweise in den neuen Staat Israel aus, etwa ein Drittel ging in die Vereinigten Staaten, und weitere Zehntausende ließen sich überall in Europa nieder. Andere schlossen sich den jüdischen Gemeinden an, die in Deutschland neu aufgebaut wurden.

In den ersten Monaten nach der Befreiung machten die Juden nur einen Teil der vielen Flüchtlinge aus und mussten manchmal sogar hinter Stacheldrahtzäunen leben, Seite an Seite mit denen, die zuvor ihre Wächter und Peiniger gewesen waren. Als Wendepunkt für das Schicksal der Flüchtlinge, die in der amerikanischen Besatzungszone in Süddeutschland lebten, erwiesen sich die Empfehlungen Earl G. Harrisons, US-Präsident Trumans Beauftragter für die Lager. Infolge dieser Empfehlungen wurden die jüdischen Displaced Persons wegen ihrer entsetzlichen Erfahrungen als Gruppe mit besonderen Bedürfnissen anerkannt. Sie wurden in eigene Lager verlegt und erreichten eine Verbesserung ihrer Lebensbedingungen sowie ein hohes Maß an Autonomie. Die Verbesserung bestand unter anderem darin, dass die Amerikaner jüdischen Hilfsorganisationen aus den Vereinigten Staaten – allen voran dem Joint (»Joint Distribution Committee«) – sowie Gesandten aus Erez Israel ermöglichten, in den Lagern tätig zu werden. Dies führte zu einer beträchtlichen Zunahme der Displaced Persons in der amerikanischen Besatzungszone, wohin die überwiegende Mehrheit der jüdischen Flüchtlinge aus dem Osten seit 1946 geströmt war. In der britischen Besatzungszone, wo die Displaced Persons hauptsächlich auf das Lager Bergen-Belsen konzentriert waren, herrschten weit weniger erträgliche Verhältnisse.

Das Leben in den Lagern im besetzten Deutschland war in den Augen der überwiegenden Mehrheit der jüdischen Displaced Persons eine Übergangslösung – das Lager war eine Art »Wartesaal«, in dem sie lebten, bis sich ihnen die Gelegenheit bieten würde, Deutschland, und in den meisten Fällen auch Europa, zu verlassen. Ihr Leben entwickelte sich unter den Lagerbedingungen nahezu zwangsläufig zu einem jüdischen Mikrokosmos, dessen provisorische Lebenswelt zusätzlich zur posttraumatischen Befindlichkeit der Überlebenden und Flüchtlinge. Es entwickelten sich auch problematische Erscheinungen wie der Schwarzmarkt, die Reibungen mit dem Umfeld und den Besatzungsbehörden mit sich brachte.

In den DP-Lagern entstand eine autonome jüdische Verwaltung, in der verschiedene Parteien aktiv waren – säkulare und religiöse, zionistische und sozialistische. Das Trauma des Holocaust und der Einfluss der zionistischen Aktivisten aus Palästina führten dazu, dass das politische Leben in den DP-Lagern weitgehend vom Zionismus geprägt wurde. In Bayern war sogar ein Zentralkomitee aktiv, das demokratisch gewählt wurde. Es sah seine Aufgabe darin, die Gesamtheit der Displaced Persons in der amerikanischen Besatzungszone zu vertreten.

Der ungebrochene Lebenswille vieler Displaced Persons, allen voran der jungen, zeigte sich in allen Lebensbereichen. So gab es im Lager eine sehr hohe Eheschließungs- und Geburtenrate – ein Phänomen, das in deutlichem Gegensatz zur umgebenden deutschen Bevölkerung stand, die damals abnahm. Vielfältige und reichhaltige pädagogische und kulturelle Aktivitäten fanden statt, vor allem auf Jiddisch. Es wurden Sportveranstaltungen abgehalten. Es erschien ein breites Angebot an Zeitungen und Zeitschriften in jiddischer Sprache. Das starke politische Bewusstsein vieler Lagerinsassen und ihr Bestreben, Deutschland zu verlassen, bevorzugt in Richtung Palästina, kam in der Tätigkeit der »Hachschara« zum Ausdruck, die ihre Mitglieder auf die Einwanderung in Erez Israel vorbereitete.

In den ersten Monaten nach Kriegsende gab es in den Lagern fast keine Kinder. Die meisten hatten ihre gesamte Familie verloren, und mit dem Gefühl des Verlusts und der Einsamkeit entstand der Wunsch, eine eigene Familie zu gründen. So kam es nach der Befreiung zu einem regelrechten Heiratsboom. In einigen Lagern fanden sogar Gruppenhochzeiten statt, und nicht selten kamen die frisch Vermählten aus verschiedenen Ländern. Die Geburtenrate in den Jahren 1946 bis 1948 war eine der weltweit höchsten. Die medizinische Betreuung der Neugeborenen und der jungen Mütter stellte eine der wichtigsten Aufgaben dar und wurde in Zusammenarbeit mit den Hilfsorganisationen durchgeführt.

Die Erzieher in den DP-Lagern sahen sich mit schweren Problemen konfrontiert, zu denen der Analphabetismus unter den Schülern, Konzentrationsschwäche und der Mangel einer einheitlichen Unterrichtssprache gehörten. Zusätzlich mussten sie sich darum kümmern, das Vertrauen in die Erwachsenenwelt, das die Kinder und Jugendlichen während des Krieges verloren hatten, wiederaufzubauen. Nicht

*Das DP-Lager Admont in der Steiermark*

nur das Vertrauen war ihnen während der Kriegsjahre verloren gegangen, sondern oft genug hatten sie ihre gesamte Kindheit verpasst. Sie hatten eigentlich nie die Möglichkeit gehabt, etwas zu lernen, oder sie hatten ihre Fertigkeiten nahezu eingebüßt. Hinzu kam in den Lagern der Mangel an Schulbüchern, Heften und anderen Hilfsmitteln. Anfänglich gab es kaum ausgebildete Lehrkräfte; allerdings wurden bald Lehrer aus Erez Israel, den Vereinigten Staaten und England geschickt. Neben den Standardfächern wie Lesen, Schreiben und Mathematik wurden auch Hebräisch, jüdische Geschichte und die Geografie von Erez Israel in den Lehrplan aufgenommen. Die orthodoxe Gemeinde sorgte für die Gründung von Jeschiwas, den Talmudschulen. Neben der schulischen Erziehung der Kinder wurde auch die berufliche Ausbildung der Jugendlichen organisiert. Sie umfasste Näh- und Schneiderkurse und landwirtschaftliche Tätigkeiten.

Es etablierte sich schnell ein reges kulturelles Leben in den Lagern, das für viele eine Art spiritueller Rehabilitation mit sich brachte, die in der Gründung von Orchestern und Theatergruppen ihren Ausdruck fand. Viele sahen in der Tatsache, dass das Wiederaufleben der jüdischen Kultur ausgerechnet auf deutschem Boden geschah, einen Ausdruck ausgleichender Gerechtigkeit. Auf den Bühnen wurden klassische jiddische Werke präsentiert, die Erfahrungen der Ghetto- und der Konzentrationslagerzeit verarbeitet und dem Traum von Erez Israel Ausdruck gaben. Besonders wichtig war für die Überlebenden die Herausgabe jüdischer Zeitungen, in erster Linie in jiddischer Sprache. Nachdem die meisten Lagerinsassen während des Krieges fast völlig von jeder Information abgeschnitten gewesen waren und die Meinungsfreiheit unterbunden war, begann schon kurz nach der Befreiung eine rege Schreibaktivität. Dies war umso beeindruckender, als Papier streng rationiert war und es kaum Schreibmaschinen gab. Fast jedes Lager hatte seine eigene Zeitung, in der neben Erfahrungsberichten der Überlebenden und Suchanzeigen Sport-, Heirats- und Geburtsanzeigen, auch Artikel über politische Analysen sowie Nachrichten aus aller Welt, insbesondere auch aus Erez Israel veröffentlicht wurden.

Die Wiedergeburt des orthodoxen Judentums fand ihren Ausdruck unter anderem in der Errichtung von Religionsschulen etwa in Bergen-Belsen und Föhrenwald. Die jüdischen Feiertage boten nicht nur Anlass zu Zusammenkünften und Festlichkeiten, sondern stellten in erster Linie die Wiederbelebung der religiösen Traditionen nach dem Holocaust dar.

Nach der Befreiung stellte sich bei vielen Überlebenden das Verlangen ein, ihre Erlebnisse nicht in Vergessenheit geraten zu lassen. Dies bezog sich einerseits auf die Schrecken der Shoah, die zum Teil niedergeschrieben und in den Zeitungen der DP-Lager veröffentlicht wurden. Zum anderen wollte man den zerstörten Gemeinden ein Denkmal in Form von »Jiskor« – (Gedenk-)Büchern setzen. Gleichzeitig sollte der Ermordeten gedacht werden durch die Errichtung von Grabsteinen an Massengräbern und Gedenksteinen für diejenigen Opfer, die nicht einmal Gräber hatten. Der Umgang der Überlebenden mit dem Gedenken an den Holocaust schwankte zwischen den entsprechenden traditionellen jüdischen Riten und der Herausbildung neuer Formen des Andenkens.

In den Lagern wurden auch Sportvereine gegründet und Wettkämpfe organisiert. Die Sportveranstaltungen waren für die Überlebenden deshalb von großer Bedeutung, weil sie zum einen ihre Selbständigkeit und Willenskraft betonten und zum anderen schlicht die Rückkehr zur Normalität bedeuteten. Jede DP-Zeitung enthielt einen Sportteil. An den Litfaßsäulen waren ständig Ankündigungen und Einladungen zu Sportereignissen und -aktivitäten zu finden.

Den meisten Insassen war ihre jüdische Identität nach dem Holocaust ein existentielles Problem. Sie verstanden, dass sie nicht länger als unerwünschte Minderheit existieren konnten. Für dieses Problem sahen die meisten nur eine Lösung – den Zionismus. Dessen Dominanz gegenüber anderen politischen Richtungen, die vor dem Krieg verbreitet waren – etwa dem Sozialismus –, lässt sich auch dadurch erklären, dass die Zionisten als einzige ein Programm hatten, das nach der Katastrophe der Shoa sinnvoll erschien; zudem waren die Zionisten bestens organisiert und höchst aktiv. Auf der ersten zionistischen Konferenz der DP-Lager nach dem Krieg in Bayern wurde gefordert, die Diaspora in Europa endgültig aufzulösen und die Einwanderung nach Erez Israel voranzutreiben. Zusätzlich sprach man sich radikal gegen die Immigrationseinschränkungen der Briten in Palästina aus.

Das Lager Admont beherbergte bis zu seiner Schließung 1949 Tausende Flüchtlinge, die eher zufällig in der Steiermark gestrandet waren. Im August 1946 wurden wir mit weiteren 1 500 Jüdinnen und Juden aus einem Transport aus Breslau über Linz in die Steiermark überstellt, was allerdings nicht ohne Probleme verlief. Im Bahnhof Selzthal verließen mehrere hundert DPs den Zug und weigerten sich weiterzufahren, als sie plötzlich begriffen, dass wir keineswegs wie zugesagt nach München fahren sollten. Schließlich wurde die Fahrt doch fortgesetzt, und wir kamen nach vielen Strapazen todmüde und halb verhungert in Admont an. Dort amüsierten sich die Lagerbewohner darüber, wie wir hatten glauben können, dass die Reise direkt und ohne Unterbrechung über Italien nach Palästina führen würde.

Das Lager erschien uns nach den Erlebnissen in Russland wie ein Sanatorium. Wir erhielten vom Joint reichlich Lebensmittelpakete und Kleidung, denn die meisten von uns trugen wenig mehr als ein Lumpen am Leib. Ich konnte endlich meine sowjetischen Fetzen ab- und wieder normale zivile Kleidung anlegen.

Im Lager Admont gebar meine Frau Mirjam unseren zweiten Sohn, den wir Zwi-Simon nannten. An frischen Lebensmitteln herrschte akuter Mangel, und deshalb hatte man schon vor unserer Ankunft damit begonnen, Gemüsegärten anzulegen. Hier kam mir meine Erfahrung als Lehrling in Lüneburg zu Hilfe. Ich bestellte einen kleinen Garten und konnte so Kohlrabi, Kartoffeln, Kohl und Zwiebeln ernten. Insgesamt stellte das Lager über fünf Hektar Land zur Verfügung, und bald schon konnten wir auch noch Spinat und grünen Salat sprießen sehen.

Wie in vielen größeren DP-Lagern wurde auch in Admont mit großem Enthusiasmus und Eifer am Aufbau einer eigenen Lagerzeitung gearbeitet. Wieder konnte ich auf meine Erfahrungen aus der Zeit in Berlin zurückgreifen, wo ich meine eigene Zeitschrift herausgegeben hatte. Ich wurde zunächst Mitarbeiter und später Chefredakteur der Lagerzeitung *Admonter Hajnt*, und darüber hinaus wählte man mich zum Mitglied der Lagerleitung.

Das Leben im Lager war im Vergleich zu der Eintönigkeit, welche die meisten von uns in den zurückliegenden Jahren in den jeweiligen Arbeits- und Konzentrationslagern ertragen mussten, höchst betriebsam und aufregend. Wir hatten eine Schule und einen Kindergarten, einen Schachclub und einen Fußballplatz, auf dem sich vor allem die Jugendlichen tummelten. Die Erwachsenen hatten andere Sorgen, als Fußball zu spielen. Es gab einen enorm großen Waschsalon, wo die Frauen unsere Wäsche wuschen, sowie eine große Baracke für die Lebensmittelausgabe. In den Wohnunterkünften gab es überall auch kleine Küchen für mehrere Familien. Wir bekamen vom Joint auch etwas Bargeld, was uns gelegentliche Fahrten nach Graz ermöglichte, um dort etwas einzukaufen; hauptsächlich Kleidungsstücke für die Kinder.

*Mein Sohn Abraham und gleichaltrige Flüchtlingskinder in Admont*

Ich war nicht nur für die Lagerzeitung verantwortlich, sondern auch für viele russische und polnische Juden, die nur Jiddisch sprachen und denen ich als Übersetzer für ihre Belange mit der Grazer Verwaltung half. Fast täglich führte diese Tätigkeit zu Auseinandersetzungen mit Grazer Beamten, bei denen Antisemitismus und Nationalsozialismus noch fest eingefleischt waren. Mit den Verbrechen der Nazis wollten die Österreicher allerdings nichts zu tun haben. Wenn man ihnen zuhörte, konnte man zuweilen den Eindruck gewinnen, als ob es in Österreich überhaupt keine Nazis gegeben hätte und Österreicher mit dem Massenmord an sechs Millionen Juden nichts zu tun gehabt hätten. Sie verdrängten offensichtlich, wie begeistert sie den Anschluss Österreichs an das Reich gefeiert und wie sie Hitler in Wien begrüßt hatten. Sie wollten nicht mehr daran erinnert werden, wie sie ihre Juden zwangen, die Straßen von Wien mit Zahnbürsten zu putzen. Am liebsten hätten sie sich wohl selbst als Opfer dargestellt und waren erstaunt und betreten, dass wir Juden es nicht so sehen konnten.

Es gab immer wieder üble und gefährliche Vorfälle außerhalb des Lagers. Am 9. September 1946 zum Beispiel wurde der 21-jährige Lagerinsasse David Wassermann als vermeintlicher Zwiebeldieb erwischt und von zwei Admontern zusammengeschlagen. Der Fall zog einen Schwanz von Anzeigen und Verhaftungen nach sich, wodurch die Atmosphäre zwischen uns und der Umgebung vergiftet wurde. Ausgerechnet in der sozialistischen Tageszeitung *Neue Zeit* erschien dazu ein reißerischer Artikel, der mit den Worten endete:

> *Dieser Vorfall beweist wieder einmal, daß das Ausländerproblem endlich einmal vernünftig geregelt werden muss. Nicht nur, daß die ganze Umgebung der meisten Lager von »versetzten Personen« bestohlen wird, ist man tatsächlich seines Lebens nicht mehr sicher. Wie lange noch muß sich die österreichische Bevölkerung diese frechen Provokationen gefallen lassen?*

Dieser Artikel löste bei uns allen große Bestürzung aus, und in der Redaktion verfassten wir eine sachliche, aber scharfe Stellung-

# ADMONTER HAJNT

CWEJWOCHNSZRIFT FUNEM UNRRA-LAGER ADMONT

AROJSGBGEBN FUN MAZKIRUT

2 jorgang — 15. Jäner 1947 — Nr. 1 (12)

This Newspaper is published twise monthly by residents of UNRRA Comp Admont under the supervision of UNRRA Team 314, and is for free distribution to the residents of this Settlement and other interested parties

Published with the Assistance of the American Joint distribution Committee British Zone Austria

## !ברוך הבא

Cum curikkumen fun Unrra-direktor M. M. Kac fun zajn rajze iber di Farejnikte Sztatn fun cofn Amerika — undzer harcikn boruch habo!

Direktor M. M. Kac hot in zajn wajter rajze niszt grus von unzere brider un szwester fun maajwer l'jam; a grus von zejer lebn un arbet, wegn zejer politisze un gezelszaftleche tetigkajt, wu s'kumt bojlet cum ojsdruk zejer zorg un opferwilikajt far der szejris-haplejto, welche iz noch alc cezejt un ceszprejt iber di lagern fun Dajczland, Estrajch un andere lender fun Ejrope.

Direktor M. M. Kac hot gebracht unz a lebendikn gegeniszn un szmuesn mit fil ajnflusrajche jidisze un niszt jidisze perzenlechkajtn, geszildert di lage un badingungen fun der szejris-haplejto, welche noch azojfil tragisze iberlebungen in di getos un in koncetracje-lagern — wert noch alc niszt derlojbt cu farwirklechn undzer altn historiszn trojm, kumen inem land fun undzer benkszaft un hofnung.

Direktor M. M. Kac hot in zajne calrajche bageszojnt kajn mi un onsztrengung, bichdej undzer sztrebung un farlang zol wern bakant umetum; az undzer historiszer onsztreng zol dergejn cum bawustzajn fun di brejtste krajzn fun der amerikanisz jidiszer gezelszaft.

Far ot dem grojsn fardinst in di interesn fun der szejris-haplejto bichlal un fun di Unrra-lagern bifrat — dem Unrra-direktor M. M. Kac — undzer harcikn jaszer kojach!

Di redakcje.

## Ojf der szwel fun jor 1947

Dos fargangene jor 1946 hot di lajdnde menczajt bagrist noch a knape 6-joriker milchome, welche hot zich azoj tif ajngekrict in zikorn fun ale felker. Hecher 5 jor, kimat on szum iberrajs hobn tog ajn tog ojs gedunert di harmatn, geplact di ojfrajs bombes, miljonen menczn ejne antkegn di andere hobn mit wofn fun der najster technik gekemft un zich ceflejszt.

Jedes jor, jedn naj-jor hobn zich menczn gewunczn cu derlebn di cajt fun fridn, wen s' wet endlech gelungen cu cebrechn di macht fun der faszistiszer hidre. Biz s'iz ongekumen der tog fun befrajung, der 9-ter maj un 3-ter september 1945 jor — un m'hot endlech gekennt bagrisn dos naje jor 1946, in a cusztand fun szolem.

Fil hofnungen hobn die felker gelejgt ojf der nochmilchemodiker situacje, wen s' wet militerisz bazigt wern der kojach fun der finsterster reakcje, fun faszizm; wen di demokratisze folks-kojches weln bakumen a brajte meglechkajt fun antwiklung; wen s' wet endlech kenen realiziert wern der bager fun fil untergedrikte felker cu umophengikajt un politiszer frajhajt — un s'wet arajntretn in der najster geszichte fun der menczajt, a perjod fun fridlecher internacjonaler cusamenarbet ojf ale gebitn fun menczlecher tetikajt. Lajder, ojf der szwel fun najem jor 1947 muz men festszteln, az s'hobn zichdi ale hofnungen niszt fulfusztendik realizirt un in fil faln legamre niszt realizirt. Emes, der faszizm ojfn szlacht-feld iz bazigt geworn, zajn militerisze macht iz fulstendik ceklapt geworn durch di farejnikte kojches fun der grojser antifaszistiszer koalicje, ober dermit alejn iz noch wajt niszt likwidirt geworn di kraft fun faszizm un reakcje ojfn politiszn, kultureln un wirtszaftlechn gebitn inem lebn fun a gancer raj felker un ojf der internacjonaler arene. Di demokratisze folks-kojches hobn zich in a gancer raj lender farfestikt ojf ale gebitn fun meluchesz lebn. Di festungen fun der demokratje, welche bazirt zich ojf dem cutroj fun di brejtste folks-masn zenen beemes a derfrajendike derszajnung in undzer geplogtn lebn. Ober in a gancer raj lender, wu s'hot zich niszt ajngegebn di naje formen cu zign, wu alte opgeklapte „hojszajnes" wirkn noch — glajch wi zej woltn gewen frisze fulblutike bacirte mit grine bleter;

# HAJNT

…EM JEWISH-LAGER IN ADMONT

Nr. 7 (18)

…entre Admont under the Supervision of the Camp …ther interested parties. Published with Assistance of the … Zone Austria

## …eit in Amerike

Di algemeine farzamlung fun di forsztejer fun ale partajen un organizacjes funem Lager Admont, Brit. Zone in Estrajch, drikt ojs ir fardrus un protest kegn der wajterdiker farszprajtung fun rechiles un szkorim ojf di maskirujoth fun di plejtim lagern in Dajczland un in Estrajch, iber der farfolgung fun der jidiszer szprach un niszt-cionistn — bazunders bundistn — in di lagern.

Mir sztein fest:

1. S'sztimt niszt mit der wirklichkajt, az s'wert farfolgt di jidisze szprach in di lagern; dakegn iz emes, az in der szule fun lager Admont, wert gelernt in jidisz. Emes, s'wert gelegt hojptgewicht ojf derlernen di hebreisze szprach, wajl dos is in heskem mit di forderungen fun der wajt grester merhajt fun di eltern, welche farbinden zejer zajn in lager mit der ojswanderung kajn Erec-Jisroel. Ale meldungen un afiszn wi ojch di lagercajtung „Admonter Hajnt" mit dem wechentlichn bjuletin wern gedrukt in der jidiszer szprach.

2. S'iz niszt emes; az s'wern farfolgt niszt cionistn oder bundistn — dakegn is emes, az s'gibt niszt kejn privilegjes far cionistn un diskriminaejes far niszt-cionistn. Ale jidn in lager genisn fun di glajche recht.

Deriber rifn mir di amerikaner jidisze presse wi wajt meglich kegncuwirkn der rechiles kampanje fun gewise krajzn, welche zenen nor ojsn mit zejere szkorim, cu dergrajchn gewisse partajisze ciln.

Ojb baewajzlt noch wer, undzere do gebrachte festsztelungen, beetn mir di jidisze kulturinstitucjes in amerike cu szikn a umpartajisze komisje, welche zol di lage ojsforszn ojfn ort.

Im nomen fun di lagerjidn
Redakcije „ADMONTER HAJNT"

## ZIGER UN BAZIGTE

Di geszichte iz szojn alemen bakant. Der cwejter imperjalistiszer weltkrig hot zich ojsgecejchnt mit a zeer wichtikn sztrich: s'hobn kegncajtik mit zich gekemft zwej grojse koalicjes. Ojf ejn front-opsznit hot zich gefunen di brejte anti-hitleristisze koalicje. S'hobn in ir ontejlgenumen ale frajhajts-libnde felker mit di Farejnikte Sztatn fun Cofn Amerike, Ratn-Farband un England berosz. Der kamfs-opsznit fun ot der koalicje hot zich niszt geendikt mit di transzejen, nor hot zich gecojgn dort, wu s'hot nor gelebt afilu ejn mencz, welcher hot niszt gekent maskim zajn mit di hitleristisze kanibal-metodn fun der „najer ordnung". Ejner fun di aktiwste ontejlnemer fun almenczlechn kamf kegn der tiranje iz gewen dos jidisze folk ojf ale opsznitn fun kamfsfront. Ojfn cwejtn front-opsznit hot zich gefunen di menczn-freserisze faszistisze „aks", mit a eulog fun di koloboracjonistisze elementn fun a gancer rej felker. Cwiszn di lecte darfn arajngerechnt wern fil krajzn fun der finanswelt fun azelche lender, welche hobn genumen an aktiwn ontejl in der demokratiszer koalicje.

Als rezultat funem historiszn gefecht iz endlech gekumen der langderwarteter zig ibern faszizm. Der 9-ter maj un 3-ter september 1945-tn jor zenen ojch gewen teg, wen mir jidn hobn zich gefilt als ziger niszt wejniker wi jene felker, welche hobn geszpilt an onfirndike rol inem algemejnem kamf. Un take deriber wen s'iz gefajert geworn der algemejner zig, zenen mir jidn gewen di aktiwe ontejlnemer in der algemejner frejd fun di frajhajts-libnde felker. Dakegn ojf der cwejter zajt zenen gewen di bazigte, un in der erszter rej Dajczland un Estrajch. Zej hobn zich beemes als azelche gefilt, wajl di demokratisze armejen hobn take rikzichtslos genumen nekome far di opgetuene achzorjesn klapej fil miljonen. In a gewisn moment, bald noch der bafrajung, wen fun di welder, bunkers, koncentracje- un farnichtungslagern hobn zich als fraje menczn bawizn di, durch a nes, fun tojt geratewete — hobn di jidn,

*Die Lagerzeitung: Admonter Haynt*

nahme. Die *Neue Zeit* lehnte jedoch eine Veröffentlichung ab. Bei der *Neuen Zeit* war die Zeit anscheinend stehengeblieben. Es herrschte die alte Zeit.

Neben den Reibereien mit den britischen und österreichischen Behörden beschäftigten sich die jüdischen DPs naturgemäß auch mit der Berichterstattung in der österreichischen Tagespresse. Vor allem in der Redaktion des *Admonter Hajnt* nahmen wir in der Lagerzeitung häufig Stellung. Nur durch die finanzielle und logistische Unterstützung der UNRRA (»United Nations Relief and Rehabilitation Administration«) und des Joint konnte die Lagerzeitung herausgegeben werden. Das Hauptproblem war die Beschaffung von Papier für den Druck der Zeitung. Oft saßen wir verzweifelt da und waren schon sicher, dass die Zeitung nicht erscheinen würde, als plötzlich so etwas wie ein Wunder geschah und doch noch Papier geliefert wurde.

Ich kann mich auch an eine Auseinandersetzung erinnern, die ich als Chefredakteur des *Admonter Hajnt* mit dem *Steirerblatt* führte, einer Zeitung der Österreichischen Volkspartei. Dessen Chefredakteur hatte in einem Artikel die in Palästina ihr Unwesen treibende jüdische Terrororganisation »Irgun«, die von Menachem Begin, dem späteren israelischen Ministerpräsidenten, geführt wurde, kritisiert. Ich schrieb ihm, dass ich zwar kein Freund des Irgun sei, aber dass wir Juden uns von Deutschen und Österreichern keine Moralpredigten geben lassen wollten. Damals schrieb ich:

***Das Fähnlein flattert im Wind*** *(*Steirerblatt, *26.8.1947)*

*Diese Worte entstammen einem deutschen Landsknechtslied und sind ein Symbol für den deutsch-österreichischen Charakter, welcher sich im Wind wendet; er biedert sich ständig dem Stärkeren an; gestern war es Hitler mit seiner Nazibande – und heute ist es die Besatzungsmacht, der man zu gefallen bemüht ist. Ich habe in letzter Zeit festgestellt, dass das* Steirerblatt *beim Berichten über jüdisches Leben einen Ton benutzt, der mich an Töne von noch nicht langer vergangener Zeit erinnert. Es ist allgemein bekannt, dass der*

*Ton die Musik macht. Als ob das große britische Empire ausgerechnet das* Steirerblatt *benötigt, um seine Ehre zu verteidigen. Ist England nicht stark genug, ohne die Hilfe der österreichischen Tellerlecker auszukommen? Woher wisst ihr, dass England sich bemüht, eine gerechte Lösung für die Judenfrage zu finden*? [gemeint ist hier natürlich die Palästinafrage. A. M.] *Begriffe wie »Gerechtigkeit« benutzen meistens diejenigen, welche am wenigsten dazu berechtigt sind. Wir Juden wünschen nicht, dass das* Steirerblatt *sich unseretwegen Sorgen macht. Es soll sich um seine eigenen Interessen sorgen, wie auch die seiner »Volksgenossen«. Wenn es sich aber bei Gelegenheit wieder mit der Judenfrage beschäftigen will, soll es sich zuerst informieren, wer wem Unrecht angetan hat.*

Daraufhin antwortete das *Steirerblatt* prompt:

*Sehr geehrter Herr Melzer,*

*wir danken Ihnen für Ihr Schreiben vom 28.8.1947. Dabei wollen wir aber nicht verschweigen, dass wir mit Ihren Ausführungen nicht einverstanden sind. Zuerst wollen wir festhalten, dass Ihre Feststellung, dass das* Steirerblatt *Töne benutzt, die aus nicht allzu ferner Vergangenheit stammen – das bedeutet aus der Goebbel'schen Propaganda – unbegründet ist, weil wir uns nicht im Geringsten schuldig fühlen, antijüdische Tendenzen zu verbreiten oder verbreitet zu haben. Wenn Sie unsere laufenden Nachrichten über den Terror des »Irgun« im Sinn hatten – dann gehen Sie bitte davon aus, dass wir solche Terrorakte ständig verurteilen werden. Nicht deshalb, weil sie von Juden begangen wurden und werden, oder weil die Meldungen von englischen Agenturen stammen, sondern allein deshalb, weil es Terrorakte sind. Sie können doch von uns nicht verlangen, dass wir die Nachrichten mit Sympathie einwickeln, nur weil es sich um Juden handelt. Wir sind weit davon entfernt, das britische Weltreich mit antijüdischen Nachrichten zu decken, um der englischen Besatzungsmacht zu gefallen. Dieser Vorwurf hat keine Grundlage.*

*Dagegen möchten wir ausdrücklich unsere Verwunderung über Ihre negative Beurteilung des österreichischen Volkscharakters bekunden. Sie machen uns einen Vorwurf, dass wir uns immer dem Stärkeren anbiedern. Wenn Sie Ihre Meinung ernsthaft überprüfen, werden Sie einsehen, dass Ihre bedauerlichen persönlichen Erlebnisse Ihren klaren Blick und Urteilsvermögen im Hinblick auf Ihr »Gastland« vernebelt haben.*

*Ihre Haltung macht es uns auch schwer zu glauben, dass das Schlagwort von alttestamentarischem Hass bloß ein Sprichwort war. Wir hoffen, dass wir mit unseren Ausführungen mitgeholfen haben, ein aktuelles Problem zu klären.*

Wie sollte ich auf so viel Chuzpe und Dummheit antworten? Ich wollte es ignorieren, aber meine Kollegen und Kameraden in der Redaktion bedrängten mich, darauf zu antworten. Ich schrieb also:

*Ich habe Ihren Brief vom 4.9.1947 erhalten. Dass Sie mit meinen Ausführungen nicht einverstanden sind – das glaube ich und davon ging ich aus. Ich habe nicht vorgehabt, bei Ihnen Sympathie für Terror zu erwecken, für den ich auch keine Sympathie habe. Es handelt sich aber nicht um Terrorakte. Allein in dem Ton, in dem Sie ihre Nachrichten bringen, klingt eine bekannte Musik. Was meine illoyale Beurteilung des österreichischen Volkscharakters anbelangt, frage ich mich, was Sie da so verwundert hat? Ich möchte Sie darauf aufmerksam machen, dass es genügt, eine kurze Reise mit der österreichischen Bahn zu machen, um sich davon zu überzeugen, dass das österreichische Volk bei erster Gelegenheit bereit wäre, sich einem zweiten Hitler zu unterwerfen.*

*In Ihrem Archiv der Jahre 1933 bis 1945 habe ich nichts gegen die Terrorakte der Nazis gefunden. Im Gegenteil, Sie haben diese mit Sympathie kommentiert oder gar nicht erwähnt.*

*Was den alttestamentarischen Hass betrifft, ist es tatsächlich eine Redewendung, welche mich wenig angeht. Dagegen sollten Sie aber nicht annehmen, dass der Hass, welches das deutsche Volk mit den Gaskammern und Krematorien demonstriert hat, bloß ein Sprichwort war. Und Ihr Österreicher habt sie nicht nur nicht kritisiert, sondern auch noch mitgemacht. Verschonen Sie uns deshalb mit Ihrem Interesse für die jüdische Frage. Wir haben zweitausend Jahre ohne Ihre Hilfe überlebt und nicht selten gegen ihren Hass, so dass wir in Zukunft darauf verzichten können.*

*Und seien Sie versichert, dass meine »bedauerlichen persönlichen Erlebnisse meinen klaren Blick und mein Urteilsvermögen« in Bezug auf Ihr Land (nicht mein Gastland) nicht vernebelt haben. Vergessen Sie nicht, dass Hitler Ihr Landsmann war. Ich bin nicht freiwillig hier, und wenn Sie sich schon als Freund der Juden ausweisen wollen, dann verurteilen Sie doch die Briten, die uns an der Weiterreise nach Erez Israel hindern.*

Dieser Schriftwechsel erschien bei uns im *Admonter Hajnt* und zum Verständnis aller Lagerbewohner, die kein Deutsch verstanden, musste er ins Jiddische übersetzt werden.

Im Frühjahr 1947 wurde zwischen den britischen Behörden und der Jewish Agency eine Vereinbarung ausgehandelt, wonach monatlich ein Kontingent von bis zu 1 500 Visa für Palästina genehmigt wurden. Angesicht der Hunderttausenden von DPs, die auf ein neues Leben im Nahen Osten warteten, war dieses Kontingent natürlich lächerlich gering, zumal es für die britische Zone in ganz Deutschland und Österreich galt. Für Österreich blieben am Ende gerade mal 25 Visa pro Monat übrig. Ich persönlich hatte in meinem polnischen Pass, den ich immer noch bei mir hatte, ein Visum für Palästina und erhielt daher problemlos die Einreiseerlaubnis. Es ging aber um meine Frau und die Kinder. Und so schrieb ich einen Brief an Colonel Robert Bernhard Solomon, den Chancellor's Adviser on Jewish Affairs:

*Exzellenz, gestatten Ew. Exzellenz dem unterzeichnenden DP jüdischer Nationalität aus dem DP-Camp Admont in der britischen Zone Österreich mit folgendem Ansuchen an Ew. Exzellenz heranzutreten: Seit mehr als 8 Monaten bin ich im Besitze einer Einreiseerlaubnis nach Palästina, ausgestellt von Ihr. Majestät*

*Regierung in Palästina. Leider bezieht sich jedoch diese Einwanderungserlaubnis nur auf meine Person, ohne meine Frau und meine beiden minderjährigen Kinder zu berücksichtigen. Es ist selbstverständlich, dass ich eine Frau mit zwei minderjährigen Kindern von 1 und 2 ½ Jahren nicht zurücklassen kann, und ich bin der Überzeugung, dass dies auch nicht im Sinne Ihr. Majestät Regierung und Ew. Exzellenz ist, eine Familie zu zerreißen und dem Unglück preiszugeben. Wie Ew. Exzellenz bewusst ist, erhält die britische Zone Österreichs eine bestimmte Zahl von Certifikaten zugeteilt, die die Militär-Regierung nach eigenem Ermessen an Einwanderungswillige verteilen wird. Ich richte nun den dringenden Appell an Ew. Exzellenz, einen Akt der Humanität zu beweisen und die in Frage kommende Stelle dahingehend zu instruieren, dass bei der Verteilung der Certifikate für die britischen Zone in Steiermark meine Person berücksichtigt wird. Indem ich hoffe, dass Ew. Exzellenz meine Bitte mit Nachsicht beurteilen, danke ich im Voraus für Ew. Exzellenz gütiges Wohlwollen und zeichne als*

*Ew. Exzellenz ergebener*
*Joseph Melzer*

Wir lebten auf gepackten Koffern. Alle warteten auf ihren Abreisetag. Die einen nach Palästina, die anderen nach Übersee, in das gelobte Land Amerika. Später haben wir erfahren, dass die einzige überlebende Schwester meiner Frau, die in einem Lager nicht weit von Admont war. Das wussten wir aber leider nicht. Sie ist nach Amerika ausgewandert, und es sollten noch weitere 20 Jahre vergehen, bis meine Frau sie dort besuchen konnte.

Ich wartete ungeduldig auf eine positive Antwort seiner Exzellenz Colonel Robert B. Solomon, aber es kam nicht einmal eine Bestätigung, dass er meinen Brief erhalten hatte, was mich in eine beunruhigte und bedrückte Verfassung stürzte. Die Einzigen, die sich vergleichsweise unbeschwert freuen konnten, die im Sommer die Sonne und im Winter den Schnee genossen, waren die Kinder.

In der Stadt Admont befand sich ein Klosterstift, das in einem prächtigen Saal eine wertvolle Bibliothek mit bibliophilen Kostbarkeiten unterhielt, die ich leider nur bewundern konnte, denn verkaufen wollten die Klosterbrüder partout nichts. Wann immer ich Zeit hatte, ging ich in das Kloster und betrachtete die Kostbarkeiten, von denen einige mir nur vom Hörensagen bekannt gewesen waren.

Ein spannender und aufregender Tag wurde dann der 29. November 1947, als in der UN-Vollversammlung über das Schicksal Palästinas und die Gründung des Staates Israel entschieden wurde. Wir saßen alle hochnervös, wie auf glühenden Kohlen, viele weinten. Als endlich die Stimmabgabe erfolgt und die Teilung des Landes zwischen Juden und Arabern beschlossen war, dauerte es einen Moment, bis uns die Tragweite dieses Beschlusses bewusst geworden war. Es brach ein frenetischer Jubel aus. Hoffnungsvoll begannen wir, die Tage bis zur Abreise nach »Israel« zu zählen.

Die zionistischen Organisationen hatten heftig Druck auf die Lagerbewohner ausgeübt, nach Palästina auszureisen. Als sie aber feststellen mussten, dass einige nicht zionistisch ausgerichtete jüdische Organisationen den Lagerbewohnern bei der Ausreise in die USA behilflich waren, setzten sie üble Methoden ein, um den Flüchtlingsstrom nach Palästina umzulenken. Sie versuchten, uns schon im Lager für die wichtigste paramilitärische zionistische Gruppe, die »Hagana«, im Mandatsgebiet Palästinas zu rekrutieren und verbreiteten die Kunde, dass die Weigerung, nach Palästina zu gehen, einer Desertion gleichkäme. Für die Zionisten hatte schon immer die Devise gegolten: Wer nicht für uns ist, ist gegen uns. Wer als Jude kein Zionist war, galt als Verräter. Daran hat sich bis heute nicht viel geändert. Insbesondere der Joint bekämpfte rigoros die Aktivitäten antizionistischer Organisationen wie den Bund und andere kleinere Gruppen, die sich bemühten, Juden bei der Umsiedlung an die Zielorte ihrer eigenen Wahl zu unterstützen.

Inzwischen hatte auch mein väterlicher Freund Salomon Adler-Rudel von meiner Anwesenheit in Admont erfahren. Er arbeitete in London bei der Zionistischen Organisation und versicherte mir, dass ich bald ein Einreisezertifikat nach Palästina für mich und meine

Familie erhalten würde. Ich musste allerdings so lange auf das Zertifikat warten, bis es schließlich gar nicht mehr benötigt wurde, denn die englische Mandatsmacht hatte bereits angekündigt, ihr Palästinamandat zum 14. Mai 1948 an die Vereinten Nationen zurückzugeben und ihre Militär- und Sicherheitskräfte abzuziehen, so dass ab diesem Zeitpunkt keine Erlaubnis für die Einreise nach Israel mehr erforderlich war.

Eigentlich wollte ich gar nicht nach Israel. Die Erinnerung an meinen Aufenthalt dort in den dreißiger Jahren und die damit einhergehende Enttäuschung war noch allzu lebendig. Ich wollte in Europa bleiben und wäre durchaus auch, wenn auch mit einem gewissen Unbehagen, nach Deutschland zurückgekehrt, allein schon der Sprache wegen, wenn meine Frau mich nicht daran gehindert hätte. Sie sprach kein Deutsch und hatte keinerlei emotionale Bindung an das Land wie ich. Sie war eher von Hass auf Deutschland erfüllt, nachdem sie erfahren hatte, was ihrer Familie dort widerfahren war. Ich dagegen träumte davon, in Deutschland wieder eine Zeitschrift herauszugeben oder einen Verlag zu gründen. Ich erfuhr, dass es für Juden sogar einfacher war als für Deutsche, dafür eine Lizenz zu bekommen, denn mir hätte man kaum unterstellen können, ein Nazi gewesen zu sein. Ich wartete vergebens darauf, dass die deutschen Behörden uns, die vor den Nazis geflohenen Juden, aufforderten, zurückzukommen.

Aus dieser Idee ist aber nichts geworden. Meine Frau wehrte sich energisch dagegen und drohte schließlich, auch allein mit den Kindern nach Israel auszuwandern. Es blieb mir also kaum etwas anderes übrig, als dem Wunsch meiner Frau nachzukommen, und weil ich darüber hinaus auch noch meine Mutter und meine Geschwister in Israel wusste, fiel mir die Entscheidung letzten Endes auch nicht so schwer.

Im März 1948 kam endlich die Anweisung vom Joint, das Lager aufzulösen und diejenigen, die nach Erez Israel auswandern wollten, zu sammeln und auf die Fahrt vorzubereiten. Am 23. März fuhren wir mit der Bahn über Salzburg und München ins Transitlager Bocholt, an der deutsch-niederländischen Grenze. Im »Palestine

Transit Camp«, so sein offizieller Name, erhielten wir die Einreisepapiere und die Transitvisa für die Weiterfahrt nach Marseille. Dort bestiegen wir das Einwandererschiff KADIMA und erreichten nach einer stürmischen Fahrt über das Mittelmeer glücklich Haifa.

# VIII 1948–1958

## Israel

Das dritte Mal in ihrer mehr als dreitausendjährigen Geschichte nennen die Juden einen selbständigen Staat ihr Eigen. Die ersten beiden Male, unter Könige aus dem Hause David und später unter jenen aus dem Haus der Hasmonäer, konnten sie ihre Selbständigkeit nur wenige hundert Jahre lang bewahren. So hat wohl die Frage ihre Berechtigung, ob dem dritten Reich der Juden, flankiert von unversöhnlichen Feinden, eine längere geschichtliche Spanne gegönnt sein wird.

Die zionistische Bewegung, die 1897 gegründet wurde, führte nach fast genau 50 Jahren zum Ziel, so wie es der Gründer des politischen Zionismus, Theodor Herzl, vorausgesagt hatte: »In Basel habe ich den Judenstaat gegründet. Wenn ich das heute laut sagte, würde mir ein universelles Gelächter antworten. In 50 Jahren wird es jeder einsehen«, schrieb er nach dem 1. Zionistenkongress ins Tagebuch. Seine Vorahnung wurde in der Tat 50 Jahre später, fast auf den Tag genau, mit der UN-Entscheidung zur Teilung Palästinas Wirklichkeit. Herzl selbst erlebte das natürlich nicht. Am 3. Juli 1904 starb er im Alter von nur 49 Jahren; er hätte 92 Jahre alt werden müssen.

Ich muss an Goethes *Faust* denken: Das Teuflische am Menschen liege »in jener Kraft, die stets das Gute will und dann das Böse schafft«. Ich will damit nicht sagen, dass die zionistische Idee als solche böse war, aber sie hat Böses hervorgebracht, zumindest für die Palästinenser, die ihre Heimat verloren und das Schicksal der Juden annehmen mussten.

Der Staat Israel entwuchs aus den sozialen, wirtschaftlichen und kulturellen Spannungen in Europa, aus dem Wunsch der Völker nach Freiheit und Unabhängigkeit heraus, und natürlich als Antwort auf die Verfolgung durch die Nazis. Die bürgerliche Gleichberechtigung der Juden erfolgte in den meisten Ländern nicht aus Überzeugung, sondern als Folge der Aufklärung, dem Prinzip und nicht den Juden zuliebe. Und letztlich entstand Israel in der Logik des Zweiten Weltkriegs und der fast totalen Vernichtung des europäischen Judentums. Der moderne Antisemitismus steigerte sich zur physischen Endlösung der Judenfrage. So entstand der Staat Israel in der geschichtlichen Heimat der Juden, obwohl diese Heimat inzwischen seit fast 2000 Jahren nicht von Juden und seit Jahrhunderten von einem anderen Volk bevölkert war.

Literaten, nicht Staatsmänner standen Pate an der Wiege dieses Staates: der Feuilletonist Herzl, der Essayist Nordau, der Romancier Zangwill und eine Anzahl bedeutender und weniger bedeutender Journalisten aus Ost und West. Der Zionismus war das Leitmotiv ihres Lebens, von dem sie eigentlich nie gedacht und noch weniger erhofft hätten, dass es Realität werden würde. Ihre romantischen Träume mit einem Schuss Utopie und einer Prise Prophetie realisierten sich in Gestalt des Staates Israel. Nach fast 2000 Jahren eines gewissermaßen außergeschichtlichen Daseins gründete das jüdische Volk sein »drittes Reich«.

Es war in mancherlei Hinsicht ein höchst ungewöhnlicher geschichtlicher Vorgang. Ein Skelett im Museum begann sich zu regen, ein Volk trat von neuem auf die Bühne der Weltgeschichte, dessen Land nirgendwo auf der Landkarte lokalisiert war, dessen Sprache als tot galt, dessen Eigenkultur durch lange Assimilationsprozesse zu einem Residuum geworden war, dessen Religion kaum noch für eine größere Gemeinschaft reichte, dem niemand mehr zutraute, dass es etwas anderes als Katzbuckeln und Speichellecken vermochte.

Wohl kennt die Menschheitsgeschichte Fälle von heimatlosen Wandervölkern, die sich irgendwo festsetzen und müde, alte, verweichlichte Reiche innerlich aushöhlten und sich mit Wucht ihren Weg an die Sonne der Geschichte erkämpften, wie die germanischen Stämme, die das morsche römische Reich zerschlugen. Ähnlich erging es dem Alten Reich in Ägypten, als sich die Hyksos im Niltal festsetzten, oder dem persischen Imperium, dem Mazedoniens junger Herrscher Alexander den Todesstoß versetzte. Doch all diese historischen Parallelen treffen auf die Juden nicht wirklich zu. Sie sind kein Naturvolk mit unverbrauchten Kräften und alles andere als jung. Widerspricht nicht ihr sieghafter Neuaufstieg den Lehren der Weltgeschichte? Darf man nicht zweifeln, dass der Staat Israel länger als die beiden ihm vorangegangenen Staatswesen des jüdischen Volkes bestehen wird? Und sind die Palästinenser ein verweichlichtes, innerlich ausgehöhltes Volk, das nicht in der Lage ist, Widerstand zu leisten? Die Diskussion darüber begann in Israel bereits unmittelbar nach seiner Entstehung und findet bis heute kein Ende.

Es waren Stunden der Scham und möglicherweise der Reue, als die Vereinten Nationen 1947 die Gründung Israels beschlossen. Sechs Millionen Juden Europas, darunter eineinhalb Millionen Kinder, waren dem Völkermord zum Opfer gefallen. Sie trugen keine Waffen, sie konnten sich nicht wehren. Sie wurden von Menschen hingemordet, die sich zur Religion der Liebe bekannten. Diese Christen haben die Juden immer gehasst. Es ließ sich nicht verhehlen, dass es sich keineswegs um das Verbrechen eines Einzelnen handelte, eines Adolf Hitler, oder eines einzigen Volkes, der Deutschen. Mehr oder weniger alle hatten an der »Aktion« teilgenommen: Polen, Franzosen, Holländer, Italiener, Österreicher und andere. Nur die Bulgaren und Dänen haben nicht mitgemacht und ihre Juden gerettet. Christen duldeten es, vertuschten es oder sahen zumindest mit unverhohlener Genugtuung zu, wie dieser zweitausendjährige Fremdkörper im Leben des christlichen Kulturkreises endlich liquidiert wurde. Es folgten Selbstbesinnung und Schuldgefühle, und ihnen vor allem verdankt der Staat Israel seine Entstehung. Allen, die beim Beschluss der UNO mit »ja« stimmten, war bewusst, dass sie damit ein unlösbares Problem geschaffen hatten, mit dem sich die Weltpolitik jahrelang beschäftigen sollte, ohne jemals eine Lösung finden zu können. Und so ist es tatsächlich gekommen.

Bei stürmischer See verließen wir den Hafen von Marseille. Die KADIMA war überladen mit Flüchtlingen aus den Ruinen des zerstörten Europas, die meisten von ihnen waren einer Hölle entronnen. Viele schliefen oder verzehrten ihre kümmerlichen Rationen an Deck, und erbrachen sie häufig an Ort und Stelle. Auch meine Familie und ich zogen es vor, an Deck in der frischen, wenn auch stürmischen Luft zu kampieren. Die Überfahrt dauerte fast eine ganze Woche, und wir alle waren höchst gespannt, was uns erwarten würde. Mirjam litt gleich von Anfang an unter der Seekrankheit, während die Kinder erstaunlich brav waren, guten Appetit hatten und gesund blieben.

Am sechsten oder siebten Tag sahen wir bei Sonnenaufgang im Osten die mir aus meiner früheren Reise bekannten Silhouette des Karmelgebirges vor uns. Sämtliche Passagiere erhoben sich und stimmten die zionistische Hymne »haTikwa« an, die bald darauf auch die Nationalhymne des neuen Staates Israel wurde. Es war ein sehr emotionaler Augenblick, und selbst mir kamen Tränen der Rührung. Meine Frau, die noch nie eine so weite Reise unternommen hatte und Erez Israel zum ersten Mal sah, brach in ein herzzerreißendes Schluchzen aus. Sie dachte wohl an ihre Eltern und Geschwister, die in Auschwitz umgekommen sind. Die Kinder waren noch zu klein, um zu erfassen, was vor sich ging.

Als wir Haifa erreichten, konnten wir nicht in den Hafen einlaufen, da die Engländer mit ihrer gesamten dort ankernden Flotte zuvor den Hafen räumen mussten. Es war der 14. Mai 1948. Am folgenden Tag der Staatsgründung stach die britische Flotte in See, und wir liefen ein. Die Unabhängigkeitszeremonie wurde im Bordradio übertragen, und auch wenn die meisten Passagiere kein Wort verstanden, so spürten sie doch die historische Bedeutung des Ereignisses. Wir waren zufällig die allerersten Einwanderer des gerade gegründeten Staates Israel.

Im Hafen suchte ich nach mir eventuell bekannten Gesichtern. Dass mein Bruder Nathan in Haifa wohnte, wusste ich damals noch nicht. Ich hatte ihn auch nicht über unsere Ankunft unterrichten können, weil ich seine Adresse nicht hatte. Seit 1939, nachdem ich

*Vertreibung von Arabern aus Haifa (AFP)*

meiner Familie zur Ausreise nach Palästina verholfen hatte, war ich in den Kriegswirren im Osten Europas versunken und nicht in der Lage, meinen Angehörigen ein Lebenszeichen zu geben, geschweige denn, ihnen mitzuteilen, dass ich inzwischen verheiratet war und zwei Söhne hatte. Nicht einmal in Admont bin ich dazu gekommen.

Ich schaute dem geschäftigen Treiben im Hafen zu und fragte schließlich einen der Hafenarbeiter, ob er nicht zufällig einen gewissen Nathan Melzer kenne.

»Melzer, Melzer«, sagte er, »Ich kenne einen Melzer, aber der heißt nicht Nathan, sondern Menachem.«

»Menachem? Das ist mein Bruder Nathan.«

»Menachem ist ihr Bruder? Der ist ein großes Tier bei Solel Boneh. Warten Sie, ich laufe rüber zu ihm, sein Büro ist nicht weit von hier.«

Von »Solel Boneh«, dem größten Baukonzern des Landes, hatte ich noch nie gehört. Es dauerte nicht lange, und mein Bruder, den ich fast genau ein Jahrzehnt nicht gesehen hatte, stand vor mir. Wir fielen uns in die Arme und weinten vor Freude.

»Was macht Mutter?«

»Es geht ihr gut, und unser Bruder Schalom ist bei ihr.«

Dank seiner guten Verbindungen wurden wir sofort ausgeschifft. Mein Bruder setzte uns in seinen Privatwagen – siehe da: mein kleiner Bruder aus Berlin besaß ein eigenes Auto! – und brachte uns in sein kleines Reihenhaus unweit von Haifa, in Kirjat Chaim, wo seine Frau und Kinder schon auf uns warteten. Die Fahrt war nicht ungefährlich, denn Haifa war zu diesem Zeitpunkt noch nicht vollständig von der Hagana erobert. Die meisten Araber hatten zwei, drei Wochen zuvor die Stadt fluchtartig verlassen, nachdem sie vom Massaker in Deir Yasin gehört hatten. Nach der Eroberung dieses Dorfes hatten die Kämpfer der Terrorgruppen Irgun und Lechi die verbliebene Bevölkerung zusammengetrieben, darunter Alte, Frauen und Kinder, und verübten Massaker und Vergewaltigungen. Über 200 Tote waren zu beklagen. Wie sich später herausstellte, waren es in der Tat »nur« etwa 100. Der Vorfall löste damals jedenfalls Schockwellen in ganz Palästina aus.

Elf Tage nach dem Massaker begann der Kampf um Haifa, der rasch damit endete, dass die palästinensische Bevölkerung in Scharen in den Hafen flüchtete, weil sie gehört hatten, dass die Briten jedem Palästinenser, der am Hafen eintraf, Schutz zusicherten. Die meisten wurden in kleinen Schiffen und Booten nach Beirut gebracht. Von den mehr als 70 000 arabischen Einwohnern blieben am Ende gerade einmal etwa 3 000 in der Stadt. Die geflohenen Palästinenser hatten nicht nur ihr komplettes Hab und Gut hinterlassen, sondern auch warme Mahlzeiten auf dem Esstisch. Die Juden wohnten zumeist oberhalb der Stadt, am Berghang, während das Zentrum, Wadi Nisnas, unten um den Hafen herum, vorwiegend arabisch war. Die Schiffe mit den aus Europa eintreffenden Juden konnten unter dem Schutz der Engländer in den Hafen einlaufen, der am Tag ihres Abzugs sofort von der Hagana besetzt wurde. Die von ihrer Bevölkerung »gesäuberte« Stadt bot einen entsetzlichen Anblick. Einige Häuser brannten noch, und die anderen wurden durch den Beschuss der jüdischen Artillerie beschädigt oder vollkommen zerstört.

Drei Wochen wohnten wir bei meinem Bruder, bevor uns die Jewish Agency eine Wohnung in Chalisa zuwies, einem soeben eroberten arabischen Stadtteil am Rande von Wadi Nisnas. Wir wurden mit einem gepanzerten Wagen in Kirjat Chaim abgeholt und in eine vollständig eingerichtete Wohnung gebracht; auf dem Küchentisch stand noch das inzwischen erkaltete Essen der arabischen Vorbewohner. Sie hatten ihre Bleibe offensichtlich fluchtartig verlassen müssen. Sie war Teil eines Steinhauses, das in vier separate Wohnungen aufgeteilt war. Wir bezogen eine im ersten Stock. Sie bestand aus zwei Zimmern und einem Badezimmer mit Toilette, Dusche und der Küche. Nachdem man das zweite Zimmer an ein Ehepaar aus Rumänien vergeben hatte, blieb für uns nur ein Zimmer, aus dem Wohn- und Schlafzimmer für uns vier Personen wurde. Badezimmer und Küche mussten wir mit den rumänischen Juden teilen, die zwar auch Jiddisch sprachen, mit denen wir aber ansonsten wenig gemeinsam hatten. Besonders meine Frau litt darunter, denn die Rumänin war eine impertinente Person. Täglich gab es unangenehme Szenen in der Küche, und es zeigte sich wieder einmal, dass es nicht reicht, Jude zu sein, um sich zu verstehen.

Unmittelbar nach unserem Einzug benachrichtigte ich meine Mutter und meinen jüngsten Bruder Schalom in Herzlia sowie meine Schwester in Ramat Gan, beides unweit von Tel Aviv, von unserer Ankunft. Bis zum Wiedersehen sollten noch einige Wochen verstreichen, denn es herrschte Krieg und die Sicherheitslage musste sich erst verbessern.

Ich erinnerte mich an meinen ersten Aufenthalt im Palästina der dreißiger Jahre, als wir den Arabern noch zugesichert hatten, sie nicht zu vertreiben. Und nun? Genau das, was sie befürchtet und wovor liberale Juden wie Martin Buber gewarnt hatten, war eingetreten. Wir Juden vertrieben die Araber aus ihren Häusern und ihrem Land. Ich hatte aber damals keine Zeit und keine Kraft, mich dafür zu interessieren, geschweige denn, dagegen zu protestieren.

Ich war selbst Flüchtling und brauchte für meine junge Familie ein Dach über dem Kopf. Dass das Dach einer vertriebenen arabischen Familie gehörte, war mir damals zwar bewusst, aber was hätte ich unter den gegebenen Umständen anderes tun können, als diese Tatsache zu akzeptieren?

Zwei große Weltkriege hatte ich bereits durchlebt, und nun war ich in einen weiteren Krieg verwickelt, der mich unmittelbar betraf. Der junge jüdische Staat kämpfte um sein Überleben und um das seiner Bürger. Es hieß damals, dieser Krieg sei ein Kampf Davids gegen Goliath, aber wir wissen es heute besser: die Juden waren keineswegs David und die Araber nicht Goliath. In der Weltpresse wurde berichtet, dass fünf muslimische oder besser gesagt arabische Staaten dem Judenstaat den Krieg erklärt hätten.

Entweder aus Unkenntnis oder aus ideologischen Gründen setzt man in der abendländischen Welt gern den islamischen Glauben mit der arabischen Welt gleich, was wohl damit zu erklären ist, dass die Sprache des Koran bis auf den heutigen Tag die arabische Sprache geblieben ist. Obwohl die meisten Muslime keine Araber und der arabischen Sprache daher auch nicht mächtig sind, und viele auch keine Moslems, sondern Christen sind, verhält es sich wie bei den Juden, deren sakrale Sprache Hebräisch ist, obwohl die meisten Juden kein Hebräisch verstehen, oder wie bei den Katholiken, deren sakrale Sprache Latein ist. Diese Tatsache erhält dadurch Gewicht, dass Juden historisch nie einen Unterschied zwischen den Begriffen »Volk« und »Religion« machten; beide Begriffe werden zumeist als Synonyme verwendet. Jude ist im traditionellen Verständnis, wer von einer jüdischen Mutter geboren wurde, ganz gleich, ob er gläubig ist oder nicht. In der Praxis aber ist Jude, wer sich selbst als solchen sieht oder von anderen so bezeichnet wird. Die Thora ist die Verbindung des Volkes mit Gott und gleichzeitig seine Chronik, in der die Geschichte des Volkes Israel bis weit in die Zeit vor der Eroberung Jerichos und des ganzen Landes Kanaan durch die Israeliten beschrieben ist. Außerdem ist die Thora ein Gesetzbuch, das die zehn Gebote und alle Verbote enthält, die Moses nach biblischer Darstellung von Gott empfing.

*Meine Söhne Abraham (links) und Zwi-Simon (rechts)*

Das Problem Israels mit den indigenen Einwohnern Palästinas, die heute in großer Zahl als Flüchtlinge in Lagern der umliegenden arabischen Staaten leben und von den Vereinten Nationen unterstützt werden müssen, ist deshalb bisher ungelöst geblieben, weil beide Seiten Ansprüche auf das gleiche Land geltend machen, wenngleich sich die Ansprüche der Palästinenser sich nicht auf ein biblisches »Gottesgeschenk« begründen lassen, sondern auf die schlichte Tatsache, dass sie dort seit vielen Jahrhunderten leben und Palästina somit ihre angestammte Heimat ist.

Ich kann mich erinnern, dass über die Frage »Wem gehört das Land?« in den Jahren, in denen ich in Palästina und besonders in Jerusalem lebte, heftig gestritten wurde. Wenige Jahre zuvor war die Gruppe »Brit Schalom« gegründet worden, zu der hauptsächlich deutsche Juden gehörten, wie Gershom Scholem, Martin Buber, Arthur Ruppin, Hugo Bergmann, Hans Kohn, Ernst Simon sowie Felix und Robert Weltsch. Diese mittel- und westeuropäischen Intellektuellen kämpften für eine Verständigung zwischen Juden und Arabern. Es ging ihnen darum, die Basis für ein gleichberechtigtes Zusammenleben von Juden und Arabern zu finden. Das Ziel des Zionismus, die Schaffung einer freien, kulturell autonomen, ihre eigenen Lebensformen entwickelnden jüdischen Gemeinschaft, sollte dabei nicht aufgegeben werden. Martin Buber prägte den moralischen Impetus mit seinen Worten: »Wir möchten hier nicht unter arabischer Herrschaft leben, aber wir wollen auch nicht die Araber beherrschen. Wir streben nach vollkommener Gleichberechtigung.«

Ich ging regelmäßig zu den Kundgebungen von Brit Schalom und musste mit ansehen, wie deren Mitglieder von zionistischem Pöbel angegriffen und mit Steinen beworfen wurden. Das erinnerte mich an das, was ich in Berlin erlebt hatte, als Nazischergen Versammlungen der Antifa oder gar von Juden tätlich angriffen und manch einen Teilnehmer krankenhausreif schlugen.

Die ehemalige syrische Provinz Palästina war jahrhundertelang unter osmanischer Herrschaft gestanden und durch eine feudale Verwaltung und arabische Großgrundbesitzer in einen Zustand geraten, der durch Armut und Rückständigkeit gekennzeichnet war.

Viele jüdische Einwanderer waren davon überzeugt, dass die zionistische Kolonisierung für die arabische Bevölkerung ein Segen sein müsse, und glaubten folglich, dass die einheimische arabische Bevölkerung sie mit offenen Armen empfangen würde. Als ich in den dreißiger Jahren in Palästina lebte, war diese Überzeugung eines der vorherrschenden Gesprächsthemen. Unsere zionistischen Führer verkündeten damals, dass der Anspruch auf das Land auch den schon im Lande lebenden Bewohnern zustehe und deren Rechte nicht angetastet werden dürften. Die 3 000 Jahre alte jüdische Vision sozialer Gerechtigkeit und Gleichheit aller Völker seien elementare Grundsätze des jüdischen Volkes und legten ihm die unbedingte Verpflichtung auf, die Rechte und Interessen der nichtjüdischen Bewohner des Landes zu wahren und zu respektieren.

Ich erinnerte mich an die Worte des zionistischen Ortsvorsitzenden im Jerusalem der dreißiger Jahre: »Wer will sie denn aus ihrer Heimat vertreiben? Ihr Wohlstand und ihr privater Besitz werden sich durch uns doch nur vermehren.« Das hatte bereits Herzl in einem Brief vom 2. März 1899 an den liberalen Bürgermeister von Jerusalem, Yusuf al-Khalidi, geschrieben, und viele zionistische Funktionäre plapperten es ihm nach.

1948 war aber die Lage eine völlig andere. Die Palästinenser waren geflohen oder vielmehr vertrieben worden. Wir wohnten in ihren Häusern und Wohnungen, und kaum jemand dachte daran, die Interessen der Ureinwohner zu wahren und zu respektieren. Der Zionismus hatte sich für die palästinensischen Araber also mitnichten als Segen erwiesen. Die zionistischen Kolonisatoren, die im letzten Quartal des 19. Jahrhunderts einwanderten, kauften den arabischen Großgrundbesitzern das Land noch ab und bewirtschafteten es, wobei auch brachliegende Nutzflächen oder versumpfte Gebiete durch mühselige Arbeit urbar gemacht wurden und erblühten. Die jüdische Immigrationswelle löste parallel dazu auch eine Einwanderung von arabischem Proletariat aus den benachbarten Ländern aus, wo es keine ausreichenden Verdienstmöglichkeiten gab. Sie waren bereit, sich in Palästina zu Billiglöhnen zu verdingen, was zu teils erheblichen Reibungen mit jüdischen Arbeitern europäischer

Herkunft führte. Allerdings stimmt es in keiner Weise, dass die Mehrheit der palästinensischen Bevölkerung – wie immer wieder behauptet wurde – aus solchen Immigranten bestand.

Um 1947 zur Zeit des UNO-Beschlusses lebten in Palästina etwa 1,4 Millionen Araber und knapp 600 000 Juden. Die Araber bildeten damit über zwei Drittel der Bevölkerung. Der Teilungsplan sah aber für den zu bildenden jüdischen Staat 55 Prozent des Mandatsgebietes westlich des Jordans vor, während der großen Mehrheit der Araber, deren Land Palästina schließlich war, nur 45 Prozent zugesprochen wurde. Das allein schon empfanden sie als eine große Ungerechtigkeit. Hinzu kam, dass der UNO das Land, das sie den Juden großzügig zusprach, nicht einmal gehörte. Die jüdische Bevölkerung Palästinas lebte vor allem in Städten und besaß gerade einmal nicht ganz 8 Prozent des Bodens. 92 Prozent gehörten den einheimischen Arabern, die man heute Palästinenser nennt, beziehungsweise arabischen Großgrundbesitzern, die in Kairo, Beirut oder Istanbul lebten.

Es kam zum Krieg. Die Araber konnten eine für sie derartig ungerechte Teilung nicht akzeptieren, zumal es nicht einmal eine Volksabstimmung darüber gegeben hatte. Die jüdischen Vertreter stimmten dem Teilungsvorschlag natürlich zu. Auch wenn es vordergründig so aussah, als ob schwache Juden gegen überlegene Araber kämpften, stellte sich doch schnell heraus, dass die Juden besser ausgebildet, stärker bewaffnet und psychologisch gut vorbereitet waren. Der Krieg, der von Israel als Unabhängigkeitskrieg bezeichnet wird, endete 1949 mit einem Waffenstillstandsabkommen, das schließlich sogar 72 Prozent des Territoriums unter die Kontrolle Israels brachte und den Rest dem jordanischen Königreich zusprach. Die Zionisten hatten ihr Ziel also weitgehend erreicht.

Nicht alle Araber wurden in den Wirren der Jahre 1948 und 1949 vertrieben. Einige leisteten hartnäckigen Widerstand und gaben ihren Grund und Boden nicht auf, so dass trotz des Befehls von David Ben Gurion, alle Palästinenser zu vertreiben, etwa 150 000 von ihnen zum Zeitpunkt des Waffenstillstands, vor allem im nördlichen Landesteil, ihre Heimatorte nicht aufgegeben hatten. Das galt insbesondere für Haifa, Nazareth, Akkon, Schefar'am und umliegende arabische Dörfer, die mehrheitlich von arabischen Menschen bewohnt blieben. Diese Araber lebten bis Mitte der sechziger Jahre allerdings unter einer strengen israelischen Militärverwaltung. Ihre Zahl hat sich im Laufe der Jahre durch natürliches Bevölkerungswachstum verzehnfacht.

Nach dem Krieg begann der Alltag. Mein Bruder Nathan besorgte mir eine Arbeit bei Solel Boneh. Ich saß über Zahlenkolonnen gebeugt, addierte, subtrahierte und multiplizierte. Zahlen schwirrten mir im Kopf herum. Mathematik war nicht meine Stärke, und diese Tätigkeit bereitete mir mit jedem Tag weniger Vergnügen. Ich kündigte und fand eine Stelle bei der Regierung als Kontrolleur. Es war die Zeit der strikten Rationierung aller Lebensmittel. Ich musste an Wegkreuzungen Lastwagen anhalten und nach Lebensmitteln durchsuchen, die für den Schwarzmarkt bestimmt sein konnten. Aber auch diese Arbeit war nicht nach meinem Geschmack. Ich wollte unbedingt zu meinem erlernten und geliebten Beruf, dem Buchhandel, zurückkehren.

In einer Zeit des nackten Existenzkampfes waren Bücher wenig gefragt, und auch beim »Volk des Buches«, wie sich die Juden gern nannten, war es mitnichten anders. Der Gewerkschaft Histadrut gehörte der Verlag »Am Oved«, der eine Filiale in Haifa hatte, die wegen mangelnder Wirtschaftlichkeit geschlossen wurde. Die Direktion des Verlages befand sich in Tel Aviv, damals noch in der Allenby Street. Ich fuhr dorthin, meldete mich beim Direktor des Verlages und bewarb mich bei ihm um die Stelle eines Filialleiters in Haifa. Der Mann schaute mich verständnislos an.

»Wir haben die Filiale in Haifa geschlossen, weil sie die Kosten nicht decken konnte. Und Sie wollen sie unter diesen Umständen wiedereröffnen?«

Ich bejahte, mir schien es den Versuch wert.

»Und wovon wollen Sie leben? Das Gehalt, das wir Ihnen zahlen können, selbst der Mindestlohn, den wir zu zahlen verpflichtet sind, ist so gering, dass Sie davon ihre Familie nicht ernähren können«, sagte er und fügte nach einer kurzen Pause hinzu, »aber wir wären bereit, Sie zu einem gewissen Prozentsatz am Umsatz zu beteiligen. Wenn es Ihnen gelingen sollte, den Verkauf unserer Bücher so zu steigern, dass er Ihnen einen angemessenen Lebensstandard ermöglicht, dann würde sich eine Wiedereröffnung der Filiale in Haifa für beide Seiten lohnen.«

Zu diesen Bedingungen bekam ich die Stelle bei Am Oved und war nun Leiter der Verlagsfiliale in Haifa. Meine Aufgabe offenbarte sich als überaus schwierig, viel schwieriger, als ich vermutet hatte. Mir wurde ein Lager der gängigen Werke des Verlages eingerichtet. Die Bücher waren da, die Käufer musste ich finden und überzeugen. Ich dachte da oft an Max Liebermanns Bonmot: »Malen kann jeder, verkaufen, das ist die Kunst.«

Bei Sonnenaufgang stand ich auf, frühstückte, machte mich auf den Weg ins Büro, das gleichzeitig auch Lager war, packte meine zwei großen ledernen Bücherkoffer voll mit Musterexemplaren und machte mich auf den Weg, die Industriebetriebe in Haifa und Umgebung aufzusuchen, während der Arbeitspausen mit den Arbeitern zu reden, um sie für ein Buchabonnement zu gewinnen. Weil ich weder ein Fahrzeug und nicht einmal eine Fahrerlaubnis besaß, war ich gezwungen, all diese Wege mit dem öffentlichen Nahverkehr zu bewältigen. Ich musste die schweren Taschen zum Busbahnhof schleppen und wieder von den Haltestellen zu den Betrieben, die ich täglich besuchte. Wer jemals im Buchhandel gearbeitet hat, weiß, wie schwer Bücher sein können. Jeder dieser Koffer wog mindestens 40 bis 50 Pfund. So beladen drängte ich mich in den überfüllten Autobus, der die Angestellten und Arbeiter in die Industriebetriebe Haifas brachte. Der Besuch einer Fabrik nahm einen ganzen Vormittag in Anspruch, weil ich nur während ihrer Frühstücks- und Mittagspause Gelegenheit hatte, die Arbeiter anzusprechen. Um zwei Uhr nachmittags kam ich müde und hungrig nach Hause und nahm das Mittagsmahl ein, das meine Frau vorbereitet hatte. Dann eilte ich ins Büro zurück, das meinem Arbeitsvertrag gemäß von drei bis sechs Uhr geöffnet sein musste. In dieser Zeit ordnete ich mein Auftragsbuch, trug die bestellten Bücher zusammen, um sie in Papier verpackt am folgenden Tag auszuliefern. Es fehlte auch nicht an Kunden, die sich in der Filiale einfanden, und Kaufinteressenten, die nur im Sortiment stöbern wollten. Aber auch wenn die Arbeit mühsam und anstrengend war, konnte ich endlich wieder meinem angestammten Beruf nachgehen. Der Verdienst war tatsächlich sehr bescheiden, so dass der Verlag mich bald vor die Alternative stellte, entweder die Filiale zu schließen oder sie auf eigene Rechnung als Sortimentsbuchhandlung zu übernehmen. Immerhin erklärte sich die Verlagsleitung bereit, mir das Büro und das Lager gegen eine symbolische Miete zu überlassen und mir das exklusive Vertriebsrecht für die Titel des Verlages im lokalen Buchhandel einzuräumen. Ich übernahm also die Leitung der Filiale, obwohl ich keine Rücklagen besaß und nicht wusste, wie ich meine Familie in den kommenden Monaten durchbringen sollte.

Es war ein gewagtes Unternehmen, aber im Vertrauen auf meine Berufserfahrung und auf das Entgegenkommen der einheimischen Verleger sprang ich in das kalte Wasser der Selbständigkeit, in der Hoffnung, dass ich mich schon irgendwie über Wasser würde halten können. Zumindest das gelang mir, zugegebenermaßen in der ersten Zeit nur mit großer Not. Ganz langsam verbesserte sich meine Einkommenssituation. Mein Büchersortiment beschränkte sich ausschließlich auf hebräische Bücher, und es gelang mir, eine ansehnliche Kundschaft unter Akademikern und Geschäftsleuten in Haifa zu etablieren. Regelmäßig besuchte ich Schuldirektoren, Anwälte und Ärzte und fand mit der Zeit heraus, an welchen Themengebieten meine Kunden interessiert waren, so dass ich sie zunehmend mit gezielten Angeboten ansprechen konnte.

Nach dem Krieg machten die Juden ihrem Namen, ein »Volk des Buches« zu sein, wieder alle Ehre. In Israel nehmen Bücher in nahezu jedem Haus und jeder Wohnung einen ehrenvollen Platz ein. Solche Wertschätzung war zweifellos ein hilfreicher Umstand für die positive Entwicklung meines Geschäfts. Neben meiner Tätigkeit als Buchhändler gab ich ein monatlich erscheinendes Bulletin heraus, das alle Publikationen Israels bibliographisch auflistete. Ich hatte auch mehrere Kunden für die große *Hebräische Enzyklopädie*, die vom bekannten Verlag Massada herausgegeben wurde. Sie war geplant auf 24 Bände, und jeder Band kostete ein kleines Vermögen. Jedes Mal, wenn ein neuer Band erschien, kamen die Kunden in mein Lager, um die Kostbarkeit abzuholen.

Oft half mir mein Sohn Abraham. Er blieb nach der Schule im Lager und bediente mit seinen zwölf Jahren gelegentlich vorbeikommende Interessenten. Eines Tages, als er wieder einmal allein im Lager war, kam ein Abonnent der *Hebräischen Enzyklopädie* und wollte den soeben erschienen Band abholen. Mein Sohn schaute, wie ich es ihm beigebracht habe, in die Kartei und fand auch den Namen des Kunden. Überzeugt davon, dass er richtig handele, händigte er ihm den Band aus. Als ich zurückkam, erzählte er mir stolz, dass er einen *Enzyklopädie*-Kunden bedient hätte. Als ich aber den Namen des Kunden hörte, bekam ich einen roten Kopf und schrie meinen armen Sohn zornig an, dass er das nicht hätte machen dürfen, da der Kunde schon die zwei letzten Bände nicht bezahlt habe. Als Erziehungsmaßnahme beauftragte ich ihn, den Kunden aufzusuchen und entweder mit Geld oder mit dem Buch zurückzukehren. Ich konnte mir vorstellen, wie peinlich es ihm war, aber ich durfte es unter keinen Umständen zulassen, dass der Kunde mit seiner Frechheit davonkommt. Spät abends kam mein Sohn mit einem stolzen Siegeslächeln nach Hause und drückte mir wortlos das Geld für alle drei Bände in die Hand. Tags darauf kam der Kunde sogar in mein Lager und entschuldigte sich.

Die schweren Jahre in der Sowjetunion, der nicht ganz ausgeheilte Typhus, die nicht minder schweren Jahre in Israel und das ungewohnte Klima ließen schlummernde Krankheiten wieder hervorkommen. Mehrmals brach ich auf offener Straße zusammen. Einmal wurde mir von Passanten aufgeholfen, und man brachte mich zu meinem Bruder Nathan ins Büro. Er fuhr mich in seinem Wagen nach Hause. Ich durfte nicht krank werden und wies jeden Gedanken, mich für eine Zeitlang zu schonen und wieder zu Kräften zu kommen, weit von mir. Wie sollte die Arbeit auch ohne mich weitergehen? Wovon sollte meine Familie leben?

Der menschliche Körper nimmt auf solche existentiellen Fragen leider keine Rücksicht. Wie bisher machte ich trotz meiner angegrif-

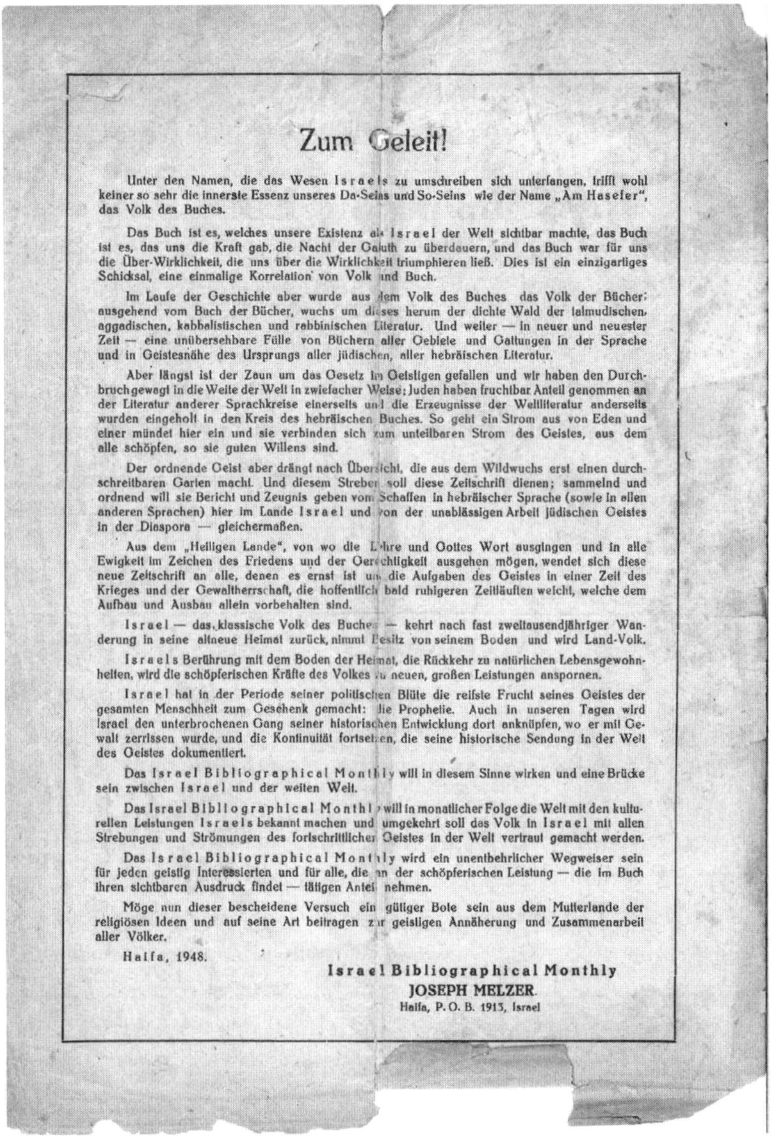

# Zum Geleit!

Unter den Namen, die das Wesen Israels zu umschreiben sich unterfangen, trifft wohl keiner so sehr die innerste Essenz unseres Da-Seins und So-Seins wie der Name „Am Hasefer“, das Volk des Buches.

Das Buch ist es, welches unsere Existenz als Israel der Welt sichtbar machte, das Buch ist es, das uns die Kraft gab, die Nacht der Galuth zu überdauern, und das Buch war für uns die Über-Wirklichkeit, die uns über die Wirklichkeit triumphieren ließ. Dies ist ein einzigartiges Schicksal, eine einmalige Korrelation von Volk und Buch.

Im Laufe der Geschichte aber wurde aus dem Volk des Buches das Volk der Bücher; ausgehend vom Buch der Bücher, wuchs um dieses herum der dichte Wald der talmudischen, aggadischen, kabbalistischen und rabbinischen Literatur. Und weiter — in neuer und neuester Zeit — eine unübersehbare Fülle von Büchern aller Gebiete und Gattungen in der Sprache und in Geistesnähe des Ursprungs aller jüdischen, aller hebräischen Literatur.

Aber längst ist der Zaun um das Gesetz im Geistigen gefallen und wir haben den Durchbruch gewagt in die Weite der Welt in zwiefacher Weise; Juden haben fruchtbar Anteil genommen an der Literatur anderer Sprachkreise einerseits und die Erzeugnisse der Weltliteratur anderseits wurden eingeholt in den Kreis des hebräischen Buches. So geht ein Strom aus von Eden und einer mündet hier ein und sie verbinden sich zum unteilbaren Strom des Geistes, aus dem alle schöpfen, so sie guten Willens sind.

Der ordnende Geist aber drängt nach Übersicht, die aus dem Wildwuchs erst einen durchschreitbaren Garten macht. Und diesem Streben soll diese Zeitschrift dienen; sammelnd und ordnend will sie Bericht und Zeugnis geben vom Schaffen in hebräischer Sprache (sowie in allen anderen Sprachen) hier im Lande Israel und von der unablässigen Arbeit jüdischen Geistes in der Diaspora — gleichermaßen.

Aus dem „Heiligen Lande“, von wo die Lehre und Gottes Wort ausgingen und in alle Ewigkeit im Zeichen des Friedens und der Gerechtigkeit ausgehen mögen, wendet sich diese neue Zeitschrift an alle, denen es ernst ist um die Aufgaben des Geistes in einer Zeit des Krieges und der Gewaltherrschaft, die hoffentlich bald ruhigeren Zeitläuften weicht, welche dem Aufbau und Ausbau allein vorbehalten sind.

Israel — das klassische Volk des Buches — kehrt nach fast zweitausendjähriger Wanderung in seine altneue Heimat zurück, nimmt Besitz von seinem Boden und wird Land-Volk.

Israels Berührung mit dem Boden der Heimat, die Rückkehr zu natürlichen Lebensgewohnheiten, wird die schöpferischen Kräfte des Volkes zu neuen, großen Leistungen anspornen.

Israel hat in der Periode seiner politischen Blüte die reifste Frucht seines Geistes der gesamten Menschheit zum Geschenk gemacht: die Prophetie. Auch in unseren Tagen wird Israel den unterbrochenen Gang seiner historischen Entwicklung dort anknüpfen, wo er mit Gewalt zerrissen wurde, und die Kontinuität fortsetzen, die seine historische Sendung in der Welt des Geistes dokumentiert.

Das Israel Bibliographical Monthly will in diesem Sinne wirken und eine Brücke sein zwischen Israel und der weiten Welt.

Das Israel Bibliographical Monthly will in monatlicher Folge die Welt mit den kulturellen Leistungen Israels bekannt machen und umgekehrt soll das Volk in Israel mit allen Strebungen und Strömungen des fortschrittlichen Geistes in der Welt vertraut gemacht werden.

Das Israel Bibliographical Monthly wird ein unentbehrlicher Wegweiser sein für jeden geistig Interessierten und für alle, die an der schöpferischen Leistung — die im Buch ihren sichtbaren Ausdruck findet — tätigen Anteil nehmen.

Möge nun dieser bescheidene Versuch ein gütiger Bote sein aus dem Mutterlande der religiösen Ideen und auf seine Art beitragen zur geistigen Annäherung und Zusammenarbeit aller Völker.

Haifa, 1948.

**Israel Bibliographical Monthly**
**JOSEPH MELZER**
Haifa, P. O. B. 1913, Israel

*Mein Geleitwort zur ersten Ausgabe meiner monatlichen Bibliografie*

fenen Gesundheit unermüdlich weiter, bis ich eines Tages in das Landeskrankenhaus in Afula eingeliefert werden musste. Nach vierwöchigem Aufenthalt wurde ich wieder als »geheilt« ohne speziellen medizinischen Befund entlassen. Ich war offensichtlich »nur« am Ende meiner Kräfte angelangt.

Am 9. Januar 1955 kam unsere Tochter Judith auf die Welt. Nun waren wir eine fünfköpfige Familie, was bedeutete, dass ich mich noch mehr anstrengen musste, um uns alle über Wasser zu halten.

Inzwischen hatte mir mein Bruder Nathan, der in einem ruhigen Vorort von Haifa wohnte, zu einer neuen Bleibe in seiner Nähe verholfen. Es war mehr als nur eine Wohnung, es war ein Einfamilienhaus mit Garten. Das Haus hatte vier Zimmer, und es war das erste Mal in meinem Leben, dass ich so viel Platz hatte, vom Garten ganz zu schweigen. Wir hatten mehrere Guayava- und zwei Granatäpfelbäume. Das Haus lag in einer gutbürgerlichen Gegend, in der Nachbarschaft standen andere Einfamilienhäuser und manche protzige Villen.

Direkt angrenzend an unser Grundstück befand sich der Kindergarten, so dass unsere Tochter Judith nur den Zaun zu überwinden brauchte, um dorthin zu gelangen. Die Schule für meine beiden Söhne war auch ganz in der Nähe, und zum Strand war es auch nicht weit, wohin nach der Schule meine Söhne im Sommer barfuß zu laufen pflegten, um erst abends zurückzukommen.

Im Jahre 1956 kam es zur Suezkrise. Das kleine Israel führte gemeinsam mit Frankreich und England für die Interessen der ehemaligen Kolonialmächte einen Krieg gegen Ägypten, den man in Israel verniedlichend »Sinai-Feldzug« nannte. Wieder fühlte ich mich in ambivalente Gefühle verstrickt. Ich wusste nicht, wofür ich mich entscheiden sollte. Einerseits war ich Israeli, mit allem, was das bedeutete, aber andererseits war mir auch der neokolonialistische Charakter dieses Unternehmens nicht geheuer.

In Israel, voran in der Mapai, der Partei Ben Gurions, hatte sich ein bedrückender Chauvinismus im Gewand eines patriotischen Sozialismus breitgemacht. Überall blau-weiße Fahnen und Soldaten mit Maschinengewehren über den Schultern. Araber waren nicht zu sehen; in Galiläa lebten sie ja unter der Militärverwaltung und durften nicht einmal ohne Erlaubnis ihre Dörfer verlassen. Selbst in Haifa, wo weiterhin ein Rest der einheimischen arabischen Bevölkerung verblieben war, sah man kaum Araber auf den Straßen. Sie lebten eingepfercht im unteren Teil der Stadt in einem Ghetto in Wadi Nisnas, in der Nähe des Hafens. Dort waren sie unter sich. Kaum ein Jude wagte es, dieses Viertel zu betreten. Die Araber ihrerseits trauten sich nicht in die Oberstadt auf dem Karmel, wo ausschließlich Juden wohnten. Es herrschte eine strikte ethnische Trennung zwischen der jüdischen und der arabischen Bevölkerung.

Der aggressive Nationalismus, der das Land erfasst hatte, diente als eine Art Religionsersatz. Man war vollauf mit dem Schießen und Werfen von Bomben beschäftigt. Einer Vergeltungsaktion folgte die nächste von der anderen Seite, und am Ende wusste man nicht mehr, ob eine militärische Unternehmung eine Aktion oder eine Reaktion war. Vergeltung wurde zum populärsten Wort in der Presse. Überall wurden lautstark chauvinistische, aber auch pervertierte sozialistische Phrasen hinausposaunt. Wenn Erwachsene sich trafen, dann fragten sie einander nicht, wo sie studiert, sondern wo sie gedient hatten. Aus den Juden waren Preußen und Israel eine Art Sparta geworden. Die vielen Fahnen erinnerten mich ans Berlin der dreißiger Jahre und an das, was Herzl über Fahnen geschrieben hatte.

Die Luft in Israel war mir zum Ersticken dünn geworden. Ich empfand den Zionismus als aggressiv und autoritär, dem Judentum, wie ich es kannte, zutiefst widersprechend und als einen gefährlichen, ja faschistischen Irrweg. Ich fühlte ein dringendes Bedürfnis nach einem Ortswechsel, nicht zuletzt, um mir Klarheit über meine Zukunft und die meiner Familie zu verschaffen. Ich beschloss, für eine Weile nach Europa zu reisen.

Ich kehrte nach zwei Monaten wie vereinbart nach Israel zurück, aber mit der festen Absicht, das Land zu verlassen und mein Glück in Deutschland zu versuchen. Zunächst musste ich aber meine Frau von meinem Vorhaben überzeugen. Es erwies sich als ausgesprochen schwierig, jemanden, dessen gesamte Familie von Deutschen umgebracht worden war, gegen seine Überzeugung zu überreden, in das Land der Mörder zu ziehen. Meine Frau hatte nicht die Beziehung zu Deutschland, wie ich sie hatte, und erst recht nicht zur Sprache, denn sie beherrschte ja nur Jiddisch und Polnisch.

Schließlich willigte sie doch ein, und selbst heute weiß ich immer noch nicht, ob ich stolz darauf sein kann oder nicht. Ich weiß allerdings, dass sie sich nie wirklich in Deutschland integrierte. Eigentlich lebte sie in einem sprachlichen und gesellschaftlichen Ghetto. Sie verkehrte fast ausschließlich mit ihren wenigen jüdischen Freundinnen, die sie in der jüdischen Gemeinde in Köln, später in Darmstadt kennengelernt hatte. Meistens sprachen sie polnisch miteinander, und so ist ihr Deutsch bis heute fehlerhaft und rudimentär geblieben.

# IX 1958–1984

## Zurück in Deutschland

Ich habe geglaubt, dass ich mit Deutschland für immer gebrochen habe. Aber ich habe mich wohl getäuscht oder es mir nur eingebildet. Im Inneren meines Herzens sehnte ich mich nach Deutschland zurück, nach der deutschen Sprache, nach deutscher Kultur, von der ich annahm, dass sie nicht vollständig von den Nazis zerstört worden ist, nach der deutschen Landschaft, die ich in meiner Jugend lieben gelernt habe, nach dem deutschen Wetter und dem deutschen Unwetter. Die brennende Sonne in Israel machte mich krank.

Als ich im Frühjahr 1958 zum ersten Mal seit über 20 Jahren wieder Deutschland bereiste, besuchte ich in Köln Rechtsanwalt David Feinberg, einen alten Bekannten und Kunden aus Haifa. Feinberg lebte schon mehrere Jahre in Deutschland, genau seit 1953, und kümmerte sich ausschließlich um Wiedergutmachungsanträge überlebender Juden gemäß dem Staatsvertrag von 1952 zwischen Deutschland und Israel, der von David Ben Gurion und Konrad Adenauer unterzeichnet worden war. Mit dieser Tätigkeit machte er ein kleines Vermögen. Ich war dennoch überrascht, als er mir vorschlug, auch einen Antrag auf Wiedergutmachung zu stellen und mit dem Geld, dass er für mich von der Behörde bekommen würde, in Köln einen Verlag zu gründen. Sollte es nicht reichen, war er bereit, sich als stiller Teilhaber an der Finanzierung zu beteiligen. Grund für eine Wiedergutmachungszahlung sei der Verlust meines Buchlagers in Paris und nicht zuletzt der Versuch der Nazis, mich zu verhaften, was die Ursache für meine Flucht aus Deutschland war. Ich persönlich wäre nicht auf die Idee gekommen, dafür Geld vom Staat zu fordern, aber ich bin auch kein Anwalt, und seine Argumente überzeugten mich.

Ich unterschrieb diverse Vollmachten, die er mir vorlegte, darunter mein Einverständnis, dass er 20 Prozent der Summe, die ich bekommen sollte, als Honorar behalten durfte. Ich bekam am Ende tatsächlich immerhin 40 000 Mark, und Feinberg behielt seine vereinbarten Prozente. 32 000 Mark waren 1958 zwar viel Geld, aber nicht genug, um damit einen Verlag von Null weg zu starten. Feinberg stand aber zu seinem Wort und investierte so lange Geld in den Verlag, bis es ihm schließlich zu viel wurde.

Ich gründete den Joseph-Melzer-Verlag und holte meine Familie nach. Die ersten Jahre war unsere Wohnung auch mein Büro, und dort suchten mich Manès Sperber, Paul Celan und andere jüdische Intellektuelle auf, wie Prof. Alphonse Silbermann oder Prof. Nachum Glatzer. Das erste Buch, das ich verlegte, war die *Geschichte des Jüdischen Krieges* von Flavius Josephus, und mein Sohn Abraham entwarf den Schutzumschlag. Kurz danach erschienen Arnold Zweigs *Bilanz der deutschen Judenheit*, Hans Kohns *Martin-Buber-Biografie*, Leo Baecks *Das Wesen des Judentums*, Hermann Cohens *Religion der Vernunft*, Margarete Susmanns *Frauen der Romantik* und *Die Pharisäer* von Travers Herford mit einer Einleitung von Prof. Dr. Nachum Glatzer.

Das erste Jahrzehnt in der Bundesrepublik Deutschland – es waren die sechziger Jahre – war spannend und aufregend zugleich. Interessant für mich waren die Buchmessen in Frankfurt, wo ich in der Regel einen kleinen Stand in Halle 5 hatte und kaum etwas verkaufte. Die Zeit war offensichtlich noch nicht reif für Bücher, die das Judentum zum Thema hatten. Es war mir aber dennoch wichtig, präsent zu sein, zu zeigen, dass es mich und mein Programm gibt. Ständig hieß es: »Der Melzer, der ist pleite!« Und jedes Mal wurde ich mit dem Ruf begrüßt: »Ach, es gibt Sie noch.« Manche wunderten sich, andere freuten sich, die meisten haben mich aber überhaupt nicht wahrgenommen.

Trotz alledem bin ich immer wieder zur Messe nach Frankfurt gefahren, weil die Begegnungen dort für mich sehr wichtig waren.

*Der Religionsphilosoph Martin Buber (dpa)*

Dort traf ich neben vielen anderen auch Robert Neumann, den jüdischen Literaten, der im Tessin lebte und für linke deutsche Zeitungen schrieb. So wie er Deutschland liebte, so hasste er es auch. Er fragte mich immer wieder, wie ich in Deutschland leben könne, und ich antwortete stets, dass Deutschland nicht so übel sei, wie er vielleicht glaube, und dass die Schweiz moralisch keinesfalls besser dastünde als Deutschland, wenn man an die vielen Juden denkt, die die Schweiz hätte retten können, es aber nicht getan hat. Ich erinnerte ihn an den großartigen jüdischen Tenor Joseph Schmidt, der in einem Lager in der Schweiz an Tuberkulose starb. Ich war ziemlich sauer und gab ihm zu verstehen, dass er kein besserer Jude sei, wenn er sein in Deutschland verdientes Geld in der Schweiz ausgebe.

Es war aber in der Tat nicht einfach. Jedes Mal, wenn ich Deutsche meiner Generation kennenlernte, fragte ich mich, was sie wohl im Dritten Reich und im Krieg gemacht haben mochten und ob sie an der Vernichtung der Juden, vielleicht gar meiner eigenen Familie, beteiligt waren. Beim Arzt, den ich immer wieder wegen meiner noch nicht völlig auskurierten Erkrankungen aus der Zeit im Gulag und in Samarkand aufsuchen musste, hatte ich permanent das unbestimmte Gefühl, er sei ein SS-Arzt gewesen. Ich wagte aber natürlich nicht, ihn danach zu fragen. Vielleicht tue ich ihm mit solchen Verdächtigungen auch Unrecht. Er war freundlich, vielleicht zu freundlich, aber kalt wie ein Fisch. Er behandelte mich gründlich und höflich, aber ich fror, wenn er mich untersuchte.

Es war nicht einfach, Freundschaften mit Deutschen zu schließen. Nicht nur, weil ich schon zu alt war, sondern weil zwischen ihnen und mir – wie eine unsichtbare Mauer – stets der Holocaust stand. Leichter war es, mit jüngeren Deutschen zu verkehren, bei denen ich immerhin davon ausgehen konnte, dass sie keine Schuld auf sich geladen hatten. Sie hatten die Gnade der späten Geburt.

Ich kannte den großen jüdischen Religionsphilosophen Martin Buber aus seinen Schriften zum Chassidismus und seinen polemischen Beiträgen über Judentum und Zionismus in seiner Zeitschrift *Der Jude*. Er war ein liberaler Zionist, der Zeit seines Lebens gegen den aggressiven, kolonialistischen und imperialistischen Zionismus gekämpft hat. Er wollte gegen die Araber keinesfalls kämpfen, sondern mit ihnen leben. Auf dem XVI. Zionisten-Kongress im September 1921 in Karlsbad sagte er: »Ich möchte nicht von den Arabern majorisiert werden, aber ich möchte auch nicht, dass wir Juden die Araber majorisieren. Ich möchte ein Zusammenleben mit der arabischen Bevölkerung, denn sollten wir nicht miteinander leben können, dann werden wir gegeneinander leben müssen.« Leider ist es genauso gekommen.

Umso überraschter und glücklicher war ich, als ich eines Tages einen Brief aus Jerusalem in Händen hielt, in dem er mich fragte, ob ich bereit wäre, seine Schriften zum Judentum und zum Zionismus herauszugeben. Ich fühlte mich geehrt und war hocherfreut. Ich hätte mir nie träumen lassen, Verleger von Martin Buber zu werden. Natürlich habe ich umgehend zugesagt. Ich erinnerte mich an meine

Gespräche mit Edmund Lippmann, mit dem ich bei der Familie Wönnecke in Lüneburg als Praktikant gearbeitet habe.

Die Fertigstellung des Buches *Der Jude und sein Judentum* war mühevoll und zog sich eine ganze Weile hin, weil Buber immer wieder Korrekturen vornahm. Ich war unendlich stolz, Verleger dieses Buches zu sein, das auch die gesamte kontroverse Auseinandersetzung um die Positionen Bubers enthielt, sowie seine Reden vor dem Jüdischen Weltkongress in Karlsbad und seine Briefe an Ghandi. Überrascht war ich freilich, als Buber nach Erscheinen seines Buches mir schrieb und mich bat, ihm die Korrekturfahnen, die damals noch beim Drucker waren, zu schicken. Ich habe es getan und gleich darauf bedauert, denn ein solches Dokument hätte selbstverständlich ins Verlagsarchiv gehört.

Die Verlagsarbeit brachte mich mit vielen Deutschen in Berührung, die mich verstehen ließen, dass der Vorwurf einer deutschen Kollektivschuld nicht nur die Täter des Verbrechens an den europäischen Juden trifft, sondern auch viele Unschuldige. Von allen Menschen, die mir im Laufe meiner Zeit in der Bundesrepublik begegneten, möchte ich vor allem Achim von Borries hervorheben, den Herausgeber der Werke von Bertrand Russell und damals Chefredakteur sowie Herausgeber der *Blätter für deutsche und internationale Politik*. Er gehört der jüngeren deutschen Generation an, die noch die letzte Phase des Krieges erlebte. Durch unsere Gespräche, die thematisch zumeist um Juden, Deutschland und Israel kreisten, verhalf er mir zu einem tieferen Verständnis der bundesdeutschen Wirklichkeit, indem er mich davon überzeugte, dass nicht alle Deutschen ihr humanistisches Erbe verraten hatten. Er war für mich der Repräsentant eines neuen Deutschlands, mit dem ich mich trotz der Nazi-Gräuel versöhnen konnte. Er vertrat die Ideen der Aufklärung und des liberalen Denkens in seiner besten und liebenswertesten Form. Für ihn stand außer Frage, dass die geistig-sozialen Verdienste deutscher Juden sie zu bedeutenden Repräsentanten der deutschen Kultur machten.

Zwei Bücher, die damals gerade erschienen waren, lieferten den unversiegbaren Stoff zu diesem Thema. Zum einen *Saul und David* von Adolf Leschnitzer und zum anderen Jean Amérys *Jenseits von Schuld und Sühne*. Die Schuld, war sie glaubhaft nachgewiesen? Ich habe die Gaskammern in Majdanek mit eigenen Augen gesehen, die Berge von Kinderschuhen, Zahnprothesen, Brillen und das Frauenhaar. In der Bundesrepublik gab es aber vereinzelte Stimmen, die das abstritten und als Lüge und Erfindung der Juden bezeichneten. Sie konnten dies ungestraft tun. Achim litt darunter, er gehörte zu jenen Deutschen, die an dieser Schuld ihres Vaterlandes schier verzweifelten.

Und Sühne? Die Bundesrepublik zahlte beträchtliche Summen als Wiedergutmachung, teils an Einzelpersonen, teils an den Staat Israel. War damit gesühnt, was das nationalsozialistische Deutschland den Juden angetan hatte? Dies waren die Fragen, die uns bewegten.

So paradox es erscheinen mochte, Israel entstand als Folge dieser Verbrechen. Kann aber Unrecht durch Unrecht gesühnt werden? Dürfen die arabischen Bewohner Palästinas zu Sündenböcken für die deutschen Gräueltaten gemacht werden? Dies alles ging mir durch den Sinn, während ich in der Bundesrepublik lebte und an Israel dachte. Juden glaubten, keine andere Wahl zu haben, als sich an dieses für sie historisch und religiös bedeutsame Fleckchen Erde zu klammern, denn sie hatten in den Jahren von 1933 bis 1945 erfahren, dass für sie die übrige Welt als Zufluchtsort weitgehend verschlossen geblieben war. Deshalb sahen viele Juden einen Ausweg, der ihnen Sicherheit versprach, nur in Palästina. Und heute ist es Israel, das für viele Juden die Lebensversicherung ist gegen eine mögliche Wiederholung des Holocaust.

Die Lösung der Judenfrage, die mich mein Leben lang beschäftigte, ist gekoppelt mit der Menschheitsfrage, die weniger eine Frage marxistischer Dialektik und auch nicht in erster Linie eine Frage sozialen Wohlergehens ist, sondern vielmehr, wie es uns gelingen kann, unser volles Potential zu humanem Denken und Handeln stetig und zunehmend zu realisieren. Bedauerlicherweise haben die Menschen so gut wie nie die nötigen Lehren aus ihrer Geschichte gezogen, um künftiges Unheil zu verhindern. Es bewahrheiten sich insofern die Worte des Philosophen Hegel: »Wir lernen aus der Geschichte, dass wir nichts aus der Geschichte lernen.«

Deswegen müssen wir uns immer der Gefahr bewusst bleiben, dass die uns Menschen nun einmal innewohnenden Fähigkeiten zur Brutalität und Bestialität im Umgang miteinander und der uns umgebenden Natur immer wieder die Oberhand gewinnen können. Solche urmenschlichen, instinktgesteuerten, evolutionär vererbten Verhaltensweisen haben sich jedenfalls bisher in der Menschheitsgeschichte weder durch gesellschaftliche noch durch religiöse Gebote oder Verbote kontrollieren, geschweige denn aus der Welt schaffen lassen. Vermutlich wird die Spezies Mensch noch einen langen Weg bis zur wahren Menschwerdung zurückzulegen haben.

Warum glaubt der Mensch, dass er die Krone der Schöpfung sei? Warum glaubt er, dass Mensch zu sein auch human und klug sein bedeutet? Warum ist »menschlich« ein Synonym für gut und anständig? In der Tierwelt gibt es keine Spezies, die ihresgleichen so sinnlos massakriert wie der Mensch. Löwen töten und fressen andere Tiere, um zu überleben, nicht aber aus Gier, Hass oder gar Lust, und selbst Haifische töten nicht andere Haifische und wenn doch, dann in äußerster Not und weil sie Hunger haben. Und wenn sie das tun, dann nur, weil die Natur sie dazu zwingt. Es ist das darwinistische Naturgesetz des Überlebens. Menschen »fressen« aber andere Menschen nicht, um zu überleben, sondern um sie zu unterwerfen und auszubeuten und um ganze Völker zu versklaven. Mensch zu sein heißt realiter, brutal, rücksichtslos und dumm zu sein, denn kein anderes Tier zerstört mutwillig und bei vollem Bewusstsein seine eigene Welt und damit die gesamte Umwelt. Wie sonst wäre es möglich gewesen, dass Menschen im Zweiten Weltkrieg 60 Millionen andere Menschen getötet, ermordet, geschlachtet, vergast und verbrannt haben? Von den unzähligen anderen in den Kriegen zuvor und danach ganz zu schweigen.

Im Zusammenhang mit der Judenfrage beziehungsweise Israel muss ein sich bewusst zum Judentum bekennender Jude Stellung beziehen zu der Grundsatzfrage, ob er auf Israel verzichten kann oder soll. Meine Antwort lautet: Nein, er kann und darf auf Israel nicht verzichten. Dies bedeutet aber nicht, dass er mit allen politischen Entwicklungen der israelischen Politik einverstanden sein muss. Er darf und soll, immer unter der Berücksichtigung der Sicherheit Israels, seiner Kritik unbedingt Ausdruck verleihen, auch auf die Gefahr hin, dass manche Juden ihn nicht verstehen oder gar als Verräter diffamieren.

Ein wesentliches Ziel meiner Verlagsarbeit in der Bundesrepublik Deutschland bestand darin, die deutsche Öffentlichkeit einerseits mit dem Beitrag des deutschen Judentums zur deutschen Geschichte, Gesellschaft und Kultur, der während des »Tausendjährigen Reichs« verleugnet wurde, vertraut zu machen; andererseits war es mir ein Anliegen, deutschen Lesern das Denken und Fühlen der Menschen im jungen Staat Israel und die dortigen gesellschaftlichen Entwicklungen näher zu bringen.

Was den ersten Fall betrifft, so war mir die immer wieder beschworene These gegenwärtig, dass das Zusammenleben der deutschen Juden mit der nichtjüdischen deutschen Gesellschaft ein gedeihliches Miteinander gewesen sei. Daran hatte ich selbst auch geglaubt. Aber dieser These widersprach etwa Gershom Scholem ganz entschieden. Er hatte recht; ein gedeihliches Miteinander in gegenseitigem Respekt ist es nie gewesen, denn solches hätte einen gesellschaftlichen Dialog vorausgesetzt, den es nie gegeben hat. Stattdessen rief das jüdische Bemühen um Dialog und Integration im Allgemeinen wenig positive Resonanz hervor. Moses Mendelssohn, Heinrich Heine, Jakob Wassermann und Arnold Zweig – sie alle waren deutsche Dichter und Schriftsteller und blieben doch in der allgemeinen Wahrnehmung, wie es zuletzt Jakob Wassermann ausdrückte, in erster Linie – Juden. Wassermann war Deutscher und er war Jude – »eines so sehr und so völlig wie das andere, keines ist vom anderen zu lösen«. Beides zugleich zu sein, blieb ihm aber verwehrt: »Es ist mir, als wäre nur bei den Toten Gerechtigkeit zu finden gegen die Lebenden.« Und auch für Heinrich Heine stand schon vor über 100 Jahren fest, obwohl er Jude war: »Ich bin ein deutscher Dichter.«

In der Anfangsphase meiner Kölner Verlagsarbeit suchte ich 1959 das Barsortiment Wengenroth auf, einen lokalen Buchgroßhändler, um mich und meinen Verlag vorzustellen. Herr Wengenroth kannte mich nicht und wahrscheinlich auch nicht die Bücher, die ich verlegt hatte. Er war aber offensichtlich gerne bereit, einen deutschen Verleger, der ihn besuchen wollte, zu empfangen. Ich wurde in einen großen Raum, der größer als mein ganzes Büro war, vorgelassen, wo mich Herr Wengenroth freundlich empfing. Ich glaubte allerdings, bei ihm ein gewisses Befremden feststellen zu können, dass meine äußere Erscheinung dem nicht zu entsprechen schien, was er sich unter einem deutschen Verleger vorstellte. Womöglich vermutete er instinktiv, dass ich Jude bin.

Ich stellte ihm die jüngsten Neuerscheinungen meines Verlages vor, während er immer einsilbiger und reservierter wurde. Er schien unsicher, wie er sich verhalten sollte. Schließlich verstummte er und hörte mir nur noch zu. Er kannte keines meiner Bücher und hatte sie auch nicht auf Lager. Plötzlich platzte es aus ihm heraus: »Das mit den Juden, das war falsch. Man hätte sie auch vertreiben können.«

Es waren gerade 14 Jahre seit dem Zusammenbruch des Dritten Reiches vergangen. Die gesellschaftliche Atmosphäre war immer noch nationalsozialistisch belastet, und die Menschen wussten nicht, wie sie mit ihrer jüngsten Vergangenheit umgehen sollten. Die Stadt Köln war noch ziemlich zerstört, und überall sah man Ruinen und halbzerstörte Häuser. Man konnte den Krieg noch riechen, auch wenn die ersten Zeichen des Wirtschaftswunders schon sichtbar waren. Wengenroths Bemerkung machte mich sprachlos.

Was für ein Kommentar. Auch wenn Vertreibung nicht gar so schlimm wie Vergasung und Verbrennung sein mochte, dennoch ist und bleibt sie ein Verbrechen. Herr Wengenroth merkte sofort, dass er etwas ziemlich Dummes und Peinliches von sich gegeben hatte. Kaum dass unser Treffen begonnen hatte, war es auch schon wieder zu Ende. Ich stand auf, packte die Bücher in meine Tasche und ging.

Am nächsten Tag schickte er einen Lehrling mit einer fast peinlich großen Bestellung, die ich natürlich ausführte. Mehrere Jahre später machte Wengenroth Konkurs, und ich vermute, dass in seinem Lager und in der Konkursmasse noch einige Exemplare aus dieser Bestellung zu finden gewesen wären.

Es war eine schwere Zeit damals in Köln. Über dem Verhältnis von uns Juden zu den Deutschen lag eine dunkle Wolke, und nicht nur wegen der Hakenkreuzschmiererei an den Wänden der Kölner Synagoge im Jahre 1962. Es war nicht einfach für uns, sich im Alltag zurechtzufinden. Bei jeder Begegnung mit einer fremden Person, gleich ob Arzt, Rechtsanwalt, Apotheker oder Briefträger, fragte man sich unwillkürlich, was er wohl vor nur etwas mehr als einem Jahrzehnt getan haben mochte: War er vielleicht bei der SA oder bei der SS oder bei der Wehrmacht gewesen? Womöglich war er auch in anderer Funktion bei der Ermordung von Juden, vielleicht gar meiner eigenen Familie, beteiligt? Oder hatte er möglicherweise sogar Juden geholfen und ein Verdacht auf Mittäterschaft träfe ihn zu Unrecht? Es lag immer eine gewisse Spannung in der Luft, wenn Juden und Nichtjuden sich begegneten. Als bei einem Treffen der kurz zuvor gegründeten Christlich-Jüdischen Gesellschaft ein jüdischer Arzt ganz naiv erzählte, dass er auch gerne in die NSDAP eingetreten wäre und er es seinerzeit bedauert habe, dass man ihn als Juden nicht aufnehmen wollte, da musste ich fluchtartig den Raum verlassen. Nie wieder ging ich zu solchen Treffen.

Ich hatte auch meine Familie aus Israel nachkommen lassen, was gar nicht so einfach war. Meine Frau weigerte sich zunächst, in das Land der Täter zu ziehen, die ihre ganze Familie umgebracht hatten. Ich musste lange auf sie einreden, dass es für mich die einzige Chance sei, sie und die Kinder zu ernähren. Ich musste ihr versprechen, so schnell wie möglich nach Israel zurückzukehren, wo die letzten Reste ihrer Familie, die der Shoa entronnen waren, Zuflucht gefunden hatten. Ich war selbst auch keineswegs sicher, ob das, was ich zu tun beabsichtigte, richtig sei. Ich erzählte all meinen Freunden, Bekannten und Geschwistern, dass ich Israel nur für eine kurze Zeit verlassen wolle. Gerade noch war ich ein »Oleh« und jetzt wurde ich zu einem »Jored«, denn Juden, die Israel verließen, wurden verachtet und gemieden. Denn so wie ein Oleh ein Aufsteiger war, so war ein Jored im wahrsten Sinne des Wortes ein Absteiger. Kaum jemand wollte noch mit mir zu tun haben. Meine Frau litt am meisten darunter, während es für die Kinder fast so etwas wie ein

Abenteuer war. Ich selbst glaubte auch fest daran, dass wir früher oder später nach Israel zurückkehren würden. Ich habe mich aber gewaltig geirrt.

Die Jahre vergingen, und die Bindung zu Deutschland wurde immer fester und enger. Meinem ältesten Sohn Abraham wie auch meiner jüngsten Tochter Judith gelang es zunehmend, sich in die deutsche Gesellschaft zu integrieren. Nur mein jüngerer Sohn Zwi-Simon verkraftete die Umstellung nicht, und nach wenigen Jahren mussten wir ihn schließlich nach Israel zurückschicken, wo er in einem Kibbuz in Galiläa aufgenommen wurde und dort seine Schulausbildung beendete. Er diente dann in der israelischen Armee und kehrte nach Ende seiner Dienstzeit doch nach Deutschland zurück

Wir wohnten anfangs alle in einer Zweizimmerwohnung in der Mozartstraße in Köln, die auch als Verlagsbüro diente. Mein Sohn Abraham hatte gerade die Volksschule in Israel mit Auszeichnung abgeschlossen und ein staatliches Stipendium fürs Gymnasium erhalten. Leider konnte er kein Gebrauch davon machen, nachdem die Familie zu mir nach Deutschland gezogen war.

Ich wusste zunächst nicht recht, welchen Weg die Ausbildung meines Sohnes Abraham nun nehmen sollte, und machte denselben Fehler, den mein Vater mit mir gemacht hatte. Ich schickte ihn, vermittelt durch das Kölner Arbeitsamt, in die Lehre bei einem Prothesenmacher, ohne zu überlegen, ob das das Richtige für ihn sein könnte. Tatsächlich brach Abraham die Lehre schon nach zwei Monaten ab und bestand darauf, weiter zur Schule zu gehen. Sein Bruder Zwi-Simon wurde in der nächstgelegenen Volkschule angemeldet. Abraham ging in eine Realschule für Jungen und Mädchen, die er erfolgreich mit der Mittleren Reife abschloss. Danach besuchte er ein Aufbaugymnasium in Köln-Mülheim mit dem Ziel, das Abitur zu machen. Leider zerschlug sich dieser Plan wegen unseres nächsten Umzugs nach Düsseldorf. Hier begann er beim Werner-Verlag, der auf Baufachliteratur spezialisiert war, eine Verlagslehre, die er auch erfolgreich beendete.

Abraham integrierte sich sehr schnell und mit Erfolg in der Realschule. Er erwarb sich den Respekt der Lehrer und seiner Kameraden gleich am ersten Tag, als der Lehrer ihm im Geschichtsunterricht langsam, damit er es auch verstehe – sein Deutsch war noch nicht sehr gut – erklärte, dass die Klasse gerade den Dreißigjährigen Krieg bearbeite, und mit einem Schmunzeln im Gesicht unvermittelt fragte: »Wie viele Jahre dauerte der Dreißigjährige Krieg?«

»Von 1618 bis 1648«, antwortete mein Sohn.

Der Lehrer war verblüfft und sprachlos. Damit hatte er wohl nicht gerechnet, zumal von einem Schüler, der gerade erst aus Israel gekommen war.

Eines Tages wurde Abraham aber von einem Klassenkameraden als »Judenschwein« beschimpft, was er mir selbstredend erzählte. Daraufhin ging ich zur Schule und sprach die Direktorin auf dieses Vorkommnis an. Es war ihr sehr peinlich, und sie wollte den betreffenden Schüler sofort aus der Schule entfernen. Eine solche Disziplinarstrafe schien mir aber unverhältnismäßig hart und pädagogisch daher ungeeignet. Ich plädierte dafür, von einem Schulverweis abzusehen, weil mehr als der Junge selbst vermutlich seine Eltern für dessen Verhalten verantwortlich seien. Ich legte der Direktorin nahe, doch lieber mit dem Schüler und der ganzen Klasse über die Angelegenheit zu reden. Was sie offensichtlich auch machte.

Nach etwa drei Jahren in Köln zog ich mit Familie und Verlag dann nach Düsseldorf. Ein gewisser Karl Marx, der Herausgeber der *Jüdischen Allgemeinen*, überredete mich zu diesem Schritt und versprach, mir, beziehungsweise dem Verlag, finanziell zu helfen, da meine eigenen Mittel nahezu aufgebraucht waren. Aus dem Versprechen ist am Ende nichts geworden, und so musste ich weiter um meine Existenz bangen und kämpfen.

In Düsseldorf veröffentlichte ich dann die Neuauflage von Franz Oppenheimers *Erlebtes, Erstrebtes, Erreichtes*, mit einem Vorwort von Ludwig Erhard, dem damaligen Wirtschaftsminister, der ein Student von Oppenheimer gewesen war, sowie die drei ersten Bände einer Gesamtausgabe von Ludwig Börnes Schriften, deren letzte zwei Bände in meinem neuen Wohnort Darmstadt fertiggestellt wurden, wo sich auch die Druckerei befand, die mein Börne-Gesamtausgabe-Abenteuer finanzierte.

Ich hatte Börne und seine Schriften über den Umweg meiner Verehrung für Heinrich Heine kennengelernt. Er war ein ausgesprochener Gegner von Heine und selbst einer von Goethe. Über Letzteren schrieb Börne zum Beispiel: »Seit ich fühlte, habe ich Goethe gehasst, seit ich denke, weiß ich warum.«

Kurioserweise hatte es bis damals auf dem Büchermarkt keine seriöse Börne-Gesamtausgabe gegeben. Eine Sammlung seiner Schriften stammte aus den dreißiger Jahren des 19. Jahrhunderts; eine weitere war 1899 im Hesse-Verlag erschienen. Beide Ausgaben waren im Buchhandel aber nicht mehr vorhanden und selbst in Antiquariaten nicht mehr zu bekommen, wofür vermutlich die Nazis gesorgt hatten.

*Ludwig Börne*

Im Jahr 1960, noch in der Anfangsphase meiner verlegerischen Tätigkeit, fasste ich den Entschluss, zunächst einen Sammelband der wichtigsten Texte von Ludwig Börne herauszugeben. Ich wandte mich diesbezüglich an den Baseler Germanisten Walter Muschg mit der Frage, ob er nicht für mich eine solche Auswahl herausgeben oder zumindest eine Einleitung dafür verfassen wolle oder ob er mir jemanden empfehlen könne, der sich für diese Aufgabe eignen würde.

Er empfahl mir das Ehepaar Inge und Peter Rippmann aus Basel. Ich setzte mich also mit Dr. Rippmann, einem Schüler Muschgs, in Verbindung und war überrascht, als wenige Tage später ein sympathischer junger Mann in meinem kleinen Büro in Düsseldorf auftauchte, sich als Peter Rippmann vorstellte und ohne Umschweife mich davon überzeugen wollte, keinen Sammelband zu machen, sondern eine Gesamtausgabe aller Schriften Börnes. Seine Argumente für eine Gesamtausgabe schienen mir zwar überzeugend, aber ich musste ihm erklären, dass ich – so gerne ich eine Gesamtausgabe verlegen würde – nicht das dafür notwendige Kapital aufbringen könne. Er ließ mein kaufmännisches Argument nicht gelten und beharrte auf seinem Plan, eine Gesamtausgabe herausgeben zu wollen. Für anderes stünde er nicht zu Verfügung. Ich bedauerte, ihm keine Zusage zu einer Gesamtausgabe machen zu können.

Was ihm vorschwebte, waren drei Bände mit insgesamt etwa 3 000 Seiten. Ich beriet mich mit meinem Drucker Christoph Kreickenbaum in Darmstadt, der von der Vorstellung einer Gesamtausgabe begeistert war und mir zusicherte, bei deren Realisierung behilflich zu sein. Schlussendlich gab ich Rippmanns Drängen nach und war einverstanden, obwohl ich immer noch keine hinreichend genaue Vorstellung von den Kosten eines solchen Projekts hatte.

Rippmann schickte sein Manuskript für Band 1 und in kurzen Abständen auch für die Bände 2 und 3. Damit war die Gesamtausgabe aber noch nicht fertig. Wir hatten Manuskripte für drei Bände mit mehr als 4 000 Seiten. Kreickenbaum zeigte mir einen Lagerraum in seinem Keller von fast 40 Quadratmetern, dessen Regale ausschließlich mit Blei für die Drucklegung der »Rippmann'schen« Börne-Gesamtausgabe angefüllt war. Allein der Wert dieses Bleis überstieg die Gesamtkosten einiger Bücher, die ich verlegt hatte. Darüber hinaus waren ja noch die Kosten für Papier und Druck zu berücksichtigen. Dieses Projekt würde ein Vermögen verschlingen, über das ich einfach nicht verfügte. Ich wusste nicht einmal, wovon ich die Druckerei bezahlen sollte. Kreickenbaum blieb aber geduldig und drängte mich nicht, obwohl er dann noch fast zwei Jahre auf die restlichen Manuskripte warten musste.

1968 hatte Börnes Gesamtausgabe in fünf Bänden mit etwa 7 000 Seiten die enorme Summe von fast 300 000 DM verschlungen, nicht eingerechnet ein Drucklegungszuschuss der Volkswagenstiftung in Höhe von 50 000 Mark. Alles erwies sich als eine formidable Fehlinvestition. Börne entwickelte sich insofern zum Albtraum.

In den fünfziger und sechziger Jahren hatten viele Kunden offensichtlich eine gewisse Scheu, sich mit der Judenfrage auseinanderzusetzen, und die Buchhändler hatten ihrerseits kein Interesse daran, ihre Kunden in irgendeiner Weise zu provozieren. Später ging es meinem Sohn mit seinen israelkritischen Büchern nicht anders. Buchhändler sagten ihm, dass sie solche Bücher aus Rücksicht auf ihre jüdische Kundschaft nicht anbieten könnten. Das lässt sich nur als Heuchelei bezeichnen, denn sie dürften kaum jüdische Kundschaft gehabt haben. Diese war nämlich bekanntermaßen von den Nazis vertrieben oder ermordet worden. Die wenigen Juden, die es damals wieder in Deutschland gab, waren mitnichten »Kundschaft« für den deutschen Buchhandel. Das intellektuelle, Bücher kaufende jüdische Bürgertum gab es nicht mehr. Zivilcourage und Wahrhaftigkeit war nicht die Sache solcher Buchhändler, und eine Literatur, die ihre arische Kundschaft womöglich an das Tausendjährige Reich erinnern könnte, war nicht besonders populär. Deswegen errichteten die Buchhändler schon vorsorglich eine Barriere für ein in dieser Richtung interessiertes Publikum. Denn potentielle Kunden gab es sehr wohl, wie mein Sohn später mit dem Nachdruck meiner gescheiterten Titel erfahren durfte, auch wenn sie eine Minderheit waren. Oft gelang es mir nicht, eine zur Deckung meiner Kosten ausreichende Zahl an Büchern zu verkaufen, geschweige denn Gewinn zu machen.

Der Verlag war ab einem bestimmten Zeitpunkt eigentlich bankrott, und ich wusste mir nicht mehr zu helfen. Da tauchte durch die Vermittlung meines Sohnes eines Tages ein junger Mann auf, der sich um eine Stellung im Verlag bewarb. Ich sagte ihm in aller Offenheit, wie es um den Verlag stand und dass ich nicht einmal mir selbst ein Gehalt auszahlen konnte. Das konnte ihn aber nicht abschrecken. Es war ihm augenscheinlich Ernst mit seiner Bewerbung, und er war zuversichtlich, dass es ihm gelingen würde, den Verlag zu sanieren.

Jörg Schröder, so hieß der junge Mann, besaß ein außerordentliches Verkaufstalent, war beredt und konnte überzeugen. So gelang es ihm zum Beispiel, der Bundeszentrale für politische Bildung in Bonn so viele Bücher aus dem Melzer-Verlag zu verkaufen, dass sich die akute, brenzlige Liquiditätssituation des Verlages zunächst deutlich entschärfte. Er setzte auf eine Karte, die ich nie auszuspielen gewagt hätte, nämlich, dass der Melzer-Verlag ein jüdisches Unternehmen sei. Er drohte mit einem für das damalige Deutschland peinlichen Skandal, wenn der einzige jüdische Verlag Konkurs anmelden müsste. Es half.

Die verbesserte Finanzlage erlaubte es uns, nach Darmstadt umzuziehen, wo uns der Drucker Kreickenbaum, bei dem der Börne ja gedruckt wurde, Unterstützung versprach. Er vermittelte uns ein Gespräch mit dem Bürgermeister, und dieser überredete uns, den Verlagsstandort nach Darmstadt zu verlegen, das er zu einer sauberen Industriestadt ausbauen wollte.

Schröder spekulierte auf eine großzügige Unterstützung durch die Kommune. Tatsächlich besorgte uns die Kulturbehörde zwei Wohnungen im Vorort Eberstadt, in einem Hochhaus des Bauvereins für Arbeiterwohnungen, eine für mich und eine für Jörg Schröder. Das war es dann aber auch schon mit der Unterstützung durch die Kulturbehörde Darmstadts. Schröder gab aber nicht auf, und es gelang ihm, durch die Vermittlung von Eugen Kogon, Ordinarius für wissenschaftliche Politik an der Technischen Hochschule Darmstadt, Verbindung mit den Gewerkschaften aufzunehmen, zunächst mit der IG-Metall, der er 100 Exemplare der Börne-Ausgabe zum damals noch vollen Preis von 270 Mark verkaufen konnte. Dies bedeutete einen stattlichen Umsatz von 27 000 Mark.

Viel wichtiger als der Kontakt zu den Gewerkschaften war aber die Vermittlung einer Geschäftsbeziehung mit der Bank für Gemeinwirtschaft, die uns zunächst eine Kontoüberziehungsmöglichkeit einräumte und uns später auch einen großzügigen Kredit gewährte. Die Empfehlung von Eugen Kogon, das schlechte Gewissen der Gewerkschaftsfunktionäre und ihr Bestreben, etwas »wiedergutzumachen«, ließ sie alle Augen zudrücken und jede kaufmännische Vor-

*Meine Frau Mirjam und Tochter Judith*

*Auf der Buchmesse 1961 in Frankfurt*

sicht außer Acht lassen. Damit waren die drängendsten Geldsorgen erstmals behoben, und ich konnte aufatmen und in Ruhe weiterarbeiten.

Vor allem wirtschaftliche Gründe hatten es notwendig gemacht, von der strengen, von mir persönlich bevorzugten Judaica-Verlagslinie abzuweichen. Mitte der sechziger Jahre wäre es dafür ohnehin noch zu früh gewesen, mit derartigen Büchern waren nur Verluste zu machen. Mein Sohn Abraham, der ein Jahrzehnt später dieselben Titel für den Fourier-Verlag produzierte, sollte damit Auflagen erreichen, von denen ich seinerzeit nicht einmal zu träumen gewagt hätte. Judaica waren inzwischen fast eine Garantie für Verkaufserfolg geworden, und Fourier hat davon profitiert.

Es mussten also Titel gemacht werden, die bessere Verkaufsaussichten hatten und die so das Überleben des Verlags garantieren konnten. Das gelang uns, beziehungsweise Jörg Schröder, mit dem Buch von Pauline Réage, *Geschichte der O,* das seinerzeit zu Unrecht als Pornographie galt.

Jörg Schröder kam eines Tages zu mir und berichtete von einem französischen Roman, der bereits vollständig übersetzt beim Verlag Kurt Desch liege. Da er ein brisantes erotisches Thema behandelte, traute sich Herr Desch nun aber nicht, es zu veröffentlichen. Ich fragte Schröder verwundert, wenn Desch – im Vergleich zu uns ein riesengroßer Verlag – sich nicht traute, warum sollten ausgerechnet wir uns dann trauen?

»Ganz einfach«, sagte Schröder, »weil uns das Wasser bis zum Halse steht und wir keine andere Wahl haben. Wir müssen das Risiko eingehen. Pleite sind wir schon, es kann also nur besser werden.«

Schröder startete schließlich mit einer Erstauflage von 10 000 Exemplaren. Ich bekam einen Schock und dachte, dass er damit den Verlag endgültig ruinieren würde. Er war aber nicht nur ein Spieler, er verstand sein Geschäft durchaus. Er glaubte fest an den Erfolg. Da wir aber kein Geld für Werbung hatten, ließen sich in den ersten Wochen nach Erscheinen allerdings nur wenige Exemplare des Buches verkaufen. Ich hatte schon das Ende des Verlags vor Augen und stellte mich schon auf den Gang zum Gericht ein, um Konkurs anzumelden.

Eine Rezension im *Spiegel* aber mit dem schlüpfrigen Titel »O, la la« machte das Buch über Nacht zum Erfolg. Es blieb mehrere Wochen auf der Bestsellerliste und machte den Melzer-Verlag schlagartig bekannt und – liquide. Die gesamte Erstauflage war drei Tage nach der *Spiegel*-Rezension ausverkauft. Und weitere Bestellungen für mehrere Tausend Exemplare prasselten auf uns ein. Von dem Tag an, als die *Spiegel*-Rezension erschienen war, stand unser Telefon nicht mehr still. Jeden Tag kamen ungefähr 2000 Mark in Scheinen mit der Post an, dazu unglaubliche Mengen an Buchhändlerbestellungen.

Die *Geschichte der O* hat nebenbei den Weg für die Erotikwelle in Deutschland frei gemacht. Ich kann mich an den Anruf des Einkaufsleiters von Beate Uhses Erotikunternehmen erinnern, der mich fragte, wie viele Exemplare wir noch auf Lager hätten.

»Warum wollen Sie das wissen«, fragte ich erstaunt zurück.

»Ich übernehme sie alle. Wo befinden sich die Bücher? Ich schicke einen Lastwagen vorbei.«

In der Folge war unsere Hauptsorge, schnellstens nachzudrucken, damit wir lieferfähig blieben. Anfangs gab es noch eine kleine Auseinandersetzung mit der Auslieferung Libri, die uns mitgeteilt hatte, dass man ein »solches« Buch nicht auszuliefern gedenke. Ich war verzweifelt und entmutigt, während Schröder zur Höchstform auflief. Er rief bei Libri an, verlangte den Inhaber und Geschäftsführer Georg Lingenbrink und teilte diesem mit, dass wir die Aufhebung seines Lieferstopps innerhalb einer Stunde erwarteten, da wir ihn andernfalls auf eine sechsstellige Summe Schadenersatz verklagen würden. Er vergaß nicht zu erwähnen, dass das Buch weder verboten noch indiziert sei und der Vertrag mit uns ihn dazu verpflichte, alle Bücher unseres Verlages auszuliefern. Es verging keine halbe Stunde, und wir bekamen ein Telegramm von Libri: »LIEFERSTOPP AUFGEHOBEN. SETZEN DIE AUSLIEFERUNG FORT.«

Ein weiteres Problem tauchte auf, als wir schnell nachdrucken mussten. Schröder hatte für die erste Auflage des Buches ein teures und seltenes marmoriertes Japanpapier gewählt, das man auf die Schnelle nicht nachgeliefert bekam. Guter Rat war teuer, aber die Lösung erwies sich sogar als kostengünstiger. Schröder ließ das Papier fotografieren und druckte das Muster auf billigerem Papier nach. Wir atmeten auf, als die zweite Auflage gedruckt vorlag, denn inzwischen türmten sich die Bestellungen. Dritte, vierte und weitere Auflagen folgten.

Die »O« brachte so viel Geld in die leeren Kassen des Verlages, dass Schröder junge deutsche und holländische Autoren zu verlegen in der Lage war, die sich aber kaum durchsetzen konnten. So war das Geld zerronnen wie gewonnen. Wir veröffentlichten dann etliche weitere Bücher, darunter eine Reihe politischer Pamphlete, die heute aber zumeist vergessen sind.

Im Herbst 1967, kurz vor der Frankfurter Buchmesse, schickte der Verlag einen Brief an Buchhändler und Kollegen:

*Liebe Leser, Kritiker und Kollegen, auf den folgenden Seiten finden Sie unser Jahresprogramm, vor allem unsere Herbstproduktion, die ich Ihrer besonderen Aufmerksamkeit empfehle. Zuvor aber möchte ich mich bedanken: bei den Lesern für das selbst unsere Erwartungen übertreffende Interesse und bei den Kritikern für die verständnisvolle Aufnahme unserer Bemühungen. Es ist keine Selbstverständlichkeit, wenn trotz »Krisenstimmung« im Buchhandel ein kleiner Verlag, der etwas Neues unternimmt, Beachtung und Anerkennung findet, wie der Melzer-Verlag es erfahren hat.*

*Das neue Programm im Herbst 66 und Frühjahr 67 war zunächst ein Experiment, es gab mehr skeptische Stimmen als Optimisten. Die Wohlmeinenden, welche gewarnt hatten: »In dieser Zeit, in dieser Krise, als kleiner Verlag, ohne die finanziellen Möglichkeiten der Großverlage, Werbung etc., ein literarisches Programm herauszubringen, das ist verlegerischer Selbstmord.« Das Interesse der Leser (und unsere Verkaufszahlen; schließlich lebt ja kein Verlag von der Luft oder vom Geist allein) haben gezeigt, dass unser Optimismus recht behalten sollte. Ich würde mich freuen, wenn auch unser Herbstprogramm 67 so gut bei Ihnen ankäme wie die Titel davor. Eigentlich bin ich sicher. Es bringt, meine ich, einige Überraschungen und Erfolge. Jörg Schröder.*

Das war nicht mein Brief, nicht mein Stil, wenn es auch mein Verlag war. Aber war es wirklich noch mein Verlag? In dieser Zeit begann meine Entfremdung und Distanzierung von Schröder, meinem eigenen Verlagsleiter. Mit einem aber hatte er zweifelsfrei recht: Es sollte in der Tat einige Überraschungen geben.

Während der Buchmesse 1967 fand auch das legendäre Frankfurter Read-in in Adam Seides Galerie am Röderbergweg statt, wo er gemeinsam mit den Künstlern Alf und Thomas Bayrle in einem Haus residierte, das vor dem Krieg ein »Heim für höhere jüdische Mädchen« gewesen war. Adam Seide war ein Frankfurter Original, der eine Zeitschrift namens *Egoist* herausbrachte. Später, nachdem Schröder den Verlag schon verlassen hatte, kam er auf mich und meinen Sohn zu und bot uns an, den *Egoist* im Melzer-Verlag herauszugeben. Er überzeugte uns, dass das Risiko gering sei, da er über genügend Anzeigen verfüge, um die Kosten des Druckes zu decken. Alle anderen Ausgaben wie Redaktion, Graphik und Layout wollte er selbst übernehmen.

Als das erste Heft im Melzer-Verlag erschienen war und wir den Werbekunden die Rechnungen für die Anzeigen zugeschickt hatten, mussten wir erfahren, dass man die Kosten bereits an Adam Seide bezahlt habe. Der Schlawiner Seide wollte sich damit herausreden, dass er das nicht gewusst hätte, obwohl uns die Kunden Rechnungen vorlegten, die von ihm mit ausdrücklichem Hinweis auf sein Konto verschickt worden waren. Das Geld haben wir jedenfalls nie von ihm zurückbekommen, und so war dies die erste und letzte Ausgabe vom *Egoist*, die bei uns erschien. Jetzt wussten wir immerhin auch, warum die Zeitschrift so hieß. Aus Mitleid haben mein Sohn und ich es unterlassen, Seide wegen Betrugs anzuzeigen, denn das hätte uns auch nicht zu unserem Geld verholfen.

Der Verlag hatte 100 Gäste erwartet. Es kamen mehr als 500. Schließlich musste die Polizei gerufen werden, da es zu Auseinandersetzungen und Tumulten kam. Es war die Zeit der holländischen Provos, der anarchischen Protestbewegung, die im Programm des Melzer-Verlages sehr prominent vertreten war. Geplant war eine Lesung niederländischer Autoren in Zusammenarbeit mit dem Verleger Lubberhuizen aus Amsterdam, der sich am Empfang und an der Lesung mit 20 Kisten Genever beteiligte. Bevor man die Galerie betrat, passierte man Kartons mit der Aufschrift »BOLS«, in denen unzählige Genever-Flaschen auf ihre Konsumenten warteten. Es war der helle Wahnsinn. Wer Rang und Namen in der Verlagswelt hatte, war da und trank Genever, bis alle betrunken waren. Es ging laut und gutgelaunt her, und die holländischen Autoren, die aus ihren Werken lesen sollten, waren fast vergessen.

Plötzlich schnappte sich jemand einen Farbeimer mit weißer Siebdruckfarbe, der in der Werkstatt von Thomas Bayerle stand, und schwappte den Inhalt durch den Raum. Alle, die in der Nähe standen, darunter auch viele Pressevertreter, waren mit weißer Siebdruckfarbe bespritzt.

Am nächsten Tag war das Happening des Melzer-Verlages in aller Munde. Presse und Fernsehen berichteten ausgiebig darüber. Für mich war es weniger erfreulich, denn nach der Messe trudelten nach und nach Schadenersatzforderungen wegen der Farbflecke ein, die sich zu einem erklecklichen Gesamtbetrag summierten.

Jan Gerhard Toonder, ein holländischer Autor unseres Verlages, beschrieb die Atmosphäre auf dem sogenannten Read-in in einem Brief an seinen Freund Bert Schierbeck wie folgt:

> *Zu saufen gab es dort schon ordentlich, und weil unsere Zechgenossen inzwischen ziemlich laut wurden, begannen Hugo Raes und ich schon vorauszuahnen, in welcher Atmosphäre das Read-in schließlich stattfinden würde, so dass wir unser Fasten unterbrachen und auch zur Flasche griffen. Mit Recht, wie sich bald erwies. Wir erschienen, trotz allem, noch frisch und rechtzeitig auf dem Schlachtfeld und fanden eine ziemlich große Zahl netter Menschen vor, die sauber auf Stühlen im Kreis angeordnet saßen. Es schien also sehr nett zu werden. Fünf Minuten später waren die zweihun-*

*Genever, Genever, Genever*

*dert erwarteten Gäste auf vierhundert angewachsen (es können auch fünfhundert oder sechshundert gewesen sein; wir werden es nie wissen, weil ganze Massen auf Treppen und Gängen steckengeblieben sind); wieder fünf Minuten später begann die erste der hundertsechzig angerückten Flaschen Genever ihre festliche Runde zu machen! Und als endlich gelesen werden sollte, hatte sich der vorhin so ordentliche Saal schon in einen Wust von Lärm und freudigen Köpfen verwandelt, von deren Eigentümern man kaum mehr annehmen konnte, dass sie für die »belles lettres« noch irgendein Interesse aufbringen würden. Es folgt eine ausführliche Beschreibung des Happenings.*

Toonder fährt dann fort:

*Von dem, was noch geschah, erinnere ich mich nur noch an Bruchstücke. Esteban, Hugo und das kleine Mädchen Jeanine dachten überhaupt nicht daran, es noch zu probieren. Von Remco, der durch Abwesenheit auffiel, wurde von Geert ein 8-mm Film vorgeführt, der das Meisterwerk mit trunkener Hand abwechselnd auf die Decke, die Wände und die Gesichter der Anwesenden proji-*

*zierte; es muss noch ein Tonband dabei gewesen sein, aber falls man es abgespielt hat, so hat niemand es gehört. Hans Tuymanh hat noch eine Weile auf der Leiter gesessen, um Gedichte vorzulesen, die er an dem Nachmittag schnell für diese Gelegenheit gemacht hat – auf Englisch, weil er sich weigerte, deutsch zu sprechen, aus Gründen, die mir sehr unklar sind. Auch Hermann Ysebaert, der Graphiker, hat dort oben noch Platz genommen, mit einem silbernen Zylinder auf, um dem Auditorium auf »platt-Amsterdam« eine Anzahl gräulicher Beleidigungen entgegenzuschleudern, die hauptsächlich auf nationalen Vorurteilen beruhten, aber das alles kam nicht so gut an. Geert konnte es natürlich nicht fassen. In seiner besten Geertianischen Art bestieg auch er das Weißbinder-Katheder, um, wie er mit lauter Stimme erklärte, eine Rede an das deutsche Volk zu halten – doch das deutsche Volk legte keinen Wert darauf; ein paar flinke Kerle zogen die Leiter unter ihm weg, so dass er mit seinen vollen zwei Metern rückwärts aufschlug und zwischen der Menge verschwand. Das fanden wir dann doch etwas happig, und ein paar von uns bahnten sich durch die Menge einen Weg, weil wir erwarteten, unseren Verleger tot auf dem Boden vorzufinden; doch als wir ihn erreichten, sprang er geschmeidig mit dem Schrei auf: »Leute, ich bin meinen Bandscheibenvorfall los!«*

*Um es kurz zu machen, die Genever-durchtränkte Bande fand einen Höhepunkt, als ein tollgewordener Österreicher aus einem Eimer weiße Plastikfarbe über die Köpfe goss (Vor Österreichern muss man sich vorsehen, das habe ich schon immer gewusst). Meine Jacke, Hose und mein Hemd habe ich später wegwerfen können, und die rechte Seite von meinem Gesicht war ebenfalls von einer harten weißen Schale bedeckt, die sich kaum wieder entfernen ließ. Ein großes literarisches Ereignis war zu Ende. Worauf ich noch neugierig bin, ist, ob als Folge von allem mehr Bücher verkauft werden. Darum geht es schließlich, nicht wahr?*

Diese Frage lässt sich freilich leicht beantworten. Es wurden leider nicht mehr Bücher verkauft, und das ganze Engagement des Melzer-

Verlags für niederländische Literatur war ein einziger Reinfall. Der Verlag lebte weiter von den Einnahmen aus dem Verkauf der *Geschichte der O*.

Im November desselben Jahres erreichte uns in Darmstadt die Nachricht von der Indizierung des Romans, der aber zu diesem Zeitpunkt bereits eine verkaufte Auflage von über 100 000 erreicht hatte. Kein Geringerer als der Tübinger Literaturprofessor Walter Jens zusammen mit seiner Frau Inge schrieb ein wohlwollendes Gutachten, indem er die »O« zur Weltliteratur erklärte. Damit konnten wir erst mal die Staatsanwaltschaft besänftigen und weiter verkaufen.

Schröder befand sich im Rausch des Größenwahns und verlegte einen Misserfolg nach dem anderen. Irgendwann ging die »O« auch nicht mehr, und die Kasse war leer. Da kam Schröder auf eine neue Idee. Er besorgte für den Verlag die Rechte an der berühmt-berüchtigten erotischen Reihe »Olympia Press«, die Autoren wie Henry Miller, Nabokov und andere verlegt hatte. Uns blieben allerdings nur die »anderen« Autoren der Reihe, denn Henry Miller und Nabokov waren bereits bei Rowohlt unter Vertrag.

Neben den Vorbereitungen für die neue erotische Edition wurde auch noch ein umfangreiches Programm für den Melzer-Verlag vorbereitet. Bekannte Autoren wie Jack Kerouac, Jan Cremer, Bazon Brock, Regis Debray, LeRoi Jones und eine Reihe holländischer Autoren. In seinem Größenwahnsinn produzierte Schröder eine 528-Seiten-Broschur mit Textbeispielen aus allen 27 Neuerscheinungen, die er *Texte & Marginalien-Melzer-Frühjahr '68* nannte und umsonst an mehr als 1 000 Buchhandlungen verschickte und natürlich auch an die Presse. In seinem Geleitwort schrieb er unter anderem: »Womit also bewiesen wäre, dass Konzentrationstendenzen, Konzerne, Buchfabriken etc. die Chancen der kleinen engagierten Verlage nicht zerstören, sondern eher vergrößern können, wenn die Konzeption stimmt.« Ja wenn. Bei uns stimmte aber die Konzeption nicht und auch in seinem neuen März-Verlag stimmte sie nicht, denn kaum gegründet, musste Schröder seinen Verlag 1973 schon wieder liquidieren. Tausende März-Bücher wurden an diverse Ramscher verkauft, darunter auch an den Versender Lutz Reinecke, der damals noch im Pardon-Shop Bücher vertrieb und noch nicht Zweitausendeins gegründet hatte.

Ein Vertrag mit Maurice Girodias, dem Inhaber der Olympia Press, wurde vorbereitet. Es war ein umfangreicher, mehr als 50 Seiten langer Vertrag, wie ihn amerikanische Anwälte gerne machen und der auch von solchen aufgesetzt worden war. Aber selbst Amerikaner verstehen derartige Verträge nicht, die auch genau zu diesem Zweck so umfangreich sind. Mein Englisch reichte allemal nicht aus, um ihn zu verstehen; ich habe mich da voll auf Schröder verlassen. Ob er den Vertrag je gelesen und, wenn ja, auch verstanden hat, entzieht sich meiner Kenntnis. Er war jedenfalls noch nicht unterschrieben, aber die Vorbereitungen für die ersten drei Titel waren schon weit fortgeschritten, und die Kosten entfielen auf uns. Eine *Spiegel*-Anzeige war schon entworfen und vom Melzer-Verlag in Auftrag gegeben. Ende Januar lief die erste Anzeigenserie im *Spiegel*, die ersten beiden Titel waren bereits in Produktion. Es gab aber immer noch keinen Vertrag mit Girodias.

Während all diese Vorbereitungen liefen, kam Schröder mit dem Vorschlag auf mich zu, ihn und die Mitarbeiter an der deutschen Olympia Press zu beteiligen, was darauf hinauslief, dass Schröder 40 Prozent bekäme, die Mitarbeiter 10 Prozent, und ich sollte die andere Hälfte der Anteile behalten. Ich zögerte und zögerte, bis es zu spät war. Mir war bewusst, dass ich den Verlag allein nicht führen konnte, wollte aber Schröder, den ich zwar mochte und respektierte, aber auch fürchtete, nicht an meinem Lebenswerk beteiligen. Dies, obwohl ich wusste, dass ich nur dank seines Management- und Verkaufstalents den Verlag überhaupt noch besaß und obwohl mein Sohn Abraham mich bedrängte, auf den Vorschlag einzugehen. Schröder hatte sich zweifellos eine faire Beteiligung verdient.

Natürlich gab es da noch den Melzer-Verlag, aber auch über dessen Zerschlagung wurde diskutiert, und auch an ihm sollten Schröder und die Mitarbeiter beteiligt werden. Es war eben die 68er-Zeit, die ganze Verlagslandschaft brodelte und befand sich mitten im Umbruch. Heute, fast 15 Jahre danach, weiß ich, dass ich seinerzeit einen großen Fehler begangen hatte.

## Die Geburt des März-Verlags

Im März 1968 flog ich nach Israel, wo ich in Jerusalem die Buchmesse besuchen und meinen Sohn Abraham treffen wollte, der damals dort seinen Militärdienst absolvierte. In der Nacht vom 18. auf den 19. März gründeten Schröder und die anderen Mitarbeiter des Verlages, Peter Beitlich, Traudel Brand, Anna Hansl und Adolf Heinzelmeier, den März-Verlag als »kollektive Selbsthilfe«.

Alle grübelten, wie der Verlag heißen sollte. Es ist März, sagte einer, und ein anderer meinte daraufhin im Spaß, dann sollte der Verlag auch März-Verlag heißen. Alle lachten, aber Schröder entschied:

»So machen wir es. Der Verlag heißt ab sofort März-Verlag.«

Gerade waren die Iden des März vorüber, eine Metapher für bevorstehendes Unheil, die auf die Ermordung Gaius Julius Caesars am 15. März des Jahres 44 vor Christus Bezug nimmt. Der Melzer-Verlag wurde »ermordet« und ein neuer Verlag geboren. Schröder spielte dabei den Brutus.

Ich hatte kein Vertrauen mehr zu ihm und überließ deshalb meinem Steuerberater Rudolf Kurzhals eine Generalvollmacht und die Anweisung einer fristlosen Kündigung aller Mitarbeiter, falls sie nicht auf ihre Beteiligungsforderungen verzichten und einen neuen, von meinem Anwalt vorbereiteten Mitarbeitervertrag unterschreiben sollten. Kurzhals war zwar, wie sich später herausstellte, ein guter Steuerberater, aber ein schlechter Generalbevollmächtigter. Er überreichte die fristlosen Kündigungen in der Annahme, dass alle Mitarbeiter die neuen Arbeitsverträge unterschreiben würden und alles so wie zuvor weitergehen könne. Aber es kam anders: Schröder hatte alle Mitarbeiter überredet, die Kündigung anzunehmen und noch am selben Tag mit ihm einen neuen Verlag zu gründen.

Er hatte insofern Glück gehabt, als ich nicht anwesend und mein Generalbevollmächtigter Kurzhals nicht besonders clever war. Später schrieb Schröder in seinem berühmt-berüchtigten Pamphlet *Siegfried*: »Wäre Joseph Melzer anstelle von Rudolf Kurzhals im Verlag gewesen, er hätte sich keinen Zentimeter von der Stelle gerührt, dem hätten wir nicht die Kisten abschleppen können, er hätte jeden Bleistift mit seinem Leben verteidigt, und die Telefonzentrale hätte er sich auch nicht von uns abnehmen lassen.«

Der Verlag hatte auch Souterrainräume von der Klischeeanstalt Haussmann gemietet, und Schröder, clever wie er war, fragte den einfältigen Kurzhals, ob er ihm die »Kellerräume« überlassen würde. Kurzhals packte die Chance am Schopfe und kündigte den Mietvertrag mit der Firma Haussmann. Er war froh, dass er damit die festen Kosten um eine beträchtliche Miete reduzieren konnte. Schröder wiederum freute sich, weil er neue, alte Räume für seinen neuen Verlag hatte. Sogar die Telefonanlage, die unten im Souterrain angebracht war, übernahm er vom Melzer-Verlag, nachdem er dem eingeschüchterten Steuerberater gedroht hatte, die Anlage zu entsorgen. Der Melzer-Verlag hatte von einem Tag auf den anderen keine Telefonverbindung, während Schröder mit aller Welt telefonieren konnte. Man sollte Steuerberatern keine Vollmachten geben. Sie blicken eher rückwärts, selten vorwärts.

Als erstes Buch im Programm seines neuen Verlages bot Schröder den Titel *ACID* an, der noch im Melzer-Verlag geplant, vorfinanziert und bereits druckfertig vorlag. Der Vertrag mit dem Herausgeber war selbstverständlich mit dem Melzer-Verlag abgeschlossen worden.

Die damals vom Melzer-Verlag gegründete, auf Erotik spezialisierte Edition Deutsche Olympia Press, mit deren Erlösen wir den Verlag finanzieren wollten, eignete er sich auch an, indem er sich mit dem Inhaber Girodias verständigte. Er rief ihn in New York an und erzählte ihm, dass er jetzt den Olympia-Verlag allein ohne Melzer machen wolle. Er bot Girodias ein Drittel der Anteile an, um für sich und die Mitarbeiter den Rest zu behalten. Girodias kannte mich nicht, für ihn war ich nur ein Name ohne Gesicht. Er war sofort einverstanden und schickte am 9. März an Schröder folgendes Telegramm:

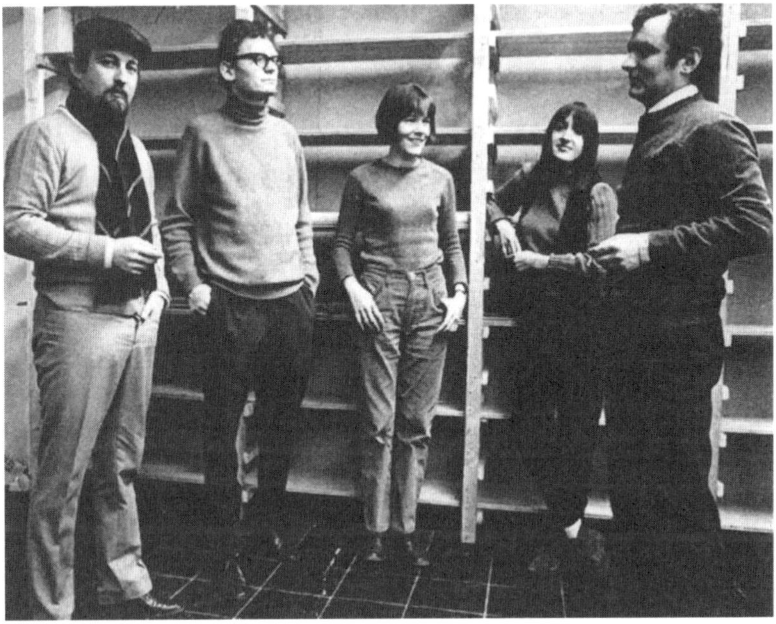

*Die Mitarbeiter des Melzer-Verlags, die den März-Verlag gegründet haben. Von links nach rechts: Jörg Schröder, Adolf Heinzelmeier, Anna Hänsel, Traudel Brand und Peter Beitlich. KD Wolff fehlt.*

> FOLLOWING YOUR REPORT CONCERNING JOSEPH MELZER'S CHANGE OF ATTITUDE CONCERNING GERMAN OLYMPIA PRESS. HEREBY CONFIRM MY AGREEMENT TO GO AHEAD WITH VENTURE AFTER ELIMINATING MELZER FROM COMPANY AND DIVIDING HIS ONE THIRD BETWEEN DIRECT COLLABORATORS GOOD LUCK MAURICE GIRODIAS.

Von diesem Telegramm habe ich erst Jahre später erfahren. Es zeigt deutlich das Komplott, das Schröder hinter meinem Rücken geschmiedet hatte. Wenn ich lese »change of attidude«, dann muss ich davon ausgehen, dass Schröder Girodias nicht nur belogen, sondern regelrecht über den Tisch gezogen hat. Ich habe zu keinem Zeitpunkt meine Meinung geändert, auch nicht was die Beteiligung betrifft. Schröders Vorschlag lag auf dem Tisch, und ich konnte mich nicht entscheiden, weil ich mich zum damaligen Zeitpunkt noch im Ausland befand, bis es schließlich zu spät war und er sich mit Girodias – »after eliminating Melzer from company« und Aufteilung meines Anteils unter den »Räubern« – einig geworden war. Damit besaßen Jörg Schröder und die anderen Verlagsmitarbeiter zwei Drittel der deutschen Olympia Press.

Es kam zum unvermeidbaren Konflikt zwischen mir und Schröder mitsamt der ganzen Belegschaft, die damals immerhin aus weiteren fünf Mitarbeitern bestand, darunter auch KD Wolff, der legendäre Vorsitzende des Sozialistischen Deutschen Studentenbundes (SDS) in Frankfurt. Schröder war nun der neue Boss, sie machten alle, was er sagte. In seinem Buch schrieb Schröder: »Jeder bekam 1 800 Mark Gehalt. Ich nahm die Vorrechte eines Unternehmers in Anspruch und zahlte mir 5 000 Mark aus. Keiner muckte dagegen auf. Je deutlicher alle sahen, dass an der Kollektividee etwas nicht stimmte, desto fleißiger wurde nach außen getan, als ob es funktionierte. KD Wolff hatte von Lektorats-Arbeit keinen Schimmer. Es blieb mir nichts anderes übrig, als diesen gekaperten Haufen autoritär zu behandeln. Also erteilte ich Befehle, und das wurde von allen erleichtert akzeptiert. Das Kollektiv existierte eben nur als Fiktion.«

Schröder gab Interviews am laufenden Band, und die Medien nahmen ihm alles ab, so wie in Andersons Märchen alle glauben, dass der nackte König prachtvoll gekleidet sei. Er schob KD Wolff wie ein Schutzschild vor sich her und erzählte die Mär vom edlen Robin Hood, der den reichen Kapitalisten das Geld nimmt und es unters Volk verteilt. Das war zwar gelogen, aber je mehr Journalisten es verbreiteten, desto glaubhafter erschien es. Der sozialistische Studentenführer Wolff stand für Glaubwürdigkeit und merkte offensichtlich nicht, wie er missbraucht wurde. Noch bevor ich aus Israel zurückkam, wurde im *Börsenblatt für den deutschen Buchhandel* die Gründung des März-Verlags per ganzseitiger Anzeige angekündet:

*WICHTIGE MITTEILUNG: Sämtlichen Mitarbeitern des Joseph Melzer Verlages, Darmstadt (Peter Beitlich, KD Wolff, Traudel Brand, Anna Hänsel, Adolf Hinzelmeier und Jörg Schröder) ist am 18. März 1969 von Herrn Joseph Melzer unter Berufung auf literarische, politische und philosophische Divergenzen mit Herrn Schröder die Entscheidung über die alleinige Annahme von Manuskripten entzogen. Sämtliche Mitarbeiter haben daraufhin von Herrn Melzer gefordert, diese Entscheidung zurückzunehmen. In diesem Zusammenhang ist festzustellen: Herrn Schröder war die Lektorats-Autonomie sowie die Verlagsleitung seit seinem Eintritt zugestanden. Herr Melzer hat sich jeglicher sachbezogenen Tätigkeit auf diesem Gebiet bis zu seinem Brief am 6.3.1969 enthalten. Die oben genannten ehemaligen Mitarbeiter des Joseph Melzer Verlages haben den März Verlag in Darmstadt gegründet.*

Ich habe aber nie die Absicht gehabt, Schröder die Entscheidung über das Programm zu entziehen. In seinem Pamphlet *Siegfried* zitiert er sogar aus meinem Brief: »Ich bin bereit mit Girodias und Ihnen in dieses Olympia Projekt einzusteigen. Aber ich muß Sie bitten in Zukunft vor solchen weitreichenden verlegerischen Entscheidungen meine Einwilligung einzuholen.«

Schröder und die anderen hielten das für eine »Zumutung«. Dabei habe ich lediglich gemeint, dass ich informiert werden wollte, welche Bücher in der Olympia Press und auch im Melzer-Verlag erscheinen sollten. Ich wollte nicht über Anzeigen im *Börsenblatt* informiert werden, welche Bücher in meinem Verlag erscheinen würden.

Nun ja, ich war überrascht und entsetzt. Ich habe mich lediglich dagegen gewehrt, von Schröder zur Seite geschoben zu werden. Ich wollte nicht über Titel, die in meinem Verlag erscheinen, aus der Presse erfahren, sondern gefragt oder zumindest informiert werden, auch wenn ich zur gegenwärtigen holländischen oder amerikanischen Literatur keine maßgebliche Meinung hatte, weil mir die Kenntnisse fehlten. Mein Fachgebiet waren nun mal Judaica. Ich sah mich gezwungen, sämtlichen Mitarbeitern fristlos zu kündigen, weil sie sich ohne Wenn und Aber hinter Schröder gestellt hatten.

Schröder ließ sich in der Presse als »Porno-König« feiern, kaufte ein Schloss und musste es kurz danach wieder der Bank überlassen, als er merkte, dass er sich übernommen hatte. Es dauerte allerdings nicht lange, bis es auch zur Trennung von Girodias kam, möglicherweise weil er diesen auch hintergehen wollte. Schlussendlich ist Schröder von seinem Angestellten und kurzfristigen Partner Peter Beitlich aus der Olympia Press in ähnlicher Weise rausgedrängt worden wie ich von ihm, und die Mitarbeiter, die auch Anteilseigner waren, gingen leer aus.

Unabhängig vom Raub der Titel traf mich dann sein Buch *Siegfried* unerwartet und hart. Unmittelbar nach seinem Erscheinen wurde etwa ein Dutzend einstweilige Verfügungen gegen das Machwerk erwirkt. Ich konnte mir aber noch rechtzeitig ein Exemplar besorgen, und obwohl mir wohlmeinende Freunde rieten, das Buch nicht zu lesen, war meine Neugierde doch zu groß. Der Text über mich strotzte nur so vor Beleidigungen, Unterstellungen, falschen Tatsachenbehauptungen und Häme. Er stellte mich als einen kapitalistischen Trottel dar, nur weil ich mit der modernen amerikanischen Literatur nicht vertraut war, weil ich nicht wusste, wer Le Roi Jones war oder Jack Kerouac. Vor seinem Eintritt in den Melzer-Verlag hatte Schröder auch nicht gewusst, wer Hermann Cohen oder Flavius Josephus waren. Ludwig Börne hat er auch erst durch mich kennengelernt. Er verunglimpfte mich als Kapitalisten, weil es mir schwerfiel, mich von meinem Verlag zu trennen, der für mich nicht »Kapital« bedeutete, sondern mein Lebenswerk, auch wenn es sich am Rande des Ruins befand. Immerhin hatte ich die ganze »Wiedergutmachung«, die ich für das 1939 in Paris verlorengegangene Bücherlager bekam, in den Verlag investiert. Ich hing emotional an ihm und hatte natürlich gehofft, dass mein Sohn Abraham ihn eines Tages weiterführen würde. Andererseits wusste ich auch, dass ich allein nicht in der Lage war, den Verlag zu führen. Ich war aber auch hinreichend rational, zu erkennen, dass ich mich mit Schröder einigen musste. Ich wäre dazu auch sicherlich in der Lage gewesen, aber wir waren beide zu stur und zu blind.

Kurze Zeit überlegte ich, gegen das Machwerk vorzugehen. Ich entschloss mich aber schließlich, es nicht zu tun. Andere hatten es schon vor mir und gewissermaßen auch für mich getan. Bei allem Frust und Ärger musste ich aber schmunzeln über die Chuzpe und die Art und Weise, wie Schröder sich als größter Verleger aller Zeiten gerierte und wie ihm keine Übertreibung und Überschätzung zu peinlich war. Er war aber nicht nur ein Super-Verleger, -Geschäftsmann und -Verkäufer, sondern auch ein Super-Lebemann und -Frauenheld. Er rühmte sich seiner sexuellen Eskapaden, zeigte seine Frauenverachtung ganz offen und war auch noch stolz darauf. Er merkte nicht, wie lächerlich er sich mit seiner krankhaften Eitelkeit machte, die nur noch von seiner Hochstapelei übertroffen wurde. Er musste unbedingt einen teuren Jaguar fahren, und sein Wohnsitz musste ein Schloss sein. Beides durfte er später an die Bank zurückgeben. Der März-Verlag musste später Konkurs anmelden, und es war aus mit der Flut der gelben Bücher, die das Markenzeichen des Verlages geworden waren.

## Mein Sohn übernimmt den Verlag

Es war die unruhigste, aber auch interessanteste Zeit meines Lebens. Viele Menschen kreuzten meinen Weg, von denen nur wenige eine bleibende Erinnerung hinterlassen haben. Jedenfalls fand ich nach meiner Rückkehr aus Israel den Verlag in einem trostlosen Zustand vor. Kein Personal, nur leere Räume. Ich rief meinen Freund Achim von Borries zu Hilfe, um für die Weiterführung des Verlages zu kämpfen. In derselben Zeit stieß auch mein Sohn Abraham zu uns. Er hatte es irgendwie geschafft, sich von der israelischen Armee auf unbestimmte Zeit beurlauben zu lassen, und war in das erstbeste Flugzeug von Tel Aviv nach Frankfurt gestiegen.

Abraham trat in den Verlag ein, und gemeinsam gelang es uns, diesen aus seiner Agonie zu erwecken und wieder flott zu machen.

Auf einen gerichtlichen Streit mit Schröder ließen wir uns nicht ein und nahmen die 100 000 Mark an, die er als Schadensersatz für die Übernahme zahlreicher unfertiger, vom Melzer-Verlag vorfinanzierter Titel angeboten hatte. Wie sonst hätte Schröder in seiner *Börsenblatt*-Anzeige von März 1969 schreiben können: »Die erste Auslieferung (7 Titel) erfolgt am 21. April 1969. Das Frühjahrsprogramm sowie das Herbstprogramm 1969 (insgesamt 35 Titel) des März-Verlags werden wir in einem ca. 480-seitigen kostenlosen Reader vorstellen.«

Das Frühjahrsprogramm bestand ausschließlich aus Titeln, die für den Melzer-Verlag vorgesehen waren, mit dem gültige Verträge abgeschlossen wurden. Es war schlicht ein Akt der Piraterie, und Schröder konnte froh sein, dass ich ihn nicht wegen Untreue und Betrugs angezeigt habe.

Da Schröder alle Unterlagen – darunter auch die Verträge für die von ihm später verlegten Bücher – mitgenommen hatte, konnten mein Sohn und ich nichts nachweisen. Die Akten, Verträge und fertigen Druckunterlagen hatte er unter der Aufsicht des Bevollmächtigten Kurzhals, der gar nicht realisierte, was vor seinen Augen geschah, ins Souterrain geschafft. Da mein Sohn von alldem keine Ahnung hatte, konnte er auch nicht wissen, wonach er bei den späteren Verhandlungen mit Schröder fragen und worauf er bestehen sollte. Und da uns das Wasser wieder bis zum Halse stand und wir illiquide waren, ließ er sich nicht auf einen unter Umständen langen und komplizierten Prozess ein, sondern akzeptierte die von Schröder angebotene Summe und stürzte sich in die Rettung des Verlages.

Ich kann mich erinnern, wie er einmal wutentbrannt aus den Räumen des März-Verlags heraufkam und mir von der Arroganz und Unverschämtheit des ehemals linken Studentenführers KD Wolff berichtete. Bei einem Durchgang durch die Räume des neu gegründeten März-Verlags entdeckte er diverse Gegenstände, von Schreibmaschinen bis zu Radiergummis, die dem Melzer-Verlag gehörten. Als er Schröder das vorwarf, schwieg dieser einfach. Stattdessen reagierte der Antikapitalist Wolff, indem er meinem Sohn einen Radiergummi mit der hämischen Bemerkung in die Hand drückte: »Das gehört wohl auch deinem Vater.«

Wenn das alles ist, was dieser Vertreter der linken Studentenbewegung in seiner Sozialisation gelernt hat, dann tut er mir leid. Ich habe in der Sowjetunion erfahren dürfen, was die Diktatur des Proletariats bedeutet und zuvor, in Palästina, wie verlogen diese linken Parolen sein können. Von wegen »Arbeiter aller Völker vereinigt euch!« Die linken jüdischen Arbeiter haben die palästinensischen Arbeiter benachteiligt und unterdrückt und besaßen noch die Chuzpe zu behaupten, dass sie sie befreien wollten. Links sein reicht offensichtlich nicht. Man muss auch Mensch sein und sich etwa an den Parolen der Französischen Revolution orientieren: Freiheit, Gleichheit, Brüderlichkeit. Im real existierenden Sozialismus waren keineswegs alle gleich, brüderlich oder frei. Die Masse läuft immer denjenigen hinterher, die am lautesten schreien: Mussolini, Hitler, Stalin. In meinem Fall war es Jörg Schröder, dem es gelang, die ganze Belegschaft hinter sich zu versammeln. Er machte aus allen samt KD Wolff kleine Kapitalisten, indem er sie scheinbar am Verlag beteiligte unter dem Vorwand, Sozialismus in der Verlagswelt einzuführen. So konnte er sie leichter ausbeuten, ohne dass sie es überhaupt merkten, denn sie waren ja Mitinhaber.

Nun ja, KD Wolff möchte ich gar keinen Vorwurf machen. Er hat damals die Ideologie vertreten: Meins ist meins, und deins ist auch meins. Er blieb allerdings nicht lange Partner von Schröder. Einige Monate später wurde er, nach einer heftigen Auseinandersetzung, weil er angeblich eine subversive »Rote-März«-Zelle im März-Verlag gegründet hatte, um Schröder zu entmachten, von Schröder entlassen, und da er Mitinhaber war, bekam er eine ansehnliche Abfindung und gründete den Verlag Roter Stern.

Die 100 000 Mark, die wir von Schröder erhalten hatten, waren damals viel Geld und erlaubten uns weiterzumachen. Tatsächlich war es aber nur ein Bruchteil des Schadens, den Schröder dem Verlag zugefügt hatte. Ich war zu schwach und mein Sohn Abraham mit 24 Jahren noch zu jung, um diesen Raub von zum Teil schon druckreifen Büchern und die unverschämte und eigentlich strafbare Übernahme von gültigen Verträgen zu verhindern. Im Nachhinein muss ich feststellen, dass Schröder damals ziemlich glimpflich davongekommen ist und zu Unrecht von der linken Gesellschaft gefeiert wurde.

Auch der Melzer-Verlag lag am Boden und musste wieder einmal reanimiert werden. Zwei Jahre kämpften wir wie Don Quichotte gegen Windmühlen. Abraham stellte ein vielseitiges Programm auf die Beine, das zwar unseren Umsatz gehörig steigerte, aber leider nicht den Gewinn. So startete er mit einer völlig neuen Sparte, die mir fremd war: Comics. Er begann mit klassischen Comics wie *Prinz Eisenherz* und künstlerischen wie *Little Nemo* von Windsor MacKay, *Kin-der-kids* von Lyonel Feininger und ähnlichen Schätzen, die er von Sammlern bekommen hatte. Die Tageszeitungen, in denen um die Wende zum 20. Jahrhundert all diese zum Teil wunderschönen Werke erschienen waren, konnten nicht behilflich sein, weil sie keine Originalblätter mehr besaßen und weil sie ihre Archive mangels Platzes auf Mikrofilmen gespeichert hatten. Die Mikrofilme waren aber alle schwarz-weiß. Um die Comics so zu zeigen, wie sie ursprünglich waren, machten wir uns auf die Suche nach Sammlern, und Abraham machte tatsächlich einen in New York ausfindig.

Dieses Programm erwies sich als durchaus erfolgreich. Von der *Prinz- Eisenherz*-Serie beispielsweise verlegte Abraham 14 Bände, die sich eines reißenden Absatzes durch die Comic-Freunde erfreuten. Das Geld, das er damit verdiente, verlor er aber leider wieder, wie vor ihm schon Schröder, indem er es in ein linkes politisches Programm investierte. Politische Bücher ließen sich schlecht verkaufen, was mein Sohn partout nicht wahrhaben wollte. Sowohl Schröder als auch Abraham waren zwar begnadete Buchproduzenten und hatten beide auch eine Nase für interessante Themen. Was ihnen aber nicht gelang, war, einen nachhaltigen Vertrieb aufzubauen.

Der Umsatz im Sortimentsbuchhandel war bescheiden, und das unverkäufliche Lager von mehr als 2 500 Börne-Gesamtausgaben (insgesamt 12 500 Bände verteilt auf 25 Paletten) drückte auf die Lagerkosten. Abraham entschloss sich, den Ladenverkaufspreis auf 75 Mark zu reduzieren und erhoffte sich dadurch einen verstärkten

Absatz. Er machte das durch eine Anzeige im *Börsenblatt für den deutschen Buchhandel* bekannt. Dazu schrieb Ulrich Schnapauff in der Tageszeitung *Die Welt*:

> *Während die Verleger von Hauptmann, Broch und Joyce immerhin auf ein interessiertes Publikum rechnen dürfen, gibt es leider auch Dichter von Rang, deren Bücher schwer wie Blei wiegen. Vor einiger Zeit zum Beispiel stand* im Börsenblatt für den deutschen Buchhandel *folgende Anzeige: »Liebe Kolleginnen und Kollegen, wir haben den Ladenpreis für die fünfbändige Ausgabe von Ludwig Börne, Sämtliche Schriften, aufgehoben. Wir möchten Ihnen nun die Gelegenheit geben, diese einmalige Ausgabe für den Privatgebrauch zu erwerben für nur 75 DM netto. Sollten Sie interessiert sein, dann schreiben Sie uns.*
>
> *Ihr Melzer-Verlag.*

Hinter dieser Ausverkaufsannonce verbarg sich eine mittlere Verlegertragödie. Der Verlag blieb auf fast 2 500 Exemplaren sitzen. Ludwig Börne, der große Feuilletonist, Aphoristiker und Freiheitskämpfer, der Mittler zwischen Deutschland und Frankreich – und solche nach meinem Dafürhalten beschämende Verkaufszahlen. Ein teures Lehrgeld für einen kleinen Verlag und die schmerzliche Erkenntnis, dass das Vorhaben, das literarische Werk dieses bedeutenden Mannes der Öffentlichkeit wieder zugänglich zu machen, mit einem kläglichen Fiasko endete.

Ich erinnere mich, dass, nachdem die Anzeige erschienen ist, mich ausgerechnet ein Buchhändler aus Darmstadt angerufen hat, der sich einbildete, die literarischste Buchhandlung für Buchliebhaber zu haben, und sich beschwerte, dass ich so früh den Preis aufgehoben habe. Seit Erscheinen sind immerhin schon drei Jahre vergangen. Ich ging davon aus, dass er die Börne-Ausgabe gekauft hatte und noch mindestens eine auf Lager hatte. Ich sagte ihm, dass ich selbstverständlich bereit wäre, die Bücher zurückzunehmen und ihm seinen Einkaufspreis zu erstatten.

»Ich habe keine Börne-Ausgabe in meiner Buchhandlung«, sagte er, »es geht mir nur ums Prinzip.«

»Und warum haben Sie ›aus Prinzip‹ nicht zumindest eine Gesamtausgabe bestellt?«, fragte ich.

»Es war mir zu teuer.«

»Dann sollten Sie doch jetzt bestellen und nicht kritisieren.«

»Es ging mir aber nur ums Prinzip!«

So sind sie, die Deutschen, dachte es in mir. Es geht ihnen immer nur ums Prinzip, auch wenn der Verlag daran zugrunde geht. Sie haben keine Empathie für den Verleger, nur Hohn. Man ist nicht bereit, 162 Mark auszugeben, verleumdet aber den Verlag, der seine Existenz aufs Spiel gesetzt hat, der zwei- und dreitausendfach investiert hat. Nicht weil man es ablehnt, sondern nur aus Prinzip. Es sind Menschen mit solchen Prinzipien, die ich in meiner Zeit im Nazideutschland, im kommunistischen Russland und im sozialistischen Israel zu verachten gelernt habe. Es waren Parteifunktionäre, ganz egal welcher Partei, die phantasielos und streng nach Vorschrift Prinzipien folgten, mit denen sie immer andere Menschen quälten und schikanierten.

Ich sagte dem arroganten und verdutzten Buchhändler: »Ich hoffe, dass Ihre Prinzipien Sie nicht eines Tages zwingen, Konkurs anzumelden, wie es mir jetzt droht, weil solche feige Prinzipienreiter wie Sie zu geizig waren, für 7 000 Seiten 162 Mark zu investieren, und zu faul waren, unter Ihren literarischen Kunden einen zu suchen, der dafür 270 Mark bezahlt. Deshalb muss ich jetzt die 7 000 Seiten für 75 Mark abgeben und selbst das ist Ihnen zu viel.« Ich war sauer und zornig und wäre der Buchhändler vor mir gestanden, dann hätte ich ihm eine Ohrfeige verpasst.

Eines der ersten Bücher, die mein Sohn verlegte, war 1969 das Buch von Beate Klarsfeld, *Die Geschichte des PG 2 633 930 Kiesinger: Dokumentation* mit einem Vorwort von Heinrich Böll. Das Buch sollte im Frankfurter Heine-Verlag erscheinen, der aber kurz vor dem Bankrott stand, und so übernahm mein Sohn, der die Kollegen von Heine kannte, die Rechte an diesem Buch und ließ es in einer Auflage von 5 000 Exemplaren drucken. Ich war dagegen, aber mein

Sohn setzte sich durch. Wir beschlossen, das Buch der Öffentlichkeit auf einer Pressekonferenz in Berlin vorzustellen, die von Beate Klarsfeld organisiert wurde. Ich flog direkt von Frankfurt, Abraham fuhr mit seinem NSU-RO 80 voll beladen mit Büchern über die Zonengrenze nach Berlin. An der Grenze erlebte er eine Überraschung. Er wurde von Polizisten herausgewunken und unkontrolliert auf die andere Seite der Grenze begleitet. Ähnlich erging es ihm bei der Einfahrt nach Berlin. Irgendwer muss ihn angekündigt haben.

Die 200 Exemplare, die er im Kofferraum des Wagens mitgebracht hatte, waren schnell unter den anwesenden Journalisten verteilt, und viele ließen sich das Buch von Beate Klarsfeld signieren, deren Ohrfeige für Kanzler Kiesinger noch frisch in Erinnerung war. Sie stellte das Buch vor als eigene Recherche, hielt einen kurzen Vortrag und beantwortete Fragen. Mein Sohn und ich hielten uns im Hintergrund.

Noch am selben Tag fuhren wir nach Darmstadt zurück. Diesmal erlebten wir an der Grenze eine ganz andere Überraschung. Wir wurden herausgewunken, man nahm uns die Pässe weg und ließ uns fast eine volle Stunde warten. Ich verlor am Ende meine Geduld und forderte den Soldaten, der wohl zu unserer Bewachung beim Wagen stehen geblieben war, auf, seinen Vorgesetzten zu rufen. Ich wusste aus meiner Erfahrung in der Sowjetunion, dass es sinnlos ist, mit niederen Soldaten, die ja nur ihren Anweisungen folgen, zu diskutieren. Es kam ein junger Offizier, der mir zu erklären begann, dass das alles notwendig sei. Ich verlor entnervt meine Geduld und schrie ihn an, was er sich dabei denke, uns stundenlang warten zu lassen. Mein Sohn versuchte, mich zu beruhigen, aber ich schrie weiter:

»Ich habe die Nazis erlebt und auch die Kommunisten im Gulag in Sibirien überlebt, da werde ich doch keine Angst haben vor diesen armseligen deutschen Knechten des russischen Imperiums.« Der junge Offizier wurde blass, reichte mir ohne Worte die Pässe und bedeutete dem erschrockenen Soldaten, uns durchzulassen. Die Weiterfahrt über die westdeutsche Grenze bis nach Darmstadt verlief dann ohne Zwischenfälle.

Am nächsten Tag waren die Zeitungen voller Porträts von Beate Klarsfeld und Berichten über das Buch. Die Auflage war schnell verkauft, und Abraham machte den klassischen Fehler vieler Verleger. Er druckte zu schnell eine zweite Auflage, auf der wir freilich weitgehend sitzengeblieben sind.

Ein weiteres Buch erregte damals erhebliches Aufsehen und war im Nu ausverkauft. Es handelte sich um das Werk eines Studentenkollektivs der Fachschaft Philosophie an der Uni Frankfurt, Titel: *Aktiver Streik – Dokumentation zu einem Jahr Hochschulpolitik am Beispiel der Universität Frankfurt am Main*. Neben Beiträgen von Studenten, Flugblättern und Sitzungsprotokollen waren auch Texte von Theodor W. Adorno, Ludwig von Friedeburg und Jürgen Habermas enthalten. Und schließlich muss ich noch das Buch von Dieter Dehm erwähnen: *Schulreport – Kritische Beiträge zur modernen Erziehungspolitik* von 1971. Auch dieses Buch hat sich gut verkauft. Von diesen politischen Büchern, die Abraham damals herausgab, sind mir insbesondere noch auf Israel bezogene Titel in Erinnerung geblieben. So zum Beispiel das voluminöse Werk *Der israelisch-arabische Konflikt* mit einem Vorwort von Jean-Paul Sartre, eine Sammlung von Analysen führender arabischer und israelischer Politiker, Historiker, Religionswissenschaftler und Journalisten zum bis dato ungelösten Konflikt. *Die Zeit* schrieb am 27.2.1970 in ihrer Rezension, »Das Buch ist in diesen drei Jahren, auf eine grausige Weise, ebenso wenig gealtert wie der Konflikt – es ist noch immer die beste Informationsquelle für jeden, der des nationalistischen Auf-die-Pauke-Schlagens von beiden Seiten herzlich überdrüssig geworden ist und einmal die Stimmen hören will, die sich immerhin bemühen, den anderen Standpunkt zu begreifen und abzuwägen.«

Parallel veröffentlichte der Verlag ein schmales, gerade einmal 102 Seiten umfassendes Büchlein eines deutschen Juden, Jakov Bartikwa, der seit 1933 in Israel lebte und gegen den »Sozialismus« polemisierte, der sich in Israel entwickelt hatte. *Das unheilige Land* war eine schonungslose Kritik der Verhältnisse in Israel, seiner Gesellschaft, seines Parlamentarismus und des Militarismus, an dem sich bis heute nichts geändert hat, jedenfalls nicht zum Besseren. Die

Veröffentlichung des Buches brachte mir besonders scharfe Kritik und Ablehnung unter meinen israelischen und jüdischen Freunden und Bekannten ein; manche warfen mir lächerlicherweise sogar Antisemitismus vor. Die Presse hat das Buch vollkommen ignoriert und traute sich offensichtlich nicht, es zu rezensieren, nicht einmal, es zu verreißen.

Erhebliches Aufsehen verursachte auch ein anderes Buch über Israel. Es stieß auf positive, sogar begeisterte Kritik. Abraham hatte die hebräische Ausgabe gelesen und bedrängte mich, das Werk sofort auch auf Deutsch herauszubringen. Da er aber sowieso machte, was er wollte, wurde das Buch in großer Eile übersetzt und mit einem kurzen Vorwort von Jean Améry versehen. Es war niemand Geringerer als Gershom Scholem, der über die israelische Ausgabe in der *Neuen Zürcher Zeitung* schrieb, dieses Buch sei »das wichtigste Dokument zu unserer geistigen Existenz, das Israel bisher hervorgebracht hat«, und Dietrich Strothmann schrieb in der *Zeit*: »Dieses Buch müsste, wäre es bekannt, zum Buch des Jahres erklärt werden. Es ist, unter den rund hundert Büchern, die seit 1967 über diesen Krieg erschienen sind, das beste Buch – weil es das ehrlichste ist.« Es handelte sich um die *Gespräche mit israelischen Soldaten* und wurde in Israel nicht etwa von einem Verlag, sondern von der Kibbuz-Bewegung herausgegeben. Innerhalb kurzer Zeit verkauften wir zwei Auflagen von je 5 000 Exemplaren. Ein großer Verlag, der auch Geld in Werbung investieren kann, hätte aber das Zehnfache verkauft, und das von allen hier erwähnten Titeln. Wir hatten aber einfach kein Geld für Werbung, und so waren wir auf Rezensionen in der Presse angewiesen und auf Mund-zu- Mund-Propaganda.

Mein Sohn überredete mich auch, das Buch eines bekannten israelischen Radiomoderators ins Deutsche übersetzen zu lassen. Es war das spannende und rührende *Erinnern und Vergessen* von Dan Ben Amotz, in dem er die Geschichte eines Israelis beschreibt, der nach Deutschland fährt, um familiäre Angelegenheiten in Zusammenhang mit der »Wiedergutmachung« zu erledigen und sich in eine Deutsche verliebt. Als ich die Übersetzung las, wurde mir auch klar, warum mein Sohn sich so sehr für diesen Roman einsetzte. Er erinnerte ihn womöglich an seine eigene Geschichte. Als ich erfuhr, dass Dan Ben Amotz niemals in Deutschland gewesen war, konnte ich nur staunen über seine intimen Kenntnisse der deutschen Verhältnisse. Ich beneidete ihn für eine solche Begabung.

In diesem ersten Programm erschien auch das erste Buch von Henryk M. Broder – einem Freund meines Sohnes, mit dem er zusammen die jüdische Jugendzeitschrift *Kontakte* herausgab – mit dem Titel: *Wer hat Angst vor Pornografie?* Das Buch verkaufte sich aber nicht so gut. Man bevorzugte echte Pornografie. Bücher über Pornografie fand man langweilig.

Und zwei weitere Bücher erschienen in diesem fast turbulenten Jahr, die zu Klassikern im deutschen Buchhandel wurden: Die erste Übersetzung ins Deutsche von Charles Bukowski, eine der legendären Figuren des amerikanischen Undergrounds: *Aufzeichnungen eines Außenseiters*, die freilich im Englischen einen viel treffenderen Titel hatten: *Notes of a Dirty Old Man*. Und das berühmte Buch von F.K. Waechter, den Abraham kennengelernt hatte, als er bei der Zeitschrift *Pardon*, deren Mitarbeiter Waechter war, volontierte: Der *ANTI-Struwwelpeter*. Das Buch wurde später vom Diogenes-Verlag in Lizenz als Taschenbuch verlegt und wird heute noch im Buchhandel nachgefragt.

Ein weiteres politisches Sachbuchprogramm, das mein Sohn aus dem Boden stampfte, trug nicht dazu bei, die Lage des Verlags zu verbessern. Es lag nicht daran, dass Titel wie *Essays eines schwarzen Sozialisten* von Julius Lester oder *Anarchismus – Theorie, Kritik, Utopie* herausgegeben von Achim von Borries, *Griechenland – Der Weg in den Faschismus* von Jean-Paul Sartre, *Nigger verrecke* von H. Rap Brown oder *Blues People* von Le Roi Jones schlecht oder unverkäuflich waren. Es lag einzig und allein daran, dass sie von einem kleinen, unbedeutenden Verlag produziert wurden, der nicht das notwendige Geld für die unerlässliche Werbung hatte. Ich bin sicher, dass wenn einer der großen Verlage diese und andere Titel des Melzer-Verlags herausgegeben hätte, die Absatzzahlen entschieden höher gewesen wären. So aber musste sich mein Sohn mit nur wenigen hundert verkauften Exemplaren begnügen, und die Summe unserer Schulden wuchs unaufhaltsam.

Um die finanzielle Lage des Verlages zu stabilisieren, versuchte es Abraham, wie zuvor schon Schröder, mit erotischer Literatur. Er gründete eine Reihe, die er » Zero Press« nannte und in der er klassische erotische Literatur verlegte. Manche nannten es Pornographie. Auf Anhieb gewann er Kunden wie Beate Uhse, die die ganze Auflage erwarb. Es kam Geld rein, und wir konnten sogar Teile des Darlehens der Bank für Gemeinwirtschaft zurückzahlen. Von einem Bildband, *SOFTGIRLS*, den der bekannte Photograph Gunter Rambow produziert hatte, quasi als Gegenstück zu den damals sehr populären dänischen Bildbänden, verkauften wir mehr als 100 000 Exemplare, die Hälfte davon an Beate Uhse. Die klassischen Versender wie Weltbild ignorierten diese Bücher natürlich.

Ich kümmerte mich damals noch um die Finanzen des Verlages, und so konnte ich, ohne dass es auffiel, so viel Geld abzweigen, dass ich damit eine zweite Wohnung in Israel erwerben konnte. Obwohl es zunächst so aussah, als ob das Unternehmen wieder gesunden würde – Abraham hatte weitere Mitarbeiter eingestellt und immerhin auch neue Autoren gewonnen –, wurde der Schuldenberg, den uns im Wesentlichen Schröder hinterlassen hatte, aber nicht kleiner, im Gegenteil, er wuchs sogar noch.

Im Sommer 1971 schließlich, nachdem die Bank für Gemeinwirtschaft den Kredit, der inzwischen wieder auf fast eine Viertel Million Mark angewachsen war, fristlos gekündigt hatte, musste der Verlag Konkurs anmelden, das heißt: ich, denn auf dem Papier und vor Gericht war noch immer ich der Verantwortliche. Es war für mich der Gang nach Canossa, und ich fühlte mich niemals vorher und nachher so gedemütigt und hilflos. Ich konnte Abraham keinen Vorwurf machen. Er hatte alles versucht, allerdings auch die gleichen Fehler gemacht wie seinerzeit Schröder mit dem März-Verlag. Er investierte erheblich in neue Autoren, Titel und Projekte, aber leider zu wenig in den Aufbau eines professionellen Vertriebs. Von den meisten Büchern, die er verlegte, verkaufte er einfach zu wenige, nicht weil sie schlecht waren, sondern weil er – abgesehen von der nicht zu finanzierenden Werbung – keinen perfekten Vertrieb hatte. Während er von manchen Büchern 2 000 Exemplare verkaufte, hätte ein großer Verlag leicht auch 20 000 verkauft. Bei nur 2 000 war es eben so gut wie unmöglich, die investierten Kosten zu erwirtschaften, geschweige denn, einen Gewinn zu erzielen.

Meine Lebenserfahrung sagte mir, dass dies nicht das Ende sei, weder für mich und noch weniger für meinen Sohn, der erst am Anfang stand. Abraham gründete dann tatsächlich einen eigenen Verlag, in dem er auch Titel für andere Verlage produzierte. Hauptsächlich für den Fourier-Verlag, aber auch für den Bertelsman-Lesering wie auch für Weltbild. Bei solchen Produktionen ging er kein Risiko ein, denn die Auflagen wurden komplett abgenommen, und wenn auch der Gewinn für ihn nicht sonderlich eindrucksvoll war, so war er zumindest gesichert.

Besonders erfolgreich war er mit sechs großformatigen Büchern von Walt Disney, die zuerst bei Mondatori in Italien erschienen und vom traditionellen Partner von Walt Disney in Deutschland, dem Ehapa-Verlag, nicht übernommen werden sollten, weil man dort nicht an den Erfolg solcher Folianten mit 132 Seiten in Farbe, die eigentlich mehr für Erwachsene gedacht waren, glaubte. Abraham verfügte auch nicht über das Geld, um eine solche Produktion zu finanzieren, aber da kam ihm Karl Ludwig Leonhard vom Bertelsmann-Lesering zur Hilfe, der sich als Partner anbot und vom ersten Band – *Ich, Micky Maus* – auf Anhieb 50 000 Exemplare bestellte. Da waren die von Abraham geplanten 3 000 Exemplare quasi schon mitbezahlt. Noch bevor die erste Auflage an Bertelsmann ausgeliefert wurde, bestellte der Club weitere 50 000 Exemplare.

Am Ende verkaufte Bertelsmann mehr als 250 000 Exemplare. Die Folgebände *Ich, Donald Duck* und *Ich, Dagobert Duck* verkauften sich zwar nicht mehr so prächtig, aber auch nicht wirklich schlecht. Der Slogan vom Buchclub für diese Bücher war: »Kaufen Sie zwei, eins für Ihre Kinder und eins für sich selbst.«

Zwei Titel waren es dann, die fast astronomische Auflagenhöhen erreichten, und wenn sie nicht im sogenannten Modernen Antiquariat erschienen wären, dann hätten sie für Wochen ihren festen Platz

*Abraham mit dem SPIEGEL, Jahrgang 1947*

auf der *Spiegel*-Bestseller-Liste gehabt. Es waren das *Lexikon der Symbole*, von dem allein der Versandhändler Weltbild mehr als 100 000 Exemplare verkaufte, und *Idioms – Lexikon der englischen Redewendungen*, von dem fast 300 000 Exemplare verkauft wurden. Beide Titel wurden für den Fourier-Verlag produziert, und unser Anteil war sehr bescheiden, aber bei der tatsächlich verkauften Auflage war es am Ende ein beträchtlicher Betrag.

Mein Sohn war kreativ und mutig und besaß auch in seinem jugendlichen Eifer eine Portion Chuzpe. Eines Tages kam er zu mir mit der Idee, den ersten Jahrgang 1947 des politischen Magazins *Der Spiegel* zu drucken. Ich riet ihm ab, weil ich erstens nicht glaubte, dass der *Spiegel*-Verlag ihm die Rechte geben wird, und ich ihm die Enttäuschung ersparen wollte, und zweitens, weil mich die Kosten erschreckten und ich nicht wollte, dass er eine ähnliche Pleite erlebte, wie ich mit Börne. Immerhin handelte es sich um einen Folianten von mehr als 1 500 Seiten im Format 23 x 29 cm. Es wog 2,5 Kilogramm.

Abraham gab aber nicht auf, und zu meiner und wohl auch seiner Überraschung bekam er das Recht, den *Spiegel* nachzudrucken. Das war eine enorme verlegerische Leistung, die sehr viel Lob und Erstaunen hervorbrachte, sich anfangs jedoch finanziell kaum lohnte. Abraham hatte aber mit dem *Spiegel*-Verlag einen Deal vereinbart, dass der Verlag neben den üblichen zehn Belegexemplaren weitere 90 Exemplare umsonst bekommt und er dafür vier Anzeigen von je einer Spalte in der Zeitschrift platzieren darf, jeweils eine per Monat.

Das war in der Tat auch die Rettung des Projekts. Es kamen fast ein halbes Jahr täglich private Bestellungen an, die mich an den Boom mit der *Geschichte der O* erinnerten. Viele Privatkunden schickten das Geld gleich mit, und mein Sohn Zwi-Simon und ich waren wochenlang damit beschäftigt, täglich Pakete zu packen, Rechnungen zu schreiben und die Ware zur Post zu bringen. So verkauften wir mehr als 1 000 Exemplare zum vollen Preis am Buchhandel vorbei.

## Die Affäre Arrabal

Unerwartet traf mich im Sommer 1970 ein Skandal, den das Buch von und mit Fernando Arrabal auslöste, welches Abraham in den Verlag eingebracht hatte. Arrabal war schon mit seinem Werk *Riten und Feste der Konfusion* ein Autor des Melzer-Verlags. Früher erschien er bei Luchterhand und Kiepenheuer & Witsch, woher Schröder ihn wohl auch kannte. Kaum trennte sich Schröder vom Melzer-Verlag, schickte Arrabal uns ein provozierendes Manuskript seiner Sonette, und dazu von ihm entworfene Bilder von diversen spanischen Künstlern gemalt. Das hätte schon gereicht, aber im Paket waren auch unzählige Fotos von ihm mit seinem erigierten Penis, die wohl Bestandteil des Buches werden sollten. Wir wussten anfangs nicht, was wir damit anfangen sollten, bis der Frankfurter Künstler Günther Kieser daraus ein echtes Kunstwerk gestaltet hat. Als wir es sahen, entschlossen wir uns sofort, das Buch zu machen. Wir veröffentlichten es zweisprachig, spanisch – deutsch, in einer sehr aufwendigen Aufmachung, gebunden in Silberfolie. Das Projekt hat zigtausend Mark verschlungen, und so war das Geld, das wir mit dem *Spiegel*-Nachdruck einnahmen, wie gewonnen, so zerronnen.

Mir war sofort klar, dass das Buch Aufsehen erregen wird. Da Arrabal aber inzwischen ein weltweit bekannter und anerkannter Künstler des absurden Theaters war und die Kritik seiner ersten Veröffentlichungen in Deutschland sehr begeistert ausfiel, war ich sicher, dass die Auseinandersetzung mit ihm und seinem provozierenden Werk, das auch noch den Titel *La Guerra Civil* trug, sachlich und gesittet sein wird. Es kam aber ganz anders.

Da ich immer noch juristisch allein für den Verlag verantwortlich war, wurde mir die Schuld an dem Skandal zugeschoben. Der Kritiker Klaus Harpprecht nahm mich deshalb in der Zeitschrift *Der Monat* mit seinem Beitrag »Unter der Gürtellinie« aufs Korn und bedachte mich mit Invektiven, die mich in der Tat »unter der Gürtellinie« trafen. Talent zum Schreiben haben viele, aber Charakter nur wenige. Zu diesen wenigen gehörte Klaus Harpprecht leider nicht, der schon im Titel seines Beitrags eine Lüge verbreitete, nämlich dass das Buch »inzwischen verboten« sei. Dem war mitnichten so.

Harpprecht nannte das Buch »das hässlichste Buch des Jahres«, obwohl es später gerade wegen seiner außergewöhnlich künstlerischen Gestaltung Preise bekam. Er verkündete in seiner Polemik, »Nein, wir nehmen keinen Anstoß«, und man fragte sich, wer wohl mit diesem ›wir‹ gemeint sein mochte. »Wir schicken das aufwendige Werk dem Verlag postwendend zurück«, schrieb er, obwohl bis zum heutigen Tag (und es sind inzwischen 15 Jahre vergangen) kein einziges Exemplar zurückgeschickt worden ist und das Buch inzwischen im Antiquariat für ein Vielfaches seines ursprünglichen Preises gehandelt wird.

Hellmuth Karasek, der damals das Feuilleton der Wochenzeitung *Die Zeit* leitete, sprang mir zu Seite, und es entwickelte sich über Wochen eine leidenschaftliche Debatte zwischen Harpprecht und Karasek, die auch auf andere Zeitungen übersprang. Das alles war spannend und aufregend, aber auch beschämend und beleidigend, weil bei vielen zwischen den Zeilen antisemitische Vorwürfe hervorkrochen, besonders bei Harpprecht. Bei ihm allerdings nicht zwischen den Zeilen, sondern ganz offen und ungeniert. Er hatte in seiner Rezension sinngemäß geschrieben, ich würde das alte Vorurteil, Juden und Pornografie gehörten zusammen, wiederbeleben, so etwas wäre unverantwortlich. Ich dagegen fand seine Insinuation unverantwortlich. Und in den Feuilletons kam es zu einer peinlichen Debatte

Broder schrieb in seinem Blog: »Gegen Melzer wurde ein Ermittlungsverfahren eröffnet, Arrabals Buch von den Behörden beschlagnahmt. Und in den Feuilletons kam es zu einer Debatte, ob Melzer ein pornografisches Ferkel oder Harpprecht ein antisemitischer Döddel wäre.«

Es war schon merkwürdig, dass Klaus Harpprecht sich derartig echauffierte und dabei unerwähnt ließ, dass ich immerhin auch der Verleger von Hermann Cohen, Leo Baeck, Arnold Zweig und Martin Buber war. Diese Bücher hatte Harpprecht in seinem *Monat* nicht besprochen, ja nicht einmal erwähnt. Stattdessen meinte er: »Der israelitischen Kultusgemeinde (welcher genau?) bleibt die Pflicht und jedes Recht (?), diesen Verleger dazu zu überreden, sich eine Existenz als Bordellbesitzer in Florida oder Uruguay zu suchen.« Er wollte wohl ein sauberes Deutschland. Wollten das die Nazis nicht auch?

*Fernando Arrabal*

Offensichtlich hatte er etwas gegen jüdische Verleger und Kulturschaffende, die für ihn wohl »entartete Kunst« schufen, die es zu eliminieren galt. Ungewollt offenbarte er auch seine Kenntnisse des Milieus, als er meinte, dass »Strichjungen billiger sind« als Arrabals Buch, für das man immerhin 75 Mark hinblättern musste.

»So bringt man Lyrik auf den Hund«, meinte Harpprecht und fügte als Postskriptum noch hinzu: »Das einzige Bewundernswerte ist die Standhaftigkeit Arrabals. Entweder war der Photograph sehr rasch am Drücker oder es gab eine Dame (oder einen jungen Herrn?), die (oder der) ihn zu einer solchen stetigen, wenn nicht ständigen Leistung ermutigte.«

Liest man hier etwa Neid zwischen den Zeilen? Es schien, als ob Harpprecht mehr über sich schreibt als über Arrabals Buch. Es lohnt sich, den Beitrag von Karasek in der *Zeit* vom 21. August 1970 nachzulesen.

*Arrabals Buch wurde im letzten »Monat« von Klaus Harpprecht rezensiert. Abgesehen davon, dass Harpprecht einer Fehlinformation aufsaß und also vermeldete, das Buch sei »inzwischen verboten«, was den Zorn der Öffentlichkeit schon deshalb auf ein Objekt richtete, das ihr doch (scheinbar) gar nicht mehr zugänglich war, spricht auch sonst alles dafür, dass hier vor allem »Volkszorn« am Werke war: in seltener Reinheit hat die Rezension den Zusammenhang bestätigt, den Arrabal provokant-selbstquälerisch in seinem Buch herstellte. Zunächst als psychisches Syndrom. Arrabal, der auf der Verbindung zwischen Sexualität und Terror insistiert, ruft bei Harpprecht den Wunsch wach, dass »einer unserer jüdischen Mitbürger nach Darmstadt eilt, um den verantwortlichen Herren (gemeint ist der Verleger) eins um die Löffel zu hauen«. Anstatt das Buch, das ihn offensichtlich so verstört, dass es kaum kontrollierte Aggressionen weckt, beiseite zu legen (es gibt ja keinen Lese- und Betrachtungszwang für das, was einen ungut reizt), fordert Harpprecht andere auf, wenn auch indirekt, seine Aggressionen abzureagieren, in zuschlagender Selbstjustiz.*

*Warum? Auch dies steht in dem Artikel in seltener Offenheit. Nachdem Harpprecht den unguten Zusammenhang zwischen Obszönität und Antisemitismus herstellt, auf den noch einzugehen sein wird, schildert er: »Dem Autor ist jedenfalls in genauer Erinnerung, dass ihm sein Vater die letzte Ohrfeige verpasste, als er ihn beim Friseur über der Lektüre des ›*Stürmers*‹ entdeckte.« Einen eindrucksvolleren Beleg für den Adorno-Aufsatz von erlittener, verinnerlichter, sich in späteren Aggressionen entladender Repression wird man so schnell nicht geliefert bekommen. Die Lehre, seine Kinder nicht zu ohrfeigen, auf dass sie später nicht den Wunsch verspüren, andere hinter die Löffel zu schlagen, könnte dringlicher kaum erteilt werden.*

*Aber dieses psychische Syndrom enthält noch weitere zur Aggression deformierte, edukatorisch fixierte Versagungen. Was Harpprecht bei Arrabal sieht, und wovon er seinen Lesern schnell versichern zu müssen glaubt, dass er es ja nicht bei sich behalten wolle, sondern »postwendend dem Verlag zurückschicken« werde (wobei der Leser, als Kontrollinstanz, an die Stelle des ohrfeigenden Vaters gesetzt wird, dem man verspricht, nicht betrachten zu wollen, was man nicht betrachten darf), das wird gleichzeitig, man ist versucht zu sagen in einer knabenhaften Vergleichshandlung, protzerisch verächtlich gemacht: »Sein Penis ist für uns das, was er ist, Wurscht.« Harpprecht will das Buch keinen jungen Damen geben, weil sie »die Lust am Spiel durch diesen hässlichen Vogel verlieren« könnten. Und, später noch einmal: »Die Erektionen des Terriers meines Nachbarn sind ästhetischer.«*

*Diese Vergleichs- und Herabsetzungslust, die jene begütigende Ästhetik für das »Spiel« bemüht, das Arrabal provokant als Verharmlosungs- und Zähmungsvorgang bloßstellen will, annonciert am deutlichsten ein »P. S.«, wo Harpprecht die in Unlust kaschierte Lust an dem Buch gesteht, indem er sich voyeurhaft die sexuellen Szenen vorstellt, die im Buch gar nicht vorhanden sind: ein P. S., dessen verquält-ironisches Vokabular sich reichlich ungelüftet, reichlich verquält-betroffen liest.*

*Aber auch die Zusammenhänge zwischen Politik und Pornographie sind andere als die, welche Harpprecht bewusst wahrhaben möchte. Auf der Ästhetisierung der Brutalität, deren tiefere Ursachen Walter Benjamin aufgedeckt hat, insistiert Harp-*

*Die in Silberfolie gebundene Ausgabe*

*Die als Broschur (Paperback) gebundene Ausgabe*

*precht nicht anders als jene Magazine, die die Sexualität als immer neue Abziehbilder demjenigen Bewusstsein verkaufen, dem sie mit der Einladung zum Voyeurtum und mit sportiven Kochrezepten und Gymnastikanleitungen die Freiheit ästhetisch zügeln, deren weniger ästhetische Kehrseite sich zu aller Erstaunen dann in latente Aggressionen kanalisiert.*

*Noch auffälliger ist jener Zusammenhang zwischen Pornographie und Antisemitismus, den Harpprecht verneint, um ihn herstellen zu können.*

*So haben Arrabals Entblößungen zumindest bei einem Leser auch etwas entblößt. Und das ist leider von allgemeinerem Interesse als der Ärger, den jemand mit einem Buch gibt und ein anderer an einem Buch nimmt. Solange selbst bei einem als aufgeklärt und liberal geltenden namhaften Publizisten die Kontrollfunktionen des Bewusstseins so jäh zugunsten kollektiver Angst- und Zwangsvorstellungen außer Kraft gesetzt werden können, solange muss man fürchten, dass wir mit Bedrohungen auf das reagieren, was uns offensichtlich so bedroht, dass wir es nicht für sich nehmen können, sondern in Freund-Feind- und Sündenbock-Klischees alter Prägung pressen. Und es ist ganz und gar kein Klischee, dass radikale Rufe nach Sauberkeit auf Verdrängungen und Versagungen beruhen, die das, was sie irritiert, handgreiflich zur Rechenschaft ziehen möchten.*

*Wer also meinte, die Aufforderung, unbequeme Zeitgenossen mit langen Haaren und sexueller Freizügigkeit sollten, erstens, eins hinter die Löffel bekommen und, zweitens, gleich »nach drüben« (beziehungsweise ins Bordell nach Uruguay) gehen, sei auf den Bierdunst spießiger Stammtische als Mittel der Auseinandersetzung beschränkt, sieht sich eines Schlimmeren belehrt. Da zum Faschismus neigende Spießer meinen, Pornographie und »Judentum« gehörten zusammen, muss, damit andere ihren verquer-unfreien Bestätigungsmechanismen nicht nachgehen können, ein jüdischer Verleger auf seine publizistische Freiheit verzichten, weil Harpprecht fatal assoziiert, wie er meint, dass andere fatal assoziieren werden?*

*Hätte also der gleiche Melzer-Verlag auch das von Sartre eingeleitete Buch über den »Faschismus in Griechenland« nicht herausbringen dürfen, weil es sicher auch Leute gibt, die mit Hitler immer noch meinen, die jüdisch-kommunistische Weltverschwörung könne nur durch Diktaturen gebremst werden? Denn, nicht wahr, blödsinniger ist dieser Zusammenhang doch auch nicht. Und hätten jüdische Maler und Schriftsteller nicht darauf verzichten müssen, »entartet« zu malen, damit sie nicht »ein Klischee bestätigen«, das doch auch danach verlangte, einfach »eins um die Löffel zu hauen«. Dass das Spießertum also schuldlos ist, das Brecht, wie doch Harpprecht sicher durch den »Mahagonny«-Skandal weiß, für ein Schwein hielt, denn Brecht hätte als linker Autor gefälligst das schreiben sollen, was nicht in das Klischee passt, »Kommunist ist gleich: es lösen sich alle Bande frommer Scheu«.*

Karasek führt in seiner Betrachtung, der er mit etwas zu feinsinniger Ironie den Titel »Über das gesunde Fühlen« gab, Stich- und Schlüsselworte bataillonsweise ins Feld. Überdies bedient er sich einer etwas ungewöhnlichen publizistischen Technik: nämlich der öffentlichen Psychoanalyse. Harpprecht allerdings stellte sich mit seiner Erwiderung auf die scharfe und schonungslose Demaskierung durch Karasek noch weiter ins Abseits. Er betitelte seine Antwort: »Pornographie und Antisemitismus«.

*Karasek ist das Opfer frommer Wünsche, wenn er glaubt, das Klischee des Zusammenhangs zwischen Judentum und Pornographie sei Sache der Spießer und gedeihe nur im Bierdunst der Stammtische. Es hockt tiefer im Sumpf der Kollektivseele, nicht nur bei den Alten, die den Phrasenskat von gestern dreschen, auch bei den Nachgeborenen. Hat man nicht das Recht zur Sorge, ja zur Furcht, wenn ein Verlag – aus welchen Gründen immer – das überkommene und gegenwärtige Vorurteil füttert?*

*Herr Melzer fragt in einem Offenen Brief, wie sich ein Jude in der Bundesrepublik im Jahre 1970 verhalten müsse, um von mir geduldet zu werden. Die Adresse ist falsch, und die Frage ist es auch. Es geht nicht darum, was der eine oder andere Deutsche dulden will oder nicht, sondern um die bittere, ja erschreckende Einsicht, die ich aufzuschreiben wage, weil ich ihr in vielen Gesprächen mit jüdischen Freunden begegnet bin: daß in der Tat ein jüdischer Bürger, der Deutschland – danach – als seinen Aufenthalt, womöglich als seine Heimat gewählt hat, die Last einer besonderen Verantwortlichkeit durch seine Tage schleppt. Nicht gegenüber seiner deutschen Umwelt, die ihm alles schuldet und doch der Schuld nicht ledig wird, nicht gegenüber der Welt und ihrem miserablen Gewissen, vielmehr gegenüber seinem Judentum.*

Diese Auseinandersetzung war ein Paradebeispiel für den latent immer noch vorhandenen Antisemitismus in gebildeten bürgerlichen Kreisen, die, wenn man sie darauf ansprechen würde, felsenfest und mit ehrlicher Überzeugung behaupten würden, dass sie nicht antisemitisch seien, aber man werde ja wohl noch sagen dürfen …

Und ich hatte gedacht, dass es die Deutschen sind, die die Last einer besonderen Verantwortlichkeit durch ihre Tage schleppen müssten. Aber für Harpprecht war nicht der Mörder, sondern der Ermordete schuld. Für den Holocaust waren also nicht die Deutschen, sondern die Juden verantwortlich. Deshalb müssen die Juden sich so benehmen, dass ihre Verantwortung gegenüber dem Judentum permanent sichtbar wird. Das Judentum ist eine Religion, die vom Gläubigen Einhaltung der religiösen Gebote und Verbote fordert. Das muss aber freiwillig geschehen und hat nichts zu schaffen mit der kleinbürgerlichen Stammtischideologie mancher Intellektueller, die die Chuzpe haben, Juden Moral predigen zu wollen, und das auch noch im Namen des Judentums, weil sie ein Kunstwerk nicht verstanden haben. Harpprecht war offensichtlich mit seiner Vorstellung von Ethik und Moral immer noch bei den Vorstellungen zur entarteten Kunst stecken geblieben.

Und da es hier tatsächlich nicht mehr um mich und den Melzer-Verlag ging, sondern um grundsätzliche Befindlichkeiten bestimmter Kreise der Gesellschaft, fühlte sich Karasek verpflichtet, doch noch mal zu antworten und gewisse Missverständnisse und Vorurteile Harpprechts auseinanderzunehmen und bloßzustellen. Harpprecht stand nackt da wie der König in Andersens Märchen. Von der ausführlichen Entgegnung sei hier nur das Folgende zitiert:

*Von den Ohrfeigen und von den überseeischen Bordellen ist in Klaus Harpprechts Erwiderung glücklicherweise nicht mehr die Rede. Wenn ich dennoch auf eine Stelle in Harpprechts Entgegnung eingehen möchte, dann nicht, um das letzte Wort zu haben, sondern weil diese Ansicht auch noch in ihrer jetzt kühler vorgetragenen Form nach einer Erwiderung verlangt. Wenn der Verleger Melzer in einem Offenen Brief Harpprecht fragte, wie sich ein Jude 1970 in der Bundesrepublik zu verhalten habe, so war weder die Adresse, wie Harpprecht meint, falsch noch die Frage überhaupt. Sie war die einzig berechtigte Frage, die ein Artikel, »den der Zorn diktierte«, überhaupt ernsthaft aufwarf. Denn auch jetzt noch verlangt Harpprecht, daß »ein jüdischer Bürger, der Deutschland als seinen Aufenthalt, womöglich als seine Heimat gewählt hat, die Last einer besonderen Verantwortlichkeit durch seine Tage schleppt.«*

*Das scheint mir nach wie vor eine zumindest verquere Ansicht zu sein. Denn so viel müßte man inzwischen über das Vorurteil wissen, daß es – eben, weil es kein Urteil ist, sondern eine Bereitschaft, etwas ohne jeden Beweis zu glauben – nicht durch irgendwelche »Tatsachen« verändert wird. Der Antisemitismus ist vorhanden, was auch Juden immer tun oder lassen mögen. Sie deshalb dazu bewegen zu wollen (und noch dazu so handgreiflich, wie Harpprecht es getan hat), etwas zu unterlassen, heißt, sie dem Vorurteil ausliefern.*

*Fataler noch scheint mir zu sein, daß Harpprecht Arrabals Buch und die Tatsache, daß Melzer es verlegt hat, für etwas hielt, was einem Vorurteil sogar berechtigte Nahrung zuführen könnte. Ich glaube, die Juden in Deutschland brauchen keinen Sittenrichter, der ihnen sagt, was sie zu tun und zu lassen haben, ich glaube wei-*

*ter, daß sie vor allem den Rat entbehren können, durch Kollektivmaßnahmen gegen »Verstöße« mit Auswanderungsbeschlüssen reagieren zu sollen. Denn, darüber sind wir uns doch, Psychoanalyse hin oder her, hoffentlich wenigstens nachträglich einig, daß der Rat, ein Gemeinwesen möge seine schwarzen Böcke zur Auswanderung »überreden«, jenem Gemeinschaftsdenken verteufelt ähnelt, das in Deutschland zwischen 1933 und 1945 praktiziert wurde. Daß es auch aus ›Zonen des Privaten‹ herrührte, die deshalb »ungewöhnlicherweise« berührt werden müssen, bedarf keiner näheren Erläuterung.*

Klaus Harpprecht war fast genau 20 Jahre jünger als ich. Er erlebte die Jahre der Naziherrschaft als Kind und hat vielleicht auch deshalb nichts wirklich verstehen können. Die deutschen Juden waren in erster Linie Deutsche. Bei Harpprecht sind sie in erster Linie Juden. Wenn das, was er 1970 schrieb, 30 Jahre früher erschienen wäre, 1940, dann hätte sich kein Mensch in Deutschland darüber gewundert oder geärgert. Klaus Harpprecht lebte aber in der Nachkriegszeit und war sogar einer der Redenschreiber von Willy Brandt. Wie mag das möglich gewesen sein? Wie konnte er seine wahre Gesinnung 25 Jahre lang unerkannt pflegen und sogar eine Jüdin heiraten, die ihm wohl das Gefühl gab, kein Antisemit sein zu können. Ähnlich dem Deutschen, der bei einem Interview im Fernsehen einst sagte, dass er kein Antisemit sei, ja kein Antisemit sein könne, da er doch Kishon lese. Er glaubte sich wohl durch die Lektüre der banalen, keineswegs typisch jüdischen Geschichten von Kishon, bei denen er über Juden lachen konnte, immunisiert gegen den Antisemitismus. Dieser anonyme Mensch und Klaus Harpprecht haben ihre Abneigung gegen Juden – ihrer Meinung nach einem Krebsgeschwür im Körper des deutschen Volkes – tief in ihr Unterbewusstsein verdrängt. Bei Harpprecht ist diese Abneigung, dieser latente Antisemitismus, durch das Blättern in Arrabals Buch zum Vorschein gekommen. Psychologen und Psychoanalytiker mögen diesen Ausbruch bewerten. Ich kann diesen Schreiberling nur bedauern und noch mehr seine jüdische Frau, der gewiss nicht klar war, was in ihrem Ehemann so schlummert.

Ich habe die Affäre – durchaus mit Blessuren – überlebt, und das Buch wurde dank Harpprecht zwar kein Bestseller, aber die bescheidene Auflage war immerhin innerhalb kurzer Zeit verkauft. Wieder einmal zeigte sich die Macht der Presse beim Verkauf von Büchern. So wie bei der *Geschichte der O* lag das Buch bis zu der skandalösen Rezension wie Blei bei der Auslieferung, und nach der Erwiderung von Karasek in der *Zeit* schnellten die Verkaufszahlen in die Höhe.*

## Wieder Antiquar

Als mein Sohn Abraham seinen neuen Verlag gründete, stand ich mit 71 Jahren wie schon so oft in meinem Leben vor der Frage, ob ich mich noch einmal auf einen Neuanfang einlassen sollte. In diesem fast biblischen Alter entschloss ich mich, ein Antiquariat aufzubauen. Dazu brachte ich meine eigene Bibliothek, die aus einigen Tausend Büchern bestand, als Grundausstattung ein. Da ich keinen geeigneten Raum und vor allem keine Kunden hatte, arbeitete ich vorerst von zu Hause aus und investierte das wenige Geld, über das ich verfügte, in Kleinanzeigen in der *Zeit* und in der *FAZ*. Meine Bibliothek habe ich auf meiner treuen Erika-Schreibmaschine erfasst, nummeriert und alphabetisch geordnet. Es dauerte fast ein Jahr, bis ich eine Datei von mehr als 1 000 Kunden aufgebaut hatte, darunter solche aus den USA, aus Argentinien, Österreich und der Schweiz.

---

* Henryk Broder verfolgte Harpprecht bis auf die Buchmesse: »Wir sind beide über die Buchmesse gelaufen und haben ›Steckbriefe‹ verteilt, auf denen zur Suche nach Klaus Harpprecht aufgerufen wurde. Der hatte in einer Rezension eines Buches von Fernando Arrabal, das von Joseph Melzer verlegt wurde, sinngemäß geschrieben, Melzer würde das alte Vorurteil, Juden und Pornografie gehörten zusammen, wiederbeleben, so was wäre unverantwortlich. Wir dagegen fanden es unverantwortlich, was Harpprecht anstellte, und schrieben ihn zur Fahndung aus. Während wir unsere Steckbriefe überall hinklebten, wo ein Platz frei war, lief uns Harpprechts Ehefrau Renate hinterher und riss sie wieder ab.« (Henryk M. Broder in »Achse des Guten«, 8.7.2009) A. M.

Ich konnte sogar den Antiquariatsbestand aufstocken, indem ich vor allem Nachlässe aufkaufte. Besonders preiswert und manchmal sogar umsonst konnte ich deutsche Bücher in Israel erstehen, von deutschen Juden, die in den dreißiger Jahren auf Grund des Vertrages zwischen den Nazis und den Zionisten ihr Vermögen mitnehmen konnten. Es waren in erster Linie wohlhabende Familien, die auch wertvolle Bibliotheken besaßen. Nun starben viele von ihnen, und manche ihrer Kinder und Enkelkinder, die zumeist mit deutschen Büchern nicht mehr viel anfangen konnten, waren froh, wenn sie sich kostenlos entsorgen ließen.

Nach und nach entwickelte sich das Antiquariat geschäftlich so vorteilhaft, dass auch mein jüngerer Sohn Zwi-Simon, der mir beim Aufbau half, von dem Erlös für sich und seine Familie ein auskömmliches Einkommen realisieren konnte. Ich war froh, wieder meinem geliebten Beruf nachgehen zu können. Die verlegerische Tätigkeit war vor allem der ökonomischen Notwendigkeit in schwierigen Zeiten geschuldet. Ich liebte alte Bücher, ich fand es aufregend, seltene Exemplare aufzustöbern, und das Herausgeben von Buchlisten erfreute mich mehr als der Erfolg mit der *Geschichte der O*. Jetzt waren es keine Listen mehr, sondern ansehnliche Kataloge, die professionell gestaltet und gedruckt wurden und die in der Regel mehr als 1 000 Titel im Angebot hatten.

Ich pflegte damals Kontakte zum Zentralantiquariat der DDR in Leipzig und konnte dort für wenig Geld größere Bestände von Judaica kaufen, die man dort aussortiert hatte, weil niemand davon etwas verstand. Darunter waren auch kostbare hebräische Werke, die im 19. Jahrhundert in Warschau und Odessa gedruckt wurden, die aber niemand lesen konnte. Dort saßen keine Fachleute, sondern Parteifunktionäre, die vom Buchgeschäft keine Ahnung hatten. Für mich war es ein Glücksfall, so wie damals in Paris, als ich in einem Sack Schätze hebräischer Buchkunst entdeckte und für wenig Geld erwerben konnte. Ich kaufte am Ende unbesehen ganze Paletten mit antiquarischen Büchern, wobei ich mir sicher war, dass sich darunter auch wieder Schätze entdecken ließe. Diese Bestände füllten mein Lager und machten es wertvoller, als ich es mir je erhofft hätte.

Bei einem Besuch in Leipzig führte mich ein ahnungsloser Parteifunktionär in ein Lager voll mit Büchern. Als ich anfing auszusortieren, sagte mir der Funktionär, dass man nicht daran interessiert sei, einige Kartons zu verkaufen, sondern das ganze Lager, weil man das Gebäude für andere Zwecke zu nutzen vorhatte. Er nannte eine Summe, die mich zwang, mich zusammenzureißen, um ruhig zu bleiben. Mein verkrampftes Gesicht schien bei ihm dagegen den Eindruck hervorzurufen, dass der Preis zu hoch sei, und er beeilte sich, mir zu versichern, dass man darüber noch verhandeln könne. Ich überlegte angespannt, was ich machen sollte, denn selbst wenn es mir gelingen sollte, den Preis, der keineswegs zu hoch war, noch ein wenig nach unten zu drücken, ich hatte einfach nicht genug Geld auf meinem Bankkonto und natürlich erst recht nicht bei mir. Andererseits wollte ich mir eine solche Gelegenheit auf keinen Fall entgehen lassen. Es ging immerhin um an die 5 000 Bücher! Schließlich einigten wir uns auf eine Pauschale von 25 000 West-Mark. Dass ich über so viel Geld nicht verfügte, sollte er nicht wissen. Er war schließlich einverstanden damit, dass ich das Bargeld, das ich bei mir hatte – es waren 5 000 Mark –, als Anzahlung leistete und den Rest in weiteren Raten à 5 000 Mark alle drei Monate abzuzahlen hätte.

Ich fuhr zurück nach Darmstadt, und während der ganzen Fahrt überlegte ich, wo ich diesen Bestand unterbringen sollte. In meinem kleinen Laden konnte ich diese Masse an Büchern keinesfalls aufstellen. Aber ich hatte wieder mal Glück. Ganz in der Nähe meiner Wohnung wurde das Lager einer Schuhgroßhandlung frei, und der Hausbesitzer suchte einen neuen Mieter. Es waren zwei kleine Büroräume und ein Lagerraum von mehr als 100 Quadratmetern. Die Räume waren sogar noch möbliert mit Regalen und Schreibtischen. Zu meiner größten Überraschung und Freude war das Lager mit langen Holzregalen bestückt. Ich machte wieder ein erstauntes Gesicht, so dass der Besitzer sich sofort bereit erklärte, die Holzregale zu entfernen.

»Das ist nicht nötig«, sagte ich. »Die Regale können bleiben, und wenn sie uns stören sollten, dann werden wir sie schon entsorgen.«

Natürlich haben sie uns nicht gestört, ganz im Gegenteil, sie ersparten mir mehrere tausend Mark, die ich sonst für ihre erforderliche Anschaffung hätte ausgeben müssen. In einer Ecke des Lagers hatte der Vormieter eine Menge Schuhkartons mit neuen Schuhen in allen Größen hinterlassen. Ich einigte mich schnell mit dem Hausbesitzer und übernahm das komplette Lager samt Schuhen, die mein Sohn Zwi-Simon später auf dem Flohmarkt verkaufte, was uns immerhin einige hundert Mark einbrachte. In den zwei Büroräumen richteten mein Sohn und ich uns ein und bereiteten uns auf die Ankunft der in Leipzig gekauften Bücher vor.

Nach drei oder vier Wochen stand eines Morgens ein großer LKW vor unserem Tor. Mit Hilfe der beiden Fahrer luden wir Hunderte von Kartons ab. Das Lager war schließlich voll, und ich begann, die Bücher zu sortieren und katalogisieren. Es dauerte Monate, bis ich alle erfasst hatte. Erst bei dieser Arbeit entdeckte ich, an welche Schätze ich da geraten war. Da ich nicht warten konnte, bis alle Bücher registriert waren, schickten wir gleich nach der Erfassung der ersten tausend Bücher unseren Kunden eine Liste von mehr als 50 Seiten, und kurz darauf gingen auch schon die ersten Bestellungen ein, um die sich Zwi-Simon kümmerte. Er packte die Bücher in vorbereitete Versandkartons, schrieb die Rechnungen und brachte täglich mehrere Päckchen und Pakete zur Post. Den Umsatz benötigten wir auch dringend, denn die Zahlung der ersten Rate stand bevor.

So ging es mehrere Monate. Ich erfasste die Bücher in Karteikarten, legte die Preise fest, und Zwi-Simon kümmerte sich um die Verpackung und den Versand. Das kleine Antiquariat, das ich zusammen mit ihm betrieb, trug sehr bald Früchte: das Lager wurde umfangreicher, und der Umsatz wuchs. Aber als Zwi sich entschloss, ein Studium in Stuttgart aufzunehmen, wurde mir schnell klar, dass ich ohne seine Hilfe den Betrieb allein nicht weiterführen konnte. Bücher sind schwer. Die relativ vielen Bestellungen waren zwar erfreulich, aber der Versand fiel mir doch von Tag zu Tag schwerer, als ich mir eingestehen wollte, und jemanden einstellen wollte ich auch nicht.

Auch auf meinen regelmäßigen Reisen nach Israel, wo meine Tochter inzwischen lebte, verheiratet mit einem französisch-marokkanischen Juden, habe ich immer wieder Buchnachlässe verstorbener deutscher Juden gekauft. Darunter waren viele seltene Erstausgaben von Büchern, die nach der Barbarei und Bilderstürmerei Nazideutschlands nicht mehr zu bekommen waren.

Einmal entdeckte ich in Tel Aviv auf der Ben-Yehuda-Straße zu meiner Überraschung auf dem Bürgersteig einen Haufen seltener deutscher Bücher, die augenscheinlich entsorgt werden sollten. Ich hielt ein Taxi an und brachte mit Hilfe des Fahrers, dem ich ein großzügiges Trinkgeld gab, die Bücher in die Wohnung meiner Tochter, von wo aus wir sie in mehreren handlichen Paketen nach Darmstadt versandten.

Nachdem mein Sohn sein Studium angetreten hatte, gelang es mir, das Antiquariat noch einige Monate alleine weiterzuführen. Es gingen immer noch viele Bestellungen ein, und die Zahl der Kunden wurde immer größer. Ich konnte mir ein bescheidenes Gehalt zahlen und auch noch meinen Sohn unterstützen.

Eines Tages betrat ein mir fremder Mann das Büro und stellte sich als Kollege vor. Ob er sich das Lager ansehen dürfe, fragte er. Er ging prüfend an den Buchregalen entlang, nahm das eine oder andere Buch in die Hand und fragte schließlich:

»Wollen Sie verkaufen?«

»Natürlich, alle meine Bücher sind verkäuflich.«

Er lächelte und meinte, dass er nicht ein bestimmtes Buch kaufen wolle, sondern das ganze Lager. Obwohl ich durchaus schon an so etwas gedacht hatte, kam die Frage doch überraschend.

Ich schaute ihn entgeistert an: »Also, an den Verkauf des ganzen Antiquariats habe ich bisher eigentlich noch nicht gedacht. Aber was ist denn Ihre Kaufpreisvorstellung?«

Ohne zu zögern, nannte er einen Betrag, bei dem ich einfach nicht nein sagen konnte, sozusagen ein »Mafia-Angebot«. Ich überlegte natürlich, wo der Haken sein könnte und ob er im Lager Bücher entdeckt hätte, deren Wert ich möglicherweise nicht erkannte hatte. Aber es half nichts. Ich musste mich schnell entscheiden.

Wir wurden uns einig, und mit dem Geld konnte ich in Israel eine zweite Wohnung kaufen, die ich dann Zwi-Simon überließ. Abraham verzichtete großzügig zugunsten seiner Geschwister, zumal es schwierig gewesen wäre, zwei Wohnungen durch drei zu teilen. Ich hatte vor, meinen Lebensabend in Israel zu verbringen. Ich habe mich aber mit dem Umzug nach Israel nicht beeilt, obwohl meine Frau, die bei ihrer Tochter leben wollte, mich drängte. Ich genoss die äußere und innere Ruhe und fühlte mich in Deutschland wohl. Zum ersten Mal nach meiner Rückkehr hatte ich keine finanziellen Sorgen. Ich wurde Großvater, nachdem sowohl Zwi-Simon als auch Abraham Vater geworden waren. Ich wollte bei meinen Enkelkindern all das wiedergutmachen, was ich bei meinen Kindern versäumt hatte.

Das alte jüdische Sprichwort: »Für das Gewesene gibt der Jude nichts«, hatte ich durchaus verinnerlicht. Was einmal war, verdrängte und vergaß ich, auch wenn von Zeit zu Zeit die Erinnerungen hochkamen und mir durch den Kopf ging, was wohl geworden wäre, wenn ich in der Sezessionsaffäre mit Jörg Schröder anders reagiert hätte. Hätte ich nicht versuchen sollen, diesen unbändigen Egozentriker zu zähmen und die Erfolge des Verlages zu verstetigen? Oder hätte ich zusammen mit ihm den Konkurs anmelden sollen?

Nachdem ich nun mein Antiquariat los war, dachte ich, ich könnte mich zur Ruhe setzen. Abraham produzierte meine früheren Judaica-Titel für den Fourier-Verlag und erzielte Auflagen, die ich mir nicht hätte vorstellen können, wobei er die Bücher nur produzierte, vertrieben hat sie Günter Fourier, den ich 30 Jahre zuvor in Düsseldorf kennengelernt hatte, als ich genötigt war, ihm die Reste unverkäuflicher Auflagen als Ramsch zu überlassen. Meine Sympathie für diesen ehrlichen und sympathischen Ramschhändler übertrug sich auf Abraham, und ich freute mich über ihre gemeinsam erzielten Erfolge.

Ein anderer Ramschhändler, den ich persönlich kannte, war Henry Pordes, ein Jude, der 1938 mit der Kinderverschickung aus Österreich nach England kommen konnte und von dort das Moderne-Antiquariat-Geschäft, so wurde damals Ramsch genannt, in Deutschland mit viel Charme und Chuzpe aufmischte.

Pordes pflegte sich für mehrere Wochen im Hotel Nassauer Hof in Wiesbaden einzuquartieren und tätigte von dort aus seine Geschäfte per Telefon, meistens im Bett, das er manchmal tagelang nicht verließ. Als er abreiste, hatte er meistens eine fünfstellige Telefonrechnung.

Als ich ihn einmal dort aufsuchte, war ich ziemlich verdutzt, ihn halbnackt mit dem Telefon in der Hand im Bett vorzufinden. Er begrüßte mich, bot mir ein Glas Sekt an und meinte, er könne mir Unterricht im Geschäftemachen erteilen.

»Melzer, Sie sind ein anständiger Mensch, aber leider ein miserabler Kaufmann, deshalb haben Sie auch kein Geld. Ich zeige Ihnen, wie man Geschäfte macht. Hier habe ich einen Anwalt aus der Schweiz am Telefon, der einen Posten zweibändiger Olympiade-Alben anbietet. Der Verlag ist bankrott, und der Anwalt hat keine Ahnung. Er will den Ramsch schnell loswerden und seine Provision kassieren. Es sind zwei Prachtbände, die je 150 Mark kosten. Er will 10 Mark pro Band. Und er sitzt auf je 10 000 Exemplaren. Ich habe sofort zugesagt, und jetzt schicke ich ihm einen Scheck über 100 000 Mark.«

»Moment, das macht doch 200 000 Mark«, wagte ich ihn in meiner Naivität zu korrigieren.

»Ja, da haben Sie recht. Aber wenn er anruft und das moniert, werde ich sagen, dass ich wohl falsch verstanden und gedacht hätte, dass er 10 Mark für beide Bände haben wolle. Er wird protestieren, und ich werde ihm anbieten, mir den Scheck zurückzuschicken, weil ich 20 Mark nicht zahlen könne. Glauben Sie etwa, Melzer, dass er mir einen Scheck über 100 000 Mark zurückschicken wird?«

Ich war baff. Ich lief rot an, so peinlich war mir diese Art des Handels und dieser Händler.

»Ja, ja, Melzer, Sie denken jetzt, dass er sich sagen wird: So sind sie halt, die Juden. Ja, das wird er sicherlich, aber das denken sie alle ohnehin.«

Natürlich hatte Pordes seinerseits die Bände dann einem anderen deutschen Ramschhändler zum doppelten Preis verkauft. Der wiederum glaubte, das Geschäft seines Lebens gemacht zu haben. Pordes hat damit ein Geschäftsmodell erfunden, das einmalig war. Er machte ohne Büro und Lager Millionenumsätze. Die soeben erstandenen Bücher verkaufte er sofort wieder weiter und ließ den Bestand direkt an den Käufer schicken.

Pordes spielte für den deutschen Buchhandel den Shylock, und er entsprach tatsächlich auch den Karikaturen im *Stürmer*. Er war aber eine Seele von einem Menschen. Man konnte viel mit ihm lachen und viel über Menschen lernen. Ich erinnere mich, wie ich Fourier einmal einen Restposten unverkäuflicher Bücher anbot, was er ablehnte. Pordes dagegen kaufte sie unbesehen. Später entdeckte ich sie zu meiner Verblüffung ausgerechnet bei Fourier in der Liste. Als ich ihn fragte, warum er bei mir abgelehnt und von Pordes gekauft habe, da wusste er selbst nicht so genau, was er dazu sagen sollte: »Ich konnte bei Pordes einfach nicht nein sagen.«

Legendär waren die Pordes-Empfänge im Frankfurter Hof während der Buchmesse. Sie waren jahrelang ein Geheimtipp. Anfangs fanden sie in seinem Zimmer statt. Kollegen kamen und gingen, und die Luft war stickig vom Zigarettenrauch. Das ging so lange gut, bis die Hoteldirektion die Zusammenkünfte untersagte und Pordes zwang, dafür einen Saal zu mieten. Pordes fügte sich und nahm den kleinsten Saal. Eine Stunde vor dem Empfang kam er mit vollgepackten Tüten aus dem nahegelegenen ALDI. Jeder konnte sich eine Scheibe Brot mit Rama-Margarine schmieren und so viele Erdnüsse verzehren, wie er wollte. Der Raum war danach voll mit Erdnussschalen. Man sagte diesen Empfängen bei Pordes nach, die lustigsten auf der ganzen Messe gewesen zu sein. Schließlich wurde es der Hoteldirektion zu viel, und sie weigerte sich fortan an, Pordes ein Zimmer zu vergeben.

»Na, siehst du«, sagte er zu mir, »ich hab's doch gewusst, dass sie alle Antisemiten sind.«

1982 war ein turbulentes und interessantes Jahr, das leider im Herbst jäh mit einer Katastrophe endete. Israel begann seinen ers-

*Henry Pordes und Jörg Schröder auf der Buchmesse*

ten Libanonkrieg, der allerdings im Lande selbst nicht als Krieg, sondern nur als Feldzug bezeichnet wurde, was für die vielen Toten auf beiden Seiten wohl kaum einen Unterschied gemacht haben dürfte. Der Feldzug bekam die irreführende Bezeichnung »Operation Frieden für Galiläa«, die bekanntlich keinen Frieden brachte und überall auf der Welt als Angriffskrieg gewertet wurde, was mich zutiefst empörte. Daher fühlte ich mich genötigt, an den *Spiegel* folgenden Leserbrief zu schreiben, der auch tatsächlich abgedruckt wurde:

> *In was für einer verlogenen Welt leben wir? Tote Juden werden beklagt und bedauert. Lebende Juden, die um ihr Leben kämpfen, um in Sicherheit und Frieden leben zu können, werden als Angreifer stigmatisiert und sogar mit Nazis verglichen. Das ist ungeheuerlich und beschämend, wenn solches in Deutschland geschieht. Deutschland sollte sich aus diesem Konflikt heraushalten, wenn es schon nicht ohne Wenn und Aber auf der Seite Israels ist.*

Aber dann kam der furchtbarste Tag des Jahres. Es war eigentlich eine Nacht, die Nacht zwischen dem 16. und 17. September 1982, als hauptsächlich falangistische, christliche Milizen die palästinensischen Flüchtlingslager Sabra und Schatila im Süden von Beirut angriffen und unter den Augen der israelischen Armee, die damals Beirut beherrschte, ein Massaker, bei dem mehr als 2000 Frauen, Kinder und Alte ermordet wurden, anrichteten. Israels Befehlshaber schauten zu und griffen nicht ein.

Ich war zutiefst erschrocken und beschämt. Hatte ich dafür meinen Brief an den *Spiegel* geschrieben? Wie konnten Israelis so handeln? Nein, sie haben das Massaker nicht verübt, sie waren nicht die Mörder, aber sie hätten es verhindern können und haben es nicht getan.

Es war mir im Nachhinein unendlich peinlich, dass ich geschrieben hatte, der Zionismus würde ein Leben ohne Erniedrigung und Angst ermöglichen. Reicht es, wenn Juden keine Angst mehr haben müssen, Israels Nachbarn dafür umso mehr? Ich erinnerte mich an die Diskussion mit al-Naschaschibi in den dreißiger Jahren in Jerusalem. Wie recht er hatte. Die jüdische Immigration nach Palästina war keineswegs eine Immigration jüdischer Wohltäter, sondern eine von Wölfen in Schafspelzen. Und ich erinnerte mich an die Gespräche mit Joseph Roth, der gesagt hatte, dass der Zionismus keineswegs die Lösung der Judenfrage sei. Wie recht auch er hatte.

Eines Tages wird sich das Blatt vielleicht und hoffentlich wenden, und der Zionismus sich in eine Friedensbewegung verwandeln. Aber wie die Dinge heute stehen, werden wir es nicht mehr erleben. Ich fürchte, dass es noch viel schlimmer werden könnte und die Spirale der Gewalt sich noch lange drehen wird. Ich fürchte auch, dass aus dem anfänglich sozialistischen Israel ein fundamentalistischer Staat zu werden droht, denn ich sehe mit Entsetzen, wie der Fanatismus religiöser Juden ständig zunimmt und national-orthodoxe Fundamentalisten über Leichen gehen.

Es ist nach menschlichem Ermessen davon auszugehen, dass dieser Konflikt also noch lange andauern wird, es sei denn, dass die

Juden in Israel zu ihrer traditionellen Ethik und ihrem Gewissen zurückfinden. Damit das aber geschieht, muss ein Wunder geschehen. Ich stimme daher Ben Gurion zu, der den Slogan geprägt hat: »Wer nicht an Wunder glaubt, ist kein Realist.«

## Krebs

Im Sommer 1983 bin ich mit meiner Frau nach Israel gefahren, um einerseits unsere Tochter Judith zu besuchen und andererseits Urlaub zu machen. Es wurde am Ende ein längerer Aufenthalt, denn ich erkrankte und landete schließlich im Krankenhaus, wo man einen Darmkrebs in fortgeschrittenem Stadium entdeckte und mich operierte. Je frühzeitiger Darmkrebs entdeckt und behandelt wird, desto besser sind die Heilungschancen. Haben sich bereits Metastasen in anderen Körperregionen gebildet, verschlechtert sich die Prognose. Das war leider Gottes bei mir der Fall. Darmkrebs bleibt meist lange unbemerkt. Beschwerden treten erst auf, wenn der Tumor eine gewisse Größe erreicht hat. Dann ist es aber oft schon zu spät.

Als man mich wieder zugenäht hatte, sagte mir der verantwortliche Arzt, dass man mehr nicht tun könne. Er gab mir noch ein halbes Jahr. Ich hatte und habe jetzt auch keine Angst vor dem Tod, aber die Schmerzen zu ertragen ist eine ganz andere Sache. Ich beschloss, nach Deutschland zurückzukehren, denn sterben wollte ich zu Hause. Darüber hinaus beschloss ich, meine Lebenserinnerungen zu schreiben, und das konnte ich nur zu Hause auf meiner alten Erika-Reiseschreibmaschine machen.

Daheim angekommen, machte ich mich sofort an die Arbeit, denn ich wusste, dass ich nicht mehr viel Zeit habe. Ich schrieb jeden Tag wie besessen, da ich es zum Abschluss bringen wollte, bevor ich sterbe. Die Erinnerungen kamen wie angeflogen, und es war, als ob alles erst gestern passiert sei. Im Gulag hatte ich oft das Gefühl, als ob die Zeit stehen geblieben sei. Heute scheint es mir, als ob sie im Flug vergangen ist.

Abraham, der mittlerweile in Buchschlag, einem Villenvorort von Frankfurt, wohnt, ist dort, neben seiner Tätigkeit als Verleger, unverhofft auch Wirt geworden. Er hatte den alten wilhelminischen Bahnhof des Ortes von der Bundesbahn gepachtet und wollte mit seinem Büro in das 1871 gebaute Haus umziehen. Da es fast ein Vierteljahrhundert leer gestanden hatte und durch Vandalismus und Wind und Wetter stark beschädigt war, musste er ziemlich viel Geld investieren, um die Räume bewohnbar zu machen. Eine neue Zentralheizung musste eingebaut werden und vieles mehr.

Kaum war er mit seinen Mitarbeitern eingezogen, da stellte sich heraus, dass durch den regen Zugverkehr – es war die Strecke Frankfurt – Basel – wegen des Lärms an ein Arbeiten nicht zu denken war. Er musste wieder in seine Jugendstilvilla zurück und suchte nun einen Abnehmer für den Bahnhof, der ihm seine Renovierungskosten von mehr als 40 000 Mark zurückzahlen würde. Leichter gesagt als getan. Interessenten gab es zwar viele, aber keiner wollte die Investitionen übernehmen. Schließlich kam ein junger Mann, den er nicht kannte, und machte ihm einen Vorschlag, den er nicht ablehnen konnte. Er wollte aus dem Bahnhof eine Kneipe machen, und da er meinem Sohn die gewünschte Summe nicht zahlen konnte, weil er sie in den Umbau investieren musste, schlug er ihm vor, Partner zu werden. Dabei ist es nicht geblieben, denn um die Räume in eine Kneipe umzuwandeln, wurde noch zusätzliches Geld benötigt, und so nahm man einen dritten Partner auf, einen Chirurgen, der Martin Stauder hieß, sowie eines der besten Biere Deutschlands. Er war auch in der Tat mit der Stauder-Familie in Essen verwandt, und so bekam die »Endstation«, so wurde die Kneipe benannt, die Erlaubnis, Stauder-Bier auszuschenken.

Kurz nach meiner Rückkehr aus Israel besuchte ich Abraham dort in seiner Endstation. Die Kneipe war geschmackvoll mit Jugendstilmöbeln eingerichtet, die man auf dem Flohmarkt in Metz erstanden hatte. Abraham erzählte mir vom abenteuerlichen Kauf und der Rückfahrt in einem mit alten Möbeln vollgepackten geliehenen Lieferwagen. Er wurde an der Grenze vom Zoll angehalten und konnte mit Mühe und Not die Zöllner überzeugen, dass er kein Händler sei

*Gaststätte Endstation in Buchschlag*

und die Möbel zur Umgestaltung eines wilhelminischen Bahnhofs aus dem Jahre 1891 in eine Bierkneipe erworben hätte.

Ich saß eine gute Stunde bei meinem Sohn, ließ mir Stauder-Bier schmecken und berichtete ihm von meinen gesundheitlichen Problemen und von meinem Plan, meine Lebensgeschichte aufzuschreiben. Ich sagte ihm, dass ich es nicht für ein großes Publikum mache, sondern für ihn, seine Geschwister und meine Enkelkinder, die keine Chance mehr haben, ihren Großvater kennenzulernen. Ich wusste, dass mir nicht mehr viel Zeit blieb. Als er das hörte und als er nach wenigen Sekunden auch die Konsequenzen verstand, konnte oder wollte er es nicht glauben. Darmkrebs ist auch eine tückische Krankheit, weil man bis vor dem Ende dem Kranken nichts anmerkt. Ich aber merkte täglich wie meine Kraft schwindet. Abraham wusste nichts über diese Krankheit, und so konnte ich ihn bald beruhigen, und wir machten wieder neue Pläne. Dennoch bat ich ihn für den Fall, dass ich trotzdem sterben sollte, auf seine Geschwister und auf meine Enkelkinder zu achten. Ich ermahnte ihn, im Geschäft vorsichtig zu sein, und wünschte ihm natürlich alles Gute für sein neues Abenteuer. Für ihn war es ein neuer Anfang, ich wiederum hatte das Gefühl – nomen est omen –, dass es meine »Endstation« ist.

Ich bin jetzt am Ende meines Lebens. Es war wie das Leben vieler anderer Juden meiner Generation. Ein gewöhnliches jüdisches Schicksal. Wir Juden waren schon immer Objekte der europäischen Politik, wir wurden benutzt, oft missbraucht, selten verstanden und nie geliebt. Und diejenigen, die uns liebten, weil wir Juden waren, hassten uns auch aus demselben Grund. Philosemiten sind halt Antisemiten, die Juden lieben.

Obwohl ich es nicht gewollt habe, hat mich der Zionismus seit meinem vierzehnten Lebensjahr begleitet, um nicht zu sagen verfolgt, und mein Schicksal bestimmt. Schließlich wurde ich gegen meinen Willen Zionist und schuld daran war Adolf Hitler. Ohne seine judenfeindliche Politik wäre ich so sicher wie das Amen in der Kirche in Deutschland geblieben und hätte eine ganz andere Familie gegründet. Es ist aber anders gekommen, und ich bedauere nichts.

Der Zionismus, der oft mit dem Judentum verwechselt wird, versucht mit europäischem Nationalismus ein Judentum zu formen, das keines mehr ist, weil es nicht mehr den Messias erwartet und nicht Gottes Sinnesänderung, die nach dem Glauben der jüdischen Orthodoxie kommen muss und kommen wird. Zwischen dieser Orthodoxie und dem Zionismus, der am Schabbat Straßen baut und am Jom Kippur Kriege führt, kann es keine Versöhnung geben. Einem jüdischen Chassid und orthodoxen Juden ist ein Christ näher als ein Zionist. Die jüdischen Orthodoxen glauben, dass der Zionismus Unglück auf die ganze Judenheit bringen wird. Aber als Jude gewöhnt man sich an das eigene Unglück und an das Unglück der Juden. Juden widerlegen das Sprichwort, das da sagt: »Wenn zwei sich streiten, gewinnt der dritte.« In Europa haben sich mehr als zwei gestritten und die Juden waren immer die Verlierer, obwohl sie nach dem letzten Krieg die großen Gewinner wurden. Sie waren jahrhundertelang immer Menschen im Exil, ohne eigenes Land, aber mit der Thora in der Hand, und jetzt plötzlich bekamen sie ein eigenes Land, dass sie Israel nannten. Mein Schicksal war auch viele Jahre mit diesem Land verbunden, auch wenn ich es am Ende verlassen habe.

Das Leben ist eine Geschichte mit einem Anfang und einem Ende. Manche Geschichten enden abrupt und andere ziehen sich in die Länge. Manche sterben jung, und manche werden alt. Wenn man jung ist, glaubt man, dass man ewig leben wird, auch wenn man weiß, dass die Menschen sterblich sind. Man bezieht aber die Sterblichkeit auf die anderen, nicht auf sich selbst. Man hat lange Zeit die Hoffnung, dass es auf einen selbst nicht zutrifft. Wenn man aber, wie ich, schon jenseits der 75 ist, weiß man, dass man sterblich ist, weil man den Verfall des Körpers spürt, von den diversen Krankheiten ganz zu schweigen. Man zählt nicht mehr die Jahre, sondern die Monate, Wochen oder Tage, wie in meinem Fall. Der Vorteil ist, dass man keine Angst mehr vor dem Tod hat, zumal wenn man schon neun Leben gelebt hat.

Die alten Griechen sagten: »Des Menschen Bestes ist, nie geboren zu sein, sein Zweitbestes ist, möglichst früh zu sterben.« Nun, ich lebe schon länger, als die Griechen es sich gewünscht und die Ärzte es mir vorausgesagt haben. Noch ist das Ende nicht gekommen. Ich bin aber mit meiner Geschichte am Ende. Wenn ich Glück habe, werde ich schlafend sterben. Bei uns Juden heißt es dann »Mitat Neschika«, denn angeblich hat Gott den Verstorbenen im Schlaf geküsst.

Joseph Melzer, Januar 1984

# Epilog

Hier endet die Niederschrift der Lebenserinnerungen meines Vaters. Sein gesundheitlicher Zustand verschlechterte sich zunehmend, und schließlich musste er stationär behandelt werden, auch wenn es sinnlos und ergebnislos war. Eines Tages, als ich ihn im Krankenhaus besuchte, fragte er mich, ob ich ihm irgendetwas besorgen könnte, womit er das Ende schneller herbeiführen könnte. Er meinte, dass schlimmer als die Schmerzen das Warten auf den Tod sei.

Er starb 1984, am 4. Januar, und wurde auf dem jüdischen Friedhof in Darmstadt begraben. Es war eine bescheidene und traurige Beerdigung. Außer der engsten Familie, seiner Ehefrau Mirjam und die Kinder Abraham, Zwi-Simon, Judith und ich, waren noch ein einziger Freund und ein herbeibestellter Rabbi anwesend, der Kaddisch sagen sollte, das jüdische Totengebet, und einige freundliche Worte über einen Menschen, den er gar nicht kannte. Eigentlich war es peinlich. Es regnete in Strömen, wir standen mit aufgeklappten Regenschirmen und sahen zu, wie sein in Leinen eingewickelter Leichnam ins Grab heruntergelassen wurde.

In seinen letzten Monaten, seit er im Sommer aus Israel zurückgekommen ist, schrieb er wie ein Besessener seine Erinnerungen auf seiner alten Schreibmaschine. Er stand immer sehr früh auf und schrieb bis etwa zwölf Uhr mittags. Danach las er die Bücher, die er früher mangels Zeit nicht lesen konnte. Das reichte ihm aber nicht. Die Arbeit fehlte ihm, und ich mache mir heute noch Vorwürfe, dass ich es nicht gemerkt habe. Es fehlte ihm eine Aufgabe und die Verantwortung, die er sein Leben lang zu tragen hatte. Ich hätte ihm in meinem Verlag eine Aufgabe zuteilen können, wenn ich sein Bedürfnis erkannt hätte. Aber das habe ich nicht, und ich war bedauerlicherweise nicht in der Lage, meinem Vater das Gefühl zu geben, dass er mit seiner Erfahrung und Menschenkenntnis gebraucht und geschätzt werde. Er fühlte sich überflüssig und hatte am Ende weniger Lust als Kraft, gegen seine Krankheit zu kämpfen. Zum Schluss wollte er nicht mehr und meinte, neun Leben seien genug für einen Menschen.

Er war auch fertig mit seinen Erinnerungen. Er war bereit zu sterben. Er wurde wieder ins Krankenhaus eingeliefert, und da er alles erledigt hatte, was er noch erledigen wollte, ließ er vom Leben los und starb.

Der Melzer-Verlag war ein kleiner, wichtiger, aber wirtschaftlich unbedeutender Verlag, der Bücher machte, die für den damaligen Markt noch zu früh kamen. 20 Jahre später konnte ich zehnmal mehr Exemplare von manchen Büchern verkaufen als seinerzeit mein Vater. Er liebte Bücher, besonders antiquarische Bücher. Er war aber kein Verleger, verstand nicht viel von der Buchherstellung und wusste nicht wirklich, wie Vertrieb und Verkauf funktionierten. Er hatte auch keine Ambitionen, in der deutschen Verlagslandschaft eine bedeutende Rolle zu spielen. Er wollte in erster Linie die unterdrückten, verbrannten und aus dem deutschen Buchhandel entfernten Bücher jüdischer Autoren wieder zum Leben erwecken.

Berühmt, berüchtigt und bestaunt wurde der Verlag in den letzten Jahren seines Bestehens unter der Leitung von Jörg Schröder. Die Sezession des März-Verlags katapultierte ihn schließlich in die Schlagzeilen des Feuilletons fast aller bürgerlichen Tageszeitungen, so wie auch einige Jahre später die Arrabal-Affäre.

Zur Sezession muss ich noch etwas klarstellen. Die Aussagen meines Vaters und Jörg Schröders weichen voneinander ab. Während mein Vater schreibt, dass Schröder ihn hintergangen hätte, behauptet Schröder in seinen Memoiren, dass mein Vater ihm und der ganzen Belegschaft aus heiterem Himmel fristlos gekündigt hätte. Nach meiner Erinnerung war es tatsächlich so, dass Schröder und mein Vater des Öfteren über eine Partnerschaft sprachen. Schröder sollte am Verlag beteiligt werden, ohne zusätzlich eigenes Geld zu investieren. Er sollte seinen Anteil als Anerkennung für seine Verdienste um das wirtschaftliche Überleben des Verlages erhalten, denn er war es, der den Verlag tatsächlich vor einer drohenden Insolvenz rettete.

Mein Vater hat mehrmals mit mir über die Anteilsübertragung an Jörg Schröder gesprochen, und ich habe ihn immer dazu ermutigt, weil ich mir durchaus vorstellen konnte, mit Schröder zusammenzuarbeiten, den ich als Werbeleiter des Verlages Kiepenheuer & Witsch kennengelernt und für den Melzer-Verlag angeworben hatte. Ich war Zeuge dessen, was er für den Verlag leistete und wie ihm das Wunder gelang, ihn wieder zum Leben zu erwecken und zu einem nicht unbedeutenden Player in der bundesdeutschen Verlagsszene zu machen.

Mein Vater hat das im Grunde genauso gesehen und wollte mit einer Schenkung von Verlagsanteilen Schröder für seinen Einsatz danken. Aber Unternehmer haben letzten Endes Hemmungen und sicherlich auch Ängste, die absolute Macht über ihr Unternehmen aufzugeben, auch wenn sie über diese Macht de facto schon nicht mehr verfügen. Mein Vater klammerte sich noch an das Wenige, was ihm geblieben war, und im Nachhinein hat sich das als Fehler erwiesen. Möglicherweise wollte er den Verlag für mich erhalten. Darin unterschied er sich vermutlich kaum von anderen Unternehmer-Vätern.

Einen Tag bevor er starb, habe ich ihn im Krankenhaus in Darmstadt besucht. Er konnte kaum noch sprechen. Er nahm meine Hand und sagte mit einem gequälten Schmunzeln auf den Lippen: »Wenn wir uns nicht mehr sehen auf dieser Welt, dann sehen wir uns in Bitterfeld.« Ich wusste damals nicht, wo Bitterfeld ist, und schaute dumm aus der Wäsche. »Ich bin sicher, dass du deinen Weg machen wirst. Bleib ein Mensch und tue anderen nicht das, was du nicht willst, dass man es dir antut. Mehr kannst du nicht tun.« Das waren mehr oder minder seine letzten Worte, die ich noch in Erinnerung habe. Und in der Tat war diese Lehre von Rabbi Hillel mein Leben lang der Leuchtturm, der mich moralisch geführt hat.

Meine Geschwister werfen mir vor, dass ich meinen Vater wie auch Israel und das Judentum verraten habe, weil ich politisch nicht müde werde, Israels Politik zu verurteilen. Sie denken, unser Vater hätte es auch nicht gutgeheißen. Leider wissen sie aber zu wenig von ihm. Sie kannten ihn nicht so gut wie ich. Was ich von ihm weiß, habe ich aus vielen Gesprächen mit ihm und aus diesem Buch gelernt, das so lange unbeachtet in einer Schublade meines Schreibtisches lag. Ich entdeckte beim Lesen einen Vater, den ich so nicht wirklich kannte, und ich würde vieles dafür geben, wenn ich die Gelegenheit bekäme, mich mit ihm über seine abenteuerlichen neun Leben auszutauschen.

Abraham Melzer, im Januar 2021

Atlantik
Norwegen
Schweden
Finnland
Estland
Lettland
Litauen
Weißrussland
Däne-
mark
Nordirland
Rep.
Irland
Großbritannien
Niederl.
Belgien
2
Polen
9
Deutschland
Tschech. Rep.
Slowakei
1
Mo.
4
Frankreich
Österr.
7
Ungarn
Rumänien
Schweiz
Slow.
Kroatien
Bosnien
Herzego-
wina
Serbien
Italien
Monte-
negro
Ko.
Bulgarien
Maze-
donien
Albanien
Griechen-
land
Portugal
Spanien
Mittelmeer
Tunesien
Marokko
Algerien
Libyen